Separações necessárias

Memórias

Emilio Rodrigué

Separações necessárias

Memórias

TRADUÇÃO
Sandra Regina Felgueiras

EDITOR
José Nazar

Companhia de Freud

Título Original
Séparations nécessaires – mémories

Direitos de edição em língua portuguesa adquiridos pela
Editora Campo Matêmico

Editoração Eletrônica
FA - Editoração Eletrônica

Tradução
Sandra Regina Felgueiras

Editor Responsável
José Nazar

Rio de Janeiro, 2006

FICHA CATALOGRÁFICA

R61s

Rodrigué, Emilio, 1923-
Separações necessárias : memórias / Emilio Rodrigué ; tradução: Sandra Regina Felgueiras ; editor José Nazar. - Rio de Janeiro : Companhia de Freud, 2006.

432 p. ; 23 cm

ISBN 85-7724-008-8

1. Rodrigué, Emilio, 1923-2. Psicanalistas – Argentina. I. Felgueiras, Sandra Regina. II. Nazar, José. III. Título.

CDD- 921.82

Companhia de Freud
editora

Endereço para Correspondência
Rua Barão de Sertório, 57 - casa
Tel.: (21) 2293-7166 • (21) 2293-9440
Rio Comprido - Rio de Janeiro
e-mail: ciadefreud@ism.com.br

Sumário

Dedico este livro a Emilio Rodrigué, psicanalista argentino criativo, corajoso e um tanto histérico.

1
Fim da imortalidade

Fui uma criança socrática, silenciosa, pura, um pouco sinistra, do tipo encantadora e estranha, diferente das outras. Um garoto meio idiota, meio poeta. O objeto ideal para uma mãe fervorosa católica.

Minha mãe tinha quarenta anos quando eu nasci. Uma profunda crise se reflete nos tristes retratos que foram feitos dela naquela época. Acho que tinha vivido alguma coisa séria. Mulher alegre e liberal, havia se tornado, depois de ter sofrido uma conversão religiosa radical, uma senhora que comungava cotidianamente.

Ela me levava à missa todos os dias. Eu passava longas horas à luz filtrada da catedral, sob os efeitos do incenso, essa droga mística, em companhia de anjos e querubins que giravam e projetavam com mil luzes suas bundinhas rosadas na abóbada celeste. Quando eu levantava os olhos, outras madonas me abraçavam, e outras crianças Jesus – todos os fiéis em torno de nós.

Uma loucura teísta a dois.

Meu primeiro trabalho de co-gestão foi um incrível delírio. Certamente provinha de minha mãe: o que se revelava em mim corria latentemente nela. Eu morava no cruzamento das ruas Viamonte e Esmeralda, no centro de Buenos Aires. Apesar da transparência invisível de nosso laço, meus irmãos e minhas irmãs me olhavam, perplexos.

– Ele é diferente dos outros – diziam eles, cumulando-me de presentes.

Sou o caso ideal para exaltar a norma. Sustento que todos tivemos uma loucura "edípica" no começo de nossas vidas. Meu mérito, que não é pequeno, consiste em ter levantado o véu do esquecimento. Essa amnésia oculta um amor enceguecedor. A mãe se torna louca com o nascimento do bebê, com o que foi sua própria carne, e assim permanece para sempre. Nessa simbiose absoluta, são reunidas as condições para que o bebê se sinta imortal. Lembro-me com nostalgia da época em que tinha minha madona. É apenas como Virgem que uma mãe pode se assumir como Jocasta.

Guardo na memória o dia em que, numa oficina terapêutica, uma mãe ansiosa, que constantemente estava em brasas por causa de seu filho, veio me procurar. Mil medos a assaltavam, ela não podia se separar de seu rebento, tremia ao menor espirro. Eu lhe propus o "jogo da pomba morta". Colocamo-nos no centro da sala.

– Como se chama seu filho? – perguntei eu.

– Pablito.

– Qual é a idade dele?

– Vai fazer seis anos.

Monto a cena da seguinte maneira: Pablito encontrou uma pomba morta no jardim. Ele a segura na palma da mão. Eu sou Pablito.

– Mamãe, o que é que o passarinho tem? – pergunto, mostrando a pomba, e vejo que "minha" mãe fica tensa. Não encontra nada para dizer, olha minha mão estendida e busca inspiração.

– Está morta – diz ela finalmente, e vejo que encolheu os ombros, numa espécie de triste arrepio.

– Está morta?

– Sim... está morta.

Pausa.

– Mamãe, e eu, eu vou morrer?– pergunto, e ela então começa a me dar explicações incompreensíveis: que o pequeno pássaro estava muito velho, como o vovô, mas que eu, Pablito, ia viver cem anos.

– Mamãe, eu vou morrer? – insisto. Então, me dou conta de que o tom da minha pergunta tem a mesma intensidade da vez em que, criança, desejei ouvir que o passarinho estava simplesmente dormindo, ou que estava empalhado. Não estava preparado para receber a labareda metafísica.

Chega-se com um passarinho morto e parte-se com sua própria sentença de morte.

A morte quebrou o encanto: descobri que o amor de minha mãe não me protegia. Foi a primeira separação – a perda da imortalidade.

Eu me afastava de minha mãe, embora a adorasse... Minha irmã mais velha, Maria Mercedes, era pintora. Sua primeira exposição ocorreu na galeria Witcomb da rua Florida. Minha irmã tinha vinte e um anos. Ela recebeu muitos elogios, mas não vendeu um único quadro e, é claro, ficou muito decepcionada. No último dia da exposição, na abertura, uma mulher excepcional, toda vestida de negro e usando como único adorno um colar de pérolas, chegou acompanhada de um chofer uniformizado e deixando atrás dela um extraordinário aroma de perfume francês. Altaneira e atenta, ela contempla os quadros, em seguida compra o mais caro. A Dama de Negro se tornou um mito familiar. Dizia-se que era francesa, seu sotaque o traía. Era bela, afirmava-se, embora um véu de tule escondesse seu rosto. Passaram-se os anos, mas a saga nunca foi esquecida.

O Natal era, na nossa família, a oportunidade de uma grande festa e era minha mãe quem, com um saco cheio de presentes, representava o Papai Noel. A cada ano ela representava um Papai Noel diferente: *gaucho*, japonês, moderno, etc. Sempre fazia um breve discurso. Certo ano, ela chegou vestida de Papai Noel francês e trazia um saco maior que de costume. Começou a distribuir os presentes para seus filhos e netos. No final, tirou do saco um embrulho feito com papel kraft e disse:

– Este presente é para Maria Mercedes. Vem de uma dama francesa que não quis revelar seu nome.

Minha irmã abriu o pacote e... descobriu o famoso quadro. Desde aquele episódio já tinham transcorrido vinte anos e minha irmã já era uma artista consagrada. Mas a surpresa foi total. Então minha mãe era a Dama de Negro; tinha guardado o quadro durante todo esse tempo sem dizer a mínima palavra a ninguém! Impressionante. Toda vez que conto essa história, fico arrepiado. Fico orgulhoso de ser filho dessa mãe.

Minha avó paterna, Margarita Hileret de Rodrigué, era uma mulher muito, muito rica. Tinha quatro filhos: dois filhos em Buenos Aires e duas filhas em Paris. Como não se adaptava ao frio, ela só os visitava no verão, atravessando o Atlântico a cada equinócio: seis meses com seus filhos em Buenos Aires, seis meses no Vésinet, perto de Paris, com suas filhas. Santo personagem a minha avó! Atravessou mais de cinqüenta vezes o oceano – e sempre na mesma cabine. Como acontecia com toda senhora afortunada, uma parente pobre, de nome Leontine, a acompanhava.

Tive uma infância dourada. Minha avó me dava cem pesos todo aniversário. Para uma criança – digamos, de seis anos –, era uma soma considerável, o equivalente a trezentos euros hoje. Eu gastava no máximo dez pesos e dava o resto para minha mãe. Erro fatal: nunca mais vi os noventa pesos restantes. As mães podem ser admiráveis, damas de negro, papais noel, mas sempre serão autênticas ladras, ladras do dinheiro de seu filho, que elas amealham ao pé da cama. Não me perguntem por que, só sei que é assim. Talvez, com razão, elas pensem que se deve a elas a bolsa e a vida... Mas, aqui, quero antes frisar o fato de que minha avó era milionária: seu marido e seu irmão eram donos das refinarias de açúcar Hileret de Lules, em Tucumán.

Em Mar del Plata, no centro do que se conhece como a pérola do Atlântico, Margarita Rodrigué dividia uma mansão com seus dois filhos. Os empregados eram: André, o cozinheiro (ele conhecia o nome dos pratos em francês, mas era italiano); Carola, a governanta, casada com Abel, o caseiro; um chofer, uma babá e três outros serviçais. Era o País da Abundância. Tínhamos uma cavalariça, dois carros, um canil usado como galinheiro, um campo de tênis e uma maravilhosa vila com dois andares, de estilo bretão, que existe até hoje. Havia também uma sala de jogos com mesa de bilhar, bolas de marfim e mesas de jogo cobertas com pano verde.

No verão, minha família ia para lá e dividia a casa com meu tio Juan. Papai jogava numa mesa com seus amigos, o tio Juan numa outra, mas, fora isso, os dois irmãos eram muito cúmplices: iam todo dia de carro pescar, acompanhados por Abel, que cuidava dos anzóis e, por uma soma modesta, lhes fornecia os peixes do mar. O outro carro servia como táxi coletivo e levava as duas famílias para a praia de acordo com o despertar de cada um. Minha irmã decorava os menus quotidianos. Conservo um deles, ornado de guirlandas de flores, que prova que, num certo dia de fevereiro de 1932, comemos três espécies de peixes, um *velouté* de legumes, porco com salsa e cogumelos, ovos nevados e frutas variadas. Em cada extremidade da mesa, o menu era exibido num suporte de prata. Eu tinha permissão de, quando quisesse e sem avisar ninguém, convidar um ou dois amigos para comer. A mesa era tão grande que, enfim, podia acolher cerca de vinte pessoas.

Três variedades de peixes! Você imagina? Que maravilha era ter diante de seus olhos dourada, bonito, pescadinha...

Rosita, a filha dos caseiros, tinha a mesma idade que eu: seis anos. Ela foi minha primeira namorada, mas duvido de que naquela época soubéssemos o que queria dizer "estar namorando". Gostávamo-nos muito e passeávamos no jardim, de mãos dadas. Um dia, fizemos a sesta juntos. Uma outra vez, briguei com um de meus amigos por causa dela: ele não queria brincar com Rosita porque ela era pobre. Eu lhe apliquei um direto na orelha e ele me respondeu com um golpe no nariz. Eu me senti a mais feliz das criaturas quando Rosita enxugou meu sangue com seu lenço branco.

Foi no ano em que fiz seis anos que tudo virou. Minhas irmãs tinham me dito que aos seis anos tornamo-nos grandes e perdemos a inocência. Eu, que acabava de atravessar o país das pombas mortas, acordei triste naquele dia e comecei a chorar. Eu pressentia o fim da primeira infância. Quando a babá entrou no meu quarto, minhas lágrimas a espantaram.

– Mas, enfim, Emilito, hoje é seu aniversário! – exclamou ela, abrindo as cortinas para deixar entrar o sol.

Eu continuava a soluçar.

– Você teve um pesadelo?

Sacudi a cabeça. Então ela se aproximou de mim para me vestir. Secando minhas lágrimas, detive-a com um gesto brusco e lhe disse:

– Vou me vestir sozinho.

Ninguém nunca mais me vestiu.

2
Meu irmão Jack

Eu tinha seis irmãos. Maria Mercedes, a pintora, era a mais velha e tinha vinte anos a mais que eu. Depois vem uma série de cinco, de idades próximas, sendo a última Maria Rosa, mais velha que eu doze anos. Sou um benjamim, um autêntico. Tanto me olharam, me admiraram – pode-se dizer que, com minha avó Hileret, tive nove pais – que, sinceramente, não compreendo por que não fiquei mais louco. Ou talvez seja, mas não me dou conta – como saber? Maria Mercedes e Maria Rosa rivalizavam quanto a quem seria, depois da verdadeira, minha segunda mamãe.

As relações com meu pai não deixavam de ser interessantes. Era um homem sério que, em parte por causa de seu sotaque francês, parecia muito com o ator Charles Boyer. Lacônico em suas falas e adorado pelos companheiros de bridge, ele se impunha. Meus irmãos e irmãs, exceto Maria Mercedes, tinham medo dele. Eles o tratavam com respeito, por "senhor". Minha irmã Tula dizia que era um pai severo. Fui o único a tratá-lo por "você". Quando nasci ele tinha cinqüenta anos e era mais velho e mais sábio. Íamos ao zoológico, ele me ensinava a tirar fotos e, às vezes, me levava para pescar com ele na laguna Mar Chiquita. Pescávamos carpas. Ele havia encontrado a isca ideal: vísceras de merluza embebidas com óleo de fígado de bacalhau. Anos mais tarde, um pescador me contou que havia conhecido um francês que tinha o segredo para pescar carpas. Era meu pai.

De fato, meu velho foi mais um avô do que um pai, porque era meu irmão Jack quem ocupava esse lugar. Quando eu tinha seis anos e já me vestia sozinho, meu irmão mais velho me contava histórias na hora do jantar, durante o momento nobre das novelas televisivas. Esses episódios intermináveis duravam semanas, meses, milhões de colheradas de sopa de aletria. Nessas histórias, corríamos, Jack e eu, perigos terríveis. Nossas aventuras quase sempre tinham a mesma forma: um dia, recebíamos uma carta de uma Princesa Africana. Ela estava prisioneira de uma perigosa tribo de canibais, mas um fiel servidor havia arriscado sua vida para nos fazer chegar a missiva. Então, os dois, Emilio e Jack – nessa ordem, se quiserem –, sem hesitar um só segundo, porque a causa era justa e os cavaleiros, valorosos, nos precipitávamos em sua ajuda.

Mas primeiro havia os preparativos. Jack se concedia uma semana inteira para relatá-los minuciosamente, enquanto a pobre princesa se depauperava na sua jaula de bambu. A expedição devia ser organizada com o maior cuidado. A primeira medida era um passeio na rua Florida para olhar atentamente as vitrines. Na maioria das vezes, acabávamos por comprar malas de couro para caçadores, blusões, botas, cantis de cortiça na Harrods. Depois, enquanto eu escolhia camisas cáqui na Gath & Chaves, Jack ia até a companhia marítima para pegar as passagens.

A compra das armas, fuzis e cartuchos era um momento importante. Costumávamos ir a uma loja de armas da rua 25 de Mayo, de um inglês que usava um monóculo e que era de uma extrema polidez. Ele nos tratava com respeito.

– Qual espingarda o senhor deseja hoje, senhor *Emiliou*? – perguntava ele, solícito.

E eu experimentava várias, com o cano sempre voltado para o solo, seguindo as inúteis recomendações de Jack.

Família e amigos vinham ao porto para nos dar adeus. Minha mãe não tinha nenhum temor, ela confiava em seus filhos. Rosita, minha namorada, estava triste. Naquele tempo, não havia nem jornalistas nem televisão no cais. Agitávamos nossos lenços brancos. Convém lembrar que, em 1930, o barco era de rigor: não existia ainda nenhum serviço aéreo para a África, nem, que eu saiba, para nenhum outro destino.

E nós navegávamos, navegávamos, navegávamos para um futuro recheado de perigos.

Aqueles contos fazem parte de meu vivido e é a Jack que devo meu prazer de contar histórias. Devo-lhe minha fantasia.

A propósito de fantasia, Marcos, meu filho, devo lhe contar algo que me cobre de vergonha. Ninguém sabe, é um pesado segredo. Não creio que uma mulher possa me compreender quanto a isso. Embora me seja difícil falar sobre isso, é preciso que você saiba: Marcos, eu fui torcedor do River.

Eu menti pra você, meu filho, ao lhe falar de minhas raízes futebolísticas, eu lhe menti quando lhe dizia que até minhas cobertas eram vermelhas. Eu lhe transmitia a convicção que tinha de sempre ter sido torcedor do Independiente, mas, se alguém exclamava "Ah! Erico!", eu tinha a impressão de ser um judas, porque não me lembro de alguma vez tê-lo visto jogar. Em troca, na minha memória, está gravada, como uma pequena estampa em *strass*, a imagem de Bernabé Ferreyra, Bernabé que tinha o apelido de "o Canhão de Rufino", por causa de seus chutaços (As coisas que a gente é capaz de lembrar!).

Eu achava, Marcos, que os jogadores do River tinham mais a ver comigo do que com meu chofer. Não sei se estou sendo claro: duas vezes por mês, no domingo, ele me levava ao antigo estádio dos Millionarios, do lado do atual Museu de Belas Artes. Eu bem via que o chofer não era torcedor do River, porque ele não sentia nenhum alívio com os passes espetaculares de Bosio. Ora, é impossível ir ao estádio num desses compridos carros dos anos 1930 e não ser pelo River. Está começando a compreender?

Esse futebol com chofer durou até a idade de doze anos, depois isso parou de me interessar, exceto nos campeonatos sul-americanos. Uns dez anos depois, você nasceu. Quando você fez seis anos, quis lhe fazer um barmitsva futebolístico. Eu tinha acabado de assistir a uma partida excepcional da seleção argentina, justamente no estádio do River, contra a Inglaterra. Uma pintura. Se me lembro bem, metemos quatro gols. Os atacantes do Independiente jogavam na equipe: Micheli, Ceconato, Lacasia, Grillo e Cruz eram sensação, eram chamados de Jovens Diabos Vermelhos. Ah! o terceiro gol de Grillo, um verdadeiro poema... Só me tornei torcedor do Independiente com aquele grito de gol. Perdoe-me, então. Foi assim, Marcos.

Todos temos uma coleção de pequenos segredos inconfessáveis, um absurdo bricabraque no sótão. Fortes resistências ridículas. Ora, se se analisa meu caso, o aguilhão do segredo não se aloja na traição no futebol, mas no que ela revela: uma infância dourada, sem rua, sem grama, uma infância atrás dos vidros do Buick – enfim, talvez eu aumente um pouco. De todo modo, Marcos, leve em conta que eu quis lhe dar uma equipe de pura raça. Aliás, você sabe que também sou, como você, torcedor do Independiente; a única diferença é que nos tornamos torcedores dele na mesma época.

Tenho a reputação de falar a verdade, de ser sincero – e eu sou. Entretanto, escondo mil segredos, de todos os tamanhos, grandes e pequenos, que eu não contaria nem mesmo sob o efeito do álcool, e estou convencido de que somos todos parecidos. Nelson Rodrigues concorda comigo, ele diz que "todo indivíduo dissimula coisas que não confessa nem ao padre nem ao psicanalista, nem mesmo ao médium, após a morte". Minha experiência do divã me demonstrou que os segredos banais são os mais difíceis de entregar. São os pequenos ciúmes de todos os dias. E por isso admiro a candura de Freud quando confessa à sua noiva que quis casar com a filha de Charcot, que era gorda e feia, mas herdeira de uma fortuna considerável. Eu mais colocaria um esparadrapo na boca a contar uma tal coisa à minha noiva.

Esse tema do segredo me leva a uma outra confissão. A puberdade foi o período mais difícil de minha vida. Meu primeiro sintoma sério foi um delirante complexo de feiúra: eu me achava horrível no espelho. Meu delírio se apoiava numa realidade espinhenta. Eu era muito bonito quando não me vestia ainda sozinho, a metamorfose ocorreu na puberdade. Os delírios que se apóiam numa certa realidade são os piores. Além disso, o fato de se sentir feio faz ficar feio. Creio, e aí falo como psicanalista, que isso se produziu quando a criança autista que eu era deixou de sê-lo. Além do mais, não há nada mais cruel do que um bando de colegiais que, de repente, descobrem que você tem um nariz grande e olhos pequenos de pálpebras inchadas. Na escola, chamavam-me de "o Macaco". Eu me sentia tão mal com isso que cheguei a não sair da sala durante o recreio. Aquele me parecia ser o mais duro insulto. Cada vez que passo diante dessa escola, ainda estremeço.

Hoje, no terceiro milênio, considero que, de fato, tenho uma cabeça engraçada, meio simiesca. Meus olhos são pequenos, puxados e muito longos, assimétricos, como se a mão de Deus tivesse tremido no momento de esculpir meu rosto.

Com dez anos, em plena crise de feiúra, Jack me surpreendeu com uma nova espécie de história, mais tangível do que a história da Princesa Africana. Ele me disse que eu tinha o jeito de um campeão olímpico de natação.

– Você tem jeito, Emilio, você tem jeito.

– Verdade, Jack?

– Sim, você vai ser o futuro Johnny Weissmuller.

Você notou que ele me chamava de Emilio e não de Emilito.

Jack era um bom nadador. Sua especialidade: as longas distâncias. Treinava no clube universitário e me apresentou a seu treinador, dizendo:

– Ele tem jeito, você vai fazer dele um campeão.

Jack havia me ensinado a nadar quando eu era muito pequeno. Toda manhã, íamos nos banhar em Mar del Plata. Muito rápido eu o acompanhei quando ele nadava para mais longe. Em 1934, eu já nadava bem, sobretudo de costas. Os Jogos Olímpicos de Berlim, em 1936, ocorreram quando eu começava a treinar seriamente na piscina do clube de Jack.

– Você vai ganhar as Olimpíadas de 1940 – me dizia ele.

Acreditei nele – não tínhamos salvado princesas, lutando contra os crocodilos? Nadar foi a paixão de minha adolescência. Eu anotava minhas performances numa caderneta. Conhecia todos os recordes mundiais. Treinava cinco dias por semana. Em toda a minha vida, nunca coloquei tanto ardor em nadar infinitas distâncias, mais e mais, sem falhar um só dia.

O sonho olímpico foi muito importante. Assim como a mudança de colégio, aos treze anos. De fato, eu fui mais um púbere atormentado do que um adolescente atormentado. O sonho olímpico e minha paixão pela natação começaram a produzir seus frutos quando fiz parte da equipe de natação do colégio Champagnat. Tornei-me amigo de Durañona, que era, naquela época, uma espécie de Maradona aquático. Integrar a equipe me proporcionou um certo prestígio com meus colegas de classe e o Macaco ocupava agora um lugar subterrâneo no meu inconsciente.

Tornei-me um nadador mais ou menos. Embora tenha ganhado algumas provas, meus melhores resultados foram ser primeiro nos cem metros costas das provas intercolegiais e meu desempenho em Tucumán.

Tucumán, terra de meus avós Hileret. 1940: campeonato argentino das categorias juniores. Eu participava pelo clube Cadete Universitario. Era uma boa equipe em nado de costas; meu parceiro se chamava Enrique Delor, um grande amigo. Ganhamos e chegamos à final. O perigo era Fernando Lamas.

As mulheres certamente se lembram de Fernando Lamas. Na Internet, pelo menos quatorze sites lhe são dedicados. Um homem belíssimo, que venceu em Hollywood. O protótipo do *latin lover*. Ele se casou com Lana Turner, Esther Williams e Arlene Dalh. Formava com Esther um formidável casal aquático: ela foi campeã olímpica de natação. Fernando Lamas tinha voz grave de tenor e cantava *Granada* no carro que nos levava ao Clube Regatas de Tucumán. As mulheres ficavam loucas por ele, ele parecia com Jack.

Fernando era crawlista, o nado de costas era seu segundo estilo e tinha sete anos mais que eu. A prova dos duzentos metros foi dramática. Fernando partiu velozmente, colocando alguns metros de distância sobre nós, Enrique e eu. Mas, pouco a pouco, nos cinqüenta últimos metros, nós o alcançamos. Fernando não estava bem treinado, deixou-se ultrapassar por Enrique, e faltou pouco para que eu fizesse o mesmo. Delor, primeiro; Lamas, segundo; e eu, terceiro. E, agora, o momento cômico. Fernando e eu formávamos uma dupla irresistível, tipo Batman e Robin, de modo que, naquela noite, demos autógrafos. Juro por minha medalha de bronze. Em Tucumán, comecei a ter uma certa popularidade.

Veio o dia em que eu quis saber:

– Me diga, Jack, você realmente acreditava que eu podia ganhar a medalha de ouro?

Ele levou algum tempo para responder:

– Não. Você não tinha suficiente rapidez.

Não perguntei a Jack por que ele havia me contado a história de Tarzã, eu sabia a resposta. Devo a ele minha paixão pelo esporte. Ninguém teve tanta influência sobre mim.

Depois de Jack vem Carlos, mais novo que ele dois anos. Carlos, meu irmão problemático. Um armário, um metro e oitenta, todo músculos. Ele me ensinou a boxear no terraço de Viamonte. Carlos era um irmão marcial, severo e, quando eu brigava com um companheiro, ele nos levava para o terraço e nos colocava as luvas. Ele até criou um clube de boxe para crianças e, todos os sábados, lutávamos três rounds de dois minutos. Em suma, Carlos completou o que Jack havia iniciado. Mais tarde, rompemos por causa da psicanálise. Carlos era cardiologista, pensava que os psicanalistas eram charlatães. Isso nos afastou...

No colégio, briguei freqüentemente por causa do apelido – "o Macaco" – com que me enfarpelaram. Minha primeira briga de rua, muito pitoresca, ficou gravada na minha memória. Eu tinha dezesseis anos e, como filho de membro, tinha a carteira do Jockey Club. Para ter aparência de mais idade, usava um boné derby quando ia às corridas. Um dia, fui ao hipódromo. Na esquina de uma rua, dois caras disseram: "Boné, sai dessa cabeça". Morreram de rir. Não podia ficar parado, era preciso reagir. Então, disse ao que ria mais forte: "Quer brigar?". Sufocado pelo riso, ele respondeu: "De acordo". Eu o levei para a minha casa, no terraço, apanhei as luvas e, com seu amigo como árbitro, fizemos três rounds de dois minutos. Não houve vencedor naquele dia, empate, no entanto eu estava no meu território. Antes de partir, meu rival pediu água; o mordomo lhe trouxe um copo numa bandeja de prata. Ao sair, ouvi-o dizer: "Lutei com um cavalheiro".

3
Pirueta sexual

Dizia-se que eu era inteligente, mas eu sempre duvidei, duvido e duvidarei. Minha inteligência prática é lamentável. Uma vez, no campo, num churrasco, eu quis me servir de vinho. Ora, eu tinha água no meu copo. Ao invés de esvaziá-lo na erva seca, fui até a pia de uma distante cozinha. Eu não era um sábio distraído, era burro. Tenho os bolsos cheios de exemplos como esse e fico orgulhoso de mim quando encontro uma solução prática e razoável para um problema, por exemplo quando eu, que não sou nada jeitoso com as mãos, consigo consertar uma tomada.

Tive que repetir meu curso preparatório, mas, com o tempo, melhorei. No ano de meu bacharelado, eu figurava nos dez primeiros. No entanto, nunca fui brilhante. Era um aluno relativamente aplicado, relativamente cuidadoso, sempre muito sensato, bem mais que a média. Um ponto em meu favor: em toda a minha carreira universitária, nunca colei e nunca conheci o gosto do fracasso num exame. Pode-se dizer que fui um aluno simpático, de comportamento correto, um filho de pais ricos dotado de um nome de família francês. É importante nascer numa família afortunada, isso dá segurança, uma certa mais-valia social e todo um verniz cultural na hora de manejar os talheres, a língua e as gorjetas. Esse verniz pode ser chamado de "ter classe".

Sou sem jeito, pois, mas com estilo, e foi elegantemente que, no dia do churrasco, esvaziei meu copo de água na pia. Eu nadava com estilo, jogava golfe com estilo, era bom em equitação e no tênis. Também aprendi a arte de perder com elegância, o que não é pouca coisa. Considero-me um homem elegante.

Se o ato psicanalítico não tivesse sido um mediador, eu teria sido sempre o terceiro na vida; seria um homem aplicado, de ar distinto, que nunca teria ido muito longe.

Até dezoito anos, apesar de meu glorioso terceiro lugar nas provas de natação em Tucumán, não tive namoradas. Todos os meus amigos beijavam a torto e a direito, alguns inclusive na sala do cinema Rex. As meninas não prestavam atenção em mim. Até esse famoso sábado no qual fui patinar no antigo Skating Ring da avenida Las Heras, em frente ao Jardim Botânico. Uma moça me olhou, sorriu e, naquele momento, a pista tomou as cores do arco-íris. De mãos dadas, patinamos mais e mais, como duas felizes estátuas soviéticas.

Elenita não era muito bonita, de modo que meus amigos a apelidaram de "a macaca patinadora" – o macaco e a macaca patinadora! Mas me escolhera entre um monte de patinadores. Quando ela me disse que eu a agradava, ficamos noivos, mas ela impôs suas condições: cinema no sábado à tarde, telefonema na quarta e no domingo à noite. Reinava uma tremenda burocracia sentimental. Ela me amava como esses japoneses que cultivam bonsais. Seu mundo era pequeno, mas escute bem, Jack, não contei ainda o pior a respeito do telefonema do domingo. Eu tinha o dever dominical de estudar o suplemento literário de *La Nación*. À noite, Elenita me interrogava, artigo por artigo, crônicas, ensaios, poemas, críticas literárias... Como eram enervantes essas críticas literárias! Eram escritas em letras pequenas, num cinza fechado, típico daquela época. Mas não bastava ler, também era preciso "forjar seu próprio julgamento", me dizia Elenita, pérfida, enquanto eu fazia bolinhas de papel. Depois desse dia, fiquei complexado pelo suplemento literário de *La Nación*, suas frases pareciam sempre mais pertinentes que as minhas. Muito mais chatas, mas mais pertinentes. Rompi quando Elenita quis acrescentar *La Prensa* ao programa.

Vou lhe confessar uma coisa: nunca abracei Elenita, apenas segurei sua mão no cinema, depois passei diretamente para a cama com uma divorciada. Trepei antes mesmo de beijar de língua. Estranha pirueta sexual.

Era uma amiga de meus pais, se chamava Odila. Eu a conheci num cruzeiro com meus velhos à Tierra del Fuego, de retorno do campeonato de Tucumán. Papai e Odila eram fanáticos pelo bridge e excelentes jogadores. Mamãe, mais discreta, os seguia. Tendo o capitão se revelado nulo nas cartas, os dois grão-mestres programaram um curso intensivo de bridge. Quando chegamos a Bahia Blanca, eu já sabia jogar a ponto de poder integrar o quarteto. Navegamos, navegamos e, em Comodoro Rivadavia, papai já estava me levando a sério. Sentir que ele me respeitava era importante para mim. Ele estava orgulhoso de seu garotinho e eu me perguntava se existiam olimpíadas de bridge.

Odila descobriu meu talento para o carteado, como ocorre com esses idiotas que possuem uma memória infernal. Mas não tinha nada a ver com a "macaca patinadora": para nós, era a astúcia com o nove de paus. Em Puerto Deseado, eu jogava bem. Tornei-me um jogador erótico, cada manifestação no jogo suscitava um *frisson*. O ponto culminante ocorreu em Rio Gallegos, após minha primeira série de vitórias. Naquela noite, o jogo acabou mais cedo, cerca de uma hora da manhã, meus pais me felicitaram e decidiram se retirar. Fiquei sozinho com Odila. Ela tinha vinte e cinco anos mais que eu, uma fabulosa Mae West. Minha timidez dissimulava uma febril emoção. Então, após um longo silêncio, à beira do infarto juvenil, eu lhe perguntei se ela queria ver como eu tocava a harmônica, ela respondeu que sim, eu lhe disse que a harmônica estava na minha cabine, ela disse sim, e lá ela tomou a iniciativa com o charme de um gordo gato persa. Naquela noite, perdi minha virgindade. A experiência me transformou. Jack e Odila são pessoas que me marcaram intensamente durante meu período pré-psicanalítico. Devo a Odila minha entrada no mundo mágico da sedução.

É curioso, depois daquela data nunca mais joguei bridge seriamente. Meu manejo do carteado se estiolou e eu me tornei um banal jogador ocasional.

Já antes da aparição de Freud, produziu-se em mim uma mudança ideológica que me fez perder a crença em Deus e apreciar as coisas refinadas da vida. Meu estilo começou a ter estilo: descobri Aldous Huxley e Montaigne, comecei a apreciar um bom filme, Sartre e a experimentar sem temor "miolos à romana". O leque de meus gostos se ampliou.

Redescobri meu pai. Não sei como, talvez durante esse cruzeiro. Então começamos o ritual de almoçar juntos toda primeira quinta-feira de cada mês no restaurante da esquina. Meu velho, que era um admirador de Freud, havia lido suas obras fundamentais. Ele me passava os livros e, na quinta-feira, me explicava o que eu não havia compreendido. Em seguida, me passou *A mulher frígida*, de Stekel, e esse livro me fascinou; ele despertou, confesso, meu interesse erótico pela psicanálise. Stekel contava histórias sexuais incríveis. Lembro-me do caso de uma pobre mulher incontinente que fazia xixi; os homens se afastavam dela, até que ela encontrou um que tinha uma fixação uretral: ele adorava o aroma de sua noiva. Eles foram felizes numa lua-de-mel e de amoníaco. Stekel era, parece, um grande mentiroso, mas quando, anos mais tarde, eu o estudei, ao escrever minha biografia de Freud, me dei conta de que ele tinha grande talento. Da "velha guarda", só Jung o supera.

A mulher frígida foi a porta de entrada, e o terreno era fértil. A razão de minha vocação tenaz e definitiva merece que eu fale um pouco mais de meus pendores. Sua origem remonta à minha adolescência, época na qual a ex-criança forja sua identidade. A criança não tem identidade, tem apenas um projeto de identidade que se chama "quando eu crescer". Não sabe ainda o que será. Durante a puberdade, os ossos se solidificam e os traços do rosto se fixam para sempre. O símbolo laico dessa passagem é a carteira de identidade, aquela que nos classifica civicamente, perpetuando as impressões digitais de nossa alma. Creio que meu delírio de feiúra revela um sintoma de meu processo identificatório: eu não queria ser aquele que eu via no espelho. Teria sido um bom momento para começar uma análise, pois nele se passa do que se é para o que o outro é. O outro se parece comigo ou é diferente de mim? Entramos no reino da intuição, da interpretação. A partir de meu complexo de inferioridade, eu escrutava os outros, perguntando-me se eram como eu.

O livro de Stekel convidava a falar de sexo. Num dos almoços com meu pai, contei-lhe minhas aventuras com Odila e com minha professora de inglês. Papai era um homem perspicaz: já havia tido a intuição disso. Na quinta-feira seguinte, para meu assombro, começou a falar de sua sexualidade na juventude. Trocamos figurinhas, as do velho eram de cor sépia, com corpetes e apartamentozinhos. Chegou o dia em que eu lhe disse:

– Papai, eu queria alugar um apartamento.

– Um o quê? – me perguntou ele, com seu ligeiro sotaque francês.

– Um apartamentozinho.

Pedido concedido. Tive um pequeno apartamento em Belgrano, que eu dividia com dois amigos. Papai pagava o aluguel e eu me sentia orgulhoso de ter um pai tão legal.

Para resumir, em cinco anos eu passei, então, de púbere atormentado a rapaz com apartamento: início de uma metamorfose imprevisível.

A mudança se manifestou em várias frentes, exceto em política: em 1938, por causa de minha educação católica, eu era evidentemente franquista e, se tivesse podido votar, teria votado em Uriburu. A guerra também não produziu em mim nenhum impacto: sendo filho de francês, estava com os Aliados, mas, se tivesse sido filho de alemães, teria estado na Graf Spee. Os efeitos de Sartre ainda não se faziam sentir.

Ao escrever essas Memórias, lembranças enterradas me voltam ao espírito. No dia em que me formei bacharel, ninguém se interessou pelas notas que eu obtivera e fiquei um pouco vexado. Mamãe simplesmente me recordou que à noite festejávamos o aniversário de Jack. Quando cheguei para jantar, a luz da sala de jantar estava apagada e as portas fechadas. De repente, tudo se iluminou e me vi diante do seguinte espetáculo: o salão estava decorado com bolas e guirlandas e minha família completa estava fantasiada de crianças com tranças e com patinetes. Uma idéia de mamãe, que parecia uma linda garotinha de cinqüenta e sete anos. Esse tipo de episódio lúdico redime as famílias.

Em 1940, entrei no primeiro ano de medicina. Uma vez mais, eu era um estudante mediano. A anatomia patológica não me entusiasmava. No segundo ano, um colega de medicina abandonou seus estudos para criar cabras; a idéia me tentou. Quando falei dela com minha mãe, ela me respondeu, para minha grande surpresa:

– Eu sempre disse que era mais fácil ser dentista...

Dentista! Sua complacência me assustou e fez com que eu prosseguisse meus estudos. Eu tinha, pois, a prova tangível de que ela não me considerava uma pessoa inteligente. Na realidade, hoje me dou conta de que sua reação foi das mais astuciosas. Eu esperava choros e reprimendas de sua parte, ela me provocou em meu amor-próprio...

O lento crepúsculo da família começou quando eu tinha dezoito anos. O apogeu familiar foi durante a minha infância. Quando nasci, meu pai insistiu que minha primeira bebida fosse champanhe francês numa colherinha de prata, emblema de nossa opulência. Mas essa opulência pouco a pouco secou: os três tipos de peixe se reduziram a dois, depois a um; os empregados domésticos se foram, um após outro. O termômetro que registrou a suave ladeira de nossa decadência foi a mesa da noite de Natal. Passou-se do champanhe francês ao champanhe nacional, depois à sidra. Essa sidra coincidiu também com o fim do peru e com minhas primeiras lágrimas de plebeu.

Triste crepúsculo de uma família que sempre havia ignorado a dinâmica do dinheiro. Nunca soube como ganhá-lo. Com a idade, eu me tornei sovina. O destino do mão-aberta é se tornar pão-duro. Raul Seixas inventou um provérbio divertido: "A formiga trabalha porque não sabe cantar". Meu pai nunca foi formiga, é a ele que devo meu poder de cantar.

Tula, minha quarta irmã, era o modelo preferido de Maria Mercedes, que a retratou numerosas vezes. Ela se apaixonou por um navegador solitário, o que me impressionou muito. Tula exercia um poder especial sobre mim: eu considerava todas as coisas que ela me dizia como axiomas. Uma vez ela me disse que seu noivo tinha dado a volta ao mundo alimentando-se exclusivamente de biscoitos. Acreditei nela. Depois ela ficou louca por um médico judeu que se chamava Jorge Weil. Minha família não fez escândalo, mas faltou pouco. Jorge Weil era psicanalista e isso, sem dúvida, foi o que deteve meu pai.

Em 1943, quando eu estava no terceiro ano de medicina, decidi começar uma análise. Papai aceitou. Arnaldo Rascovsky era, na época, o analista mais cotado. Fui vê-lo e logo simpatizei com ele. Era um cara extremamente dinâmico. Não falava como os outros professores de medicina, era mais aberto, olhava direto nos olhos. Um homem otimista, uma espécie de Jack. Ele me cobrava cinco pesos por sessão de cinqüenta minutos, e eu o via quatro vezes por semana.

Foi toda uma aventura. Desde a segunda sessão, me deitei no divã e um mundo maravilhoso se abriu para mim.

4
Amante louco

A história se deu no Rio, durante a Segunda Guerra Mundial. Eu havia feito essa viagem porque estava apaixonado por uma austríaca, uma maravilhosa vienense que, no ano anterior, em Paquetá, me havia feito passar, em uma só noite, de uma desastrosa impotência ao maior delírio sexual. Traute tinha quinze anos mais que eu. Antes da guerra, havia sido uma atriz em plena ascensão no *Wien by Nacht*. Uma mulher de íris raiada de verde e de olhar triste. Um olhar sem esperança, mas que dava esperança. Fiquei apaixonado. Perdidamente.

O Rio foi meu Casablanca. Como austríaca, Traute era considerada prisioneira de guerra, o que aumentava seu charme. Não me perguntem por quê, mas, como ela era uma inimiga do Brasil, o acesso aos bailes de carnaval lhe era proibido. Naqueles anos de guerra, os bailes aconteciam nos clubes, por causa do *black-out*. Fomos, pois, dançar uma valsa endiabrada na praça solitária do Lido, assombrada pelo fantasma do poderoso Teuton. Depois passei um mês inteiro em Paquetá, a ilha dos apaixonados.

No aeroporto Santos Dumont, choramos. Prometi a Traute voltar no ano seguinte. Foi uma jura. Durante um ano, traduzi vários livros de medicina, dei cursos de francês, fiz uma criação de peixes-espada (eles são vivíparos e se reproduzem facilmente) e mil outros bicos. Tudo isso em silêncio, sem lhe enviar uma única carta. No dia 1º de fevereiro, ao cair do sol, cheguei e passei por seu hotel, deixando na portaria um frasco de Chanel nº 5 acompanhado de um bilhetinho no qual eu marcava encontro no Leme, nosso bar preferido. Eu me lembro, as paredes do bar do Leme eram cobertas de espelhos. Chovia. Esperei, extremamente impaciente, temendo que ela não fosse. Traute chegou tarde, com os olhos anuviados e os cabelos molhados. Com sua capa de chuva negra, diríamos que era uma Michèle Morgan vienense. Uma bela espiã européia, espionando por amor, vulnerável, de olhar angustiado.

Ela chegou, então, emocionada; sentou-se, agitada; apertou meu braço sem me abraçar. Pedi um café. Silêncio. Inibição mútua.. Traute vai falar, ela fala. Tem algo importante a me dizer. Não colocou o perfume que lhe dei. Está desolada, diz ela. Teve dificuldade de prosseguir. Interpreto sua dificuldade como piedade. É a primeira vez que alguém experimenta a meu respeito essa espécie de piedade sentimental.

– Por que você não escreveu?

Acendo um cigarro.

– Você é maior – diz ela.

Pausa.

– *Understand?* – prossegue ela, num péssimo inglês. Ela sem dúvida queria dizer: um homem adulto. Eu tinha vinte anos.

– Existe outra pessoa, *Understand*?

– *Yes* – eu compreendia tudo. De fato, minha única atividade consistia em compreender. Eu tinha o espírito vazio, cheio de brumas, estava à beira das lágrimas, mas morderia os lábios antes de chorar.

Yes, era claro. Fiz mal em não lhe escrever. *Yes*, ia passar.

Saindo do bar, entrei na semana mais torrencial da minha vida. Choveu, choveu torrencialmente, dia e noite, sem parar. Dentro e fora...

Eu estava alojado no Leme, numa pensão sórdida, mas que estava lotada: era carnaval. Consegui encontrar um cômodo de corredor, uma pequena ante-sala estreita que dava para o quarto de um casal angolano. Eu os escutava passar, falar, rir, porque não fechava o olho, dia e noite. O tempo parava nos lençóis molhados de suor, eu ficava prostrado na cama, a cada dia mais psicótico, crucificado no grande olho da tormenta.

No sétimo dia, o sol enfim saiu – e não exagero: foram, verdadeiramente, dias de dilúvio. Acompanhado do sol, saí, atravessei a Avenida Atlântica e mergulhei nas ondas. Depois voltei da praia, ensaboei meu corpo pálido e rançoso, me barbeei, pus talco, passei no meu corpo um óleo hidratante e me perfumei. Pronto para o próximo round. Escolhi um elegante smoking branco herdado de meu irmão Jack, me arrumei dos pés à cabeça. O cara que me olha no espelho parece desgastado, mais velho, mas também mais interessante. O casal angolano sorriu em sinal de aprovação.

Às vinte e uma horas estou no Copacabana Palace, percorrendo salas luxuosas e de um esplendor decadente. Dirigi-me para a mesa de bacará, tomei lugar numa extremidade. Comecei a jogar. Apostei alto para minhas posses, mas baixo para o nível das apostas. Na outra ponta da mesa jogava uma mulher loura de uns trinta anos, de unhas pintadas de branco. Foi a primeira vez que vi unhas brancas. Ela tem um-não-sei-quê de Lauren Bacall; a atmosfera é a de *Casablanca*. As apostas se sucedem e eu ganho, não pouco, mas também não muito. A loura, em contrapartida, ganha tudo. O *sabot* lhe chega, a banca é dela. Uma mulher de sorte. A maioria dos jogadores presentes aposta com ela, mas eu, após ter consultado meu anjo guardião, decidi jogar sozinho contra. Nós nos olhamos, uma verdadeira cena de filme, juro a você. As mãos pintadas de branco me passam as cartas, lanço um olhar: oito; eu ganho. Deixo lentamente a mesa, sustentando meu papel à perfeição. Naquele momento, uma idéia me atravessa: telefonar *para ela*.

– Boa noite, Traute. Eu estava verdadeiramente mal, mas agora estou melhor, sou um homem de sorte. Estou com vontade de ver você, como amigo, como correspondente de guerra, o que você quiser, *understand*? Reservei uma mesa para dois no restaurante do Copacabana Palace. Estou de smoking – aviso.

Uma hora depois, Traute chegava, muito bela em seu velho vestido longo de seda verde.

Play it, Sam...

5
Psicanálise argentina

A história da psicanálise na Argentina é tão extraordinária quando a das minas do Rei Salomão. Aliás, a Buenos Aires de 1945 e a Viena de 1905 se parecem: o inconsciente foi para elas um verdadeiro filão de ouro.

A onda freudiana tocou Buenos Aires no início dos anos quarenta, mas essa não foi a certidão de nascimento da psicanálise latino-americana: o Peru de Honorio Delgado (1892-1969) e o Brasil de Durval Marcondes (1899-1981) tinham uma boa distância à frente da Argentina. Em 1926, em sua biografia de Freud, Delgado afirmava – e era o primeiro a escrevê-lo – que Jacob Freud, pai de Sigmund, tivera três esposas e não duas, como atestava a historiografia oficial. Quanto a Marcondes, ele deitava desde 1936 no divã de Adelheid Koch. Essa vienense de rosto simpático, que poderia passar pela irmã fóbica de Marie Langer, chegava diretamente do prestigioso Instituto Psicanalítico de Berlim. Que eu saiba, Delgado não praticou a psicanálise. Quanto a Marcondes, foi um erudito psicoterapeuta.

Buenos Aires entrou na arena psicanalítica com Angel Garma (1904-1993); voltarei a isso logo. Mas notemos aqui, com o historiador Hugo Vezzetti[1], que a história do freudismo é diferente da história da psicanálise:

---

[1] Hugo Vezzetti, *Las Aventuras de Freud en el país de los Argentinos*, Buenos Aires, Paidós, 1996.

Freud, como ícone cultural, precede a psicanálise clínica de divã. A história do freudismo começa com José Ingenieros (1877-1925), que, em 1904, já citava Freud em seus textos, embora o lesse através de Janet, seu maior rival francês. Mas Ingenieros estava pouco à vontade diante do "pansexualismo" freudiano e imagino que ele teria se sentido mais em família com "o estado hipnóide" de Breuer. Juan Beltrán também fala positivamente da psicanálise, mas com a mesma reserva: a *sexomania* de Freud o perturba. Na realidade, o "pansexualismo" atormentou muitas pessoas. O sutil Jung foi mais facilmente acolhido, sobretudo nos países latinos.

Curiosamente, apesar da excelente tradução feita por Lopez Ballesteros, os intelectuais de Buenos Aires, sob a influência de Victoria Ocampo, leram Freud em francês, perguntando-se se o inconsciente, bem considerado, não era uma invenção de Bergson...

Na metade dos anos 1940, um acontecimento teve lugar: a juventude de Buenos Aires, saída de uma classe média em expansão, descobriu Marx, Freud e Nietzsche. "Nessa sociedade construída em espelho em relação à Europa", escrevem Élisabeth Roudinesco e Michel Plon, "quando os filhos de emigrados começaram a ter acesso ao poder, a psicanálise parecia ser capaz de trazer a cada sujeito um conhecimento de si, das raízes, da origem, da genealogia. Nesse sentido, ela foi menos uma medicina de normalização, reservada a verdadeiros doentes, que uma terapia de massa a serviço de uma utopia comunitária. De onde seu sucesso, único no mundo, com todas as classes médias urbanas. De onde também sua extraordinária liberdade, sua riqueza, sua generosidade e sua distância em relação aos dogmas"[2]. Sem dúvida Élisabeth Roudinesco exagera um pouco, mas não deixa de ser verdade que o "fenômeno argentino" foi verdadeiramente extraordinário.

É necessário falar aqui dos argentinos, que formam um amálgama surpreendente de camaleões e astuciosos melancólicos. Somos excelentes clonadores de culturas estrangeiras. Certo, não temos o talento dos japone-

---

[2] Élisabeth Roudinesco, Michel Plon, *Dictionnaire de la psychanalyse*, Paris, Fayard, 1997, p. 58.

ses, mas, como dizia Vittorio Gassman, nós nos viramos modestamente. A partir dos anos 1930, soubemos assimilar à perfeição os produtos culturais europeus. Nossa história e nossa geografia nos colocam numa posição – digamos – versátil. Como eu disse em outro lugar, somos bicéfalos: uma cara voltada para a Europa e a outra para nosso umbigo.

Alguns pensam que essa versatilidade do psicanalista argentino floriu apesar do regime peronista e sua correlativa repressão. Não creio. Correndo o risco de ser condenado à fogueira, diria, antes, que foi o peronismo que permitiu à psicanálise desenvolver-se sem excesso de problemas em Buenos Aires.

Partamos de um pressuposto: o peronismo e a psicanálise não são estruturas democráticas. Em 1908, antes do primeiro congresso psicanalítico de Salzbourg, Freud escreve a Ferenczi: "O que você pensa da formação de uma associação que tornasse a organização mais rigorosa?". Ferenczi responde: "Não penso que a concepção psicanalítica do mundo conduza a um igualitarismo democrático. A elite intelectual da humanidade deve conservar sua autoridade absoluta". Creio que Platão preconizou algo semelhante (a expressão enfática "elite intelectual" é de Ferenczi). Freud está na mesma órbita: "Freqüentemente pensei sobre a hegemonia dos filósofos platônicos". Depois o tom se torna conspirador: "Eu lhe recomendo, para seu próprio bem, que fique vigilante no que se refere à organização". Freud recomenda prudência. O surpreendente é que Ferenczi foi o mais democrático dos pioneiros. Uma única coisa lhe escapará: a presidência da Associação Internacional de Psicanálise (IPA). A psicanálise e o peronismo não são modelos de democracia. Desconfiavam um do outro, não se apreciavam mutuamente, mas conviviam.

Gostaria de fazer aqui um paralelo delirante entre Juan Domingo Perón e o imperador Francisco José da Áustria. O século XIX foi essencialmente nacionalista, berço das nações modernas. Encontramos seu paradigma em Francisco José, coroado imperador aos dezoito anos, em 1848. Durante sessenta anos, ele dominou a política da Europa Central, deixando sua marca no Império. Em sua autobiografia, Marie Langer escreve: "Vivi um complexo de Édipo imperial... Em 1916, quando eu tinha sete anos, ano da revolução bolchevique, o imperador Francisco José morreu. Eu não podia acreditar, era como se Deus tivesse morrido. O fato de que eu acreditasse na imortalidade do imperador indica que, para minha família, e talvez para a burguesia austríaca inteira, o império de Francisco José, apesar de suas contradições políticas e sociais, era intemporal". Pode-se dizer que Perón foi nosso Édipo imperial.

A sociedade vienense do fim do século XIX trouxe um brilhante renascimento cultural, com toda uma geração de intelectuais, a de Freud e Wittgenstein, Kafka e Weininger, Strauss e Mahler. Sem perder de vista as diferenças, o mesmo fenômeno se produziu na Argentina, com Evita, Che Guevara, Borges, Cortázar e Astor Piazzolla.

Nos seus primórdios, a Asociación Psicoanalítica Argentina (APA) tinha sua sede na rua Juncal. Um agente de segurança, por decisão policial, estava postado na entrada dos seminários. Um de nossos divertimentos consistia em inventar casos clínicos escabrosos, de moças fornicando com turcos bigodudos, e ver a cara que o vigilante fazia.

Os tempos míticos são sempre heróicos. Juncal, em Buenos Aires, em 1943, lembra as reuniões da Sociedade Psicológica da Quarta-feira, em Viena, em 1902. Stekel deixou destas últimas um testemunho vivo: "As primeiras reuniões foram uma fonte de inspiração. Toda quarta-feira, escolhíamos um tema ao acaso e participávamos todos, e com entusiasmo, da discussão. Havia uma perfeita harmonia entre nós cinco. Éramos pioneiros em terra ignota e Freud era nosso líder. Lampejos saíam de nossos espíritos e a cada noite era uma revelação que nos esperava".

Nos grupos, há momentos de lampejos. A partir de 1945, assisti a tais momentos nas reuniões da Asociación Psicoanalítica Argentina, da qual eu fazia parte.

Em 12 de dezembro de 1942, a ata de fundação da APA é assinada. Trazia apenas quatro assinaturas, as de Celes Cárcamo, Angel Garma, Enrique Pichon-Rivière e Arnaldo Rascovsky. Um ano depois – um tempo recorde –, a APA é admitida na confraria da IPA. Naquele ano era publicada a *Revista de psicoanálisis*. Desde a origem, a produção escrita do grupo foi abundante, um outro ponto comum com a Sociedade Psicanalítica de Viena no início do século XX.

Montemos o cenário e apresentemos os personagens.

Cárcamo, que tinha a aparência de um belo e elegante *gaucho*, parte para a Europa em 1936 e começa sua formação em neuropsiquiatria no hospital Sainte-Anne, sob a direção de Henri Claude, chefe da dinâmica e organicista escola francesa e um dos professores de Lacan. Cárcamo e Lacan provavelmente se cruzaram nos corredores de Sainte-Anne: o primeiro entrava quando o outro saía. Nesse mesmo ano, Cárcamo começa uma análise com Paul Schiff; mais tarde, fará que ele seja conhecido como o único analista francês a ter entrado para a resistência. Cárcamo foi admitido no Instituto Psicanalítico de Paris. Em 1939, sendo a guerra iminente, ele antecipa seu retorno para Buenos Aires e retoma contato com Angel Garma, que ele havia conhecido na França.

Quando Angel Garma chega a Rio de la Plata, em 1938, tem trinta e quatro anos e uma sólida bagagem psicanalítica. Nascido em Bilbao em 1904, ele se interessou pela psiquiatria durante seus anos de estudos, sob a influência do versátil Gregorio Marañon. Em 1927, vai para a Alemanha para se especializar. Um ano depois, entra na Policlínica de Berlim, na qual Max Eitington, a eminência parda da psicanálise, o recebe de braços abertos. Eitington lhe recomenda que faça análise com Theodor Reik. No mundo ainda pequeno da psicanálise, Garma compartilha o divã com Paula Heimann, minha futura analista. Seus supervisores serão Karen Horney e Otto Fenichel. Em 1931, tendo acompanhado seminários e preenchido as condições de formação, retorna para a Espanha, onde exerce a profissão de psicanalista durante cinco anos em Madri, em meio a uma fortíssima resistência psiquiátrica. Quando estoura a guerra civil, emigra para a Argentina, onde viviam suas irmãs. Sua clínica prospera rapidamente, porque ele encontra um grupo talentoso de jovens psiquiatras desejosos de fazer uma análise. Entre eles, Rascovsky e Pichon-Rivière. Garma sem dúvida reconheceu neles o ardor analítico dos pioneiros, ardor que ele mesmo exibia generosamente. Conheci poucos fanáticos do calibre de Garma e Rascovsky.

Há algo que admiro em Garma: sua formidável capacidade de analisar os mitos. Ela o leva, por exemplo, a concluir que a Virgem Maria era uma puta; o estábulo, com suas pequenas lâmpadas, um bordel; e os Reis Magos que traziam presentes, sultões farristas que passavam uma noitada em Belém. Exatamente o tipo de pensamentos blasfematórios que só um psicanalista espanhol pode ter.

Enrique Pichon-Rivière, nascido em Genebra em 1907, passa sua infância entre Chaco e Goya, na província de Corrientes. Sua mãe o envia a Buenos Aires para fazer seus estudos de medicina. Segundo Jorge Balán, ele "leva então uma vida dissoluta, fortemente alcoolizada, plena de fascinação pela louca revolução intelectual de Buenos Aires e pelos textos de Roberto Arlt". Seu interesse por Lautréamont data daquela época. Torna-se amigo de Federico Aberastury, grafólogo, talentoso e *borderline*, que o introduziu na psicanálise. Ele teve acesso a ela pela leitura de Adler. Se se considera sua trajetória em psicologia social, pode-se dizer que nunca abandonou sua primeira vocação pedagógica.

O jovem Pichon-Rivière organiza seus conhecimentos em torno de três pólos: a psicopatologia, a posição psicossomática e os textos de Lautréamont. Os *Cantos de Maldoror* foram para ele o que o caso Schreber foi para Freud, ou o caso "Aimée" para Lacan.

Em 1936, recebeu seu diploma de doutor em medicina e, no ano seguinte, se casou com Arminda Aberastury, estudante de letras e filosofia, irmã de seu amigo e mentor Federico. Formaram um casal elegante, culto e talentoso. Sua casa era um verdadeiro salão literário. A partir de 1938, participaram regularmente das reuniões dominicais dos Rascovsky.

Arnaldo Rascovsky tem a mesma idade de Pichon-Rivière. Nasceu em Córdoba e muito jovem deixou Buenos Aires com sua família. Filho de um judeu russo pouco culto e de uma mãe analfabeta, o pai construiu uma pequena fortuna que perdeu mais tarde, na crise econômica de 1913. Segundo Jorge Balán, "o pai jamais se recuperou dessa perda e morreu num obscuro acidente de estrada em 1936, mesmo ano em que Arnaldo se apaixonou por Freud e Jung". Pouco depois, Matilde Wencelblat, jovem e bonita herdeira das peleterias de mesmo nome, entrou na sua vida. Os Wencelblat eram muito ricos e a conversão de Arnaldo Rascovsky à psicanálise arrastou toda a família. Não posso aqui me impedir de associar os Wencelblat e os Eitington: duas grandes famílias ricas peleteiras, as duas mecenas da psicanálise[3].

---

[3] Sobre Max Eitington, ver Emilio Rodrigué, *Freud, le siècle de la psychanalyse*, tomo 2, Paris, Payot, 2000, cap. 59.

Arnaldo e Enrique rapidamente se tornaram amigos, irmãos em sua paixão por Freud. Mas eram como Laurel e Hardy. Tudo os separava: linhagem, raça e aspecto. Arnaldo era atarracado, loquaz e expansivo; Pichon, longilíneo, esquizóide e reservado. Os dois eram talentosos e quase geniais.

O grupo sustentava a idéia messiânica de salvar a psicanálise do perigo do nazismo. O freudismo continuaria às margens do Rio de la Plata. A tocha passaria de Viena para Buenos Aires.

Marie Langer nasceu em 1910, em Viena. Caçula de uma família assimilada, atéia e de um nível econômico elevado, tinha o costume de dizer: "No colégio, estive com o Homem dos lobos". Segundo ela, sua mãe era uma judia "contrariada" que – me passou pela cabeça – poderia parecer com a Dora de Freud. Ela foi a amante de Eugène Steinach, célebre cirurgião, inventor de uma operação de ligadura dos testículos. Ele operou Freud em pessoa e aparece citado em *Além do princípio de prazer*. Já na adolescência Marie tinha uma inclinação para a esquerda. O clima político de Viena a Vermelha, depois de outubro de 1917, era propício ao marxismo. É muito surpreendente que ela não tenha sido adleriana, porque essa escola estava na vanguarda da esquerda psi. Em contrapartida, é analisada por Richard Sterba, o autor de *Reminiscências de um psicanalista vienense*.

Sobre Marie Langer não hesito em meter a colher, porque a história contada pela Associação Psicanalítica Internacional é falsa e hipócrita. Ernst Federn, porta-voz da instituição, diz em seu artigo intitulado "Sobre os analistas politicamente ativos": "Quando Freud ainda estava vivo, isto é, até a declaração da Segunda Guerra Mundial, o 'movimento psicanalítico' agiu de maneira neutra". E cita o exemplo de Marie Langer, que "pôde exercer sua atividade política em Viena e na Espanha". No entanto, basta abrir a autobiografia de Marie. Nela se lê que, "para proteger a psicanálise [...], o estado-maior que cercava Freud decidiu que nenhum psicanalista tinha o direito de exercer qualquer atividade política num partido político proibido [...]. Nessa época [1934], o partido socialista, o partido comunista e o partido nacional-socialista eram proibidos". Aí começa o conflito entre a militância política e a formação psicanalítica. O pai de Ernst, Paul Federn, proíbe Marie de entrar na Sociedade Psicanalítica de Viena. Ela tinha apenas um ano de formação quando foi denunciada por uma paciente e teve que abandonar os seminários, embora Kurt Eissler a tenha defendido.

Momento decisivo em sua vida. Marie Langer, seguindo sua veia política, embarca para a Espanha, então em plena guerra civil. Lá ela trabalha no campo de batalha como anestesista nos hospitais de campanha. Também lá conheceu a *Pasionaria*, que lhe ofereceu, em um jantar, uma lendária azeitona. Lá, ainda, encontrou o cirurgião Max Langer, com quem se casou. Terminada a guerra civil, Marie e Max emigram para o Uruguai e se instalam numa cidade costeira perto de Colonia. Agora, se passo no pente fino seu passado, me dou conta de que ela interrompeu sua prática de analista durante seus cinco anos no Uruguai. Marie falava pouco desse período. Em *Cuestionamos*, ela escreve: "1939, a morte de Freud e o começo da Segunda Guerra Mundial nos surpreenderam numa cidade no Uruguai. Eu lavava as mantas de meus filhos e cozinhava para os aposentados".

Finalmente, em Montevidéu, ela dá uma conferência sobre "Psicanálise e marxismo", a fim de coletar fundos para a Comissão de Solidariedade com a República Espanhola.

Naquela época, ela se sentia mais marxista que psicanalista. Falando de sua inserção no grupo psicanalítico argentino, ela acrescenta em suas *Mémorias*: "Eu podia fazer diferente? Creio que sim, mas escolhi a solução mais simples: aceitar, em troca de minha ideologia, uma *Weltanschauung* psicanalítica... Renunciei então ao marxismo".

Essa conferência a colocou em contato com a psicanálise de Buenos Aires. Ali conheceu Bela Székeli, um húngaro radicado em Buenos Aires há muito tempo e famoso no meio psicológico portenho, fundador do Instituto Sigmund Freud. Como diz Balán: "Székeli lhe deu um panorama da psicanálise em Buenos Aires; de um lado havia ele e do outro os ortodoxos, cujo líder era Garma. Marie Langer seguiu os ortodoxos". Uma heterodoxa se torna, temporariamente, ortodoxa.

Foi recebida de braços abertos pelos quatro membros fundadores e, no ano seguinte, com o aval de Richard Sterba, começa a exercer funções didáticas. Assim os quatro mosqueteiros se tornaram cinco. Parece-me importante mencionar a juventude do quinteto: Garma, o venerável do grupo, tinha trinta e nove anos em 1943, na fundação da APA, e Marie, a mais nova, tinha a idade de Cristo.

Vou apresentar dois retratos dela. O primeiro é o da feminista Marta Lamas: "Conheci Marie Langer em 1974, em Mixcoac, onde ela se instalara desde sua chegada de Buenos Aires. Fui visitar amigos e de repente ela apareceu, com seus cabelos curtos e seu jeans, fumando e rindo. Essa mulher me impressionou a ponto de eu ficar imediatamente apaixonada por ela; seu sentido de humor, seu radicalismo, sua maneira tão livre de falar, sua expressão corporal, tudo nela me seduzia. Sei com quem quero me parecer quando estiver velha, pensei".

O segundo retrato é uma anedota. Marie Langer está em Cuba. Com a morte do romancista Julio Cortázar, foi nomeada diretora da Casa de las Américas. Ela conhece Fidel Castro. Este, com uma taça de champanhe na mão, lhe pede a receita do strudel. Ela responde: "É uma pergunta machista, Comandante. Sou uma militante política, não uma cozinheira".

Um pouco depois, comecei a assistir aos seminários da rua Juncal. Estávamos em 1946 e a APA existia há três anos. Celebrávamos o sétimo ano da morte de Freud. Nós nos sentíamos portadores da peste, a nova praga que ia revolucionar o mundo, e nossa sede era no Juncal, à sombra da Torre de los Ingleses em Retiro.

Balán, em *Cuéntame tu vida*, fala de mim da seguinte maneira: "Emilio Rodrigué começa sua análise aos vinte e um anos, com Arnaldo Rascovsky, em março de 1944. Rodrigué, filho mimado de uma família francesa proprietária de refinarias de açúcar que se estabeleceu, no século passado, em Tucumán, nessa época estudava medicina e queria ser analista. Rascovsky rapidamente lhe diagnosticou um hipotiroidismo, que se manifestava por sonolência, apatia e atitude dependente. O tratamento o melhorou a olhos vistos: de estudante medíocre se tornou um excelente aluno, assumiu-se economicamente e sua vida sexual se tornou mais adulta. Então os sintomas desapareceram. Para Rascovsky, era um verdadeiro sucesso terapêutico, que ele descreveu num artigo publicado na *Revista de psicoanálisis*, em 1946. Pouco depois, Rodrigué, que já era candidato à APA, se rebelou contra seu analista e interrompeu sua análise. Procurou primeiro Marie Langer, que o aceitou, por certo tempo, como paciente; depois, em 1947, ele partiu para Londres".

Contado assim, saio muito mal dessa história. Sou uma catástrofe: hipotiroidiano, mimado e com uma sexualidade perversa polimorfa. Além do mais, Balán traça o retrato de um paciente ingrato que recebe uma cura milagrosa e, cúmulo da ingratidão, rompe com seu analista que tanto lhe deu. Balán, em sua preocupação de síntese, exagerou nas tintas. As coisas não se passaram verdadeiramente assim. Na vida, eu acho, as coisas nunca se passam verdadeiramente assim....

Vamos devagar. Em 1946, quando fui admitido nos seminários, integrei um grupo militante: missionários a serviço da causa psicanalítica. A APA dos anos 1940 era muito pequena, como as escolas rurais, com uma única sala de aula, na qual os candidatos participavam junto com os analistas já formados. Naquele ano, Arminda Aberastury, Heinrich Racker e Rebe Álvarez de Toledo "repetiam" o ano e se sentavam junto com Moro Abadi, Tallaferro, os brasileiros Alcyon Bahia, Danilo e Marialzira Perestrelo e Walderedo, sem contar o mexicano José Luis Gonzalez e alguns candidatos locais, entre os quais eu me incluía. Moro Abadi conta: "Éramos uma espécie de grande família, todos solidários, falando uma linguagem codificada que outros não compreendiam e tendo acesso a um conhecimento superior que podia resolver tudo. A psicanálise era uma ferramenta todo-poderosa para compreender e tratar dos indivíduos e da sociedade. Os seminários tinham uma formalidade aparente, imposta, que se quebrava quando saíamos para beber uma cerveja no bar da esquina. Eu, por exemplo, entrava sob a égide de uma lenda relativa à severidade de Arnaldo Rascovsky. Haviam me contado que uma vez Rascovsky abriu um seminário perguntando a Jorge Nollman o que dizia Numberg sobre o tema do dia. Nollman ficou de boca aberta, mudo, totalmente inibido durante cinco minutos, sem que ninguém se decidisse a ajudá-lo. Era um dos numerosos rumores aterrorizantes que circulavam, mas, quando eu tratava Arnaldo com respeito, ele insistia para que o chamasse de 'você', coisa rara naquele tempo. Como o grupo era pequeno, sabia-se de tudo, mesmo que, na maioria das vezes, só pela metade. Eu conhecia a rivalidade entre Garma e Cárcamo, mas, na realidade, só mais tarde fui conhecer os detalhes. Dois notáveis discípulos de Cárcamo, Tallaferro e Rebe Álvarez de Toledo, trabalhavam com Pichon-Rivière; eu supunha que estavam no grupo de Garma, mas ignorava que Pichon, discípulo de Garma, tinha uma desavença com ele".

Esse texto tem continuação. Eu estava presente no dia em que Nollman ficou mudo. De jeito nenhum se tratava de um bloqueio, mas de um sério sintoma de mal-estar de grupo: Nollman, discípulo de Cárcamo, não se dava com Rascovsky. Seu silêncio foi uma penosa queda de braço psicótica. Abadi falava dos primeiros sintomas inevitáveis da doença juvenil de uma utopia. Falando de idade, os fundadores constituíam, como eu disse, um círculo surpreendentemente jovem. Jovens e brilhantes, eles apagaram completamente a segunda geração. Os únicos que escaparam foram Racker e Rebe Álvarez de Toledo. Nollman soçobrou na loucura.

Na época, a APA pretendia ser um grupo de iguais. E, com efeito, era um grupo muito sólido e coeso. Dois postulados messiânicos nos sustentavam: a Argentina ia salvar a obra de Freud; a psicanálise pode tratar tudo. Na ausência de um líder absoluto no cume da pirâmide, surgiram problemas no seio mesmo da horizontalidade das relações. As análises cruzadas tiveram um efeito devastador. Angel Garma se separou de sua mulher Simone, quando ela estava em análise com Cárcamo. Garma, diante dessa situação conflituosa, tomou Marie Langer como analista. Que tomou Cárcamo como analista. O dispositivo explosivo estava armado. Tudo isso me faz pensar no caso de Freud, Tausk e Helene Deutsch.

Em 1918, em Viena, Freud recusou receber em análise o talentoso mas problemático Victor Tausk e o encaminhou para Helene Deutsch, que estava em análise com Freud. Esse triângulo foi mortífero para Tausk e, segundo Paul Roazen, o empurrou para o suicídio. A situação triangular era insustentável: durante toda a duração do tratamento psicanalítico, Tausk só falava de Freud a Helene Deutsch, enquanto esta só falava de Tausk a Freud. Transferência envenenada por três lados.

As circunstâncias fizeram com que Marie Langer ocupasse o papel de Helene Deutsch entre Garma e Cárcamo. Ela contava a Cárcamo, por associação livre, as aventuras de seu paciente Garma. Quando este tomou conhecimento dos vasos comunicantes, o mal estava feito, irreparável.

Moro Abadi tem razão quando fala da onipotência da psicanálise naquela época. Eis aqui um triste exemplo. Com vinte e dois anos, quer dizer, durante meu segundo ano de divã, Arnaldo me encaminhou minha primeira paciente: uma mulher que sofria do mal de Cushing, uma doença mortal. A mensagem: "Por que não? A psicanálise pode tratar tudo, da gagueira ao câncer". Eu tratava da paciente no Hospital Francês, ela era só pele e ossos e estava tão descarnada que nem mesmo agüentava o peso dos lençóis nas pernas. Dia após dia, ela se fechava num pesado silêncio. Um dia, pouco antes de morrer, ela me estendeu sua mão ossuda; eu lhe recusei a minha, tendo em vista a prática da abstinência. Ainda hoje não me perdôo. O episódio ilustra incidentalmente a que ponto eu era imaturo na época. Imperdoável.

Eis que faço uma estranha associação de idéias que, por medo de me queimar, nunca comuniquei a Paula Heimann. Presentemente compreendo que naquela época eu era um pequeno Jung da APA. *Gentil**, no sentido daquele que não é judeu, de boa família, inteligente, com uma cura milagrosa no currículo. Quando, por e-mail, abordei esse assunto com Hugo Vezzetti, ele categoricamente se opôs a essa interpretação, mas creio que o paralelo é válido, se se acrescentar um pouco de soda. Hugo é meu supereu historiográfico.

Bom, Jung ou não, Arnaldo criou um monstro; a mudança havia sido rápida demais – e espetacular. O jovem homem passivo, inchado e dependente pára de sê-lo. Em 1945, começo a ler Melanie Klein e a dirigir os seminários. Coloquei em questão a condução de minha análise. Arnaldo era um analista ativo: ele "ditava" o desenrolar do tratamento. Acrescentarei o seguinte: era um brilhante pensador – até mais que Adler –, mas um precário analista. E eu não parava de insistir pesadamente nos achados geniais de Melanie Klein e de Fairbairn, criticando as interpretações prontas, até o dia em que Arnaldo, exasperado, me disse:

– Rodrigué, se isso não lhe agrada, vai se foder.

O "vai se foder" me produziu efeito, sobretudo porque era a primeira vez que Arnaldo me chamava de "você". Eu me levantei e fui embora. Perigosa separação.

---

* *Gentil*, em francês, tanto é o nosso "gentil" como o "gentio". (NT)

Alcyon Bahia, candidato brasileiro, acabava de se desentender com Garma. A jovem APA se sentiu ameaçada, temendo uma reação em cadeia. Então foi proclamado um edito, enunciando que, se um candidato abandonasse sua análise didática, nenhum outro didata poderia aceitá-lo em análise. Sua formação ficaria, pois, incompleta. Fui procurar vários didatas – Langer, Pichon e Cárcamo –, mas, mesmo testemunhando sua simpatia, eles me recusaram seu divã. Foi nesse ponto que Balán se enganou: eu nunca fiz análise com Marie Langer. Eu queria, mas não foi possível.

Matilde, a mulher de Arnaldo, me contou, muito tempo depois, que seu marido ficou alguns dias de cama, com uma depressão. Arnaldo estava deprimido e eu, parana. Paranóico e fodido. Eu me sentia perseguido, e com razão, o que aumentava a paranóia. O completo paranóico tem, na cabeça, um luzinha truculenta, como uma ampola que se ilumina e não o deixa em paz. Estávamos em 1947. Eu acabava de ser diplomado em medicina e já trabalhava como analista. Minha única saída era prosseguir minha análise no exterior. Trabalhar fora da APA, como analista selvagem, era suicídio na época. Então escrevi a Fairbairn, um analista escocês, para lhe pedir um encontro. Não recorri a Melanie Klein porque me parecia que ela era importante demais. Fairbairn me respondeu que não era didata e sugeriu que entrasse em contato com Paula Heimann, o que eu fiz. No nosso almoço mensal, descrevi a situação em detalhes para meu pai. Ele decidiu financiar minha viagem e prometeu me enviar mensalmente, por ordem de pagamento, trezentos dólares.

Paula Heimann me aceitou como paciente para fazer uma análise terapêutica, acrescentando que mais tarde examinaríamos a possibilidade de fazer a análise didática.

Londres lambia suas crateras de guerra em 1947. Perto de minha pensão, havia um vasto terreno devastado: um míssil alemão, nos disse a proprietária. Não havia mais uma única vidraça intacta nas cercanias. O fim de agosto se aproximava; minha primeira sessão com Paula Heimann estava prevista para a primeira segunda-feira de setembro.

Toquei a campainha, ela abriu. Eu tinha imaginado uma criatura de olhos de gazela, cor de avelã, e vi uma mulher miúda, vivaz, de uns cinqüenta anos, que poderia passar por irmã de Kissinger. Rosto nervoso e olhar de pássaro. Ela falava inglês com um forte sotaque germânico. Paula Heimann me deitou no divã e fiquei mudo, sem nem mesmo bater as pálpebras, durante uns bons quinze minutos. Depois comecei a chorar. Chorei e chorei, sem conseguir parar.

6
Beatriz

Agora, Manuela, eu queria lhe falar de sua avó Beatriz. Quando escrevo um livro, tenho sempre em mente um interlocutor, um confidente, por exemplo meu irmão Jack, ou sua mãe, ou Freud em pessoa, até mesmo um cão totalmente puxa-saco chamado Colita. Isso me ajuda muito.

Vou, então, lhe contar meu noivado com sua avó e nossos primeiros anos de casamento. Não me lembro precisamente de quando conheci Beatriz. Vários momentos me vêm à memória, o mais provável é um passeio de barco. Beatriz tinha dezoito anos e eu vinte e três. Ela era bonita, mais menina do que mulher – você vê a diferença? Verdadeiramente muito bonita. Parecia com sua mãe, parecia com você. Evidentemente, tinha pretendentes. Particularmente Boy, fonte de numerosas crises de ciúme. Ele era do gênero simpático e um pouco malandro, que sabe falar com as mulheres. Um verdadeiro perigo. No ringue da vida, basta um olhar para fazer uma idéia bem precisa do valor de seu adversário.

Se a comparar com a "macaca patinadora", Beatriz era uma mulher esplêndida. Considerando-me indigno dela, o ciúme me corroía. Em amor, Manuela, há os que amam e os que se deixam amar, e na maioria das vezes o prato da balança só pende para um lado, embora por vezes, com o tempo, as coisas possam se inverter. Eu amava a sua avó e ela, ela se deixava amar. Era sempre eu quem queria ir ao cinema, sempre eu quem lhe pegava a mão.

Beatriz tinha uma irmã, Maria Elena, que tinha dois anos menos que ela. Também era uma beleza. Frutos de uma família tradicional da alta burguesia, as duas eram perfeitas, e eu não exagero: alegres, responsáveis, sobretudo Beatriz, filha ideal, excelente secretária (seu patrão presenteou-a com uma caneta tinteiro Parker no nosso casamento). Mary Williams, minha futura sogra, fazia uma sopa de cevada suculenta. De ascendência gaulesa, era uma boa tradutora e gostava dos livros.

Provavelmente você notou que quando vou a Paris visitá-la fico muito caseiro. Na minha volta do Louvre, adoro enfiar meu pijama de flanela e preparar uma refeição com seu pai, bebendo um kir. Esse clima familiar, em torno da cozinha, reinava também na casa dos pais de Beatriz, seus bisavós. Lembro-me de discussões animadas em torno da mesa. Eu fazia as vezes de doce charlatão, jovem psicanalista anticlerical de esquerda. Ninguém me levava a sério.

Eu queria me casar, Beatriz também. Nessa ordem. Anos mais tarde, eu soube a verdade: ela duvidava de meu futuro profissional. "É um bom partido? Conseguirá se equilibrar na vida?", se perguntava sua avó. Penso que, em 1946, a psicanálise, para a classe média argentina, era uma profissão sem prestígio, uma coisa de judeus e de charlatães. Além do mais, eu acabava de me desentender com meu analista de renome, de modo que minhas ações estavam mal cotadas. Não, eu não era o candidato ideal.

Quando decidi fazer minha análise em Londres, tentar uma chance lá, a aventura atraiu Beatriz. Nós nos casamos uma semana antes de partir para a Inglaterra. Sua jovem avó foi uma leoa, uma grande companheira.

Londres, 1948. Uma cidade precária, esfomeada, estancando suas feridas de guerra. Foram duros anos: um ovo mensal era um luxo proteínico. Morremos de fome. O açúcar e a manteiga eram racionados. A carteira mensal de alimentação só nos durava uma semana. Nosso provento não nos permitia nem cervejas nem cigarros. Uma vez, enganando-me sobre o preço, comprei um cacho de uvas e, para apagar os vestígios do crime, comi na rua todas as bagas de uva.

No fim do primeiro ano, não tínhamos um níquel. Então nos inscrevemos num programa do governo que se chamava "Ganhem dinheiro durante suas férias". Fizeram-nos pegar o trem, na direção de Coventry, no centro da Inglaterra, para colher cerejas nas terras de Lady Godiva. Pagavam-nos apenas quinze shillings por dia (no máximo um dólar), mais o alojamento e a comida. Nós nos alojamos numa casa de dois andares, um para os homens e outro para as mulheres, e a comida era horrível. Após a refeição, você tinha que lavar seu prato, sem sabão, numa cuba enorme e tão engordurada que era preciso literalmente empurrar o prato para que ele entrasse. Além disso, você tinha que trabalhar duro: um contramestre contabilizava o número de cestas colhidas e tínhamos que encher uma quantidade difícil de ser alcançada. No início você devora as cerejas, mas muito rápido não pode mais vê-las nem em pintura.

No terceiro dia, passou-se algo notável. Íamos aos campos de caminhão. À nossa chegada, um trabalhador nos esperava, um puro sindicalista com sua arenga de barricada. Lembro-me de que ele nos chamava de camaradas. Com uma voz inflamada, ele não apenas dizia que éramos oprimidos com esse salário de miséria, mas também que tirávamos o trabalho dos camponeses da região. Um discurso forte, que me impressionou. Senti uma estranha emoção proletária no peito.

Um ano mais tarde, encontramos um trabalho na BBC para a América Latina, a Rádio da América. Toda semana tínhamos que tratar de um assunto da atualidade. Assim, Beatriz falou do primeiro Congresso Internacional de Astrofísica, durante o qual von Braun esboçou o quadro de uma possível viagem à Lua. Beatriz e eu, assim como todo inglês do povo, pensávamos que era impossível. Uma outra vez, cobrimos uma coletiva para a imprensa de Laurence Olivier e Vivien Leigh, que voltavam de uma turnê na Austrália. Rapazes de libré serviam bebidas e canapés nos salões do teatro. Os jornalistas profissionais faziam perguntas muito sofisticadas. Depois de ter pensado algum tempo, sua avó perguntou a Vivien Leigh: "Como você se sentiu ao filmar *E o vento levou*?". A cara que Scarlet O'Hara fez! Foi um fiasco total, mas naquela noite bebemos e comemos abundantemente. Laurence Olivier era belo e encantador e Vivien Leigh, decepcionante.

Uma noite, enquanto eu esperava minha vez para falar no microfone, ouvi um apresentador espanhol falar da Feira Internacional dos Brinquedos, que acabava de acontecer em Liverpool, o berço dos Beatles. Era uma maravilha: bonecas com voz virtual, trens elétricos última moda, serpentes mecânicas que caçavam camundongos, baleias teleguiadas... Fascinado, eu lhe disse:

– Que feira extraordinária!

– Ela te agrada, cara? Acabo de inventá-la.

Então o cara se sentou e, pensando em voz alta, se lançou numa descrição delirante da feira de brinquedos ideal.

Ainda hoje lhe sou reconhecido. Aquele jornalista soltou minha pluma e me ensinou a mentir. Foi naquele momento que comecei a escrever artigos sobre "A exposição de animais exóticos", "As orquídeas negras carnívoras", ou "A moda do cachimbo entre as inglesas". Minhas primeiras armas literárias. Conselho de avô, Manuela: é importante mentir bem.

Falando de cachimbo, certo dia consegui uma entrevista com Albert Dunhill, o magnata tabaqueiro. Queria escrever um artigo sobre os cachimbos para mulheres, o que daria um artigo curto para a BBC e um outro mais longo para a revista argentina El Hogar. Ele me recebeu no seu escritório, um cubículo de vidro suspenso no meio da fábrica. Dunhill pensava que essa moda ia pegar e sabia muito da história do tabaco. Um cara muito agradável. O que se segue, Manuela, não é uma mentira – eu não minto sempre. Num dado momento, o inglês remexeu seus bolsos para pegar um cigarro, mas não havia nenhum. Ele me pediu um, eu lhe ofereci um Woodbine, a marca mais barata de todo o Reino Unido. Dunhill o acendeu, soltou uma baforada, depois disse:

– *Not bad.*

Para lhe dar uma idéia, Manuela, era como se eu tivesse dado uma raquete ao senhor Lacoste ou uma lâmina ao senhor Gillette.

É curioso, eu lhe descrevo o cenário, mas tenho poucas lembranças do cotidiano com Beatriz naquela época. Não me lembro nem de uma boa discussão, nem de um momento apaixonado, como se as lembranças escapassem pelas malhas do tempo. Vejo-a novamente, sorridente, agradável companheira. Tínhamos quase que os mesmos gostos. Adorávamos ir ao cinema na quarta-feira à noite. Economizamos para comprar um rádio a crédito e escutávamos uma radionovela sobre a época de Cromwell. Beatriz foi, de todas as que conheci, a mulher menos ciumenta, mas, quanto a mim, o ciúme me consumia, sobretudo numa viagem que fizemos a Veneza, onde os italianos a devoravam com seus olhares concupiscentes.

Depois, Manuela, conheci um príncipe. Ele se chamava Masud Kahn. Um verdadeiro príncipe, da família Kahn do Paquistão. Era magro, elegante, de pele mate, arrogante como um príncipe deve ser, com olhos negros tão grandes quanto dois ovos de galinha d'Angola. Uma das pessoas mais inteligentes que encontrei.

Masud era um colega de seminário. Eu temia sua lógica, tão cortante quanto uma cimitarra. Toda quinta-feira, ele vinha à minha casa e conversávamos a noite toda, bebendo um chá que provinha da plantação de seu pai. Uma noite em que eu me queixava porque não conseguia compreender um artigo de Susan Isaac – braço direito de Melanie Klein e que acabava de morrer –, ele me disse, fixando-me com seus olhos angolenses:

– É seu último artigo, seu testamento, ela levou seis meses para redigi-lo, justo antes de morrer. Você não vai querer compreendê-lo em um dia!

Touché!

A partir de outubro, uma grossa bruma invade Londres. Os ingleses a chamam de "sopa de ervilha". Ela persiste até janeiro e se acompanha de um frio úmido que atravessa os ossos. É a estação ideal para hibernar em casas com lareiras. Na semana de Natal, sua avó tinha o hábito de comprar cerveja e nozes. Eu pegava uma montanha de livros policiais na biblioteca. Adorávamos nos fechar em casa e ler as aventuras de Hercule Poirot, perto do fogo, com o cachorro a nossos pés, enquanto a bruma e os assassinos rondavam do lado de fora.

E depois sua mãe nasceu. Na tarde em que Beatriz teve as primeiras contrações, eu a levei à maternidade de Hampstead Heath, situada no alto de uma colina. Era um dia frio e ventoso de novembro, sua avó vestia um mantô de pele de coelho. Uma vez lá, eu lhe dei um abraço e saí, com seu mantô no braço, absorvido pela iminência de ser pai. De repente, escutei um carro frear violentamente. Como num filme, dois policiais saltaram e me encostaram violentamente contra um muro.

– De onde você tirou isso? – me perguntou um deles, pegando o mantô de Beatriz.

Então eu lhes expliquei e eles observavam minha expressão balbuciante de inocência. E é aí que intervém, devo admitir, o lado simpático dos ingleses, mesmo que eles não sejam meu tipo preferido. Esses caras da Scotland Yard, Manuela, me reconduziram para casa no seu carro de patrulha e me felicitaram pela paternidade. No dia seguinte, sua mãe vinha ao mundo. Pesava três quilos e meio, era do signo de sagitário e de nacionalidade inglesa. Um mês depois, no seu berço, ela assistiu a um Natal com nozes, whisky, um belo e gordo peru e, além do mais, Agatha Christie.

Nosso cachorro se chamava Taxi; era um simpático vira-lata. Mas Taxi não suportou o nascimento de sua mãe; ele fugia todos os dias de casa e ia parar no outro lado da cidade. Como usava uma coleira de identificação e os ingleses são muito ingleses, eu tinha, quando voltava do trabalho, que ir buscá-lo. Maldito cão ciumento, quase tanto quanto seu dono!

Eis aí, Manuela, aqueles anos foram anos de felicidade, um pouco como nos contos de fadas, nos quais os pobres são ricos de coração.

7
Senhora Klein

Quando cheguei a Londres, a célebre polêmica entre Melanie Klein e Anna Freud não tinha acabado, mas não era mais um ataque nas jugulares. Não estando mais em questão a excomunhão de Melanie Klein, os ingleses haviam encontrado uma espécie de compromisso para estabilizar a instituição: a coexistência de três grupos – o annafreudiano, o kleiniano e o "grupo do meio". Essa tripartição, já que o terceiro grupo atuava como mediador, permitia que o fluxo institucional circulasse e que o sangue não corresse mais torrencialmente.

Durante um ano, de agosto de 1947 a agosto de 1948, minhas únicas ocupações foram minhas sessões de análise e meu trabalho na BBC duas tardes por semana. Eu tinha todo o tempo livre; conhecia os museus de cor; duas vezes por semana, ia com Beatriz almoçar na National Gallery. Foi lá que meu gosto por Turner nasceu. Eu me lembro do dia em que Beatriz chorou diante de um Botticelli.

Minha passagem pelo divã de Paula Heimann foi uma experiência tão forte que posso fazer minhas as palavras de Strachey ao relatar sua análise com Freud: "Todo dia, exceto domingo, passo uma hora no divã do Professor e a análise proporciona à vida uma contracorrente. Agora estou mais confuso do que antes, mas ao mesmo tempo é muito excitante. O Professor é amável e de um grande virtuosismo [...]. Às vezes, o efeito dramático é devastador. No início, tudo parece pouco delimitado, uma alusão obscura aqui, um mistério lá. Depois o Professor lhe dá uma pista, e então um pequeno ponto se esclarece, depois um outro, e de repente uma série de luzes se acende e, quando a verdade total aparece, o Professor se levanta e o acompanha até a porta". Mas, prossegue Strachey, isso não se produz sistematicamente. "Às vezes, passa-se a hora inteira com um peso terrível no estômago, incapaz de pronunciar uma única palavra, e creio que é isso, antes de tudo, que dá uma certa validade à análise". Strachey tem razão: trata-se de uma "unidade estética totalizante", a mudez adquire "um efeito dramático devastador".

Entretanto, minha experiência teve uma complicação: o inglês não era minha língua, nem Londres, minha cidade. É sempre difícil contar coisas de um outro país, com costumes diferentes. Como explicar a franja de esquerda do peronismo a um analista europeu kleiniano?

Dez meses mais tarde, Paula Heimann me anunciou abruptamente, em plena sessão, que eu podia participar dos seminários, o que significava que eu era candidato – uma espécie de passaporte para ser psicanalista. Lembro-me de ter gritado:

– *You are an angel!* – Isso soa um pouco idiota, mas nos momentos altamente emotivos nem sempre encontramos o tom correto.

Um outro acontecimento veio coroar aquele dia. A BBC me enviou a Birmingham para comentar a partida da Copa Davis entre Chile e Inglaterra. Meu chefe me pediu porque sabia que o tênis me interessava; pois, sejamos sinceros, eu nunca tinha sido um locutor de primeira. Mas foi para mim uma verdadeira felicidade passar a tarde transmitindo a partida, saboreando uma cerveja. Além do mais, meu irmão latino-americano ganhou.

Chegou o dia em que fui à primeira reunião científica da British Psychoanalytical Society. Hilde Abraham, a filha de Karl, apresentava um trabalho. Ela era annafreudiana, mas, nessas circunstâncias, os três grupos compareciam. Instalado no fundo da sala, pouco a pouco localizei os personagens. Melanie Klein, sentada perto de minha analista. Ernst Jones e Wilfred Bion, na primeira fileira. Eu cumpria a tarefa árdua de dar nome aos bois quando um homem se aproximou e me perguntou quem eu era. Eu lhe disse, ele me estendeu a mão: "Encantado em conhecê-lo, sou

Winnicott". Ah! a importância dos pequenos gestos! Ele ganhou meu reconhecimento eterno.

Donald Woods Winnicott, nascido em Plymouth em 1896, era o filho de um rico comerciante que ganhou o título de *Sir* por suas obras filantrópicas. Como assinala o *Dicionário da psicanálise*, ele cresceu cercado de mulheres, o que teria uma grande influência no interesse que ele dirigiu mais tarde às crianças. Com efeito, havia algo de maternal nele. Estudou e se interessou por história, escrevendo um ensaio sobre sua cidade natal e os preparativos da viagem do *Mayflower* para a América. Com o diploma de médico no bolso, primeiro foi pediatra e começou sua análise relativamente tarde, inicialmente com James Strachey, depois com Joane Rivière. Fez supervisão com Melanie Klein.

Winnicott é o paradigma do "grupo do meio". Pessoas afáveis, cansadas do radicalismo kleiniano e da arrogância annafreudiana, mas cuja maioria, estou convencido, era mais kleiniana do que annafreudiana. Sim, cansadas. Eis aqui um exemplo. Numa manhã de abril de 1940, Strachey, um graúdo do "meio", acordou gripado. Sua febre foi a razão – ou o pretexto – de sua ausência no momento daquelas esgotantes reuniões durante a controvérsia entre Melanie Klein e Anna Freud. Strachey estava cansado dessa polêmica. Ele escreveu a seu amigo Edward Glover: "Quero que você saiba, para seu governo, que sou partidário de um acordo a qualquer preço. Todas as dificuldades me parecem vir do extremismo das duas partes. Minha opinião é que devemos à senhora Klein várias contribuições de grande importância para a psicanálise, mas é absurdo sustentar que elas esgotaram o assunto ou que sua validade é axiomática. Por outro lado, não deixa de ser risível, por parte da Senhorita Freud, pretender que a psicanálise é propriedade da família Freud e que as idéias da senhora Klein são necessariamente subversivas. Essas atitudes, de uma parte e de outra, são sem dúvida puramente religiosas e representam a antítese mesma da ciência". Strachey tem razão. Porém se percebe, entre as linhas, que ele é menos crítico com Melanie Klein.

Hoje, se tivesse que fazer parte de um clã, eu seria do "meio". Mas, em 1948, eu era fundamentalmente kleiniano. Pertencer a um grupo radical é enervante, a gente se sente toreador. Desprezávamos mais os do "meio" do que os annafreudianos; estes últimos eram nossos inimigos declarados – o touro – e, por isso, num certo sentido, nós os respeitávamos. Graças à minha experiência kleiniana, compreendo a arrogância lacaniana dos anos 1980.

A Comissão de Ensino do Instituto me permitiu passar diretamente ao segundo ano de seminário: considerava-se que minha experiência na APA me dava os créditos necessários. Num curso de doze candidatos, apenas dois outros eram kleinianos: uma mulher médica, astuciosa, muito inteligente, cujo nome, Judith Waterloo, lhe caía como uma luva, e um escocês um pouco mole que não tinha perspicácia. Todo seminário era um debate de alta voltagem durante o qual eu percebia claramente meu déficit. Oitenta por cento dos meus colegas vinham de Cambridge ou de Oxford e possuíam uma bagagem cultural muito superior à minha. O fato de que eles trabalhavam – e eu não – me salvava do desastre, porque assim eu tinha muito tempo para estudar e cavar as mais profundas trincheiras. No momento desses seminários, quem não corria, voava – a começar pelo príncipe Masud Kahn.

Tínhamos cursos comuns a todos os grupos e cursos opcionais para os annafreudianos e os kleinianos. Judy Waterloo e eu, por puro fanatismo, não assistíamos ao seminário de Anna Freud, o que, hoje, me parece ter sido um erro fundamental: Masud Kahn, que era do "meio", contava que seus seminários eram excelentes.

No meio do ano, tive minha primeira paciente. Era uma inglesa da minha idade, triste e insípida, da classe média, que parecia com a moça loura do filme de Mike Leigh, *Secrets et mensonges*. Melanie Klein supervisionava o caso. Para sempre me lembrarei da primeira sessão de supervisão. Uma empregada me fez entrar no consultório, uma ampla peça em forma de "T". Melanie Klein analisava na barra comprida e supervisionava na pequena. Perto da escrivaninha, na parede, uma foto de uma mulher de perfil, fantasticamente bela: Melanie Klein, jovem. Acima dessa foto, o retrato sépia de uma mulher elegante com aparência de domador de crocodilos: sua mãe, que, numa certa época, havia possuído uma loja de plantas e animais exóticos.

Cheguei a chamar Paula Heimann de Paula, mas nunca me viria à cabeça, ainda hoje, chamar Melanie Klein por seu prenome apenas. Na época, eu a chamava "senhora Klein". Era uma mulher formidável que ia pelos setenta anos, ainda bela, coquete, de olhar fulgurante e cabelos azulados. Seus olhos brilhavam quando uma coisa a interessava; se eu a aborrecia durante a supervisão, ela viajava para longe, muito longe, e seu olhar se apagava.

Aqui, é preciso que eu me renda homenagens; muito rapidamente, sem Oxford nem nada, exceto a qualidade refinada da minha massa cinzenta, comecei a me distinguir no grupo kleiniano. Eu não me dava conta, é claro, porque os ingleses são muito fleumáticos; mas fato é que, ao cabo de vários meses, para minha grande surpresa, Melanie Klein me escolheu como analista da mais nova de suas netas, Hazel. Marion Milner era a analista de seu neto.

Você se dá conta? Eu, analista da neta de Melanie Klein!

Pequena complicação: Melanie Klein ia supervisionar o caso. Em outras palavras, a avó supervisionaria o analista de sua neta. Talvez por isso ela tenha me escolhido, porque analistas "de fato e de direito" provavelmente não teriam aceitado uma tal prática. Embora, se considerarmos a disciplina de ferro que reinava nas fileiras do grupo kleiniano...

O número elevado de transgressões cometidas pelos analistas é um assunto que me preocupou por longo tempo. Freud analisou sua filha Anna. Hermine von Hug-Hellmuth analisou seu sobrinho Rolf (que a assassinou[4]). Anna Freud analisou seu sobrinho Heinele. Melanie Klein analisou seus filhos e supervisionou a análise de sua neta. Os analistas preferem dissimular essa questão. Se comparar isso com minhas próprias transgressões, me acho um coroinha de igreja.

Enfim, eu tinha três supervisões por semana com Melanie Klein: uma para minha paciente triste e duas para Hazel. A garotinha tinha quase quatro anos. A primeira sessão com Hazel foi uma festa. Ela começou a brincar e eu, nervoso, balbuciava minha interpretação kleiniana, com pênis mau e tudo o mais. Para minha grande surpresa, a menina confirmou minhas palavras. A psicanálise funciona, pois, realmente, pensei eu.

---

[4] Ver Hermine von Hug-Hellmuth, *Essais psychanalytiques. Destin et écrits d'une pionnière da la psychanalyse des enfants*, Paris, Payot, 1991.

Um acontecimento curioso, meio telepático, se produziu com Hazel. Uma noite, tive um acesso de tosse e, para interrompê-lo, fui rápido ao banheiro para pegar codeína. Enganando-me de frasco, ingeri uma boa dose de amoníaco puro. A mucosa se soltou como uma luva. No dia seguinte, minha boca estava em carne viva. Quando Hazel chegou para a sessão, me deu uma bala acidulada, o antídoto ideal para o amoníaco alcalino. Foi a primeira e única vez em que ela me ofereceu uma bala. Jung explica perfeitamente.

Ser supervisionado por uma avó é todo um programa... A vantagem, no meu caso, era o grande interesse que me dirigia meu supervisor; a desvantagem era a marcação cerrada: eu não tinha direito de errar. Um dia, durante uma sessão, vi uma aranha de tamanho médio na parede, justo atrás de Hazel. Eu a esmaguei com um golpe de sapato. Pobre de mim! A avó me fuzilou com o olhar.

Era a filha de um colega. Tinha nove anos e se chamava Deborah. Loura, elegante, campeã de equitação. Um angélico demônio. Eu a atendia na Tavistock Clinic quatro vezes por semana. Deborah não falava comigo, nem mesmo para me dizer bom-dia. Toda sessão ela entrava no meu consultório, se apoderava de um molde de lata, colocava uma pilha de areia na mesa metálica, molhava-a com um pouco de água e passava o tempo raspando o molde na areia, produzindo um ruído horripilante, insuportável. Imagine quatro horas por semana com o ruído do motor do dentista! Mas o mais estranho era que sua mãe me telefonava todo mês, entusiasmada, para me agradecer: "O senhor não sabe a que ponto lhe sou agradecida pelo bem que faz à minha filha, Doutor". Com efeito, em casa Deborah agora era obediente como um carneirinho...

Marion Milner supervisionava esse caso. Uma mulher simpática, admirável, que se parecia com Katharine Hepburn. Era autora de um livro magnífico, *On not being able to paint.* Eu sofria com as supervisões. No início, não transparecia: Deborah não dava um pio. Mas isso se complicou quando se tratou de um outro paciente, um adolescente de treze anos. A gentileza de Marion Milner me inibia, as supervisões eram desastrosas. Eu preferia de longe trabalhar com Melanie Klein, que era um verdadeiro cavalo.

Eu era, pois, uma estrela em plena ascensão. No meu último ano de seminário, Wilfred Bion se encarregou de me aplicar uma ducha fria. O

Instituto havia mudado para novo local, mais luxuoso, e minha paciente, a inglesa triste, tivera uma sessão importante e um sonho sobre a mudança. Escrevi então um curto ensaio que apresentei numa reunião científica. Li minha exposição, alguns candidatos contaram experiências semelhantes, Michael Balint louvou a iniciativa, Gwen Evans me felicitou; em resumo, um ambiente festivo como em fim de ano escolar. Até o momento em que Bion tomou a palavra. Ele se levantou, muito formal, com o olhar perdido no infinito, depois me olhou diretamente nos olhos e perguntou:

– Para quê?

Difícil ser mais devastador. "Meu Deus, que a terra me trague", pensei, ficando vermelho como um tomate. Vinte anos mais tarde pensei qual tinha que ser minha resposta. Eu teria que ter dito: "Para lhe dar ciúmes".

Apesar desse episódio, Bion continuou para mim um personagem inesquecível. Eu lhe devo meu interesse pelos grupos. Nascido na Índia, em 1897, ele estudou, durante a Segunda Guerra Mundial, os "grupos sem *líder*". Suas concepções foram um marco na história da psicologia social. Para mim, ele foi um líder carismático. Fui observador em um de seus grupos: suas intervenções tinham um caráter estranho, meio profético, meio poético.

Por que eu tinha o posto de vedete kleiniana? Sempre desconfiei da parte significativa da sedução nessa questão aí. O perfume da pantera, como diziam os Antigos. Eu era um *latin lover*. Eis aqui um exemplo: quando terminei o último seminário do ano, fiz um sinal para a secretária do Instituto para que ela trouxesse uma garrafa de champanhe e doze taças. Nunca um inglês pensaria num tal gesto. Você compreende, Manuela? Embora eu não tenha seduzido Melanie Klein, não compreendo muito bem a razão de meu sucesso.

Fazia quatro anos que eu estava em Londres, soava a hora da partida. Deixei com uma enorme nostalgia antecipada essa cidade que eu havia aprendido a amar. Despedi-me dos meus colegas, abracei Judith Waterloo, estreitei nos meus braços minha analista, minha supervisora e Hazel. Presenteei esta última, Manuela, com uma das duas pequenas casinhas de madeira que sua avó me havia dado. A outra eu tenho sempre comigo.

8
O herói está voltando

Na minha volta de Londres, os analistas paravam para me olhar: eu era o herói que emergia, imaculado, das margens do Tâmisa. Graças a Arminda Aberastury, a teoria kleiniana começava a encontrar um enorme sucesso na Argentina. E eu tinha um pedigree inglês, falava quase sem sotaque. Você concordará que há uma diferença, mesmo que psicológica, entre aquele que bebe na fonte e aquele que aprende apenas pelos livros – como entre o bebê que mama no seio e o que mama na mamadeira.

Diversas leituras da obra de Melanie Klein foram feitas na APA. Na realidade, deve-se considerar, como em Marx, dois períodos nela. No primeiro, Klein ainda não era kleiniana: a cronologia do desenvolvimento infantil é questionada, as etapas são mais curtas, o pai entra mais cedo na zona edipiana, a sexualidade feminina aparece "tal como é" e não como uma versão castrada da sexualidade masculina: as meninas têm uma vagina. Melanie Klein descreve em detalhes as incríveis fantasias inconscientes relativas ao corpo da mãe. Um supereu mais precoce e mais cruel entra em cena desde o primeiro ano. Todas essas noções eram aceitas pela maioria dos analistas argentinos. Será a Melanie Klein de Marie Langer em *Maternidade e sexo*[5] . Arnaldo Rascovsky irá ainda mais longe em sua reconstrução do início da vida psíquica, postulando um psiquismo fetal.

---

5 Marie Langer, *Maternidad y Sexo. Estudio psicoanalitico y psicosomatico*, Buenos Aires, Paidós, 1964 [1957].

A segunda fase, a da maturidade, se abre nos anos 1930: em lugar da clássica descrição das fases de desenvolvimento, Melanie Klein introduz a noção de "posição", que é uma encruzilhada, uma constelação de devires. A posição depressiva ocupa um lugar central em sua teoria, é o equivalente kleiniano do complexo de Édipo freudiano. Ela marca uma ruptura no primeiro ano de vida do bebê, quando ele se dá conta de que tem uma mamãe inteira e de que quer matar essa mamãe. As noções de objetos parcial e total e de pulsão de morte foram cuidadosamente estudadas por Arminda Aberastury, que deu uma bela contribuição com sua "teoria do desmame", assim como por Rebe Álvarez de Toledo num ensaio intitulado *O círculo*. Todavia, quem trabalhou em profundidade e com originalidade a obra de Melanie Klein foi Enrique Pichon-Rivière, que elaborou sua concepção da doença única a partir da dupla kleiniana de posições: depressiva e esquizo-paranóide.

Pichon-Rivière considerava a melancolia como o núcleo central de toda psicose. A isso se acrescenta uma condição epileptóide de desorganização pulsional e uma regressão característica da esquizofrenia. Fairbairn, colocando o acento mais na depressão, estende uma ponte entre Melanie Klein e Pichon-Rivière. Por sua originalidade, sua irreverência teórica e sua prodigiosa cultura, este último foi, como escreve Élisabeth Roudinesco, o "verdadeiro pai fundador do freudismo argentino". Em 1955, Lacan o recebe com todas as honras, plantando-lhe dois beijos sonoros no rosto.

Por outro lado, os analistas argentinos, em geral, não se preocupavam com os problemas práticos que o kleinismo lhes colocava. Uma exceção: Heinrich Racker, que estudou o fenômeno da contratransferência.

Para compreender o impacto da escola inglesa na Argentina, temos que retomar um tema já abordado no decênio precedente: o das regras de conduta do grupo. Os analistas da rua Juncal formavam um grupo notívago e orgíaco. Seu lema proclamava, o que nem é preciso dizer, a liberação sexual. Não era novidade. Em 1920, em Berlim, Melanie Klein, Alix Strachey e *Fraulein* Schott pintavam e bordavam nas luminosas noites berlinenses. Em Buenos Aires, a coisa se complica: a APA é um pequeno grupo, endogâmico, cercado de ricos mecenas satélites que organizam festas opulentas. É curioso; ao evocar esse passado me dou conta de que reprimi o aspecto orgíaco dessas agradáveis bacanais: lembro-me apenas de uma festa grega, na qual os homens estavam fantasiados de Édipo e as mulheres de Jocasta. Lembremos que, no final dos anos 1950, Fellini rodava *La dolce vita*, quadro de seu tempo. Hoje, a partir do posto de observação do novo milênio, admiramos a inocência orgíaca que ele filmou.

Falando de inocência, me voltam à memória momentos difíceis de explicar: os do futebol de botão. Nossas mulheres não acreditavam no que viam. Eu voltava de meu consultório e dizia a Beatriz: "Esta noite vou jogar futebol de botão com meus companheiros". Desconcertada, ela me via fuçar no seu armário, no da minha mãe, no de minhas tias para encontrar os botões adequados. Nem todos serviam: é preciso que deslizem bem e que sejam sensíveis ao toque. Alguns eram muito cotados, de um valor inestimável. Eu tinha um meia-direita azul que havia tirado do robe de minha mãe. Ele se chamava Ratín. Era o dono do pedaço. Fazíamos campeonatos na casa de Bebe Fontana com Jorge Mom, Paco Pérez Morales e outras pessoas que o tempo apagou. A mesa de Fontana era perfeita, sobretudo quando colocávamos talco. Sempre jogávamos ao som de Benny Goodman. Dois tempos de trinta minutos cada um. Jorge era um jogador frio, um pouco fóbico. Eu tinha chegada. Os dois formamos uma equipe ideal.

Chegava tarde em casa. Incrédula, Beatriz buscava na minha camisa vestígios reveladores de batom, mas só encontrava talco...

Éramos quatro analistas e suas respectivas esposas, depois do banquete anual da APA, sentados à mesa no Tropezón, um restaurante hoje fechado. A conversa estava animada. De repente, os cinco clientes da mesa vizinha jogaram em nós migalhas de pão, depois bolinhas e, por fim, pedaços inteiros de pão. Pensavam que éramos judeus – e tinham razão para a maioria de nós. "Judeus de merda!", uivavam eles.

Dispensamos a sobremesa e pedimos a conta. Para deixar o restaurante, tínhamos que passar pela mesa de nossos perseguidores. Fui o último a sair. Então, o espírito de meu irmão Carlos se apoderou de mim e mandei todos se foderem. Preparativos de combate. Os cinco se levantaram e partiram pra cima de mim. Dois analistas, cujos nomes prefiro calar, bateram em retirada. Só restavam Salomón Resnik e eu.

Os caras estavam bêbados, ou drogados, porque falhavam em todos os golpes e, quando os atingíamos, eles recuavam, dramaticamente arremessados sobre as cadeiras, arrancando as toalhas de mesa. Um deles, que eu olhava com o canto do olho, levantou uma cadeira no ar, avaliou os prós e os contras e acabou por colocá-la no chão. No entanto, ela não era tão pesada assim! Salomón agarrou um dos inimigos pelo olho e não o soltou mais.

Terminamos a noitada na delegacia. Os policiais estavam a ponto de nos prender quando Salomón começou a explicar o acontecimento em termos kleinianos, falando, juro a você, de bom e mau objeto – e de pulsão de morte. Perplexos, os policiais não compreendiam uma única palavra do que ele dizia. Levantaram os ombros e nos soltaram.

Dali data minha amizade com Salomón Resnik.

Uma doença infantil atingia certos psicanalistas: eles deitavam com seus pacientes (na maioria dos casos, com suas pacientes). E os que davam o mau exemplo não eram assim tão jovens. O "divã incestuoso", dizia o furibundo Nollman. Houve excessos. A moral kleiniana, que começava a dominar, vinha se opor a esse assédio transferencial.

Era a época dos grupos. Quis formar um, tentar minha chance. Tinha visto como eles funcionavam na Inglaterra, mas duvidava que isso pudesse funcionar no terceiro mundo. Puro preconceito. Além do mais, eu nunca havia dirigido um grupo, apenas observado. Por fim, me armei de coragem e constituí um grupo. Reuníamo-nos na clínica de Fontana, ele e Marie Langer eram os observadores. Muito rápido constatei que um grupo argentino não era menos analisável que um grupo inglês.

Os grupos são ainda mais misteriosos que as mulheres. Na maior parte do tempo, quebra-se a cabeça para compreender o que se passa. Mas há momentos fulgurantes, nos quais o grupo funciona como uma orquestra inspirada. Costuma-se dizer que um grupo é menor que a soma das partes. Freqüentemente é verdade, mas nem sempre. Marie Langer e eu havíamos discutido esse "nem sempre" no ônibus que nos levava à clínica. Ela havia me oferecido um livro de Théodore Sturgeon, intitulado *Os mais que humanos*, um romance de ficção científica que aborda esse tema e que se tornou nossa bíblia de grupo[6]. Sturgeon descreve um grupo chamado *Homo Gestalt* e composto de uma série de deficientes, dotados de talentos parciais (memória, telecinesia, telepatia) que se articulam, formando um supergrupo. Eu me arriscaria a dizer que todo grupo é uma espécie de débil mental dotado de talentos parciais.

Depois formei um outro grupo, tendo como observadores Arnaldo Rascovsky e León Grinberg. A cara de Arnaldo, obrigado a ficar silencioso durante noventa minutos, era um verdadeiro poema. Eu apreciava, para além de meu próprio narcisismo, o fato de que ele descesse de seu cavalo de didata por pura curiosidade, só para conhecer algo novo.

Naquela época, Johnny Morgan, Raul Usandivaras e Jorge Mom também tinham constituído seus grupos e nós nos reuníamos com o objetivo de criar uma associação. Pouco tempo depois, publiquei um livro sobre os grupos com Langer e Grinberg. Os outros membros de nosso supergrupo não nos perdoaram: a seus olhos, esse livro deveria ter sido coletivo. Confesso que me senti culpado, mas esse tipo de situação sempre me faz me sentir culpado. Enfim, teria sido muito difícil escrever um bom livro a seis. Fosse eu culpado ou não, essa publicação cindiu o grupo. Por quê? Elena de la Aldea atraiu minha atenção para o fato de que, embora os grupos estivessem em pleno crescimento em Buenos Aires, a associação de grupo que havíamos criado não se inscrevia nesse movimento.

Nosso livro continua a ser considerado um clássico. Fizemos uma verdadeira festa quando a editora Paidós o aceitou. Além do mais, o contrato estipulava que nos caberiam dez por cento de direitos autorais sobre cada exemplar vendido. Na época, éramos muito pobres. A psicanálise não tinha se tornado ainda um fenômeno de livraria.

Eu dirigia então um seminário quinzenal. Os analistas titulares e didatas nele apresentavam seus casos clínicos para uma supervisão kleiniana. Reuníamo-nos na casa de Moro Abadi. Quase toda a elite participava.

Imediatamente, uma pessoa encheu meus olhos: Noune, a mulher de Heinrich Racker. Uma verdadeira beleza. Tinha um rosto de perfil ori-

---

[6] Ver Théodore Sturgeon, *Les plus qu'humains*, Paris, J'ai lu, 2001.

ental e uma voz harmoniosa, com um leve sotaque francês que concordava maravilhosamente com meu leve sotaque britânico. Jones conta que, durante as famosas reuniões das quartas-feiras, Freud só olhava a cadeira na qual estava sentada Lou Andreas-Salomé; acontecia-me a mesma coisa com Noune. O sedutor foi seduzido; o domador, domado. Caí perdidamente apaixonado por Noune, e mais ainda quando ela pediu uma supervisão individual.

Um mês mais tarde, disse a ela que não podia continuar a supervisão, porque meus sentimentos não eram os de um supervisor. Encontrei-me com ela na Plaza Francia, onde lhe declarei meu amor. De acordo, era um amor impossível, os dois éramos casados e não havia o propósito de se divorciar (não sei bem por quê, aliás). Mas foi também uma catástrofe. Racker, marido enciumado, forçou Noune a confessar. O céu caiu na minha cabeça.

Que ironia do destino! Um grupo de devassos que repentinamente se torna de um absurdo puritanismo! Eu não tinha ido muito longe com Noune, só tinha pegado sua mão, mas fui condenado. A comissão didática examinou minha expulsão. Resultado: Pichon-Rivière, Arnaldo Rascovsky e Angel Garma tomaram o meu partido; Cárcamo, Luis Rascovsky e, é claro, Racker me mandaram para a fogueira. Marie Langer se absteve, o que me salvou. Compreendo o voto dela: ela era a analista de Racker, mas era também minha amiga, uma co-terapeuta de grupo – e uma mulher liberada. Num primeiro rascunho que ficou na minha escrivaninha, minimizei o impacto do escândalo e o mal que ele me fez. Na realidade, eu me sentia traído por Noune, que afinal havia me denunciado a seu marido, e por Marie Langer, que, tendo se abstido, não havia, pois, tomado minha defesa.

Recapitulemos. Em menos de dez anos, eu tinha roçado por duas vezes a expulsão da APA. Uma idéia começava a germinar em mim: eu era mais um sujeito escandaloso do que um homem transgressivo. Ao mesmo tempo, as feridas paranóicas inflamaram, porque eu era, novamente, colocado no pelourinho. Mas o que mais me fez mal foi meu triste coração apaixonado. Deprimido, decidi voltar a Londres a pretexto de apresentar um trabalho teórico na British Psychoanalytical Society. Na verdade, eu queria retomar uma fatia de análise com Paula Heimann. Estilo SOS. Em

Buenos Aires, fiz intermináveis sessões imaginárias com ela, abrindo-me como as pétalas de uma margarida sensível.

Então, Paula Heimann, *back in London*. Entrei no seu consultório, me deitei no divã, fiquei silencioso durante quinze minutos, depois, de novo, comecei a chorar abundantemente. Analisar-se durante um curto período de dois meses é uma experiência simultaneamente intensa e profundamente dolorosa. Mas o fato é que, pouco a pouco, a análise retomou seu curso e eu progredia. Creio que tenho uma personalidade moldável, típica do caçula, que me torna inteiramente analisável. É preciso ser influenciável para ficar no limiar de uma terapia de ar comprimido.

Desta vez, em Londres, minha relação social com os analistas kleinianos foi mais forte. Minha amizade com Nuscha Bick e Isabel Menzies se estreitou. Eu me dei conta então de que alguma coisa não funcionava bem no ambiente psicanalítico, uma certa tensão, o olhar furtivo de Hannah Segal, que é, como dizem os moradores da Bahia, um relâmpago capaz de dar nó em pingo d'água. Algo sério se passava, eu estava convencido disso. Eu me informei com Melanie Klein. Ela me olhou fixamente, piscou algumas vezes os olhos, depois abriu o jogo com o tato de um analista, ou, se preferirem, de uma avó. Ocorrera uma ruptura entre ela e Paula Heimann, e as bases das diferenças eram teóricas.

Tive uma reação curiosa, como a de um filho que acaba de ouvir que seus pais estão se separando. O desentendimento me abala, porque não posso ficar alheio, deve-se escolher entre seu pai ou sua mãe, e era evidente que Melanie Klein tinha o lugar de pai. Falei disso com Betty Joseph, uma outra analista kleiniana que tinha sido analisada por Paula Heimann; ela havia escolhido seu pai.

O problema é que eu não podia renegar meu laço com Paula Heimann, embora não compartilhasse de sua posição teórica. Os kleinianos pararam de me considerar como um dos seus. Foi uma separação política, mas me fez muito menos mal do que eu temera. Meu pai acabava de morrer. Creio que o período de luto começou naquele momento.

Muitos anos mais tarde, quando eu preparava minha biografia de Freud, minha atenção foi atraída pelo abatimento de Jung depois de sua ruptura com Freud. Ele comentou com azedume a reação de seus colegas, que lhe viraram as costas, e o isolamento total que se seguiu. Um fenômeno semelhante atingiu Otto Rank, com a diferença de que sua própria mulher o abandonou.

O grupo kleiniano não perdoou a deserção a Paula Heimann. Somos pessoas cruéis.

Raul era uma criança completamente louca. Desde minha volta de Londres, eu o recebia de terno e gravata[7] no consultório de Arminda Aberastury. No primeiro dia, ele tinha acariciado o espelho do elevador e abraçado sua imagem. Ele grunhia e parecia surdo. Esse jogo monótono durou semanas. Ajudado pelo eco de meu próprio autismo, eu avançava tateando, sem nem mesmo saber se estava progredindo. Enrique Pichon-Rivière, que supervisionava esse caso e foi o primeiro a me falar do autismo precoce das crianças, no entanto me dizia:

– Você está progredindo, Emilio.

Raul, a criança autista, falou ao cabo de seis meses. Ele disse claramente "mamãe" duas vezes e levei mais de um minuto para entender que ele havia falado.

Mais tarde, Melanie Klein me pediu para redigir um artigo para um livro comemorativo de seus setenta anos. Escolhi expor o caso Raul. Foi um verdadeiro parto. Horas inteiras diante da página em branco. Para terminar meu artigo, decidi ir para o campo, para um albergue tranqüilo. No dia seguinte à minha chegada, bati com um ensaio de Marion Milner que, numa notável nota de pé de página, dizia: "Se eu tivesse lido *Philosophy in a new key* de Suzanne Langer antes das correções deste artigo, teria mudado o conteúdo dele". Anotei o título e o nome do autor. Algumas horas depois, fui comprar papel na cidade vizinha e, por uma incrível coincidência, descobri na loja o livro de Suzanne Langer em edição de bolso[8]. Voltei logo ao albergue.

Nunca um livro me produziu tanto efeito. Naquela mesma noite, escrevi uma carta a Suzanne Langer. "Graças a você, me senti inteligente",

---

[7] Eu era então um jovem analista sério que se conformava ao manual da APA. A partir de então, muita água rolou sob a ponte...

[8] Ver Suzanne K. Langer, *Philosophy in a New Key. A Study on the Symbolism in Reason, Rites and Art*, 3ª ed., Cambridge, Harvard University Press, 1957.

eu lhe dizia. Depois, formulei meu desejo de ser seu discípulo. Postei minha sedutora missiva. Seis meses se escoaram sem resposta. Nova carta fogosa e insinuante. Seis outros meses, e sempre nada. Terceira carta, ainda mais fogosa. Ao cabo de um mês, recebi uma breve comunicação: Suzanne Langer me dizia que era uma pesquisadora solitária e sem discípulos, mas que, tendo em vista minha insistência elefantesca (a expressão não é dela, mas era mais ou menos o que ela deixava entender), ela poderia fazer uma exceção. Ela me sugeria fazer um estágio na clínica Austen Riggs de Stockbridge, dirigida por Robert Knight, Erik Erikson e David Rappaport. Acrescentava que eu poderia trabalhar um dia por semana com ela.

Logo dito, logo feito: mandei foto e currículo ao Dr. Knight e, seis meses depois, embarquei com mulher e filhos. Eu já conhecia a clínica de nome, tinha ouvido falar dela na minha estada anterior na Tavistock. Era um bom lugar. Lá começa, Manuela, um novo capítulo da minha vida.

9
Stockbridge

O capítulo precedente, totalmente indisciplinado, reflete um período tumultuado de minha vida. Momento de passagem e de fermentação no túnel do tempo, momento em que perdi meu pai e um grande amor. Resumindo, eu era então um consagrado histérico.

Por motivos muito diferentes, nunca havia contado o episódio clandestino de Noune, nem aquele, epistolar, de Suzanne Langer. O primeiro por discrição, o segundo porque eu o achava belo demais – um conto de fadas. Eu tinha vergonha. No primeiro, eu me saía mal demais, no segundo, bem demais; é típico do sujeito histérico. Mas, se não os contasse em detalhes, não se compreenderia que eu me encontrava numa encruzilhada de minha vida. Tenho que encontrar a justa distância entre o privado e o público, entre minha neta Manuela e a historiadora Élisabeth Roudinesco. Assumir o risco de dizer demais ou me calar demais.

Um garotinho pergunta a seu companheiro:

– O que quer dizer "automaticamente"?

– "Automaticamente"? Fácil! Se você encontra sua mãe na cama com um homem que não é seu pai, ela é au-to-ma-ti-ca-men-te uma puta.

Extrapolando, se alguém pensa que sua vida merece ser contada, é automaticamente um pretensioso. Ele considera, como Schreber, que sua vida é exemplar. Tal é a questão, caro Hamlet, pela qual rapidamente o acusam de hiper-egocentrismo, de exposição íntima, de exibicionismo...

Minha partida para os Estados Unidos com minha mulher, nossos três filhos e um salário de residente na procura romântica de Suzanne Langer não é, no entanto, tão delirante, já que eu acabava de publicar um texto que me dava a posição de analista didata da APA. *Ergo*, meu futuro estava auto-ma-ti-ca-men-te garantido. Eu saltava no circo da vida, mas com uma rede de proteção. Eu me lembro muito bem de meu raciocínio: tenho trinta e cinco anos e essa extravagância vale a pena; depois eu me estabilizo como didata. Quem teria podido adivinhar que numerosas outras extravagâncias pintariam de branco minhas têmporas?

Stockbridge era um maravilhoso povoado de dois mil habitantes. O telhado da Austen Riggs Clinic era de marzipã, suas janelas, de caramelo ambarado e a biblioteca, de mil-folhas. O lugar parecia diretamente saído da imaginação do apresentador fanfarrão da BBC.

Encravada nas florestas de Berkshire, o verde umbigo da Nova Inglaterra, a dois passos de Woodstock, Stockbridge fora classificada como patrimônio histórico, porque era o melhor representante da arquitetura bostoniana. "Uma joiazinha", diziam os prospectos turísticos.

Cheguei num 4 de julho, em plena festa nacional. O pessoal da clínica e os pacientes faziam um piquenique. Apenas sua vestimenta os diferenciava, os melhor vestidos eram os pacientes. Um grande luxo numa clínica de luxo, com lago e quadra de tênis, financiada em parte pela Fundação Ford, em parte por generosos doadores.

Um notável trio dirigia a instituição. O diretor: o psicanalista Robert Knight. Ele vinha de Topeka, o pessoal gostava muito dele. Era um homem conhecido nacionalmente, mas não internacionalmente. Seu braço direito: Erik Erikson, cuja longa trajetória tinha começado com Anna Freud, sua analista em Viena. Durante sua estada na Califórnia, havia escrito um ensaio sobre os índios dakotas. Era também autor de três grandes livros: *Infância e sociedade*, *O jovem Luther* e *A verdade de Gandhi*, tendo este último livro lhe valido o prêmio Pulitzer[9]. O terceiro dirigente: David Rappaport,

[9] Erik Erikson, *Enfance et Société*, Neuchâtel, Delachaux & Niestlé, 1959 [1950]; *Luther avant Luther*, Paris, Flammarion, 1968 [1958]; *La Vérité de Gandhi. Les origines de la non-violence*, Paris, Flammarion, 1974 [1969].

um excelente teórico, que se ocupava de um único paciente e passava o resto do tempo estudando. Seu seminário era aterrorizante. A lenda dizia que ele havia lido quarenta e sete vezes *A interpretação dos sonhos*. Todo mundo o temia.

O mérito dos três, e especialmente o de Knight, residia em sua boa aliança: eles se respeitavam e se admiravam, num jogo sincero de amizade no qual a rivalidade era quase inexistente. Era um verdadeiro prazer vê-los intervir nas reuniões dedicadas aos casos clínicos. Nesse trio inspirado, Erikson tinha a batuta. Em geral, os culturalistas voam baixo, mas Erikson descrevia os casos clínicos com um incrível sentido do teatro.

Stockbridge foi, para mim, como Buenos Aires em 1947 e, mais tarde, Londres. Eu tive a sorte de estar no bom lugar no bom momento.

Austen Riggs estava sempre lotada. Quarenta e dois leitos, quarenta e dois pacientes. O pessoal era composto de quatorze psiquiatras, oito psicólogos, seis professores (teatro, cerâmica, jardinagem, etc) e seis enfermeiras. Um número quase igual de pacientes e de pessoal especializado, ao qual devem ser acrescentados os bibliotecários, os secretários e o cozinheiro nutricionista.

A idade média dos pacientes era, nos anos 1970, de vinte e cinco anos e a duração da permanência, de sete meses. A maioria deles havia começado estudos universitários que não pôde terminar. Afora um pequeno número de toxicômanos e alguns casos de neuroses graves, a maioria dos pacientes era *borderline*. Esse termo borderline é um saco de gatos nosológico que se apóia mais no prognóstico do que no diagnóstico. Borderline é aquele que se situa na fronteira da loucura, mas continua a funcionar. Um pouco chamuscado, mas sem fratura da alma. Quanto ao pobre esquizofrênico, está marcado para sempre.

Entrava-se voluntariamente em Austen Riggs. Um grande paranóico não tinha lugar ali. Tennessee Williams, sem querer ofendê-lo, não teria ficado uma semana. O que quero dizer é que um louco exuberante não podia suportar essa instituição aberta.

Os pacientes tinham quatro sessões por semana, de teor analítico, e discutiam os problemas práticos com um tutor. Toda semana participavam de reuniões em grupos de dez pacientes, com um terapeuta e uma enfermeira. Esses grupos eram unidades de base que deviam, entre outras coisas, eleger os representantes das diferentes comissões da comunidade.

Não eram grupos fáceis de conduzir. Recordo-me da primeira vez. O grupo que me foi designado costumava se reunir, no verão, no jardim da clínica às dezessete horas. Era um dia esplêndido. Cheguei com a enfermeira no local indicado: nenhum paciente estava lá. Quinze minutos depois, arrastando sua cadeira de praia, chegou de repente uma bela loura de biquíni, óculos de sol e creme de bronzear. Durante uma meia hora, nosso trio não pronunciou uma palavra. Eu me sentia como o mordomo de uma família rica.

Progressivamente, os outros pacientes entraram na dança. O que tomou as notas na sessão precedente chegou por último. Ele me perguntou se eu era o novo representante do pessoal. Confirmei. Depois de ter me apresentado, com indiferença, seus votos de boas-vindas, passou ao primeiro ponto a tratar: naquela semana, nosso grupo devia se encarregar do lanche da noite, o que significava que sete pacientes seriam responsáveis pelos víveres do fim de semana.

O assunto foi debatido por um tempo consideravelmente longo, porque ninguém queria se encarregar do sábado. O grupo então se dividiu em três círculos, cada um ocupado com um problema diferente. Caos. Num determinado momento, um paciente chegou a fazer um avião com um dos dólares que recebeu para comprar as provisões. Diríamos que era uma cena filmada numa escola do Harlem. A enfermeira me olhou, alarmada. Então consegui reagir:

– É assim que vocês recebem os novos?

A loura de biquíni sorriu e quase me passou seu bronzeador. O ambiente melhorou. Os outros temas da ordem do dia foram tratados em meia hora.

Austen Riggs é uma comunidade terapêutica. Uma comunidade terapêutica é como sorvete de casquinha: come-se o sorvete e a casquinha. A comunidade é em si terapêutica. Seu princípio de base: a co-direção dos pacientes e dos profissionais.

A estrutura de co-gestão é formada por três comissões mistas. O comitê central governa a comunidade. Ele detém o poder executivo e judiciário, impondo, se for o caso, punições aos transgressores. O comitê de atividades é a segunda comissão paritária, também composta de pacientes, uma enfermeira e o diretor de atividades. Sua função é organizar o plano de "educação e lazeres". Age como um Ministério da Cultura. O comitê apresenta e gerencia autonomamente um orçamento anual de despesas para montar peças de teatro, comprar ferramentas para a oficina, organizar festas como a do piquenique. Terceira comissão – e a mais interessante: o comitê de trabalho, composto de pacientes, uma enfermeira, o chefe do pessoal de manutenção e o diretor de atividades. Esse comitê dirige e supervisiona o trabalho comunitário cotidiano: jardinagem, cozinha e limpeza geral. Os pacientes recebem um salário mínimo que, lá, não tem nada de mínimo.

O paciente pode faltar às sessões quantas vezes quiser, mas não pode faltar várias vezes a seu trabalho, sob pena de ser expulso pelo comitê central, o que significa que, nessa utopia comunitária, as greves são proibidas.

Tal era o organograma de base. Como toda experiência pioneira, Austen Riggs progrediu ao longo dos anos. Cada nova engrenagem no corpo social foi fruto de longas discussões e surgiu sempre como conseqüência de uma crise institucional. Quando cheguei, os "salários pagos" acabavam de ser instituídos; três anos de reivindicações da parte dos pacientes. Antes, os salários iam para um fundo comum reservado aos pacientes bolsistas. A prova de que a experiência valia a pena podia ser avaliada pelas resistências que cada inovação provocava em toda a comunidade. Em geral, as enfermeiras eram mais refratárias a mudanças do que os pacientes.

Para um analista argentino habituado a trabalhar cinqüenta horas por semana em consultório, Austen Riggs era um País dos Prazeres. Ali, eu me ocupava de no máximo quatro pacientes, isto é, dezesseis horas por semana. Almoçávamos na clínica (comida chinesa nas terças-feiras), depois jogávamos pingue-pongue. Às 17.45 h, uma campainha nos avisava de que a sessão estava terminada e era preciso sair da sala (uma vez um médico havia sido agredido por um paciente quando não havia mais ninguém no local). Provavelmente, era o único lugar do mundo onde se era obrigado a bater ponto, mas ao contrário! Além do mais, cada um organizava seus horários à sua vontade. Eu, por exemplo, não trabalhava na quinta-feira, dia de meu encontro com Suzanne Langer.

Minha ascensão foi novamente muito rápida. Era lógico: eu tinha trinta e cinco anos e já numerosos anos de divã atrás de mim; meus companheiros tinham dez anos menos e, psicanaliticamente, eram marinheiros de primeira viagem. Além do mais, eu era analista didata, o que, na época, tinha muito valor. Mas foi sobretudo minha experiência com grupos que me serviu em Stockbridge. No segundo trimestre, eu já coordenava quatro grupos de Austen Riggs e no terceiro me nomearam chefe do Comitê Central. Meu salário triplicou, meu tempo de trabalho se reduziu: passei de quatro para dois pacientes a fim de me dedicar ao estudo da comunidade. Eu tinha, pois, livre acesso aos arquivos de Riggs, o que me permitiu redigir um livro: *Biografia de uma comunidade terapêutica*[10].

Eu me deleitei ao escrevê-lo: foi meu primeiro livro. Um safári no País dos Arquivos, onde eu encontrava documentos de grande valor, como essa crônica escrita por um paciente e intitulada *O Grande Chefe Branco. Crônica arqueológica, ano 2569*. "Sem dúvida nenhuma, é um feliz acontecimento arqueológico quando uma cultura única e completamente desaparecida é desenterrada para o bem da posteridade", escreve ele. "Nessas últimas semanas, uma pequena expedição por esse lugar distante do Massachusetts exumou restos que nos permitem reconstruir o curioso modo de vida dessas tribos arcaicas cujas origens se perdem nas brumas da Antigüidade. No entanto, tudo parece indicar que os aborígines foram invadidos por uma tribo do Middle West, povo caracterizado por sua alta estatura, seu olhar penetrante e suas sobrancelhas grossas. Esses traços são manifestos na figura lendária de seu líder, o Grande Chefe Branco. Quando duas raças se misturam, papéis diferentes são designados para os vencedores e para os vencidos. É assim que todos os que chegaram do Middle West adotaram o nome de Terapeutas, enquanto que os da tribo local tomaram o de Pacientes. Os Pacientes eram de menor talhe que os Terapeutas. Nos desenhos da época, eles têm cabelos compridos, óculos de sol, cães, pianos, fornos, esquis e outros utensílios característicos de uma raça decadente. Os Terapeutas e os Pacientes dividiam seu tempo em sessões durante as quais os Terapeutas exprimiam seus desejos e os pacientes tomavam no-

[10] Emilio Rodrigué, *Biografia de una comunidad terapeutica*, Buenos Aires, 1965.

tas. Esse sistema se chamava Interação. Ciclicamente e seguindo um certo ritual, os Terapeutas abandonavam a Interação e partiam de férias".

Com efeito, o mito fundador começa com a chegada do grupo do Middle West – para ser mais preciso: da clínica Meninger, em Topeka. Ora, esse acontecimento é o eixo central em torno do qual se articula nossa história clínica. O Grande Chefe Branco era Richard Knight, um homem de alto talhe, de cabelos brancos, de olhar penetrante e sobrancelhas grossas.

Em 1952, em *A mudança de cultura numa fábrica* (tema de um seminário ao qual assisti em Londres e que havia me impressionado), Elliott Jacques havia feito o estudo psicanalítico de uma fábrica têxtil do subúrbio londrino. Para esse fim, havia elaborado uma história rigorosa da fábrica, uma anamnese clínica, como se a fábrica fosse um paciente, observando de que maneira seu passado, por vezes muito longínquo, gravitava no presente. Assim, no caso da fábrica, a evocação imprecisa e deformada da época em que os patrões haviam perdido terreno durante a depressão dos anos 1930 foi um elemento importante. Esse acontecimento era comparável à invasão do Grande Chefe Branco em Stockbridge. Dediquei um terço de meu tempo a me ocupar da comunidade, porque queria apresentar um projeto calcado no de Jacques, tendo como ponto de partida a história da clínica Austen Riggs.

A saga começa, evidentemente, pela descrição do Dr. Austen Riggs. Em 1907, esse psiquiatra de trinta e um anos abandona a cidade grande por razão de saúde e vai repousar em Stockbridge. Tuberculose? Ninguém nunca saberá nada sobre isso, nem mesmo sua viúva. Naquele ano, Riggs conhece o Dr. Gehring, pioneiro em psicoterapia institucional. Esse encontro é decisivo. Ele leva Riggs a dedicar o restante de seus dias ao tratamento da neurose. Em Stockbridge ele conhece um sucesso fenomenal: muito rápido, vem-se de toda a Nova Inglaterra. No início, os pacientes se alojam nos hotéis locais, mas em 1919 Riggs faz construir um luxuoso albergue e recruta jovens médicos e diretores de atividades. Simultaneamente, cria a Fundação Austen Riggs.

Nos anos 1930, o paciente típico era o executivo de cerca de quarenta e cinco anos que apresentava sintomas depressivos de caráter obsessivo. Ele não ficava mais de um mês e meio em Stockbridge, onde o número de homens era o dobro do de mulheres. A terapia de Riggs consistia numa "franca discussão reeducativa sobre o passado". Com esse objetivo, circulava um "curso elementar de psicologia", destinado a corrigir os preconceitos. Eram cinco folhetos escritos pelo Dr. Riggs, fortemente moralizadores. Essa terapia, principalmente sugestiva, seguia uma linha diretiva e espiritual. Riggs também dava muita importância a um "regime higiênico de vida". Todo dia, havia no programa uma série de atividades reconhecidas como sadias: longos passeios antes do café da manhã, ginástica, remo no lago privado da instituição, tênis e, no inverno, esqui. O luxo evidente do local lhe dava um certo verniz aristocrático. À noite, cada paciente, esgotado por sua jornada, encontrava, ao entrar em seu quarto, uma lareira acesa, uma banheira cheia de água quente e, na cama, um smoking passado.

A clínica Austen Riggs caía como uma luva para um executivo deprimido. A maioria dos pacientes era rapidamente curada graças a essa terapia simples, sem contra-indicações, tornada eficaz pelo carisma do Dr. Riggs, que insuflava força e convicção tanto nos médicos quanto nos doentes. Era como um cruzeiro no *Titanic*, mas sem naufrágio.

Tive ocasião de conversar com a viúva de Riggs, uma mulher vivaz e nonagenária que, enquanto me serve chá e docinhos, me conta como seu marido podia passar mais de quatro horas com um paciente na primeira entrevista. Segundo ela, Riggs não tinha atração pela psicanálise: *too much sex*, me confia ela. Delicioso... o chá da senhora Riggs.

Tenho a impressão de que Riggs foi um terapeuta devotado que desejava que cuidadores e pacientes participassem no tratamento de maneira interativa. Ele foi, sem dúvida alguma, um médico da alma, como Eichorn, Binswanger e talvez Adler, mas me pareceria absurdo compará-lo a Freud, como, no entanto, o psicanalista Lawrence Kubie faz em *The Riggs Story*; seria como comparar minha tia Berta com Marie Curie.

Isso me lembra uma história interessante: um novo paciente, numa segunda entrevista, me anunciou que, na noite precedente, enfim pôde dormir bem, embora o tenha feito na cama de Freud. Pensando que meu inglês não estava à altura, eu lhe perguntei:

– Na cama de quem?

– Sim, na cama de Freud – o paciente me respondeu, acrescentando que este último havia passado uma noite em Stockbridge em sua viagem aos Estados Unidos. Eu logo pensei que andaram gozando com a cara dele, mas não: esse rumor realmente corria na clínica. Ninguém acreditava nele verdadeiramente, mas todos acreditavam um pouquinho. O grão de areia na origem dessa pérola é a visita de Freud, em 1910, à Clark University, a menos de sessenta quilômetros de Stockbridge em linha reta. Esse mito refletia a convicção inquebrantável dos pacientes de que Stockbridge estava no pináculo da psiquiatria. Aliás, estávamos todos convencidos disso. Freud não tinha passado uma noite ali?

No entanto, nem sempre foi cor de rosa. Todo paciente que ficava mais de um mês em Stockbridge sabia vagamente que, vários anos antes, tinha havido um parêntese, uma obscura Idade Média. A partir da morte de seu fundador, a instituição havia decaído. A decadência tinha durado sete anos, até a chegada de Knight, em 1947. Sem líder, o pessoal estava dividido e, desse combate para dirigir a clínica, resultou uma ideologia paradoxal, uma mistura ambígua de rigidez e complacência. Sinais de rigidez: os pacientes não tinham o direito, chegada a noite, de receber visitas em seu quarto. Complacência: o mais belo caso é o que eu chamo de "o tear de Penélope". Quando um paciente, trabalhando na oficina de tecelagem, cometia um erro, o diretor de atividades desfazia a tela durante a noite e voltava a tecer a peça, liberando o paciente de tecê-la novamente.

A chegada de Knight pôs fim a essa desordem. Todavia, os vencidos não foram os pacientes, mas o pessoal médico residente. Quando ele ocupou a direção da clínica, todo o pessoal médico se retirou. Os invasores do Middle West, levados pelo Grande Chefe Branco, compunham um formidável contingente: David Rappaport, Margaret Brenman, Merton Gill e Roy Shafer. Eles emigraram da Clínica Meninger, em Topeka, porque estavam em desacordo com a ideologia tradicional em vigor lá. Quanto a Erikson, veio da Califórnia um pouco mais tarde.

Eles chegaram com um projeto na cabeça: criar uma comunidade terapêutica psiquiátrica. Variantes desse mesmo projeto tinham nascido simultaneamente em vários lugares: na clínica Castle de Thomas Maine, na Inglaterra, na de Maxwell Jones e, enfim, na de Chestnut Lodge. Todas eram instituições abertas. Em 1947, isso era uma novidade psiquiátrica. Sobre essa base, Stockbridge inovava, concedendo ao paciente o "papel de cidadão". Atrás dessa idéia – digamos, rappaportiana – de uma comunidade terapêutica, com predominância do "papel de cidadão", se perfilava, à nossa revelia, a noção da *Ego Psychology*, para a qual o eu do psicótico ou do neurótico grave possui núcleos sãos e autônomos. Como cidadão, o paciente participava da legislação da comunidade.

Essa aprendizagem cívica levou tempo. Primeiro, o grupo psicanalítico cometeu o erro de considerar que a psicanálise podia, em si mesma, criar as condições ideais para que a comunidade fosse um ambiente idílico. Resultado: um caos impossível de gerir, uma comunidade sem normas nem limites. A partir daí emergiu a necessidade de inventar, à medida dessa necessidade, em assembléias paritárias, a legislação adequada.

Resumamos: Austen Riggs era uma utopia chamada comunidade terapêutica. A utopia postulava que, nesse universo de uma centena de pessoas, não havia classe social dominante. A comunidade se gabava de ser uma sociedade igualitária. E, embora seja verdade que o poder médico, soberano num hospital fechado, era ali infinitamente menor e que se tentava minimizar as diferenças sociais entre pacientes e médicos, ele não deixava de ser autoritário, em última instância. O ensaio arqueológico é testemunha disso. E, ponto interessante, na comunidade terapêutica, os proletários eram os milionários, o que gerava uma incrível torção no sociograma. Embora fosse impossível introduzir um socialismo hospitalário, a atmosfera de Riggs obrigava o pessoal a colocar em questão sua identidade médica. Creio que a experiência era tão terapêutica para o paciente quanto para o terapeuta. As duas tribos dela tiraram proveito.

Em alguns momentos, a comunidade terapêutica agia como essa *Homo Gestalt* que descrevi no capítulo precedente. Descobri, pois, que as críticas dos psiquiatras asilares tradicionais são tão inaceitáveis quanto as dos psiquiatras de esquerda. Os psiquiatras tradicionais imaginavam antros de delírio sexual; quanto aos psiquiatras de esquerda, eles queriam uma revolução e não uma reforma. Nenhuma das duas correntes observou o valor terapêutico da simulação.

Hoje, navegamos no mundo virtual da simulação, com suas virtudes e seus perigos. Deixemos de lado, no momento, os perigos. A Apolo XIII pôde voltar à terra porque um simulador calculava a órbita de retorno.

Nesse sentido, a comunidade terapêutica foi o lugar ideal para realizar uma simulação da democracia.

Eis um exemplo pessoal de simulação virtual. Na época em que dirigia o comitê central, eu havia organizado um torneio interno de tênis de duplas mistas. Minha parceira Nina, que era uma boa jogadora, e eu tínhamos chegado à final. Nessa quente tarde de verão, perdemos a partida. Perto da quadra, havia uma cantina. Cheio de suor, mas não de tristeza, comprei duas garrafinhas de cerveja e dei uma para Nina. Eu havia esquecido que ela tinha um problema com a bebida. A infração era clara: um psiquiatra não oferece uma cerveja a uma alcoólatra. Na reunião seguinte da comissão, um paciente tomou meu lugar, e eu me tornei o acusado (mais uma vez, eu entrava em conflito com a lei). Pedi desculpas, explicando que Nina, naquele momento, não era uma paciente, mas uma companheira de jogo. Terminei minha defesa dizendo que compreendia muito bem a que ponto era fácil infringir a lei e que essa situação me levava a reconsiderar as coisas.

Não fui multado e não me prenderam, mas presentemente considero esse processo como uma simulação durante a qual Nina e eu tivemos que prestar contas de nossos atos. Penso, pois, que a psicanálise é uma simulação e que a transferência é o grande simulador. De onde minha conclusão de que a comunidade terapêutica é uma simulação antropológica, o que me leva a questionar a oportunidade desse tribunal misto ou paritário, no qual os pacientes julgam outros pacientes.

Quando eu estava em Austen Riggs, a idéia de punições me incomodava. Eu acreditava então que o tribunal misto, com pacientes, enfermeiras e terapeutas, era o que havia de melhor como tribunal disciplinar. Em teoria, talvez. Hoje, não vejo assim. A mudança passa por Moscou.

Em 1970, fui à União Soviética com uma delegação de psiquiatras argentinos. Em Moscou, visitamos um tribunal. A idéia era assistir a um processo por crime de direito comum. A juíza, uma gorda simpática, nos recebeu antes da audiência e nos explicou "a intenção" jurídica numa questão como aquela lá. Ela acentuou o fato de que, na União Soviética, o delito em si importava mais do que seu tamanho. O que estava em jogo era o roubo, não a quantia roubada. O valor do roubo era um conceito capitalista. Meus colegas e eu estávamos de acordo com o princípio; a mulher ganhou nossa benevolência.

O acusado era um engraxate de origem armênia. Parecia com Dustin Hoffman em *The midnight cowboy*. Tinha cara de rato e estava mal barbeado. Era acusado de dois delitos: ter pedido dez rublos para engraxar um par de sapatos, quando o preço estabelecido era seis rublos; ter vendido cadarços pelo dobro do preço normal. Quando a juíza o interrogou, ele respondeu que não eram sapatos, mas botas, que implicavam mais tempo de trabalho e mais material. Quanto à segunda acusação, ele sacudiu os ombros e disse que havia sido denunciado por duas moças do Partido que fizeram o pedido deliberadamente para incriminá-lo. A segunda defesa era mais fraca do que a primeira, embora eu também desconfiasse dessas jovens comunistas que denunciavam para ganharem os méritos. Em resumo, como ele não era recidivista, a juíza lhe aplicou uma multa: 25% de seus ganhos durante um semestre. Caso encerrado.

No caminho de volta, pensativo, Fernando Ulloa teve a idéia de mandar engraxar os sapatos no hotel. O preço: vinte rublos – o dobro do armênio. Moral: nunca aplicar conceitos utópicos na sociedade tal como é.

Voltemos a Riggs. A idéia de fazer com que pacientes fossem julgados por outros pacientes era utópica e conflituosa, em particular para aquele que julgava. Ele se tornava quase delator. Creio que a simulação tem seus limites: as sanções não podem ser simuladas, o penal se inscreve no duro granito do real.

Se se pensa na vida coletiva de um país, de uma cidade ou de um povoado, percebe-se que a questão das sanções é a mais problemática e a que menos mudou no curso dos séculos. A punição é mais ou menos a mesma desde a época do Código de Hammourabi (século II a. C.). A tentativa soviética de afastar-se do ditado penal "olho por olho" foi um fracasso. Queriam julgar o fato em si e não seu valor. Ora, nos nossos dias, o valor entra automaticamente no fato em si. Nuancemos, todavia: na comunidade terapêutica, só existia o cartão vermelho; não existia o cartão amarelo, como no futebol. E a expulsão, numa sociedade que pretende ser democraticamente utópica, é um ostracismo, uma pena muito pesada: perde-se a cidadania.

No nosso mundo acelerado e globalizado, a simulação nos faz correr o risco de confundir virtual e real. Vejam Clinton e Monica Lewinsky. De um lado, é fantástico poder julgar um presidente acusado de ter mentido numa questão de direito privado de tipo sexual. Parece que é o cúmulo da democracia, e é, mas o fato mesmo de que o seja se torna pura caricatura: uma simulação no país das utopias. Um simples efeito da democracia globalizada: uma perversão.

10
A eremita e o intimidador

Belén, minha filha mais velha, sonha com Stockbridge. E fato é que esses quatro anos passados lá estiveram, para minha família e eu, entre os mais felizes de nossa vida. Tínhamos uma bela casa em cima de uma colina que dominava Stockbridge do alto. E também um carro, um cachorro, uma horta e uma boa escola para as crianças. Plantávamos de tudo na horta, até espinafre da Nova Zelândia. Comíamos os melhores *choclos* do mundo, graças a uma operação simples e rápida. A horta ficava a trinta metros da porta da cozinha. Primeiro, era preciso colocar a panela no fogo; em seguida, quando a água fervia, Belén, Marcos e eu cortávamos as espigas de milho e as jogávamos na água; a operação levava menos de um minuto. Os especialistas dizem que se deixarmos as espigas de milho um minuto a mais elas perdem seu melhor gosto. Não se pode ferver o *choclo* fresco mais de cinco minutos. Dois copos de água para um copo de leite – uma verdadeira delícia, minha cara senhora.

Beatriz trabalhava como assistente social em Pittsfield, uma cidade industrial a vinte minutos de Stockbridge. Ela adorava seu trabalho e era muito considerada. A vida em Stockbridge era intensamente pacífica. Quase todo sábado, uma festa; no verão, passeava-se à beira do lago e jogava-se tênis, no outono, cortava-se madeira na floresta e, no inverno, esquiava-se.

Um lugar pouco comum. Essa cidade pôs um ovinho. O ovinho nasceu na clínica, mais precisamente com Margaret Brenman, que trabalhava conosco. Ela praticava hipnose e era uma grande ativista política. Sua idéia: um slogan. "Stockbridge, uma cidade que quer a paz". Cinco personalidades de Stockbridge deram sua contribuição: o teólogo Reinhold Nieburg; o dramaturgo Arthur Miller; o cineasta Arthur Penn; Erik Erikson; e o desenhista Norman Rockwell. Erikson, Nieburg e Miller escreviam textos, Rockwell desenhava e Penn rodava um documentário. A música era de Artie Shaw, o clarinetista, que morava nas cercanias.

Eram os anos de Eisenhower. A guerra fria. Os soviéticos eram os maus, e as pessoas diziam: "Antes morto que vermelho". Cada membro do grupo "Stockbridge quer a paz" reunia em torno de si uma dezena de habitantes da cidade: o vigia, o bombeiro, o mecânico, a mulher do padeiro, etc. Eles tomavam chá e conversavam sobre a maldade, suposta ou real, dos soviéticos. Uma vez, os jornalistas da CBS vieram nos filmar.

Toda quinta-feira, às nove horas da manhã, eu partia para ver Suzanne Langer. Ela morava em Connecticut, ao sul do Massachusetts, no subúrbio de um povoado chamado Mystic. A viagem durava quase uma hora.

A casa de Suzanne Langer ficava no meio de uma floresta de pínus, sem nenhum vizinho nas cercanias. Era uma casa rústica, de madeira, cujo interior era forrado de livros. Livros, arquivos e mesas de trabalho cercavam uma grande lareira na qual Suzanne preparava suas refeições. O médico lhe havia prescrito um regime proteínico, de modo que, toda quinta-feira, eu tinha direito a uma enorme bisteca grelhada na lenha. Ela não tinha nem telefone, nem rádio, nem televisão. Sua única distração era um violoncelo, que ela tocava relativamente mal. Passava pelo menos dezesseis horas por dia estudando e escrevendo. Nesse ponto, ela superava Rappaport.

Suzanne tinha uns setenta anos, talvez um pouco mais. Era espigada e seca, com um rosto germânico e estranhos olhos azuis esbugalhados. Um olhar de cego. Era uma pessoa reservada, pouco falante, que se animava apenas com as discussões teóricas. Então compreendi por que ela levou tanto tempo para me responder: tinha fobia de gente. Quando criança, era autista; tinha sido considerada retardada mental. Uma verdadeira autista, que começou a escrever apenas a partir de dez anos. Mas, quando se tirou a tampa...

Com ela descobri a obra de Ernst Cassirer e aprendi lógica simbólica. Tornei-me interlocutor dessa eremita. Ela me lia as vinte e uma páginas que escrevia religiosamente toda semana. Belíssimas páginas. Suzanne me cativava, mas minha ostensiva admiração era algo monótona. Ela se apaixonava por um tema, devorava, por exemplo, tudo o que encontrava sobre o aparelho auditivo dos papagaios; pensava que eu podia segui-la, muito simplesmente porque eu era médico, mas a audição dos papagaios é extremamente complexa.

Com Suzanne Langer aprendi sobretudo algo que pode ser resumido pela seguinte fórmula: "É assim mesmo?". Duvidar da palavra, mesmo quando está escrita.

Uma vez, espalhou-se a notícia de que as linhas de alta tensão podiam provocar leucemia nas crianças da região (em Mystic, havia uma série de postes de alta tensão). Suzanne se interessou pelo problema quando o prefeito propôs fechar uma escola situada perto de um poste e enviar as crianças para escolas relativamente distantes. Ela verificou a porcentagem de risco de leucemia, que na realidade era muito baixa. Após numerosos cálculos, escreveu ao prefeito. Segundo ela, a probabilidade de que um ônibus escolar sofresse um acidente era infinitamente mais elevada que a de que um poste elétrico provocasse leucemia. É assim mesmo?

Um dia, eu a convidei para dar uma conferência em Stockbridge; a tesouraria fizera, para esse fim, um cheque de mil dólares. Momento muito especial. Você percebe? Eu, o admirador que, três anos antes, lhe havia enviado uma carta, eis que eu a apresentava em seu país de origem! Foi um desastre. O pessoal tinha a reputação de ser excessivamente crítico, mas acho que foi mais porque, para eles, era uma questão de orgulho: deviam maltratar os conferencistas. No trimestre precedente, Margaret Mead tinha sido massacrada. Com Suzanne Langer, diríamos que foi a Luftwaffe: eles se lançaram sobre ela e, coisa estranha, ela não se defendeu. Sofri tanto quanto ela. Só Rappaport deu provas de gentileza e cortesia.

Após a conferência, Suzanne me confessou que era incapaz de falar em público, que não conseguia se defender. Como uma seqüela de seu autismo.

Um mês depois, David Rappaport morreu de um ataque cardíaco. Tinha cinqüenta anos. Sua morte consternou toda a nossa comunidade –

pacientes, enfermeiras, terapeutas. Esse homem exercera sobre nós um incrível impacto.

No entanto, nosso encontro havia começado mal. Seus seminários, eu disse, nos aterrorizavam. Ele perguntava: "O que diz Freud a respeito dos afetos em *A interpretação dos sonhos*?". Se um de nós respondia "Creio que...", Rappaport interrompia bruscamente: "Em qual página?". Um verdadeiro terror. E eu não era o melhor dos alunos!

Certo dia, todo o *staff* estava reunido para a apresentação de um caso clínico. Tratava-se de um jovem venezuelano sempre no mundo da lua. Durante a discussão, Rappaport disse: "É preciso levar em conta que os latinos são "mañana people". A fórmula me ficou atravessada na goela. Tremendo mais de medo do que de raiva, tomei a palavra: "Eu me espanto que uma pessoa como o Dr. Rappaport tenha tais preconceitos". Algumas horas mais tarde, ele mandou me chamar. Fui ao seu gabinete, esperando o pior. Para minha grande surpresa, ele me apresentou suas desculpas.

Belén, vou lhe contar algo de que certamente você nunca desconfiou. Caí de paixão por Nara, uma charmosa egípcia. Ela era casada com um de meus amigos, um diretor de atividades. Foi um amor romântico e calmo, belo e simples, do gênero amor místico que remexe profundamente. Nara tinha os mesmos olhos de Traute. Nos sábados, dançávamos juntos nas festas e vimos juntos *Hiroshima meu amor*. Nossos olhos brilhavam, mas ninguém percebia.

Certa vez, decidimos jantar fora – só nós dois. Uma idéia louca. Disse a Beatriz que naquela noite ia sair com Nara. Preparei-me como havia feito naquela noite lá, no cassino do Copacabana. Fui à casa de Nara, disse a meu amigo que estava convidando sua mulher para jantar. Enquanto ela se vestia, bebemos um whisky como dois cavalheiros.

Foi uma esplêndida noite de amor. Uma noite de cigarras. E um amor cortês e puro, cuja recompensa foi um beijo.

Quando a levei de volta, muito tarde, sua casa estava iluminada e meu amigo, que havia compreendido tudo, me esperava com o equivalente de um fuzil de caça nos olhos. Ele me disse que era a última vez que nos víamos, e assim foi.

Beatriz, que também estava acordada, viu minha expressão desesperada e não disse nada. Passei mais de um dia jogado na cama sem poder dormir. Uma informação curiosa dá a medida da minha angústia: perdi três quilos em vinte e quatro horas, o inferno havia me desidratado. Beatriz foi maravilhosa, atenciosa. Na segunda-feira, impossível ir ao meu encontro semanal com Rappaport para a supervisão do trabalho da comunidade. Eu lhe propus então passá-lo para o dia seguinte. Quando cheguei a seu gabinete, eu estava um verdadeiro trapo, e isso era perceptível.

– Bebeu muito nesse fim de semana, não é? – perguntou Rappaport num tom sarcástico.

Comecei a gaguejar, depois caí em soluços. Soluçando, contei-lhe toda a história. Rappaport parecia estudar seu cachimbo. Quando parei de chorar, ele me perguntou minha idade, depois disse:

– Doutor Rodrigué, o senhor é um amigo, de modo que não tenho nenhuma interpretação a fazer. Todavia, posso, como amigo, retribuir sua confidência. – E me contou um episódio de sua vida, semelhante ao meu, que tinha acontecido com ele na mesma idade que eu tinha, alguns anos antes, em Budapeste.

Essa intervenção produziu em mim um enorme impacto. Ela equivalia a meses de divã e selou uma curta amizade. Rappaport morreu alguns meses depois.

Hoje eu me pergunto quem é o intimidador: Rappaport ou o amor?

11
Noune

A volta de Stockbridge foi difícil, talvez mais ainda que a de Londres. Edenicamente falando, Londres e Stockbridge não eram comparáveis. Era em Stockbridge que, para celebrar o aniversário das crianças, o cura soava os sinos. Não em Londres. Nunca estive tão perto do céu quanto lá. Mas hoje o paraíso parece com um filme de Walt Disney levemente colorido.

O fato de ser kleiniano talvez tenha pesado na minha decisão de deixar Stockbridge. A sociedade psicanalítica local, a New England Psychoanalytical Association, me propôs dirigir um seminário sobre a obra de Melanie Klein. Poucos candidatos de Boston e de New Haven assistiram a ele; além disso, eles me escutaram exibindo odiosos sorrisos de canto de boca. Idem com meus colegas. Até Rappaport me deu algumas alfinetadas. Eu não era inteiramente *casher*.

Sem dúvida, foi por isso que nunca estudei seriamente a *Ego Psychology* – como, no entanto, Rappaport queria. A polêmica me impediu de fazer uma leitura construtiva dela, tipo Masud Kahn. Creio que os kleinianos, como os lacanianos, foram vítimas do mesmo preconceito; afinal, os americanos não são tão idiotas quanto se crê: Roy Shafer, Merton Gill e David Rappaport foram grandes teóricos. Preconceito e prejuízo...

Há algum tempo, por nostalgia, voltei a Stockbridge. As viagens sentimentais, Manuela, são perigosas. O passado pode vir lhe bater na cara.

Impressionante: esse lugar não havia mudado nem um fiapo. Stockbridge parecia uma réplica clonada de Stockbridge, uma espécie de monstruosa Dolly. Nem o policial da esquina nem as fachadas brancas das casas haviam envelhecido. Uma cidade congelada no tempo. Havia eu tido a intuição quando decidira partir?

Como médico estrangeiro, sem equivalência de diploma, eu teria sido dependente demais de Riggs. Além do mais, do posto de observação de minha paranóia, creio que a instituição não fez nada por mim: ela não escreveu à Casa Branca para lhe pedir que fizesse uma exceção em meu favor. Então, eu parti.

No entanto, não faltaram as tentações. Todo ano, em dezembro, éramos convidados a participar do Congresso Psicanalítico de New York. Austen Riggs pagava integralmente os custos da estadia. Podíamos, sem nenhum problema, convidar colegas para jantar e pagar a conta: a instituição financiava. A dependência do luxo era grande. Como se Riggs fosse minha avó francesa, com suas três variedades de peixes. Diga-se de passagem, Riggs foi, de toda a minha vida, meu único emprego estável e o único patrão que tive (na BBC, eu era *free-lance*).

O que fez a balança pender para o lado da partida foi a morte de Heinrich Racker. Nunca uma morte havia me alegrado tanto. Reconheço que não é muito correto constatar que a morte de Racker me tirou da depressão pós-Nara, mas foi assim.

A volta de Stockbridge foi, pois, bem diferente da volta de Londres. Dez anos tinham transcorrido. Buenos Aires estava irreconhecível. A psicanálise se expandira por todo o país. O número de psicoterapeutas se multiplicava. Freud entrava na universidade: a de medicina, graças a Garma e Rascovsky; e a de psicologia, através de Bleger, Liberman e Ulloa. Freud era um *happening* no Instituto Di Tella, com Marta Minujin. A *coisa analítica* se tornava um sucesso de livraria. O fenômeno dos "psicólogos" foi o mais surpreendente de todos. Na rua Viamonte, conta Balán, ministravam-se os cursos das novas especialidades; o mais popular era o de José Bleger, "Introdução à psicologia". Centenas de estudantes o assistiam. O grande anfiteatro transbordava, de modo que numerosos estudantes – estudantes mulheres, de fato – seguiam sua fala por intermédio de alto-falantes instalados nos corredores e nas salas vizinhas.

Em 1956, ano do centenário do nascimento de Freud, criou-se a faculdade de psicologia em Rosario. Foi igualmente uma data muito importante no domínio da saúde mental: Mauricio Goldenberg começava suas experiências na policlínica Gregorio Aráoz Alfaro, em Lanus. Ele se cercou de jovens médicos que, muito rápido, brilharam como estrelas de primeira categoria: Hernán Kesselman, Carlos Slutzki, Elena de la Aldea, Aurora Pérez, Hugo Bleishmar, Hector Fiorini. O trabalho de equipe era excelente; reflexologistas e analistas conviviam pacificamente. Goldenberg mantinha muito boas relações com a APA e convidava seus discípulos a se analisarem.

Vezzetti pensa que Lanus deu a ocasião de experimentar algo que vai mais longe que o simples deslocamento do analista para o domínio público. Concordo com ele. A relação entre o médico e o paciente se modificou, era a época das equipes, do pluridisciplinarismo, do *brain-storming*. Enquanto meu avião aterrissava no aeroporto de Ezeiza, os psicólogos povoavam os divãs da Vila Freud[11].

Sim, pensando bem, muitas coisas começaram a mudar a partir de 1956 no Rio de la Plata. Naquele ano, foi fundada a Asociación Argentina de Psicología y Psicoterapia de Grupos. Tato Pavlovsky e Jaime Rojas Bermúdez começaram a experimentar o psicodrama. Naquele mesmo ano, ocorreu a operação Rosario, realizada por estudantes e jovens médicos dessa cidade que trabalhavam com Enrique Pichon-Rivière no Instituto Argentino de Estudios Sociales (IADES). "Perto de mil pessoas", conta Balán, "do professor universitário ao boxeador, passando por um bom número de estudantes de medicina e psicologia, coordenados por vinte analistas, se reuniram durante um fim de semana para 'discutir Rosario', a cidade em que moravam. O psicanalista estava na rua". Com Pichon-Rivière nascem os "grupos operativos", que me foram tão úteis em Austen Riggs.

---

[11] Nome dado a um quarteirão chique de Buenos Aires no qual os analistas tinham seus consultórios.

A efervescência da experimentação psicológica durou uma década. As pessoas esquecem o crescimento da terapia de grupo nos anos 1970. O golpe de estado militar que fez cair o governo Illia interrompeu da noite para o dia as inovações universitárias. Sob o regime Ongania, a existência do grupo foi considerada subversiva. Os psis se fecharam em seus consultórios e se puseram a estudar Lacan. Não há mal que não venha para o bem.

Quando cheguei de volta ao país, em 1963, o grupo de minha geração estava prestes a ocupar cargos diretivos. Liberman, Grinberg, Willi e Madée Baranger, Jorge Mom, José Bleger, Fidias Cesio, Diego e Gilou Garcia Reynoso e Chiosa eram figuras destacadas. Os Revolucionários tinham talento e ambição. Mais do que deviam.

Juntei meu consultório com León Grinberg. Tinha uma relação curiosa com ele. Ele me considerava mais do que eu o considerava, e guardo disso uma culpazinha. Eu o criticava em silêncio, sua excessiva ambição me incomodava e eu preferia não conversar com ele. Sem dúvida, eu invejava seu grande talento político e o fato de ele ser o líder, indiscutível mas pouco amado, dos Revolucionários. Num certo sentido, seu papel de chefe me foi proveitoso; ele provavelmente me levou à presidência da APA.

Eis-me aqui obrigado a refletir sobre o papel da inveja num grupo que luta pelo poder. Um papel, infelizmente, muito importante. Um exemplo? Fidias Cesio pensava que se podia e se devia tratar os pacientes por "você". Isso pode parecer incrível, mas nós consideramos essa posição perigosa, até mesmo subversiva. Eu respeitava Bleger e Liberman, podia citá-los, e aliás o fazia, porque eles eram ecumênicos, mas confesso que nunca os estudei a fundo. Nem mesmo os escritos de Willi Baranger. Eu criticava as teorias psicanalíticas de Chiosa e as considerações teóricas de Liendo, sem conhecê-las verdadeiramente. A inveja me impediu de tirar proveito de uma geração brilhante. O ciúme pode ser tratado: eu deixei de ser ciumento com relação a Beatriz. Mas a inveja é incurável.

A cobiça se parece com a inveja, mas não é tão amarga, nem tão desleal. Certa tarde, quando eu saía de meu consultório, com o cenho franzido, assoberbado pelos sintomas de meus pacientes, vi, na esquina da rua, meu amigo, o Sordo Zorraquín, no seu carro novo. Ele vinha do campo e estava todo bronzeado. Fomos tomar uma cerveja. Depois de ter brindado, Sordo me disse:

– Puxa, Emilio, quando vi você passar, sério, perdido em seus pensamentos, invejei você. Pensei comigo que sua profissão era verdadeiramente apaixonante.

Eu não podia acreditar.

– Você ganhou, Sordo, você ganhou – disse a ele –, bateu de mão.

Isso não é inveja, mas *cobiça*, um termo de língua portuguesa mais leve que remete a uma espécie de inveja benigna.

Noune tinha talento, mas não tinha cobiça. Com ela se abriu um novo período de minha vida. Nosso amor renascia das cinzas. Pouco depois de minha chegada, eu lhe propus casamento e abri o jogo com Beatriz. Foi uma operação cirúrgica sem anestesia. Eu me lembro precisamente desse período, porque foi muito rápido – um relâmpago num lago sereno. Creio que a ruptura ocorreu uma ou duas semanas após nosso retorno: rompi explicitamente, sem tergiversar. Prefiro cortar na carne a ficar em marchas e contramarchas, como faz a maioria dos maridos. Eles oscilam entre me-separo e não-me-separo, usando a velha relação e paralisando a nova. Um de meus amigos, sociólogo, classifica as pessoas em duas categorias: as cruéis e as amargas. Prefiro ser cruel. Mas o mais duro foi anunciá-lo às crianças: elas me olharam de olhos arregalados – sou um chorão cruel.

Num sábado, de manhãzinha, saí para comprar uma passagem de trem simples para Escobar. Estava quarenta minutos adiantado, então calmamente fiz um lanche na lanchonete da estação. Era uma bela manhã que parecia uma pintura *naïf*, uma mistura de Aduanero Rousseau e Divito.

Há momentos, raros, que saboreamos ao máximo. Eles têm alguma coisa a ver com os preparativos, no tempo em que Jack eu comprávamos cantis na Harrods. A antecipação: um fim de semana de lua-de-mel com Noune, em La Escobita. As estações desfilavam e eu só tinha olhos para as pequenas flores perto da via férrea. Em Benavidez, um vendedor ambulante subiu no trem. Ele vendia, por um peso, um dicionário de bolso, os horários completos de todos os trens e, além disso, um mapa da cidade. Comprei. Eu estava contente.

Ela me esperava na estação. Noune é a mulher mais gueixa que conheci. Uma aparência *à la* Madame Butterfly. Álvarez, o especialista das churrasqueiras, se derreteu ao vê-la. Aliás, todos se derretiam. Eu entrei no carro, e foi um tapete voador que me transportou até a casa de campo de Noune.

Lá, ainda, o ambiente era de um conto de fadas: o caminho que nos conduzia à casa parecia coberto de pérolas e de promessas. Chegamos à moradia encantada: La Escobita. A casinha, que ela mesma havia desenhado, era tão simpática quanto luxuosa. Uma grande lareira reinava no salão. Um terraço dava para o rio Lujan. Ao pé do terraço, um velho umbu. Um laguinho em forma de rim, a grama bem cortada, um salgueiro que chora sobre o pequeno lago artificial, um banco sob o salgueiro para contemplar os grandes peixes vermelhos, também japoneses. Noune me mostrou todos os recantos da casa.

Chovera muito durante toda a semana. Noune, que era conhecedora, me propôs ir colher cogumelos. Passeamos na floresta durante horas, depois voltamos, com a cesta cheia. Noune foi diretamente para a cozinha para preparar os cogumelos com um molho de alho e vinho. Eu fui para o terraço me balançar na rede. Uma felicidade inigualável em companhia de cotovias, grilos e borboletas.

Ao me lembrar daquele dia em Escobar, acabo de fazer uma ligação entre vários momentos felizes. O primeiro foi em Punta del Este, durante um passeio a cavalo. Uma senhora, que se vangloriava de ser boa amazona, quis montar um cavalo fogoso. Na ida, perfeito; mas, na volta, o cavalo desembestou, como se tivesse tomado um petardo no rabo. A senhora então literalmente perdeu as estribeiras, ficou com medo e me passou o animal. O retorno para o hotel: uma hora à beira do abismo, eu estava tenso e morto de medo. O segundo episódio ocorreu num lago, no Sul: eu remava à contracorrente – uma queda de braço muito arriscada. Nos dois casos, uma vez passado o perigo e bebendo um copo de cerveja, me senti tão feliz quanto em La Escobita. Porque eu chegava a bom porto. Atrás de mim, eu tinha deixado muito sofrimento.

Esses anos foram prósperos e suntuosos. Ganhávamos bem a nossa vida, e Noune possuía um maravilhoso apartamento em Paris e uma casa rústica perto de Cannes. Comecei a imitar minha avó Hileret: todo ano, passávamos dois meses na Europa. Nosso quartel general: o apartamento de Paris, de frente para o Sena e com vista para Notre-Dame, que Noune dividia com seu irmão Francis. Era o tempo dos safáris gastronômicos.

Após estudar o guia Michelin, alugávamos um carro para rodar para o sul, buscando em nossa rota os melhores hotéis-restaurantes. Preparávamos uma cesta e fazíamos um piquenique ao ar livre, de preferência às margens de um rio: um pouco de queijo, salsichas da região e um vinho leve. Às sete horas da noite, chegávamos a um lugar que havíamos marcado no guia. Após ter tomado um bom banho, descíamos para jantar. Havia sempre uma consulta prévia ao *sommelier*. Guardo uma lembrança memorável de mexilhões à provençal perto de Bordeaux. E assim, sempre numa semana prolongada, chegávamos a Cannes, capital mundial da lagosta.

Alguém havia me oferecido, num pote de maionese, o equivalente a três cigarros de maconha, reservado para um momento especial. Numa noite especial e calma em Escobar, na qual os álamos nos sussurravam palavras insinuantes, a curiosidade nos venceu. Noune preparou seu peixe aos cinco perfumes, duas boas garrafas de Torrontés estavam gelando, as velas estavam na mesa, em resumo, um teatro ideal antecipadamente. Colocamos música e enrolei o primeiro cigarro. Nós o fumamos na cama. Nada. Fumamos o segundo. Ainda nada.

– É como se estivéssemos fumando alface – disse eu, enrolando o terceiro.

– As lorotas que as pessoas contam! – disse Noune.

Foi quando me levantei para ir ao banheiro que fiquei parado no ar, suspenso, como uma lebre nos desenhos animados, pego pelo impacto da maconha. Uma coisa de louco! Abrir minha braguilha? Operação impossível. Meus dedos, como chouriços, se enrolavam nos botões. Eles estavam petrificados, grudados na calça. Para além de qualquer veleidade sexual, era para mim uma questão de honra abrir aquela maldita braguilha. Escuto então o louco riso demente e imperioso de Noune, que também subia em espiral.

– Alface filha da puta – disse eu, desencadeando nela uma nova explosão de gargalhadas.

Quando a crise se acalmou, pedi a Noune que me ajudasse a abrir minha braguilha, mas ela alçou novamente seu vôo. Noune acabava de descobrir o riso demente até se estabacar, descarrilado, desbragado. E os grilos se calaram...

Todas as tentações se apoderaram de nós; nos amamos no quarto, declamando nossas loucuras ao som de árias de guitarras. A compreensão se juntou ao riso. Éramos ao mesmo tempo loucos e sábios, puros cérebros eufóricos, fazendo uma guerra de travesseiros.

– Como é grotesco! – exclamou Noune.

O rádio tocou sua canção preferida dos Beatles, o som tomou cor, cada acorde de *Hey Jude* se tornou uma cascata cristalina. A erva nos arremessava ao som absoluto.

Santa noite! Algumas horas depois, brindamos com o Torrontés. Escobar, *with the little help* da erva, é o momento mais hedonista da minha vida.

Na quinta-feira, acabava de trabalhar às dezessete horas e saía de meu consultório na hora em que Noune vinha me buscar. Era uma operação precisa, tipo comando. Uma hora depois, estávamos em casa, onde Titino, o cão de Noune, nos esperava, latindo. Depois Noune ia para a cozinha para preparar a refeição enquanto eu acendia o fogo na lareira. Meia hora mais tarde, degustávamos um whisky e eu lia um romance de ficção científica, com Titino a meus pés. E, caro leitor, sobretudo não vá pensar que quero suscitar inveja; não, apenas um pouco de cobiça.

As mulheres da minha vida foram grandes cozinheiras, mas Noune superou todas as outras, talvez graças ao sangue francês que corria em suas veias. La Escobita podia rivalizar com um restaurante duas estrelas, e não digo três para que não suspeitem que estou idealizando. Noune sabia cozinhar os cogumelos de quinze maneiras diferentes, nós os saboreávamos com bons vinhos argentinos ou chilenos, bebíamos um suculento armagnac com o café e terminávamos com uma sobremesa sublime, o doce de leite.

No sábado de manhã, partida de tênis com León Grinberg, Jaqui, o filho de Noune, e Tommy Langer. Depois Álvarez preparava os grelhados (em geral, tínhamos convidados) e, para terminar, uma sesta homérica. No domingo, futebol na casa de León. Havia um pequeno campo com gol e tudo. Jogávamos com os vizinhos da frente, que chamávamos de "os Gatinhos", vai-se lá saber por quê. Eles não estavam a par desse apelido, e penso hoje que eles também nos apelidavam. Os Gatinhos formavam uma boa equipe. Havia os gêmeos que jogavam muito bem e um irmão de Micheli, o centro-avante do Independiente. Richard, o dono da casa, era mais perna de pau. Nossa equipe tinha menos talento, mas mais consistência. León jogava bem; José Luis, o carpinteiro de Escobar, era muito bom; Valentín, amigo de Jaqui, sabia chutar maravilhosamente; e meu filho Marcos já se fazia notar por seus dribles. Às vezes, meu sobrinho Chamaco se juntava a nós. Eu era um jogador sem talento, mas de muito coração. Depois da partida, cerveja na casa de León, com a presença de Marie Langer. Lá, trocávamos as fofocas da semana e os altos projetos políticos.

Ficávamos felizes até o cair da tarde, a hora das vésperas, durante a qual, segundo Neruda, os bispos se masturbavam. Eu soçobrava então numa profunda depressão, que sinto até hoje, no domingo, no crepúsculo. Sei que não sou o único. No que me diz respeito, o *spleen* começou com a apreensão de retornar ao colégio na segunda-feira. Cinco minutos antes de nossa partida, Titino começava a latir e desaparecia para não nos ver partir.

Titino tinha dois donos. Durante a semana, morava com um camponês numa cidade próxima. Todas as sextas-feiras, ele nos esperava diante do portal de La Escobita. Uma vez, no meio da semana, eu o encontrei com seu outro dono em pleno campo. Chamei, gritei, mas ele agiu como se eu não existisse. Incrível! E nem mesmo me lançou um olhar. Creio que naquela época eu era um pouco como Titino: minha semana era dividida em duas e o Emilio do fim de semana não tinha nada a ver com o Emilio trabalhador da semana.

Porque, durante a semana, eu trabalhava duro. Isso me levou a fazer o seguinte cálculo, relatado num livro intitulado *O paciente das 50000 horas*[12]: "Faça o cálculo seguinte comigo: passei vinte e cinco anos de minha vida, como psicanalista, a analisar. Trabalhei dez meses por ano, descontando os feriados, as gripes e outros atropelos devidos ao frio. Ritmo desenfreado que me levou a um total de cinqüenta horas de trabalho por semana. Cada mês tem cerca de quatro semanas, portanto: 25 por 10 por 50 dá 50000 horas. Cinqüenta mil horas psicanalíticas, cinqüenta mil horas de cinqüenta minutos. A grande quantidade de zeros cria uma irrealidade numérica, como se eu dissesse que havia percorrido um ano-luz ao pé do divã.

---

[12] Emilio Rodrigué, *El paciente de las 50000 horas*, Madri, Editorial Fundamentos, 1977.

Milhares de minutos falando e milhões de minutos escutando, às vezes concentrado, mas na maior parte do tempo nas nuvens, como todo bom psicanalista que se respeite. Oceanos calmos e perturbações de atenção flutuante nos quais, por vezes, senti A Grande Interpretação na ponta da minha língua mental. Mas também houve momentos de impotência, nos quais eu duvidava de tudo em geral e do que eu fazia em particular".

Essas cinqüenta mil horas forjaram minha própria técnica. Na transferência, parei de me posicionar como personagem central. Abandonei o modelo do "Sim, mas..." pelo do "Sim, e ainda...", surfando na associação livre do paciente, sem jamais contrariar a direção da onda, considerando, cada vez mais, a psicanálise como uma arte marcial.

Minha ascensão à presidência da APA merece, por sua condição helênica, uma reflexão antropológica. A peça mestra foi Noune. Ela, que quase me levou à beira do ostracismo, eis que me levava à presidência. Ela era a viúva de Racker e, mais uma vez, eu vim ocupar o lugar de Édipo.

É curioso como as instituições, mexeriqueiras por natureza, podem também sofrer uma repressão maciça de grupo. Ninguém se perguntou como pude me casar com Noune apenas um mês depois de minha volta dos Estados Unidos; ninguém nem mencionou o delito anterior e clandestino. Mas é evidente que, para o inconsciente coletivo da APA, eu deitava com Jocasta e meu poder sobre o reino se estendia.

O cronograma foi o seguinte: cheguei em 1962, fui nomeado secretário de Liberman em 1964 e eleito presidente em 1966. Um Édipo relativamente jovem, pleno de maturidade, de quarenta e três anos.

12
Penny

Vou lhe contar a genealogia de minha escrita. Na época de Traute, eu queria ser escritor – eu sempre quis ser. Eu admirava *Contraponto* de Huxley e *As palmeiras selvagens* de Faulkner. Ser autor de um livro, e de preferência de um romance, era bem melhor do que ser ator em Hollywood: ouro olímpico que o vento levou. Com dezessete anos, eu possuía uma máquina de escrever portátil e ganhava minha vida traduzindo textos médicos. Foi graças a eles que pude pagar minha viagem para o Rio de Janeiro. E foi naquele momento que eu tive a idéia de um conto. A trama? Uma charmosa antropóloga vienense perde seu marido em Machu Pichu, vítima de uma avalanche. Ela continua seu estudo antropológico com a ajuda de um jovem quechua que a ama em segredo. Há uma troca entre eles: ele ensina a ela o quechua e ela ensina a ele o alemão. No momento de voltar para Viena, a antropóloga lhe dá seu endereço. Ele não lhe escreve, mas continua a amá-la. Longo tempo depois, ele compra uma passagem e parte para a Áustria. Quando chega diante da casa da antropóloga, ela sai e, com os grandes braços abertos, corre na direção dele.

Uma bela história que nunca pôde passar da primeira frase. Eu escrevia: "O sol se deitava atrás do monte sagrado de Machu Pichu...". E eu rasgava o papel. Um ano à base de anfetaminas e de café preto muito forte. Um bloqueio incrível frente à página em branco. Minha ambição de ser escritor era imensa, mas tive que me resignar à idéia de que não o seria jamais: eu não tinha o jeito.

Entretanto, creio que essas noites anfetaminadas tiveram seus frutos: na minha aventura com Traute, é evidente que eu era o quechua apaixonado.

Depois foi Londres, a BBC e meu encontro com o blefador. Adquiri uma certa habilidade. Mais tarde, produzi textos psicanalíticos, condição requerida para minha formação: embora não fossem particularmente bem escritos, pelo menos preenchiam as páginas em branco. Os analistas, dos quais faço parte, escrevem mal: recentemente, reli meus primeiros textos; não tinham nenhum valor literário. Em seguida escrevi com Marie Langer e León Grinberg um livro sobre os grupos, cujo conteúdo era interessante, mas o estilo, medíocre. Mais tarde, para contar minha experiência em Stockbridge, redigi *Biografia de uma comunidade terapêutica*, que, ainda hoje, me parece ser um livro interessante e bem escrito, ainda que, na hora, isso tivesse me escapado. O supereu que nos controla não distribui facilmente boas notas!

Fui um grande leitor de romances policiais e, depois, de ficção científica. Todo fim de semana, em La Escobita, eu devorava um livro. Bradbury, Henlein, Sturgeon me ensinaram a alimentar minha imaginação.

Tive então uma idéia: elaborar uma antologia, selecionar as onze melhores narrativas de meus autores preferidos e depositar meu pequeno ovo em ninho alheio.

Fernando Ulloa me apresentou a Paco Porrúa, diretor das edições Minotauro. Eu lhe contei minha idéia e lhe mostrei a lista de meus contos favoritos. Paco, grande conhecedor, aprovou a escolha em silêncio e me pediu que lhe falasse do meu. "Bem", eu lhe disse, o meu fala de um computador do futuro que ocupa toda uma casa. (Nesse tempo não existiam os laptops). Os homens, muito religiosos nessa época, lhe perguntam: "Deus existe?". O computador leva algum tempo, depois responde: "Não tenho dados suficientes". Dez anos se passam. O computador cresce. Agora, ele ocupa todo um campo de futebol. Novamente a pergunta é feita a ele, que responde sempre: "Não tenho dados suficientes". A história se repete com um computador grande como um povoado, depois como uma cidade, até o dia em que, com uma voz grave que ressoa no horizonte, ao som de trombetas celestes, ele responde: "No início era o verbo". Adoro esse conto.

Paco Porrúa sorriu, foi à sua imensa biblioteca, saiu dela com um pequeno livro de um certo Smith e me mostrou esse conto, exatamente o mesmo, mas ocupando apenas três páginas. Um caso de plágio inconsciente. Que vergonha! Ou antes: que decepção! porque eu teria jurado que esse conto era meu.

Para me reabilitar, decidi escrever minhas próprias narrativas de ficção científica. Perto da Páscoa de 1964, comecei a ficar cheio de idéias. Eu era uma torrente de criatividade. Todo dia, um novo texto. O melhor deles contava a visita de uma máquina de voltar no tempo ao Gólgota. Jesus levanta seus olhos, vê a cápsula espacial e exclama: "Meu Deus, por que me abandonaste?".

Durante três ou quatro meses, criei toneladas de narrativas e depois a comporta se fechou. Nunca mais tive idéias. A datar desse dia, parei de ler ficção científica. Paco publicou minha coletânea em 1966, sob o título de *Plenipotência*. Repercussão quase nula: exceto dois fãs, um norte-americano e um espanhol.

Um dos contos da coletânea se tornará, em 1969, um romance: *Heroína*, um híbrido interessante. Ele nasceu em vários lugares. Um deles foi numa supervisão. Uma supervisionada me levou o caso duma paciente deprimida, que, no dia de Natal, passou a tarde pintando as unhas, esperando o telefonema de um noivo ausente e em fuga. Ela pintava uma unha e a contemplava longamente; pintava uma outra... E, de repente, ao escutar o relato, minha supervisionada compreendeu que a paciente, na realidade, se sentia como uma árvore de Natal e que as unhas eram as bolinhas que decoravam a árvore. E viva o narcisismo salvador!

Comecei a pensar nesse personagem e o batizei de Penny, de Penélope, a mulher que espera. *Heroína* se situa na encruzilhada da minha vida literária.

No primeiro capítulo, Penny espera Gerardo em vão. Ela pinta as unhas da mão, depois as dos pés, sempre à espera de um telefonema. Está vestida para matar. As horas se arrastam, enquanto Penny se cobre com uma fita prateada, uma chuva de fios de alumínio que caem da guirlanda em strass envolve seu pescoço, se agarra a seus braços como serpentinas, se mistura nas bolas... O telefone soa. Ele soa e ressoa nesse salão decorado com uma árvore de natal, uma pequena labareda plena de luzes e de reflexos. Ele soa várias vezes, mas nada se move, só há o inevitável tremor da fita ao vento.

Penny era intérprete. Uma vez recuperada desse maldito Natal, ela embarcou para trabalhar em Bariloche, num congresso psicanalítico internacional. Lá, ela se apaixonou por um analista japonês, Yoschide, especialista em sonhos de Freud, que dissertou sobre "O sonho da injeção de Irma".

Eles terão uma bela aventura que começará no dia seguinte ao congresso. Cai uma neve forte, o hotel fica isolado. Após o jantar, Yoschide convida Penny para dançar numa boate, a Arca de Noé. As horas vão passando. A boate abre e os casais entram por uma pequena porta. Eles escolheram ser rouxinóis e falam de rouxinóis, lado a lado, aureolados pelo erotismo noturno.

– Como se diz rouxinol em japonês, Yoschide?

– Uguizu.

A pista da Arca se ilumina de baixo, como acontecia na magnífica noite que passei no cassino do Rio com Traute.

Eles dançam. Eu escrevia: "Yoschide dança bem, eu o sinto muito perto do meu corpo quando ele dança comigo. Eu me deixo levar, de pés descalços. Joelhos altaneiros, não estou nervosa, o ritmo me transporta e tudo se passa à perfeição, eu estou feliz, *come on, come on baby*, canta um Rolling Stones cabeludo maravilhosamente bronzeado e Penny pensa nessas ondas gigantescas do oceano Pacífico, como se chamam elas? Tsunami".

Curta aventura, perfeita. Depois o japonês diz adeus. Grande aventura na qual Yoschide é, é claro, Traute ou a antropóloga, e eu, Penny.

Quando Yoschide se vai, Penny tem a impressão de que o céu caiu sobre sua cabeça. É internada numa clínica por tentativa de suicídio. É o doutor Mortimer quem a acompanha e, para a apresentação do caso, Marie Langer está presente.

Uma mesa longa, moderna, para eruditos, com papéis e lápis, cercada de psiquiatras diante dos quais Penny comparecerá. Sentado na cabeceira da mesa, o diretor abre a sessão:

– Nossa convidada de hoje, a doutora Langer, não precisa de apresentação. Digamos, para sermos breves, que ela é o expoente máximo da psiquiatria continental e da psicanálise internacional.

A doutora Langer sorriu e fez um pequeno gesto vienense. "O monstro sagrado está longe de mim", pensou o doutor Mortimer. "Felizmente está sentada longe. Ela se parece com um grande gato egípcio, sim, é isso, ela é o Grande Gato Branco Austro-Egípcio".

– Mas acrescentarei que a doutora Langer nos fez a surpresa de trazer um convidado. É o doutor Emilio Rodrigué, que – ele consulta suas notas – acaba de publicar *Biografia de uma comunidade terapêutica*, livro que lhes recomendo, no qual ele fala de uma experiência parecida com a nossa.

"Um intruso", pensa o doutor Mortimer, muito nervoso, porque ia expor o caso.

Uma secretária trouxe duas garrafas d'água e Mortimer limpou a garganta para começar a apresentação da paciente: "María Penélope (Penny), argentina, vinte e seis anos, solteira, que trabalha como intérprete, foi internada em estado inconsciente no dia 23 de novembro, acompanhada de sua tia, Maria L. de Turpin.

Há mais de um ano, Penélope, jovem mulher atraente, se recolheu de seu meio social. Seu isolamento se tornou patológico. Penny, que chamaremos P., canalizou todo o seu interesse para o trabalho. O conflito atual se precipitou por causa de um traumatismo amoroso com G., músico arisco, com quem ela manteve uma relação de tipo sadomasoquista, na qual ela assumia o papel passivo da mulher que espera, abobada, humilhada, etc. Mas Penny explica, dizendo: 'Com G., eu tinha orgasmos'. Quando sua frágil adaptação se quebrou (ao romper com G.), Penny caiu num estado de marasmo que beira a catatonia. 'Eu era uma arvorezinha', lembra P.

Nesse deserto afetivo, a paciente teve curtas relações com homens casados, mas se sentia ridiculamente frígida.

Tudo levava a crer que ela se recuperava do luto afetivo. Entretanto, a crise atual eclodiu na volta de Bariloche, para onde P. tinha ido como intérprete. Aparentemente, tudo corre muito bem. A neve e a montanha a maravilham, mas ela não precisa em que consistia esse bem-estar. Simplesmente diz incoerências, como 'os quarenta dias que passei na Arca'. Durante as primeiras entrevistas, sua linguagem era o clássico ajuntamento heteróclito de palavras, ela repetia freqüentemente significantes do gênero 'yoschide', que meu gravador não pôde registrar.

À estranha euforia de Bariloche sucede uma fase melancólica; a paciente começou a vegetar; ela disse: 'Caminhando sem parar nas margens da minha vida, sozinha na minha fila indiana, sem objetivo, sem caminho traçado, sem nada'.

Saindo de uma sessão no Instituto Di Tella, P. ingeriu uma alta dose de barbitúricos...".

– Era uma tentativa ou uma simulação? – perguntou Clogh, também chamado o "Sinistro".

– Não era uma simulação. Segundo a classificação do diretor, era uma tentativa de suicídio de terceiro grau.

– Uma TS3? – Clogh estava cético.

– Bem, esclareceremos esse ponto quando virmos a paciente. Diga para ela entrar – ordenou o diretor à enfermeira.

Bateram à porta e o diretor se levantou de sua cadeira para receber Penny, lhe estendeu a mão e lhe sorriu amavelmente. A paciente, por reflexo, passou a outra mão pela têmpora, como para arrumar uma mecha imaginária.

Para os que viram o filme, imagino que fazem a imagem de Graciela Borges, que foi a atriz de *Heroína*. Eu a vejo menos bonita, mais tipo Sandra Bullock.

Penny foi conduzida para a mesa onde se encontrava Mortimer, que a saudou, levantando-se parcialmente.

– Como prefere que eu a chame? – pergunta o diretor.

– Me chamam Penny.

– Pois bem, será Penny. (Ele sorri.) Pouco à vontade?

– Um pouco, sim.

– Gostaríamos de que você soubesse, Penny, que compreendemos perfeitamente que essa experiência não é fácil, com certeza não é. Mas estamos aqui reunidos para ajudá-la, para compreender, para resolver seus problemas. O doutor Mortimer nos fez um relato completo, mas damos valor ao contato direto e pessoal com você. Gostaríamos muito de conhecer você como pessoa e não como caso clínico. Podemos contar com a sua ajuda, Penny?

Penny aquiesceu e Mortimer pensou: dar a César o que é de César; esse cara tem cancha, cada vez fala melhor.

– O doutor Mortimer nos disse que você era uma aluna brilhante e que sua memória visual é notável: parece que você pode memorizar frases inteiras.

Penny aquiesceu.

– Poderia nos fazer uma demonstração de seu talento?

– Meu talento? – perguntou ela, como se não conhecesse o sentido da palavra.

– Sim, sua memória visual.

– Poder... eu posso, embora, nesse momento (ela olha para suas pernas), não sei nem como me chamo.

Sorrisos em volta da mesa. Ela ganhou a simpatia deles, pensou Mortimer.

– O que poderíamos lhe perguntar?

Da ponta da mesa, a voz de Rodrigué se levantou:

– Penny, você se lembra do sonho da "injeção de Irma"?

Penny se recusava a olhá-lo.

– O sonho...

– Sim, aquele sonho que você traduziu no congresso de Bariloche.

– Tenho que me concentrar. (Ela fecha os olhos.) Como era exatamente? Acho que era algo como: "Uma sala muito grande, recebíamos numerosos convidados. Irma está entre eles. Chamo-a à parte para repreendê-la por não ter aceitado minha solução. Eu lhe digo: 'é tua culpa se isso te faz sofrer'".

– Notável! – exclamou o diretor. – Ah, quem dera que eu tivesse o seu talento!

– Não é grande coisa.

O diretor então teve uma idéia:

– Penny, proponho a você recriar uma situação vivida. Suponhamos, por exemplo, que você está solicitando um trabalho de intérprete e que eu seja seu possível futuro chefe.

– Não sei se estou compreendendo.

– Vamos fazer de conta que estamos numa entrevista e eu, seu chefe, lhe peço que me fale de você. Eu lhe digo: "Fale-me de você, senhorita Turpin".

Ele desempenhava tão bem seu papel de chefe que Mortimer pensou que talvez ele tivesse se enganado de profissão.

Observou-se uma mudança sutil em Penny quando ela disse:

– Perdão, senhor, não entendi bem seu nome.

– Como?

– Lamento, senhor, mas a secretária pronunciou rapidamente o seu nome. Eu não entendi bem.

– Euu... meu nome é Carlos González.

– Se o senhor estiver de acordo, senhor González, podemos dramatizar a seguinte situação: o senhor fala e eu traduzo.

O diretor acendeu nervosamente um cigarro e disse:

– Muito bem, senhorita Turpin. Eu sou psiquiatra e lhe digo: "No que se refere a esse caso, o mais importante é saber o que realmente se passou em Bariloche, onde parece que a paciente sofreu uma amnésia".

Penny não pestanejou um segundo:

– The more relevant thing so far is to know what happened in that period in Bariloche when it seems that the patient was amnesic.

– Excelente.

– Thank you.

– Aqui temos um problema técnico. É oportuno confrontar a paciente com o que está para além da amnésia?

– Here we are faced with a technical problem, is it convenient to confront the patient with that which beyond her amnesia?

– Muito bem. E o que você pensa disso, Penny?

– Desculpe-me, doutor, a quem o senhor está fazendo essa pergunta?

– Eu continuo sendo o chefe e lhe faço essa pergunta à margem, porque quero conhecer a situação psicológica da candidata.

Mortimer teve a sensação de estar diante de dois esgrimistas e reparou que todos, até mesmo o Grande Gato Austro-Egípcio, estavam cativados pelo duelo. Penny fazia sua conquista, lentamente mas...

– Bem, senhor González, é uma pergunta muito difícil para um leigo. No entanto, penso que o senhor poderia colocar o problema de maneira indireta, como se o senhor fosse alguma outra pessoa.

– E como você faria isso, senhorita Turpin?

– Bem, poderíamos fazer de conta que o senhor é a paciente e eu, o psiquiatra.

Inversão fantástica, pensou Mortimer. Penny está lhe calando o bico.

Diante da evidente reprovação da enfermeira-chefe, o diretor mudou de tom e perguntou:

– Se você estivesse em meu lugar, Penny, o que você faria?

A paciente mudou também de tom e voltou a olhar suas pernas.

– Creio que é preciso estar atento ao outro. Eu não lhe faria essa pergunta, doutor.

– E por que então, Penny?

– Se o senhor estivesse no meu estado, e, desculpe-me, doutor, mas creio que de jeito nenhum o senhor pode saber o que sinto, o senhor saberia que é preciso que cada um fique em seu lugar.

Clogh ia falar, mas mudou de idéia.

O diretor suspirou, pôs as mãos na mesa e disse:

– Talvez você tenha razão, Penny. Creia que foi um prazer conhecê-la.

Levantando-se, Penny passou um olhar pela mesa, murmurou agradecimentos em geral, ao diretor em particular, a Mortimer especialmente, e saiu.

Fechou-se a porta de vidro fumê da sala de reuniões e, com o som imaginário dos passos distantes de Penny, levantou-se um murmúrio de espanto do público, porque a mão do mágico foi mais rápida do que a visão, o cristão comeu o leão.

Agitados, parece que todos queriam falar ao mesmo tempo. Então o técnico da cabine de gravação saiu de sua salinha para protestar.

– Assim não dá! – disse ele.

O diretor, batendo palmas, chamou à ordem.

– Senhores, o que aconteceu? – perguntou ele e olhou para Mortimer.

– Eu também estou surpreso – disse Mortimer, na defensiva. – Ela nunca foi assim nas entrevistas.

A psicóloga veio em seu socorro:

– Uma vez, quando eu fazia testes, ela se sentiu acuada e reagiu também de modo muito incisivo. Quando a fiz notar sua mudança de atitude, ela me respondeu com um ato falho muito curioso: "Não gosto de ficar *entre a espádua e a parede*".

– E qual é o ato falho? – perguntou a enfermeira-chefe.
– Bem, diz-se "entre a espada e a parede" – respondeu a psicóloga.

E Emilio, que é Penny, fica contente com essa crítica irônica com relação à comunidade terapêutica. Essa biografia que me escapa das mãos e na qual, como em *A rosa púrpura do Cairo*, os personagens saem da tela me diverte muito. A partir de agora, não sou mais responsável pelo que é publicado.

O diretor disse:

– A rapidez dessa moça é surpreendente. Confesso que ela me fez perder o rumo.

Mortimer pensa que por trás dessa afetação talvez se escondesse uma certa dignidade nesse homem. O diretor, que percebia a agitação ambiente, decretou uma pausa para o café com biscoitos, que as secretárias trouxeram.

Campainha. Fim do recreio.

– Bem, quem se anima?

Silêncio. Há alguns minutos, todos queriam falar, agora a assistência ficava num mutismo total. A onda de agitação passou.

O diretor levantou as sobrancelhas e olhou para o Gato Austro-Egípcio, como que para lhe pedir que fosse paciente. Provavelmente pensava que Langer, você sabe, intimidava o grupo.

Silêncio.

O jovem doutor Eulalio Gomez não tergiversa e se joga n'água:

– Bem, é um caso fascinante, como o diretor disse. Eu queria simplesmente acrescentar duas coisinhas, para quebrar o gelo. Creio, Mortimer, que você tem total razão na reconstrução histórica, quando fala de uma dissociação entre a vida cotidiana, relativamente normal, e os momentos bizarros, psicóticos, por exemplo entre a Penny frígida e inibida e a hábil inversão de situação com o diretor.

Clogh aproveita a oportunidade para entrar na arena:

– Estou de acordo com a dissociação de base da qual fala o doutor Gomez, como em *Dr. Jekill e Mister Hyde*, ou em *A bela da tarde*. Isso explicaria a dificuldade do histórico, que eu acho, desculpem-me a expressão, poeticamente ambíguo. Afinal, quem é Penélope Turpin? Sua apresentação, Mortimer, é muito candente, comovedora em alguns momentos, mas me parece bem pouco objetiva. Ignoramos o conteúdo dessas fantasias masturbatórias. Não se abordou a homossexualidade, e me parece que todo o problema está aí: não seria precisamente o que está entre *a espádua e a parede*? Minha impressão foi confirmada quando a paciente representou a cena de um duelo fálico com o diretor, o qual, por intuição profissional, se esquivou do conflito. Com essa paciente, se se tira a fachada de menina mártir, corremos o risco de fazer eclodir toda a sua paranóia. É um caso sério. Creio, apesar de tudo, que é preciso tentar um tratamento psicanalítico com um terapeuta experimentado, de preferência uma mulher, que não caia na armadilha.

Arre, pensa Mortimer, caí numa armadilha. Ele ia intervir quando um candidato, que ainda não fazia parte da APA, levantou timidamente a mão:

– É apenas uma impressão, mas...

– Diga – encoraja o diretor.

– Bem, o que me impressiona em Penny é sua condição de mulher que espera.

Rodrigué, o intruso, fez um gesto de aprovação e pediu a palavra:

– Posso me permitir uma breve digressão?

– Certamente, doutor – o diretor o escutou com uma tal atenção que era evidente que os peixes pequenos cediam seu lugar no tanque para deixar a entrada livre para os grandes cetáceos.

Passa-se-lhe o microfone:

– Podemos observar que os pretendentes de Penélope, políticos astutos, se deixaram enganar pela astúcia da demora de dez, até mesmo vinte anos da tecelagem. Insisto em que eram homens de ação hábeis. Então, por quê?

Rodrigué fez uma pausa para beber água.

– O mito de Penélope – retoma ele –, como o de Édipo, é universal. O engano só pode se explicar se não houver engano. Tudo seria muito mais uma cumplicidade, de uma parte e de outra: Penélope e seus pretendentes. Penélope é o símbolo da fidelidade conjugal; ela representa, pois, para os homens, o ideal da mulher casada. Mas é um ideal desdenhado; ela vai, por sua vez, desdenhar o homem por tê-la subestimado. O desdém de Penélope com relação aos pretendentes deve ter sido enorme.

O intruso está fora do assunto, pensa Mortimer.

– Não me refiro – continuou Rodrigué – à guerra dos sexos. Minha idéia é que não há dominação, mas cumplicidade, a clássica cumplicidade penelopeana.

O Gato Austro-Egípcio parecia estar se divertindo:

– Nunca poderemos ter o *woman power*.

– Vocês precisam de nós – respondeu Rodrigué.

– *Woman is beautiful.*

A cara da enfermeira-chefe era um poema.

O diretor perguntou:

– Teria alguma sugestão terapêutica, doutor?

– Só há uma: transformar Penélope em Sherazade.

– Há um ponto comum entre essas mulheres – disse Marie Langer –, ambas devem ganhar tempo.

– A situação de Sherazade é mais crítica, ela tem que salvar sua pele e encontra uma solução por uma feminilidade ativa, tece mil e um contos.

O diretor aprova a contribuição de Rodrigué e se dirige à doutora Langer:

– Doutora, o que pensa desse caso?

Silêncio.

– Vocês leram *Cem anos de solidão*? – perguntou ela.

Sim, lhe responderam.

– Pois bem, eu gostarrria de lhes dizer que acabo de completarrr cento e vinte anos – disse, arrastando o erre.

– Cento e vinte anos?

Ela começou a falar com uma mistura paradoxal de timidez e segurança. Seu sotaque vienense era inefável e ninguém disse "Mas, por favor, uma mulher bela e jovem como você!". Não, ela tinha cento e vinte anos, e ponto.

– Gostaria de felicitar o doutor Mortimer por seu histórico: ele lhe deu vida, apesar de nosso jargão profissional. Às vezes me pergunto se o texto psicanalítico registra o acontecimento, o vivido, o texto da vida. Quando Penny disse que não sabemos o que ela sente, não estava nos dizendo algo evidente, mas ao mesmo tempo fundamental?

É preciso estar atualizado nas idéias da moda, meu gato, pensa Mortimer. Uma monografia sem cadeia significante não é ecumênica.

– Freud falava claro. Dora é um maravilhoso histórico de um fracasso terapêutico. O Pequeno Hans nos faz rir, instruindo-nos. Mas, bom, Freud é Freud. Vocês se lembram como ele se criticou por ter descuidado de Irma?

Pausa. Marie Langer acende um cigarro (o quarto, observa a enfermeira-chefe).

– Já falamos muito de Penny – continua ela –, sem dúvida, demais. Minha fala vale por cento e vinte anos.

Convém dizer que Marie Langer é ela mesma. Quero dizer com isso que sua participação na história é a seguinte: eu lhe dei todo o material da sessão, e ela, num fim de semana, redigiu seu diálogo. Depois, fui eu quem fez a montagem do roteiro. Mas as idéias são dela e da *Rosa púrpura*.

– Penny – continuou Langer – é intérprete. Vocês concordarão comigo que essa escolha de carreira não é anódina. O que significa ser intérprete? Traduzir fielmente o que o outro diz. Num certo sentido, ela é Eco, a irmã de Narciso, mas é também seu contrário, ela dá outra versão para a palavra estrangeira: ela é anti-Eco, a anti-heroína. Penny funciona como um telefone poliglota.

– O telefone canibal – interrompeu Clogh, que se lembrava do histórico.

– Vimos que Penny tem um talento de intérprete extraordinário. Seu ouvido fotográfico é excepcional. Minha hipótese é que ela desenvolveu ao máximo esse dom natural para registrar fielmente a voz de seu pai.

– O pai de Penny foi um grande violinista – precisa Mortimer enquanto Marie Langer revisava suas notas.

– Quem é o Ulisses de Penny? Gerardo? É pouco provável. Na vida de toda mulher – diz o Gato Branco como se falasse consigo mesma – há sempre um homem preso no mastro; é preciso, pois, procurar o Ulisses, o fator X.

Ela se dirige a Rodrigué:

– Você, que foi a Bariloche, a viu em companhia de alguém?

Seria verdadeiramente rocambolesco, pensa Mortimer, se o intruso se levantasse de um salto, arrancasse sua máscara de analista sonolento e exclamasse: "Ulisses sou eu!".

O cara não era verdadeiramente idiota, porque, justo naquele momento, disse:

– Eu não fui – e todo mundo se arrebentou de rir.

O diretor disse:

– É uma situação ideal para que reflitamos juntos sobre o fator X. Procedamos por associações livres.

Escutam-se várias vozes ao mesmo tempo e de repente o intruso exclamou:

– Eu sei quem é Ulisses! Como é que não percebi antes?

O diretor limpou a garganta e perguntou:

– Doutor Rodrigué, quem é Ulisses?

– Creio que se chama Yoschide.

– Yoschide?

– Sim, o doutor Yoschide, da universidade de Kyoto, aquele a quem me referi antes, o da "injeção de Irma". A tese dele era que Freud descobriu a psicanálise na garganta de sua paciente Irma. Uma noite, eu os vi dançarem juntos na boate do hotel. Eu me lembro que a boate se chamava Arca. Isso certamente explica os neologismos da paciente. Um homem antípoda.

– O homem impossível – diz o doutor Clogh.

Era tarde, o diretor consultou seu relógio e perguntou à doutora Langer qual era seu diagnóstico. Ela disse:

– Você sabe muito mais do que eu a esse respeito.

– E que terapia? Psicanálise?

– Não creio que a análise individual lhe seja benéfica no momento. Não me pergunte por que, mas eu a vejo mais num grupo. Talvez porque a idéia de transformar Penélope em Sherazade me agrada. Se o doutor Mortimer se ocupa de terapias de grupo, parece-me que seria a pessoa indicada.

A sala se esvaziou e uma grande tristeza, inexplicável, invadiu Mortimer.

Seguindo as recomendações de Marie Langer, ela entrou num grupo de Mortimer. Ela se entendeu muito bem com o grupo, fez vários amigos com quem, após a sessão, ela ia beber no bar da esquina. Seis meses transcorreram e, num Natal de risco, ela atravessou, indene, Caribde e Cila.

Dois meses antes, Penny tivera a idéia de criar pequenos anéis para os dedos dos pés. Era a grande moda, naquele verão, em Punta del Este, Pinamar e Villa Gesell. Ela se associou com Susana, uma colega do grupo. O significado simbólico dos pés, durante as sessões, foi de um grande interesse, porque estava ligado às malditas unhas pintadas do Natal.

– Um exemplo precioso de sublimação – disse Mortimer.

Susana explicou:

– A idéia foi de Penny, anéis em acrílico para os jovens que passeavam descalços na praia.

Elas ganharam um bom dinheiro.

Mortimer, cuja estrela estava em ascensão, voltou de Punta del Este bronzeado e, sejamos francos, odiando estar de volta. O grupo entrou, ele com a cara murcha de um triste mês de março.

Um vez completo o grupo, Susana disse, sem rodeios:

– Penny partiu para o Japão.

– Para o Japão? – perguntou o grupo em coro.

– Sim, para o Japão. Ela me deu esta carta, gostaria de lê-la.

– Para o Japão? – repetia o grupo.

– Posso lê-la, Mortimer? Na realidade, é muito curta.

Mortimer aquiesceu.

Susana, limpando as lágrimas, leu:

– "Meus caros amigos, meus caros irmãos. Obrigada por serem o que são, meu grupo de loucos queridos. Obrigada, Susana, por sua amizade. Vocês são como uma família para mim, e é por isso que quero que vocês saibam (Susana respira profundamente antes de prosseguir) que o amor é uma coisa muito simples".

Mortimer dirá:

– O grupo começou a chorar, e eu, como um cretino, tinha lágrimas nos olhos. Não sei por que, mas todos sentíamos, e eu em primeiro lugar, que ela tinha agido certo. Como lhes explicar? Uma espécie de admiração, porque é preciso ter colhão!

O grupo se calou, como que para um minuto de silêncio. Finalmente, Susana disse:

– Não sei, mas alguma coisa está faltando.

– O quê? – balbuciou Mortimer.

– Não sei, e, desculpe-me, doutor, duvido que o senhor saiba. A vida também é assim.

Eu estava triste e emocionado quando terminei o romance, chorava ao escrever a última página. Chorava como no aeroporto Santos Dumont, quando dei adeus a Traute.

Hoje, trinta anos depois, choro ainda. Há algo nessa cena final que me toca profundamente. Tem relação com o fato de jogar a vida, com o desejo e a realização desse desejo. Imagino que Penny preparou sua partida com muito cuidado (como os preparativos de Jack) e que o fazia sem dizer uma palavra a ninguém (como minha mãe com o quadro). Penny é meu eu ideal.

Nunca pensei em misturar minha vida com a da heroína que eu havia criado. Essa narrativa autobiográfica faz com que eu tome distância de mim mesmo e me converta no personagem de minhas Memórias.

13
O gesto anônimo

Francis, meu cunhado, irmão de Noune, percorria a França em seu carro esporte. Bom motorista, bom escultor, grande inventor. Um belo homem, estilo Renascença; Penny teria caído de paixão por ele. Francis buscava um lugar apropriado para erigir uma escultura em homenagem à sua terra natal. Enquanto isso, os dias foram se passando: difícil dar com o umbigo da França.

Finalmente, na curva de uma colina, ele o encontrou. Um camponês – vamos chamá-lo de guarda-florestal – que guardava a propriedade. Francis lhe falou de seu projeto e obteve, com alguma dificuldade, a permissão para acampar nela por alguns dias.

No início, as relações entre Francis e o guarda-florestal foram tensas. Notava-se no rosto do camponês uma certa reticência com relação ao citadino, vindo de Paris, que passava seu tempo não fazendo nada, passeando, enrolando seus cigarros, deitando-se na grama para sonhar. Dois dias transcorreram. As coisas mudaram ao nascer do terceiro dia.

Francis já estava trabalhando quando o guarda-florestal passou com seu rebanho. Eles se saudaram e começaram a falar do tempo. Trabalharam até o fim do dia e, na caída da noite, fumaram um cigarro em silêncio. A cena se repetiu no quarto dia, e o camponês fez um comentário sobre as ferramentas. Eles falaram do trabalho e das coisas da vida. Francis o convidou para tomar uma cerveja e, novamente, fumaram juntos.

No quinto dia, instalada a confiança, o guarda-florestal perguntou a Francis por que fazia escultura em madeira.

– E por que não?

– Porque a madeira apodrece.

– Mas não estamos nós condenados ao mesmo destino?

Eles falaram da morte e de outros temas do mesmo gênero.

No dia seguinte, ao chegar, o guarda-florestal encontrou a obra acabada: uma estrutura em ferro e madeira de cerca de três metros de altura. Ao pé da escultura, havia uma placa que dizia: AOS HOMENS QUE TRABALHAM A TERRA.

Nada mais, obra anônima.

O camponês não acreditava no que via.

– Você não vai levá-la? – perguntou ele, incrédulo.

– Não, ela ficará aqui, é dedicada aos homens que amam a terra.

Francis desmontou a barraca, juntou suas ferramentas e se foi.

Admirável. Eu nunca teria feito o que Francis fez. Primeiro, partir assim, aventurescamente, com uma idéia na cabeça e sem nenhum limite de tempo. Depois, não assinar, não deixar marca. O gesto anônimo. Fantástico! Hoje me dou conta de que esse gesto tem pontos comuns com minha mãe e a compra anônima do quadro.

14
Os puros e os impuros

Não sou Penny, não me animei a ir ao Japão, mas tenho uma veia aventureira e não é por acaso que sou pai de *Heroína*. Além disso, não havia Japão no horizonte, embora Stockbridge tenha sido uma louca aventura e Londres, uma aventura sábia. Essas confissões me reservam surpresas: a cada dois passos eu tropeço em buracos ou falhas de memória. Por outro lado, constato que os êxitos e os fracassos, as alegrias e as tristezas são bem distribuídos; os novos amores e as perdas também. Na minha vida, há um justo equilíbrio entre a sorte e o azar.

Voltemos à APA. Jorge Balán, em *Cuéntame tu vida*, diz que naquela época o grupo de analistas estava dividido em dois: os puros e os impuros. Moro Abadi foi o mais impuro de todos os impuros. Em 1959, num grande simpósio interno dedicado a "A relação entre analistas", ele já dizia que a APA corria o risco de se tornar uma sociedade secreta, aristocrática, religiosamente ritualizada. "Reina um imobilismo quase religioso em nossas conjecturas teóricas, elevadas ao nível de dogmas, e em certas normas técnicas, veneradas como rituais, que só podem ter sentido se pensarmos ainda hoje que 'nossa' psicanálise é um instrumento mágico e puro que é preciso preservar de qualquer contaminação". Abadi propunha uma "psicanálise aberta" às influências derivadas do "progresso científico em outras áreas, como a psicofisiologia e a psicofarmacologia".

Os puros, em contrapartida, exigiam uma ética profissional. A expressão "abuso de transferência" estava na ordem do dia. Marie Langer, chefe dos puros, exprimia-se nos seguintes termos: "Os abusos de transferência existiam em todos os campos: erótico, econômico e político". Na luta pelo poder na APA, nós éramos os moralistas. Eu era puro.

Em seu livro, Balán concede uma grande importância ao grupo Escobar: "A realização do simpósio de 1959 coincidiu com a subida ao poder do grupo moralizador, conduzido por Marie Langer, que, em 1960, assumiu a presidência. Naquela época, ele era conhecido pelo nome de grupo Escobar, chamado assim porque a maioria de seus membros tinha uma casa de campo onde passavam seu fim de semana. O poder informal da APA agia durante os fins de semana, fora da estrutura formal das assembléias".

Na realidade, naquela época, em Escobar só havia três casas de campo pertencentes a analistas: a de Alberto Campo não contava, estava fora da máfia "escobarense". Marie Langer tinha uma, León, a sua, e Noune, a "minha". Em resumo, o grupo que tinha escrito uma obra comum sobre os grupos. Éramos muito amigos. Balán não exagerou quando falou do poder informal de Escobar: mas, às vezes, também tínhamos o poder formal. Lembro-me dos Cavaleiros da Távola Redonda (Abraham, Ferenczi, Eitington, Jones e Sachs), os famosos Senhores dos Anéis que, de 1912 até a morte de Abraham, quatorze anos depois, puxaram os cordões ocultos da IPA.

Refletindo-se sobre isso, pode-se dizer que a psicanálise aberta que Abadi propõe é muito diferente da abertura que Plataforma proporá uma dezena anos depois. Sua presença vale como sintoma de um mal-estar, mas todos nós, tanto os puros quanto os impuros, entabulamos um debate de feição religiosa, uns falando de contaminação, os outros, de ritualização. Na minha opinião, esses eixos eram externos a uma problemática especificamente psicanalítica. A questão era, antes de tudo, uma luta pelo poder, conduzida pelo poderoso imaginário político da APA.

Balán era fascinado por Escobar. "Ali se reuniam, entre outros, os que foram presidentes da APA nos anos 1960: Marie Langer, León Grinberg, David Liberman e Rodrigué, este último depois de seu retorno a Buenos Aires, em 1962. O grupo Escobar compartilhava o ponto de vista kleiniano e mantinha uma atitude rigorosa em relação à psicanálise e ao exercício da profissão. Durante aqueles anos, o grupo Escobar exigia uma melhor formação, inclusive acrescentando um quarto ano de seminários no momento exato em que a demanda de psicanalistas aumentava e os candidatos à APA eram cada vez mais numerosos".

Digamos que, naquele momento, senti o gosto amargo e inebriante do poder, porque eu estava totalmente imerso nas intrigas do círculo da IPA.

Penso que fui um bom presidente da APA e que cometi um único erro: mas ele foi enorme. Eu o incluí nestas Memórias porque é sintomático. Trata-se de Enrique Pichon-Rivière, o homem que poderia ter sido meu mestre. Enrique era muito ambivalente com a APA. Provavelmente considerava, e com razão, que havia sido maltratado pela instituição. O problema é que ele não pagava sua cotização como membro da APA. Também não dirigia seminários e permanecia afastado da atividade científica. Sua morosidade foi questionada várias vezes pela comissão diretora. Então, como presidente, decidi suspendê-lo de sua função de analista didata. Hoje, não acredito que pude tomar essa decisão. Sem querer me desculpar desse erro, acho que minha atitude revela a que ponto se pode ser mal-pensante quando se está no clima institucional da APA. Acho que o mais simples teria sido nomeá-lo presidente honorário permanente da instituição. Minha segunda grande mancada como psicanalista.

Se eu tivesse que localizar uma virada em minha vida política, eu diria que ela ocorreu com o grupo Escobar. Assim como Suzanne Langer foi meu guru em lógica, Marie Langer o foi em política. Um dado a registrar: Melanie Klein, Suzanne Langer e Marie Langer, meus grandes mestres, são mulheres.

Vários fatores contribuíram para a virada durante a qual perdi paletó e gravata. No mundo político, o vento renovador de Maio de 68. Eram os anos Woodstock, da liberação sexual e da maconha, minha quarta mestra. Hoje a gente percebe que tudo mudou, mas que tudo está igual, no sentido de que tudo está pior, ou antes: menos bem.

Um jovem grupo de analistas, alguns antigos pacientes, como Gregorio Barenblitt e Luis Hornstein, junto com José Bleger, Blas de Santos, e Marie Langer, influenciaram fortemente minha reviravolta ideológica. Naquela época, e sem nada fazer para isso, fui nomeado presidente da Federación

Argentina de Psiquiatras (FAP), o que se verificou decisivo por mais de um motivo. No início, minha nomeação se apresentou como uma blague, mas uma blague reveladora. Certa tarde, Gervasio Paz, presidente da FAP, me chamou a seu consultório para me perguntar se eu queria me apresentar como candidato à FAP, Seção Capital. Eu lhe disse:

– À FATAP, Gervasio?

Em 1997, quando estávamos bebendo cerveja num bar da praia de Itapuã, Gervasio lembrava esse episódio. Eu não tinha a menor idéia do que era a FAP. O mais engraçado é que, sem estar presente, fui eleito por unanimidade. Esse episódio revela a importância que a psicanálise havia adquirido no meio psiquiátrico, mas também minha ascensão e minha glória como psicanalista no fim dos anos 1960. Dez anos antes, um psicanalista teria perdido em esplendor diante de um reflexologista.

É muito difícil saber como os outros avaliam nosso valor profissional. Os espelhos não são planos no jardim japonês da vida. O universo que nos cerca envia mensagens contraditórias; a adulação e a inveja são astigmáticas, se posso me expressar assim. Eu não achava que era o número um, e fui eleito presidente para minha grande surpresa. Mas estou quase apostando que me elegeram mais por minha reputação, pelo filme *Heroína* – eu era um "medalhão" –, do que por meus próprios méritos científicos.

Vejamos mais de perto a vida desse medalhão. Caetano Veloso diz que "De perto, ninguém é normal" – e ele tem razão. Eu era um profissional burguês, normal, típico, discretamente mulherengo, amante fiel, marido infiel, amigo constante, inimigo evasivo. Por outro lado, desconfio do homem monógamo, do homem sem amante e sem passo em falso, e aqui é o Analista das Cem Mil Horas que pontifica, aquele que escutou inenarráveis segredos de alcova. Creio, com Lacan, que a fantasia masculina de base é possuir todas as mulheres do mundo; questão, na minha opinião, mais genética do que hormonal; a fantasia feminina de base é ter o homem ideal exclusivamente para ela, para devorá-lo em um sublime amor canibal. E talvez até a crença do homem na fidelidade de sua mulher seja uma ilusão puramente masculina. Minha única certeza é que meus melhores amigos são polígamos de coração, o que não quer dizer que pratiquem a poligamia, e morro de medo que as mulheres de meus melhores amigos queiram me esfolar vivo depois do que acabo de dizer. Elas não compreendem que a poligamia é um estado de espírito, uma tentação no canto do olho. Nenhum amigo *comme il faut* resiste a um bom *french cancan*.

Sou machista? Não vejo como não ser. Não se pode ir contra a corrente, mesmo que seja ridículo ser machista. Esse é um dos grandes dilemas masculinos. Freud sabia disso muito bem, quando, ciumento, escrevia cartas de amor para sua noiva Martha.

15
Allende

Depois de *Heroína*, algumas coisas interessantes aconteceram. Meu status mudou. Entrei no círculo do *tout Buenos Aires*. Eu me lembro de uma festa no Mau Mau, a boate da moda na época, na qual se utilizava um computador dos mais primitivos para selecionar casais. Era um encontro programado. Primeiro se preenchia um questionário: idade, profissão, língua, livros e filmes preferidos. Você dança valsa? Conhece Paris? Gosta de San Telmo? Em suma, perguntas frívolas, algumas inteligentes, outras não. Se não me engano, Enrique Pichon-Rivière tinha alguma coisa a ver com essa montagem. Tendo como base os dados recolhidos, o computador fazia os pareamentos necessários, buscando afinidades possíveis, e nossa curiosidade, é lógico, era grande. Quem seria minha cara metade virtual na luz tamisada do Mau Mau?

Na penumbra africana, o locutor, iluminado por um projetor no centro da pista, anunciava os casais constituídos com um fundo musical de sensuais ruflares de tambor. Por uma razão desconhecida, talvez a excitação da espera, eu ia ao encontro de meu *yang* com uma timidez infantil. Ela se chamava Ada, e o computador, embora primitivo, teve perspicácia. Ada era uma mulher magra, de nariz aquilino, prematuramente grisalha, que parecia muito com a viúva de *La Strada*, a que oferecia a Anthony Quinn uma roupa de seu marido em troca de uma noite de amor. Nossa noite foi efêmera, tipo Penny e Yoschide em Mau Mau, e ficamos por ali, sem viagem ao Japão, apenas Ada e Zampanó.

Novamente, fiz pequenas incursões no jornalismo que me lembraram a época da BBC. A revista *Confirmado* me enviou a Montevidéu para fazer uma reportagem sobre o final da Copa Libertadores da América, entre Estudiantes e Peñarol. Tinha havido, em 1972, o filme de Raul de la Torre, adaptação de meu *Heroína*, de modo quc eu figurava na lista dos suplentes e me chamavam quando os titulares como Sabato e Tomás Eloy não podiam fazer a reportagem.

Fui a Montevidéu com um fotógrafo e uma modelo muito simpática, mas que não tinha a menor idéia de futebol. Ficamos num hotel de Pocitos, onde se encontrava a equipe do Estudiantes. Fiquei o dia inteiro conversando com os jogadores, travei conhecimento com Bilardo e tive uma longa conversa com o doutor Madero. Como é normal, o ambiente estava muito tenso. A modelo foi à praia depois de ter posado com os jogadores. Antes da partida, eu enviei meu primeiro artigo de jornalista.

Perdemos de 2 a 1 numa partida de canalhices. Pediram-me que não aplaudisse quando o Estudiantes marcou um gol. Apesar de tudo, uma parte dos torcedores, acima de nossa tribuna, percebeu que éramos argentinos e nos perseguiu no final da partida. A modelo e eu saímos correndo, enquanto uma horda de torcedores, que insultavam nossas mães, nos seguia até o carro. Felizmente, o chofer tinha ligado o motor e aberto as portas. Isso me parecia injusto, afinal: tínhamos perdido.

Os uruguaios são um povo engraçado. Simpáticos, afáveis, bonitos (os melhores gigolôs do mundo são uruguaios), mas na cancha, valha-me Deus!, não são fáceis!

Foi durante esses anos que o elixir, amargo e inebriante, da guerra nos invadiu, como o 11 de junho de 1955, dia do bombardeamento da Plaza de Mayo. Era uma quinta-feira. A cidade era um vespeiro vibrante. Os pacientes cancelaram suas sessões e fui almoçar com meus pais. Havia efervescência. Jack dizia que a Marinha tinha se sublevado e que ia bombardear a Plaza de Mayo. Do terraço de Cavanagh, com um bom binóculo podia-se ver os navios de guerra. Que febre tomou nossos corpos quando o gozo belicoso agitou o Sandokan que trazemos em nós! Um gozo com gosto de angústia.

Depois do almoço, fui ao centro, passando pelo teatro Colón e pelo Obelisco. As ruas estavam em ebulição e o rádio transmitia música marcial. Pouco a pouco, a massa ganhou o centro da cidade, encaminhando-se para a Casa Rosada, numa concentração desconcentrada. Poderíamos dizer que eram traças urbanas atraídas pelo ímã da Plaza de Mayo. Eram três horas. As pessoas circulavam pela Diagonal Sul em lentos turbilhões. Eu me dirigi para a catedral.

Naquele momento, quando eu estava sob as colunas do templo, o ataque aéreo começou. Os aviões sobrevoavam, acima do rio, metralhando a Plaza. Era difícil de acreditar, mas eles atiravam em nós! Com os aviões, as metralhadoras, a fumaça, as bombas e os gritos, a Plaza parecia Cinecitá, com decoração de guerra, porque eu não podia acreditar. Sem dúvida, foi graças a essa incredulidade que pude assumir uma posição admiravelmente serena, conduzindo as senhoras idosas e as crianças para uma zona fora de perigo. Um verdadeiro filme. Depois de ter ajudado, voltei para casa a pé. Quinhentos metros adiante, meus joelhos começaram a tremer violentamente e tive dificuldade de ficar em pé. Sentei na entrada de uma casa, fumei um cigarro, esperando que meus joelhos parassem de tocar castanholas. Naquele dia, me tornei peronista.

Logo de manhã cedo, fomos à residência de Allende, para tentar obter uma entrevista. A rua estava lotada de correspondentes e repórteres. Naquela bela manhã de primavera, esperamos pelo menos três horas. Eu admirava a paciência dos jornalistas, que tinham cavado suas trincheiras e fumavam, jogando cartas. Felipe limpava as objetivas de sua Nikon. Eu começava a ficar com muita sede e só tínhamos uma garrafa térmica de café forte. E ali se desenrolaram os acontecimentos que devem ser acreditados pelo testemunho, porque os arquivos de *Análisis* foram queimados; mas você, Penny, você não me permitirá mentir.

Tudo começou quando me aproximei da porta da casa sitiada, disse que era médico e pedi água. O guarda levou algum tempo para voltar e, quando voltou, com um copo na mão, me perguntou quem eu era. Eu disse que era um médico argentino e que Sueldo, um político argentino, estava comigo. Agora era o secretário de Allende quem se aproximava da entrada e me dizia que Allende nos esperava no dia seguinte, às quatorze horas. Verdadeiramente falando, eu me pergunto ainda por que o médico sedento foi nosso "abre-te sésamo". Quando volto a pensar nisso, acho que, provavelmente, os colaboradores de Allende sabiam perfeitamente quem estava do lado de fora.

A partir daquele momento, a História se apoderou de mim e me arrastou com ela, eu navegava num real onírico; sujeito cativo na trama de um sonho que me mantinha à sua disposição. Esse clima se instalou na manhã seguinte, quando íamos ao Congresso, no qual a ratificação começava. Eu me lembro de que, no fundo da sala, havia um enorme cartaz com o emblema do Chile. O tempo passava e os oradores não ligavam para o relógio. A hora de nosso encontro com Allende se aproximava perigosamente. Deixamos o Congresso e entramos no maior engarrafamento de nossa vida. O trajeto até a rua Guarda Vieja era absurdo, todas as ruas estavam cheias de carros. Felipe, o fotógrafo, entrou em ação (acho que todo bom fotógrafo deve ser um pouco psicopata). Desceu do carro e começou a organizar o trânsito, por aqui, por ali, ele desfazia os nós, dava prioridades. Incrível! Chegamos à residência de Allende na hora certa. Ele estava no salão com sua família, diante da televisão, para acompanhar as votações do Congresso. O secretário nos fez entrar no escritório do deputado, cheio de livros e de fotos com autógrafos de Ho Chi Min, Fidel, Che Guevara e uma mulher que bem poderia ser Eleanor Roosevelt. Cinco minutos depois, Allende aparecia. Eu não podia acreditar, estava no centro dos acontecimentos, na Bastilha, numa das três caravelas, como se tivesse me enganado de profissão. De repente, a mulher de Allende entrou e gritou:

– Chicho, você ganhou!

Eles se abraçaram, momento emocionante. Era a hora dos abraços de cumprimento. Allende abraçou Sueldo e me abraçou. Depois, quando abraçava Bonasso, disse:

– Agora, é com vocês.

Uma cena inesquecível: quando saímos para a Guarda Vieja, um monte de jornalistas nos esperava para tirar fotos de nosso sorriso triunfal. Fomos efêmeros heróis num mundo no qual as lebres são mais astuciosas que as tartarugas.

"Agora, é com vocês", havia dito Allende, como se passasse o bastão. Naquela primavera, a América Latina podia sonhar. Os ventos da História pareciam mudar de direção: anunciavam uma virada para a esquerda e o fim dos generais?

A geração dourada de 1970 nasceu em 1969, com a revolta de Córdoba. Ela se nutria de mitos frescos: Maio de 68 e as revoluções chinesa e cubana. Esses ventos libertários duraram cerca de três anos na Argentina, até o massacre de Ezeiza, em 20 de julho de 1973. Seu apogeu coincide com a presidência de apenas quarenta e nove dias do "presidente que não foi um presidente", Héctor Cámpora.

Essa história entra no turbilhão geral de nossa época pelo pequeno olho telescópico da fechadura. Segundo Noam Chomsky, que teve acesso aos documentos secretos da CIA, Nixon, Kissinger e Helms, o diretor da CIA, consideraram duas opções no momento em que Allende assumia a presidência, praticamente poderíamos dizer no momento em que ele saudava a imprensa mundial na entrada da Guarda Vieja. Uma era a "linha suave", que, segundo Nixon, consistia em "agir para que a economia chilena entrasse em falência"; a outra era a "linha dura": recorrer ao golpe de estado militar. A dura linha suave ganhou. Na realidade, isso começou antes: Nixon, Kissinger e Helms se reuniram no final de setembro de 1970, antes de Allende ser ratificado como presidente, para tratar do "problema Chile". O embaixador norte-americano no Chile, Korry, tinha concluído que a candidatura de Allende tinha 80% de chance de ser aprovada.

A economia chilena começou a claudicar. O regime de Allende tinha exatamente um mês de vida quando os Estados Unidos começaram seu bloqueio econômico, intervindo no Banco Mundial, o IDB, e no banco Import-Export para reduzir ou cancelar os empréstimos do Chile, gerando, assim, uma asfixia de dólares. O embaixador Korry foi encarregado de impor a política norte-americana. Esse homem dirá mais tarde, arrependido, em suas Memórias, que "sua missão consistia em fazer todo o possível para condenar o Chile e os chilenos a uma privação e uma pobreza máximas".

O Chile recebeu mais ou menos o mesmo tratamento que Cuba. Houve uma campanha maciça de desinformação e de propaganda terrorista que pintava um Chile convulsionado, anárquico e mal gerido por um marxista incompetente. A CIA se infiltrou na população mineira, aproveitando-se do descontentamento sindical, sob a forma de uma sabotagem política. Ao mesmo tempo, no nível diplomático, Kissinger fez pressão em cima dos países latino-americanos para que se alinhassem com a política norte-americana, endossando, assim, a sabotagem econômica. Ainda hoje se escuta dizer que, "decerto, Pinochet é culpado, mas o governo de Allende era desastroso". Diante dessa ação conjunta, não podia deixar de sê-lo. Noam Chomsky lembra que Allende era um social-democrata – tipo Tony Blair – que tentou corrigir a má distribuição de renda e nacionalizou a indústria do cobre, fomentando sua independência no mercado internacional.

Em 23 de agosto de 1973, o general Carlos Prats abandonou o posto de comandante em chefe das forças armadas chilenas diante da insustentável pressão dos setores civis e militares mais reacionários. Nesse mesmo dia, em conversa com o presidente Allende, o general Prats, renunciando a suas funções, propôs que Pinochet o sucedesse. "Até o momento em que – por minha sugestão – o presidente Allende nomeou o general Pinochet para comandante em chefe das forças armadas. Quando apresentei minha demissão, sinceramente pensava que esse general compartilhava totalmente de minha profunda convicção: que a caótica situação chilena devia ser resolvida politicamente, sem golpe de estado militar, o que, na minha opinião, seria a pior das soluções", escreve o general Prats em suas Memórias[13].

Allende morreu em 11 de setembro de 1973, defendendo a Casa de la Moneda. Naquela manhã, quando o golpe de estado já estava em marcha, o embaixador dos Estados Unidos, Nathaniel Davis, não sabia ainda de que lado Pinochet estava. Em *The last two years of Salvador Allende*, Davis diz que Pinochet, como havia se comprometido, não empreendeu nenhuma ação militar[14]. Até o último momento, ele jogou com sua pretensa lealdade constitucional.

Prats foi assassinado um ano mais tarde, em Palermo Chico. Colocaram uma bomba no carro dele.

Tem-se a impressão de que Nixon não acompanhava muito de perto os acontecimentos da Casa de la Moneda nessa primavera de 1973. De

[13] Carlos Prats, *Memorias. Testimonio de un soldado*, Editora Santiago Pehuén, 1985.
[14] Nathaniel Davis, *The last two years of Salvador Allende*, Cornell University Press, 1985.

onde a falta de informações sobre a "fidelidade" de Pinochet. O ex-embaixador explica essa negligência pela situação internacional. Naquela época, a OPEC havia aumentado o preço do petróleo em 70%; por outro lado, em outubro daquele mesmo ano, começou a quarta guerra no Oriente Próximo e, para coroar tudo, o Vietcong havia iniciado sua primeira grande ofensiva, que iria acabar com a derrota norte-americana um ano e meio mais tarde.

Exatamente três semanas depois, um cretino da CIA declarou que 320 pessoas foram sumariamente executadas. Naquela época, Jack Kubisch anunciou o novo plano de ajuda financeira ao Chile. Todos os créditos internacionais foram reabertos. A isso se acrescentou a operação Condor, localizada no Chile, que contava com "equipes especiais" que agiam em escala mundial, assassinando os grandes cabeças dos movimentos de extrema-esquerda. Uma das primeiras ações desse grupo foi o assassinato do ex-embaixador do Chile, Orlando Letelier. A hora dos generais conhecia então sua globalização e sua marginalização. Segundo Federico Mayor, todo globalizador tem seu globalizado. São os novos tempos...

Os novos tempos não são apenas nefastos, também são imprevisíveis. Quem poderia pensar que um juiz espanhol pediria a extradição de Pinochet? E quem teria imaginado que ele obteria ganho de causa? Uma charge do jornal *Le Monde* reflete bem a que ponto essa coisa toda é rocambolesca: Pinochet, no seu leito de hospital, implora a ajuda da Anistia Internacional. E se eu lhes disser que Fidel e o papa também pediram a liberação de Pinochet é uma história de loucos, não é?

16
Juanita

— Alô, meu nome é Juana Elbein, mas me chamam de Juanita – disse a voz.

– Ah, sim...

– É claro que o senhor não lembra de mim.

– De fato...

– Fui sua paciente há mais de dez anos.

A ex-paciente queria me ver.

Senti um certo alívio quando a identifiquei na porta do consultório. A memória do analista, não conte a ninguém, é feita de teias de aranha misturadas, de murmúrios de voz, de fragmentos de sonhos e do eflúvio transgressor de um perfume francês. Mas Juanita era uma pessoa difícil de esquecer. Ela fazia pensar num sensual urso russo. Branca de olhos azuis como as pequenas bolas de gude de minha infância, ela havia ganhado em majestosa opulência nesses últimos dez anos.

– Interrompi minha análise quando o senhor partiu para os Estados Unidos – ela disse, e meu ouvido de surdo detectou uma ligeira reprovação em sua voz.

Ela acariciou o divã, suspirou e perguntou:

– Posso tratá-lo por você?

– Pode.

Juanita me contou que, depois da minha partida, começou estudos de antropologia em Buenos Aires e nos Estados Unidos. Lá ela travou conhecimento com Vera Rubin e se interessou pelo multiculturalismo, aplicado particularmente à cultura afro-americana. Aluna brilhante, ganhou uma bolsa para fazer pesquisas sobre as raízes africanas em Salvador, na Bahia. Fim do primeiro ato.

O segundo começou quando minha ex-paciente encontrou Descóredes Maximiliano dos Santos, mais conhecido pelo nome de Mestre Didi. Sumo Sacerdote do culto aos mortos, Mestre Didi é uma lenda viva em Salvador. Ele oficia na ilha de Itaparica. A centelha se produziu lá. Antropóloga dedicada ao amor bruxo, a combinação foi explosiva. Juanita e Didi se casaram, e o coração de Juanita, antes provido de racionalidade, se transformou no de uma mulher apaixonada.

É no início do terceiro ato que faço minha entrada. Juanita estava quase acabando a redação de seu livro *Os nagô e a morte* e já tinha em mãos um material significativo. A antropóloga que ela era sonhava com tomar distância e esclarecer certos conceitos; em suma, dar a Lévi-Strauss o que era de Lévi-Strauss. Então, ela desejava submeter suas conclusões a meu ponto de vista ponderado:

– Queria que você supervisionasse meu trabalho.

Embarquei na viagem. A supervisão como janela indiscreta para uma África que entrava, misteriosa, no meu consultório da rua Ayacucho. Durante as semanas em que Juanita ficou em Buenos Aires, nos vimos regularmente; todo dia, como meu irmão Jack fazia, ela me contava suas aventuras na tradição dos Eguns ou ancestrais. Juanita se mostrou excelente antropóloga; suas anotações, vívidas e complexas, me introduziram numa simbólica que eu ignorava totalmente. Pouco a pouco, eu conseguia imaginar a cerimônia do culto dos mortos na ilha de Itaparica e as do Axé Opô Afonjá, terreiro que foi de Mãe Senhora, a mãe de Mestre Didi, ou seja, a finada sogra de Juanita.

Eu escutava, fascinado, esquecendo totalmente meu verdadeiro paciente que estava na sala de espera. O material reverberava e, na semana seguinte, tive um sonho que me impressionou a tal ponto que parei de ser supervisor e fui contá-lo a minha antropóloga favorita.

Uma gruta azul, luminosa. Um pequeno riacho de águas límpidas atravessa o silêncio do sonho. Perto da nascente, uma rã verde, perto dela uma pequena pedra que atrai minha atenção. Pedra polida, cor de canela com veios verdes. Sinto uma admirável atração pelo calhau. Pego-o. Um calor palpitante emana dele. "Ele me pertence", digo.

– A pedra é minha – disse a Juanita, fechando minha mão.

– Ela é sua ou lhe pertencia por direito?

– Me pertencia por direito.

Juanita me contemplou etnologicamente e suspirou. Sabia que esse sonho continha a transferência do *candomblé*, o que o tornava oracular. Mas ela hesitava, parecia perplexa, com o olhar perdido ao longe, sobre meus ombros, na biblioteca.

– O que significa essa pedra? – perguntei eu, para encorajá-la a falar.

Ela me advertiu com um tom excessivamente sério:

– Você não falará disso a ninguém.

– Ficarei mudo como um túmulo.

Ela então fez uma interpretação muito aprofundada do sonho a partir do significante simbólico da pedra. Tudo, a rã, o riacho, coincidia, como um enigma que se acaba de decifrar. De repente, eu a olhava com outros olhos. Juanita, além de atraente, possuía um poder desconhecido.

Naquela noite, quando, como um traidor, eu estava a ponto de contar tudo a Noune, as palavras do segredo se evaporaram, como por magia. Um vazio total, fenômeno muito estranho. Ali tem início o hiper-realismo de minha relação com o candomblé.

Em menos de um mês, terminamos a supervisão e eu tinha, em meu poder, uma informação abundante, mas desorganizada, sobre o panteão dos Orixás, as divindades do culto Nagô.

Despedimo-nos e nos separamos. Alguns meses depois, Juanita retornou a Buenos Aires, desta vez acompanhada de Mestre Didi, que foi convidado a expor suas esculturas sagradas e seus objetos rituais. Pouco antes da chegada deles, tive um sonho sangrento.

Estou saindo do Hotel Crillon, que dá para a praça San Martín. Caminho cerca de cinqüenta metros na direção do Círculo de Armas. Repentinamente, do terraço do Círculo, alguém abre fogo. Uma rajada de metralhadora me corta em dois. O realismo da dor é intenso e imenso o desespero ao ver todo o meu sangue correr. "Vou morrer", pensa a parte de cima, antes do brusco despertar.

Juanita e Mestre Didi chegaram à vernissage. Os dezesseis mais importantes Orixás do candomblé, em tamanho natural, estavam dispostos em leque na entrada da galeria. Desfilei diante deles, acompanhado de Juanita, que me explicou o sentido de seus paramentos e a simbólica de cada um deles. Eu os estava passando em revista, vagamente interessado, quando, repentinamente, um deles atraiu minha atenção. Ele se destacava dos outros e parecia ter vida, como a pedra que palpitava em meu sonho. Túnica perolada, num roxo vivo, com um machado na mão. Esse manequim me chamava, Jack, ele me chamava! Segundo fenômeno estranho. Juanita me observava atentamente.

– Parece que brilha – disse a ela. – Quem é?

– Xangô, Rei do Trovão.

Fiz a pergunta óbvia:

– Então, Xangô é meu Orixá?

– Só Didi pode confirmar. Ele tem que fazer um jogo oracular.

Ela acrescentou:

– Não vou contar a ele sua impressão.

Mestre Didi estava na sala contígua, cercado por suas esculturas e seus admiradores. As peças pareciam com fantásticos pássaros de múltiplas asas feitas em folhas de palmeira, couro e búzios. O Sumo Sacerdote da Morte era um homem magro, seco, da minha idade, uma espécie de Gandhi negro, que tinha nos olhos uma centelha maliciosa. Se estava avaliando o supervisor de sua mulher, sua feição de jogador de pôquer africano não deixava transparecer nada.

Juanita nos apresentou. Eu disse a ele que gostaria muito de saber qual era meu Orixá. Mestre Didi me pediu uma moeda e a colocou num envelope. Brindamos com champanhe, trocando amabilidades. Depois fomos jantar num grupo pequeno. Alguém me sugeriu uma pequena taberna no Bajo, excelente idéia para uma noite morna de primavera; podíamos ir a pé. Eu e Juanita caminhávamos à frente, de braços dados. De repente, senti uma pontada nas costas. A dor era tão intensa que não pude continuar. Didi vinha caminhando justamente atrás de nós. Isso se passou exatamente no mesmo lugar em que, no meu sonho, fui metralhado. Terceiro fenômeno estranho.

Acredite se quiser, estávamos os dois, psicanalista e sacerdote, engajados em fantasias eróticas atravessadas por forças obscuras e arcanos fictícios. Naquele momento, eu soube que, nem mesmo em sonhos, eu teria uma aventura amorosa com a mulher de um Sumo Sacerdote da Morte.

17
O casarão

O projeto de *O casarão* decolou em Moscou. É curioso o número de coisas que começam em Moscou. *O casarão* foi concebido numa tarde em que Tato, Armando e eu decidimos desprezar a visita ao Palácio dos Boy Scouts, de cujo nome em russo não me lembro. Estávamos os três no quarto de Armando no Hotel Rossia. Naquela manhã, o ônibus da delegação nos levou para visitar o Centro da Planificação Urbana. Nosso guia era um jovem arquiteto soviético. Ele nos mostrava os detalhes arquiteturais e deixava de lado as igrejas, então uma senhora do PC argentino lhe pediu, com a ajuda do intérprete, que falasse de sua vida em família.

A resposta mereceria ser posta em quadro no centro do lar, em tipografia eslava: a casinha nos subúrbios com hortaliças e legumes, a mulher, esposa e companheira, os três filhos, o cachorro, a leitura dos escritos de Lênin no sábado, bortsch nos domingos. Toda a delegação aplaudiu, acabava de conhecer seu Personagem Inesquecível. Justamente nesse momento, decidimos filar o resto do dia. Basta de lições exemplares! Brindamos com whisky no quarto de hotel. Meia garrafa depois, tive coragem de contar que tinha puxado um fumo em plena Praça Vermelha.

– Verdade?

– Sim, fumei maconha sob as muralhas do Kremlin.

Deliciosa heresia. A praça adquiriu cores maravilhosas e puras, uma tela gigante, psicodélica, de ouro e azul bizantino sobre o vermelho da praça. Recordo-me de começar a correr com o povo, não queria perder a troca de guarda diante do mausoléu de Lênin. Um momento mágico em que tudo me aparecia claramente. Eu havia segurado a mão de uma camponesa para correr com ela para as festividades cívicas. Nunca uma mulher russa me olhou assim, como se eu verdadeiramente fosse um dos seus.

Puxar fumo em Moscou, paradigma da transgressão, era puxar fumo na goela do lobo, ou nos portais de San Pedro. Eu tinha conseguido encontrar um pouco de erva em Paris e passá-la – nervosamente – na alfândega soviética. O quarto do hotel se escangalhou de rir ao pensar que o presidente da Federación Argentina de Psiquiatras poderia parar na Sibéria, preso por maconheiro.

Foi o momento da amizade. Eu conhecia pouco Armando, com Tato eu tinha alguma intimidade, pois ele tinha feito supervisões comigo. Foi em Moscou que a amizade entre Armando, Tato, Fernando Ulloa e eu se selou; isso nunca tinha me acontecido. De repente, as maiores amizades surgem. Uma rajada de camaradagem soprou como um vento avassalador.

– Querrrido, é um assunto puramente homossexual – me dizia Marie Langer, com uma pontinha de ciúmes. Sem dúvida houve um amor homossexual, platônico, na acepção forte do termo. Moscou foi uma terapia de grupo, um laboratório sexual intensivo sobre a amizade e suas vicissitudes, sobre os casais e a incipiente globalização de nossas vidas. Uma viagem mais profética do que sabática.

Durante esse período, sonhamos com um lugar comunitário que permitiria desenvolver um novo projeto de vida. Imaginávamos uma casa com um salão, quatro quartos, e a batizamos antecipadamente como *O casarão*. O quarto quarto era para Hernán, que não havia ido a Moscou, mas com o qual contávamos.

É interessante notar o que disse Tato Pavlovsky, no seu prólogo de meu livro *O paciente das 50000 horas*: "Acho que a melhor forma de compreender a relação entre Armando, Hernán, você e eu é supor que o tempo nos transformou numa *gestalt* ou num organismo de diversos pseudópodes culturais no qual é difícil discriminar as individualidades. Tomemos, por exemplo, a decisão de irmos viver juntos em *O casarão*: creio que foi uma idéia de Armando; Armando pensa que foi idéia sua; Hernán pensa que foi idéia minha; e você diz que foi Hernán quem o convenceu, em Milão".

Com o projeto na cabeça, voltamos a Buenos Aires e, um mês mais tarde, alugamos *O casarão* em Belgrano. Esse refúgio funcionava como um centro de contenção, porque durante esse período selvagem de nossas vidas paramos de esbanjar dinheiro, rompemos com a APA, e eu queimei minha carteira de membro do Jockey Club. O casal e a família estavam ameaçados pela sombra do inquietante Maio de 68. A isso se acrescentava a situação política precária; a paisagem da esquerda se mostrava povoada de cenas duvidosas, nas quais o ferrão era o mestre de cerimônias. A soma total desses fatores convergia para um vivido cataclísmico, conjurando o dilúvio, do qual *O casarão* era a Arca. Num certo sentido, pode-se dizer que nos internamos em Belgrano, buscando um refúgio terapêutico na amizade e no amor entre homens.

Tivemos dificuldade de nos adaptar a esse abrigo benéfico. Depois de termos alugado *O casarão*, produziu-se uma desordem fóbica. Vinha-se furtivamente, como ladrões noturnos, uns após outros, trazer um pôster dos Beatles, o *Dictionnaire* de Laplanche e Pontalis, ou os quatro volumes de Lukacs. Tínhamos medo de que *O casarão* se institucionalizasse. Enfim, um de nós reagiu e chamou os outros, convocou-os para jantar na terça-feira seguinte. Foi uma cerimônia de reencontros, à luz de velas, com duas grandes pizzas e duas garrafas de vinho tinto. Em função da minha idade, eu assumia o papel de mestre de cerimônias, distribuindo os pedaços de pizza de mussarela, em silêncio, de modo protocolar e equânime. Eu tinha dez anos a mais que eles nesse vale de lágrimas.

O casarão foi uma mansão descartável. Seria interessante perguntar por que nossa liberação tinha que ser tão mesquinha, acompanhada de um vinho de mesa barato. Por exemplo, não compreendi por que tínhamos que usar guardanapos de papel. Nossa miserabilidade tinha a lógica cega do pecado. *O casarão* era uma mulher má que nos afastava de nossos lares.

Depois chegou Alondra, a grande sacerdotisa hippie, nossa jovem mãe. Ela tinha a idade de Belén, minha filha mais velha. Ela foi um dos grandes amores de Tato. Ele a encontrou certa noite, numa esquina, completamente fumada, e por pouco não lhe ofereceu um pouco de leite morno. Uma semana depois, Alondra ronronava como uma rainha. Ela mudou nossa vida, era a prova viva de que nossa morada não era um antro de depravação, e Tato, o mais corajoso de nós, não hesitou um só segundo em se instalar com ela em *O casarão*: um salto que, em Moscou, nos teria parecido impossível.

Alondra era o cúmulo da narapóia, ou seja, da paranóia ao contrário. Gostava de olhar fundo as pessoas, mas ninguém olhava para ela. Alondra era invisível. Certa vez, fomos ao restaurante alemão da esquina. Alondra estava descalça, tinha a aparência de uma cigana com sua túnica e seu colar barulhento, mas ninguém a olhava; eu não compreendia, ninguém nos olhava. Era Alondra quem fusilava os casais que gritavam com seus filhos, ou os homens que liam jornal. Ela os olhava como se fosse marcianos e seu olhar os transformava em marcianos. *Narapóia*.

Alondra não era fácil. Dona de si mesma, tolerava tudo, menos nossa hipócrita covardia, desprezava nossos furtivos medos burgueses. Mudou o ambiente da casa, colocando música e contratando Pilar, uma mucama que fumava maconha e jogava vôlei num clube de bairro.

Na primavera de 1972, *O casarão* conheceu sua idade de ouro, seu semestre sabático, com a chegada de Bertoldo Rothschild, que foi um dos membros fundadores de Plataforma (com Hernán e Armando). Era um europeu extremamente culto, muito sofisticado e um pouco cruel. Ele ocupou o quarto de Hernán com várias mulheres, e, por momentos, as fantasias dos invejosos se tornaram realidade.

O quarto de Armando foi ocupado por David Cooper, que se internou para se desintoxicar, cuidado por Pilar, que à noite lhe cantava músicas de ninar em guarani. É preciso reconhecer que ela foi uma excelente enfermeira.

O casarão oferecia múltiplas opções: podia-se falar do futuro do peronismo com Bertoldo ou da antipsiquiatria com David Cooper, entrar em sessões de psicoterapia de grupo com a equipe permanente, propor um debate sobre um tema polêmico como "ideologia pessoal *versus* ideologia política", desfrutar de um *happy hour* com Alondra, ou simplesmente ler Althusser no quarto.

O toque final foi a criação de uma terapia de grupo gigante. Fomos Tato, Hernán e eu que tivemos a idéia. Cada um trabalhava em seu quarto e, de quando em quando, as cinqüenta pessoas convocadas se reuniam no salão num sistema de vasos comunicantes. Era uma convenção de bruxos na qual nossa rivalidade fervilhava alegremente. Com eles, senti o insuportável alívio de não sentir inveja.

A noite de meu aniversário foi a última em que estivemos os quatro juntos, em torno das minhas quarenta e nove velinhas. Éramos ao todo umas quinze pessoas. Os convidados eram Mestre Didi e Juanita, Marie, Bertoldo e um parapsicólogo de Rosario. Não me lembro dos outros. Na época, Fernando Ulloa estava viajando. Abrimos as janelas e *O casarão* brilhava como o navio de Fellini. Era uma noite perfumada de verão. Bebemos champanhe, abri meus presentes. Bertoldo pediu a prataria à namorada da vez. Comemos pato com laranja. Tarde da noite, Mestre Didi jogou búzios para *O casarão* e disse, para nossa perplexidade:

– Enterrem-no com rosas.

Pouco tempo depois, Bertoldo voltava da Suíça. Alondra passava seus dias com Pilar e seus amigos hippies, que se multiplicavam como coelhos. Era um verdadeiro bando de drogados, e Califa era o chefe; consumiam tudo, qualquer coisa, Artane, Mandrax, anfetaminas, cheiravam até betume e noz moscada. Eram esponjas químicas. Só conheciam uma palavra, "perfeito", a única que eles dominavam. Tudo era perfeito, com uma acentuação particular no primeiro *e* de perfeito! Não sei como conseguimos suportá-los, eles pintaram meu armário de vermelho e desenharam bigodes no pôster de Graciela Borges que eu tinha na cabeceira de minha cama. A casa parou de ser ocupada no dia em que Tato, tomado por uma crise de furor, colocou todos para fora, aos chutes. Califa e companhia rolaram pelas escadas para a porta de saída. Minha alergia pelos hippies data daquela época.

Lembro-me do dia em que dei adeus a *O casarão*. Era um domingo claro. O céu de Belgrano tinha tons violetas que não se vêem em lugar nenhum. Eu me sentei numa cadeira de praia e disse:

– Tchau, Casa, tchau. Sei que você foi maltratada e que não lhe demos o melhor de nós.

Você não vai compreender, mas, a partir dali, nunca mais quis me estabelecer, não quis mais propriedade privada em minha lembrança. Não quis mais ter nada, nem mesmo uma casa. Tomara que chegue alguém que cuide de você, pinte as persianas, ponha cortinas, conserte o bidê, e tente nos esquecer.

18
Morte de Noune

Volto ao dia em que enterramos as cinzas de Noune. Foi um erro, devíamos tê-las enterrado logo, com a morte ainda fresca, anestesiados pela cerimônia funerária. Mas nem eu, nem seus filhos, nem mesmo seu grande amigo Hugo pudemos fazê-lo. Assim se escoaram seis semanas até o sábado 15 de junho. Chegamos à Escobita com a urna. Abrimos a casa, alguém esquentou café na fornalha e, com os ossos frios, fomos ao pequeno bosque de araucárias reconhecer o lugar que havíamos escolhido. Não havia nenhuma dúvida de que o lugar para as cinzas era "La Escobita". Mas onde? Pensamos no pé do cipreste que, no verão, é iluminado pela lua cheia e forma um ponto de interrogação, um lugar de acordo com ela, centro absoluto do lugar. Rejeitamos: muito público, contíguo à propriedade do vizinho. Restavam então dois choupos tagarelas, marido e mulher que, todo dia, disputavam o cair do sol; também não serviam, muito próximos do poço cego. Finalmente, escolhemos o recanto mais selvagem da quinta, cercado por araucárias.

Caminhamos furtivamente, cada um perdido em seus próprios pensamentos, saturados de morte, na clandestinidade de um enterro íntimo ilegal. Éramos quatro: Dany, seu filho mais velho, Jaqui, o mais novo, eu, e você, Hugo.

Perdemos tempo – ou ganhamos? – procurando pás. Finalmente achamos uma muito velha. Dany começou a quebrar a terra gelada, depois nos revezamos, por causa do cansaço e de outros males.

É esse então, Hugo, o fim da mulher que amamos?

Cavamos um fosso muito menor do que uma tumba, porque as cinzas cabem numa caixa de sapatos. Pobre Noune, ela ocupa um espaço ínfimo, sem placa, nem flores, nem cruz, como ela desejava.

Voltei à casa para apanhar a urna e, sem tirar seu envoltório de papel, eu a pus no fosso. Tomei muito cuidado, porque sabia que a tampa estava meio solta e não queria ver o conteúdo. O dia da cremação está ainda recente e há imagens que é difícil apagar, é assim.

Cavamos até Jaqui quebrar a pá por causa de uma raiz mais dura. Fui pedir ajuda a uma vizinha, estava com vontade de fumar. Quando voltei, vi a pá quebrada, desmantelada perto do fosso, e explodi em soluços como uma criança que acaba de quebrar seu brinquedo. O que me leva diretamente à agonia de Noune.

Em 25 de maio, Tommy Langer, o filho de Marie, foi buscar o doutor Agrest. Ele o fez, como ele mesmo diz, porque Noune era uma paciente difícil, que minimizava, mentia, seduzia. Ela não levava a sério a juventude de Tommy. Agrest chegou. Noune tinha a pele amarela, ictérica, transpirava, tremia de febre, se alimentava com dificuldade. Agrest ficou preocupado com o estado geral de Noune. As análises confirmaram seu diagnóstico de hepatite. Noune passou uma noite péssima, com o corpo todo dolorido. Estava esgotada e não conseguia se levantar da cama. Percebo que escrevi muito mal o que aconteceu, mas não sei o que quer dizer escrever bem.

O que me leva a contar isso?

Escrever é uma espécie de apropriação, talvez dar vida ao esquecimento. E essa escrita deve ser cruel, não posso ceder à tentação de produzir um *best-seller*. Não quero ser um cafetão da morte.

Hipnotizei Noune na noite de sexta-feira. Eu lhe disse para repousar, relaxar os membros, não pensar em nada e respirar tranqüila e profundamente... tranqüila e profundamente... Ela passou uma noite melhor e acordou mais disposta. Tomei um whisky ao pé de seu leito, aliviado. Estávamos almoçando, seus dois filhos e eu, quando ouvimos um longo grito de dor. Quando cheguei, Noune segurava a cabeça com as mãos, como se ela fosse explodir. Dany foi o primeiro a ver a pálpebra caída e a paralisia da metade do rosto.

Aqueles olhos desequilibrados me levavam ao pesadelo do ano anterior – olhos que revelavam o acidente cerebral. Um olhar que via, mas que não me era dirigido, anunciava um desalento do corpo. O jorro de sangue embebe o cérebro, a respiração que fica ofegante, os músculos tremem, desordenados, e Noune emite um charabiá urgente, no qual os sons do palato desaparecem, restando só os que saem de uma boca retorcida; mas ela interroga, quer saber o que está acontecendo.

Ou você acha, Hugo, que ela não queria saber o que estava lhe acontecendo?

Temos que chamar Tommy. Ninguém atende. Procurei um outro número: ninguém. Voltei para o quarto, o respirar ofegante se transformou num som rouco. Telefono de novo... E esse filho da puta que não atende! Agora, Noune está dobrada sobre si mesma e crispada. Sua mão quer chegar ao nariz para limpá-lo, mas perdeu toda a coordenação, os dedos fazem pequenos movimentos circulares como que para fazer bolinhas de pão. Sim, a agonia começa e é preciso fazer alguma coisa: oxigênio, boca a boca, coramina em cima de coramina, os recursos heróicos da medicina, porque é preciso fazer alguma coisa, a voz de Noune está cada vez mais fraca. Dany, que está no quinto ano de medicina, consulta os livros. O telefone não responde e o pequeno fio de respiração ressoa.

Noune se mexeu e nos indicou que queria ir ao banheiro. Nós nos olhamos; ela não podia urinar na cama, nossa pompa ocidental (e mesmo universal) exige a continência dos esfíncteres. Eu a carreguei. Ela pesa cerca de quarenta e cinco quilos, mas nunca me pareceu tão pesada. Cambaleio como um bêbado. Sento-a no vaso sanitário e ela urina sangue. Que desastre! Outro derrame, com as pernas abertas, e Noune perde seu sangue por todos os lados, com sua fronte amarelada apoiada nos azulejos. Esgotado, impotente, carrego-a de novo, lembro-me de ter batido com os joelhos dela na porta, de ter titubeado como um funâmbulo, com ela em meus braços. Eu a coloquei na cama e um novo sintoma apareceu: os braços e o pescoço tomavam uma cor violácea. Volto a telefonar, nenhuma resposta, parece que as manchas violáceas mudam de forma. Jaqui e eu nos revezamos no telefone surdo-mudo. Dany nos explicou que essa cor púrpura se devia à falta de oxigênio.

– Traqueotomia? – perguntou ele, e, naquele momento, Hugo, fiquei com vergonha de ser um médico que não sabe nada de medicina, que nunca operou, e comecei a chorar. Vou ao banheiro para esconder minhas lágrimas. Quando volto, Dany está adivinhando a intenção dos gestos de sua mãe, seca com um lenço o canto dos lábios dela, diz que ela não tente falar, que está esgotada, e eu invejo Dany, porque ele pode intuitivamente se aproximar dela, adivinhar suas intenções enquanto ela nos olha cega, atenta à sua própria agonia. Penso que agora ela não sofre, não ofega mais, minto para mim, e virá o dia em que chegarei a dizer que ela morreu como um passarinho, pensando nessa pomba que tive em minhas mãos, sem tremores nem protestos, com os olhos vidrados e nada mais. Mas isso é só uma forma de me convencer, Noune se ia como um homem esgotado.

Tommy chegou, nós o deixamos no quarto, ele saiu de lá cheio de sombrios presságios. Ele nos reuniu e nos falou da pressão baixa, da asfixia, em contrapartida o pulso batia regularmente, os reflexos ainda estavam bons, mas a cor púrpura, como Dany havia dito, era um sinal de insuficiência respiratória. Era preciso interná-la com urgência num serviço de tratamento intensivo.

Novamente fomos para o telefone, mas os hospitais não queriam admitir Noune por causa da hepatite.

Por favor.

Inútil. Eu os amaldiçôo.

Por fim, ela foi aceita no hospital Fernández. Tommy trabalhava lá. A ambulância chegou, os maqueiros negociaram o preço, são cinco andares, disseram eles. "Devagar, devagar, ordena o chefe da ambulância, agora abaixem e empurrem-na pelo corredor, muito devagar". Eles saem como ladrões carregando seu saco e, quando fecho a porta, me pergunto se Noune deu adeus à casa.

Vista de uma ambulância, a cidade não tem sinais vermelhos, contramão, obstáculos; passa-se realmente ao largo dos engarrafamentos, porque todos jogamos o jogo de que nada é mais importante que a vida humana. E se acredita nele: que a cidade pare, o braço ululante da medicina chegou!

Noune balbucia e eu a escuto; eu lhe digo que a estamos levando de ambulância para o hospital. Eles a levam enquanto preencho as formalidades. Em cima, me dão sua camisola, seu relógio e sua aliança.

A noite inteira no hospital, percorrendo o corredor pra cima e pra baixo, com a aliança na mão. Tínhamos comprado as alianças nove anos antes. Para casarmos em Córdoba. Lembro-me de que passeamos pela cidade, ela tinha trinta e sete anos e eu, quarenta. Um casal num outono dourado, livre para o amor, de volta de outros combates; um belo casal que busca um lugar para se casar. Havíamos percorrido a cidade, observando os templos, as igrejas. Um pastor protestante nos olhara, incrédulo. Quando entramos na catedral, não pudemos conter o riso. Que absurdo casarmos na igreja!

Casamo-nos no dia seguinte. De manhãzinha, nos dirigimos para La Cumbrecita. Subimos a montanha, carregando nosso amor como uma expressão do sim, de um sim de sim, num passeio em pleno sol, a anos-luz dessa incompreensível viagem no frio hospital que levava você para a morte.

Naquela manhã, buscamos nosso altar. Estávamos de mãos dadas, saltando de um rochedo a outro, tendo o dia todo para nos casarmos. Caminhamos, atravessamos riachos até encontrar o remanso ideal. Ali havia o altar e a água, a pedra arredondada e o templo. Benzi as alianças na água, beijei-as, Noune as beijou, e assim foi nossa união.

Cem passos, a guarda intemporal diante da porta dos cuidados intensivos, passos de cão. Os corredores noturnos são desertos. Às cinco horas da manhã, uma faxineira lava o chão. Procuro entabular conversa, ela me fala do serviço de cuidados intensivos: mais da metade dos que entram morrem ali. O pessoal se esgota, embora trabalhe menos horas. Eles chamam esse serviço de "O forno". Ele ocupa toda a asa sul do quarto andar, em frente à maternidade, e seu silêncio contrasta com os gritos dos bebês. Decerto há um sentido nessa proximidade, mas para mim *O forno* era uma maternidade cheia de esperança, uma incubadora construída com os materiais da ciência moderna. Na porta se produz a ruptura temporal e se chega à onipotência da medicina, à potência da máquina de oxigênio, na qual o sangue é purificado por esponjas de quartzo e porcelana, na qual cada órgão tem seu duplo virtual. A ciência para reviver, para suprir miraculosamente as funções dos órgãos infartados, graças a um poderoso fole que faz você respirar, Noune, e eu dou sempre os cem passos, as idas e vindas, até a entrada da maternidade, mas ficando sempre à distância, porque sou um transmissor potencial de hepatite e, nesses momentos, até a cabala ou a virtude servem. Sim, deve-se ser bom, porque Deus observa cada um de nossos passos. Cem passos, mil passos de uma ginástica biliosa por cigarros que vão direto ao fígado. Ela vai morrer. Quem vai morrer? pergunta o fantasma hipocondríaco. E temos desejos desprezíveis e mesquinhos. Para dar a você um exemplo, Hugo: ter vontade de urinar é um desejo mesquinho e pensar na morte é uma idéia desprezível. Não sei se você compreende, mas, nesses momentos, não é só coisa boa que sai. Cada um traz em si seu fardo. Nunca estamos preparados e não se sabe como enfrentar a primeira morte.

– Como ela está? – pergunto à médica.

Ela diz que Noune está sendo preparada para uma traqueotomia, que no momento está num estado comatoso, que a pressão baixou, "fazemos o possível", e pela porta percebi pequenas estufas de querosene e um grupo de enfermeiras atarefadas em torno de Noune. Bestamente concluí que ela estava muito mal, que ia morrer, certeza tirada do Forno. Não pensemos nisso. Preciso vê-la. Bato à porta, mas ninguém responde, eles estão trabalhando. A Noune de hoje é a Noune de há dois anos, quando ela teve seu primeiro acidente vascular.

Lembro-me de uma cena: vão lhe fazer uma punção lombar e ela me abraça, esconde seu rosto e me pede em francês que eu a proteja, e os dois, desamparados, começamos a chorar.

A porta se abre, os médicos saem e tudo está escrito nas suas feições. Pobre Tommy no seu disfarce de carrasco. "Fizemos o possível", me garante ele, "é preciso manter a esperança, a medicina às vezes faz milagres".

Ele me explicou o dilema: dois órgãos foram atingidos, o fígado e o cérebro. O tratamento para um causava danos ao outro, os dois órgãos reagiam negativamente entre si, começavam a atingir os rins; só o coração estava protegido. "A gente faz o que pode", me dizem eles e, desprovidos de sua onipotência, eles se sentem nus diante de meu ódio sem recriminação.

O tempo me persegue no corredor dos cuidados intensivos, com suas sombras, seus falsos ruídos, suas falsas imagens. Sou chamado. Entro no

Forno. A médica de plantão me avisa que Noune, em alguns momentos, fica consciente. Dão-me um guarda-pó verde, botas de papel e, assim vestido, espero. Agora que estou no seu centro, vejo que o mundo se move com lentidão. Noune me reconhecerá? Eu a reconhecerei? Dois estranhos na face escondida da Lua. Enxugo meu suor que corre como lágrimas. Vem a ordem de entrar e, no mesmo momento, a contra-ordem:

– Um momento, ela está em parada cardíaca.

Uma única frase pronunciada com uma fleuma médica, e minha paranóia se acende, iluminando a paisagem lunar: ela está morta, penso, e a parada cardíaca é a maneira que esses filhos da puta encontraram para me dizer que estão cientificamente presentes até o fim. De longe me vem o ruído do motor que ajuda a respirar, esse pequeno fole que se ativa com a palma das mãos. Como um gemido, a respiração recomeça, escuta-se o suspiro rítmico, e eles me dizem para entrar. Entro como um camponês, com o chapéu na mão, tentando não pisar nos fios, nem me chocar com os tubos de oxigênio.

Noune está no centro do quarto, nua, semicoberta por um lençol estreito. A médica me diz que de vez em quando ela retoma a consciência. E me deixa só, à beira do leito. Em frente, numa tela, aparecem ondas que emitem um ruído metálico persistente. Bom, aqui está o que eu temia, nem melhor nem pior, diferente. Vários rostos superpostos, do mais antigo até o rosto amarelo. Ali, o rosto de sua primeira supervisão comigo, a expressão atenta da aluna; aqui, o rosto de nosso casamento em Córdoba; depois, o dessa noite da maconha na Escobita; todos esses rostos desfilam em mim. Não sei o que fazer, sinto que é preciso dizer adeus, mas não posso. Me instalo na borda da vida. Eu lhe digo que respire fundo e vejo que, de repente, o ar não sai pela boca, mas pela vesícula da traquéia, que por vezes se recobre com uma bolha de saliva. Digo-lhe baixinho que se acalme, que respire como eu, profundamente. Ela me olha, e eu vejo que ela me reconhece, que ela perde, depois retoma o conhecimento, segundo um ritmo que tento adivinhar, forçando o encontro com seus olhos vacilantes. Um longo momento passa antes que eu renuncie a essa falsa mímica de gestos impotentes.

Agora, é a hora do verdadeiro adeus. Falo com ela em francês e espanhol, digo o que um homem diz a uma mulher, palavras de amor, palavras simples de uma vida comum; é verdade que se pode falar com o coração, e há algo de sublime na condição humana, na força que se tira do medo. Noune me acompanha seriamente com o olhar. Eu falo de nós. Meu monólogo convida ao sim. Mas Noune move a cabeça num inapelável não. Não quero compreender. É muito brutal. Nós nos olhamos e de repente tenho um desejo vertiginoso de entrar em sua morte, de poder ler essa travessia a livro aberto nas pupilas de Noune. Compreendo então que é preciso atravessar a casca da dor para ver o outro rosto da morte. Porque há também o narcisismo soberano do moribundo que se sabe belo, presença aniquiladora. É rigorosamente certo que a recapitulação de uma vida se concentra num instante. Inclusive a felicidade. Fomos felizes no Forno, como naquela noite em que fumamos maconha. É possível ser feliz perto de uma boca que não respira?

Ódio. Eu o confundi com a máscara da morte ou com a máscara de meu terror. Depois percebi que Noune também me odiava, porque morria, contraste entre meu quente metabolismo e seu frio metabolismo. Ódio, porque eu estava vivo, vestido de verde médico, no cais de sua partida. Havia também meu ódio de ser abandonado, ódio do que morria com ela. Um ódio quase calmo, enquanto eu a acompanhava em seus últimos passos, que se tornavam cada vez mais sombrios. Então, Hugo, eu disse adeus e fui embora.

19
Marilu, depois Martha

A morte de meu pai, doze anos antes, tinha sido um golpe duro, mas esperado, assim como a da minha mãe. Com eles, fiz o luto filial que prepara o terreno para a tristeza. Fiquei órfão numa idade relativamente avançada, ainda que, retomando as palavras certeiras de minha irmã María Mercedes, "perdemos o teto", não tínhamos mais a geração anterior para nos proteger. A relação com meus pais era boa; sempre adorei o lado Dama de Negro de minha mãe e, quanto a meu pai, eu o perdoei por ser, como eu, um homem mulherengo. Eu seguia a lógica "tal pai, tal filho". Nunca esqueci os almoços das quintas nem a mulher frígida. Quando meu pai morreu, escrevi um ensaio sobre o simbolismo, dedicado à sua memória.

Meus mortos, até então, tinham sido pouco numerosos e todos previsíveis. Noune rompeu a paz dos cemitérios. Para os homens, a morte da companheira é um acontecimento sério e a dor pode ser insuportável. Ela parece com a dor das mães, o que não quer dizer que minha relação com Noune tivesse sido boa até o fim. Uma frase de Vinícius de Moraes me parece perfeita: "O amor é eterno enquanto dura". Tema central deste livro.

Uma semana depois da morte de Noune, Mestre Didi, de passagem por Buenos Aires, veio me apresentar condolências. Fiquei surpreso ao vê-lo chegar sem Juanita e vestido com uma túnica africana. Nós nos instalamos na peça que tinha sido o consultório de Noune. Eu esperava um encontro formal e apanhei uma boa garrafa de whisky. Mestre Didi bebeu um gole, depois foi direto ao assunto. Ele me disse que os dois éramos de Xangô e que seu dever de irmão era me falar da morte. Acrescentou que nosso Orixá não gostava da morte. O que ele disse depois, com um tom neutro, também me surpreendeu. Não me lembro exatamente das palavras, mas no geral ele me disse o seguinte: "Esqueça-a, os mortos detestam os vivos". Essa declaração me escandalizou. Repeti sua fórmula no meu foro interior como alguém que sorve um remédio que pode ser venenoso, mas, para meu grande espanto, a poção teve um efeito positivo. Depois, ele tirou de sua bolsa uma bola negra envolvida com papel prateado e me disse:

– Hoje à noite, tome um banho com esse Sabão da Costa.

Foi a primeira noite em que pude dormir direto, sem comprimidos nem pesadelos.

No dia da morte de Noune, eu havia telefonado para Marilu do hospital. Era o único número de que me lembrava. Éramos amigos, nossas filhas eram amigas. Marilu tinha um rosto triste, tipo Modigliani. Ela foi uma bóia de salvação depois do naufrágio na cloaca cósmica.

Completamente arrasado, passei semanas sem poder trabalhar, porque começava a chorar sem qualquer motivo, numa incontinência total. Lembro-me muito pouco dessa fase inicial do luto, durante a qual a idéia de deitar com uma mulher soava em mim como uma profanação. Dormia na casa de amigos, raramente na minha casa, porque não tinha mais minha casa, minha casa sempre tinha sido a de Noune. Marilu, suave e comicamente deprimida, foi a companheira ideal. Hoje me dou conta de a que ponto eu estava mal; quando a gente está mal, não pode se dar ao luxo de deprimir. Agora, eu posso. "Coitado", penso, não por compaixão, mas por ternura em relação a esse náufrago. Quando volto àquele tempo, percebo que a única vantagem de minha condição foi ter vivido fora do tempo, sem agenda, e talvez também sem desejos e sem documentos. Um luto nômade. *O casarão* foi um dos lugares em que armei minha tenda. Tato sempre estava com Alondra e dormir escutando o rádio no quarto ao lado era para mim uma companhia.

O grupo de *O casarão* escapuliu. Típico dos grandes sátrapas de esquerda, que se recusam a ir a velórios por uma questão ideológica; não se pode pedir a eles que acompanhem você em sua dor, seria como pedir a um aiatolá que fizesse a primeira comunhão. Não sei se os perdoei. Quando alguém fundamental morre, a gente começa a apreciar as solenidades e os protocolos, do tipo ir ao velório, deixar cartões de visita, enviar telegramas, que, antes, me pareciam ridículos e supérfluos. Lembro-me, por exemplo, que Miguel Matrajt, que não era um amigo íntimo, passou todo o velório junto de mim; o homem em luto não esquece. Minha amizade com Gilberto Simoes e meu sobrinho Chamaco data dessa época. Foi um momento de travar novos conhecimentos, sob o signo do reconhecimento.

Longos passeios de bicicleta com Marilu. Eu me lembro do dia em que roubamos um chambão de Parma num restaurante em Nuñez. Enquanto eu ia pagar a nota, Marilu desapareceu com o chambão. Fui defrontado com coisas tão incompreensíveis quanto esta, e constato que escrever essas Memórias me ajuda a explicar e colocar o passado em seu lugar. Não tenho dúvida nenhuma, agora, de que o período após a morte de Noune foi o mais perigoso para minha saúde mental.

É bem difícil escrever a história do presente, não se pode especular quando se está no meio da tormenta. Chegou a hora de fazer um balanço de minha vida e constatar que minha dívida com Marilu é grande. Formamos uma família composta por meus filhos, Belén, Paula e Marcos, por Jorge, o namorado de Belén, Paula, Jaqui, o filho de Noune, meu sobrinho Chamaco e Silvia, a filha de Marilu. Íamos a La Escobita todos os fins de semana. Retomei as partidas de futebol do domingo com León Grinberg. Recriamos um pequeno refúgio de paz nessa época atormentada. Essa comunhão nos marcou com uma afeição que vai muito além da relação familiar. Fui um pai escorregadiço depois de minha separação de Beatriz. Paula, por exemplo, teve um verdadeiro pai por apenas dois anos. Graças a La Escobita, comecei com meus filhos uma outra relação. O pai alquebrado é melhor pai do que o pai ausente.

Comparo La Escobita a um oásis, ou melhor, a uma arca de Noé, e aí intervém meu passado de criança autista. Sempre gostei de me meter em úteros *prêt-à-porter*. O grande romance de Penny e Yoschide ocorreu na Arca, numa noite em que nevava. Sim, La Escobita foi minha arca, e Marilu e eu formamos um casal de náufragos. Nove meses depois, as águas do dilúvio baixaram e a terra secou. Saímos da arca e cada um retomou seu caminho.

Foi o início de minha relação com Martha; a plantinha do amor crescia com vigor. Naquele momento, eu morava com Tato Pavlovsky na rua Libertador y Oro, numa casa que Cormillot nos emprestou. Nós a chamávamos "A casinha" e Pilar morava conosco, como uma herança de Alondra. No fundo de *A casinha*, ficava o Rosedal. Foi lá que descobri Palermo e comecei a tirar proveito dele como se fosse meu jardim pessoal. Tato me fez conhecer o Cooper, o do tênis, não o da antipsiquiatria. Comecei a correr e fazer remo em Palermo. Comprei um cronômetro: eu dava duas voltas no lago e calculava o tempo que levava.

Eu queria que Martha visitasse meu jardim. Ela percebeu que o silêncio de Palermo era diferente do silêncio do campo, porque a gente ouve, em surdina, um ruído de motores roncando e o distante barulho do trem; esse ruído é a cantiga de ninar de todos os bebês de Buenos Aires. Às vezes, à noite, escuta-se uma sirene de barco.

Naquele dia, fomos ao lago e alugamos um barquinho, ele rangia como um sapato velho, mas tinha a coragem de uma canoa de lago. Eu, compenetrado de meu papel, comecei a visita guiada: a estibordo está a ilha dos patos, aves que fazem seus ninhos em casinhas de cachorros, sob salgueiros. Não seria charmoso viver nessa bela ilhazinha, como um Robinson Crusoe urbano? Porque eu era um náufrago, Martha, e agora estou secando ao sol meus trapos melancólicos.

Eu me pergunto: por que Martha e não Marilu? Não sei. Marilu era Modigliani; Martha, Salvador Dali. Martha era uma autêntica judia de Brooklyn, com muito charme. Há mulheres pombas e mulheres falcões; as mulheres falcões se atiram num vôo rasante sobre sua presa. Martha era um falcão.

Ela me propunha uma aventura alternativa. Nós nos conhecemos numa das primeiras terapias de grupo criadas em Buenos Aires por um americano, célebre na época, chamado Shepard, cujo prato de resistência consistia em despir o grupo. Algumas horas depois de termos travado conhecimento, passeávamos nus, maravilhados por termos arrancado os sete véus. Martha tinha um púbis incomparável, anacarado. Esse monte de Vênus perfeito era a mosca do pescador de trutas, se vocês pescam a metáfora. Porque de cara ela não era bonita, com sua eterna peruca. Algo de bissexual atravessava sua expressão, mas não no sentido de que as diferenças se atenuavam: ela era ao mesmo tempo muito mulher e muito homem. Uma certa maldade nela me atraía; adoro as pessoas um pouco más, considerando-se que, embora eu tenha um fundo bom, não sou um anjo, nem mesmo quando estou de bunda à mostra. Mas, naquela manhã ensolarada no lago, Martha era boa. Então, eu lhe disse:

– Martha, estou encantado com você, como um paciente que cai apaixonado por seu analista. Acredite, vejo você com uma auréola que desenha seu maravilhoso corpo de mãe.

Martha começou a desconfiar de minha depressão. É que eu não estava deprimido, eu me sentia como um convalescente que sai para receber a primavera no pátio ensolarado do hospital.

Tivemos a idéia, Martha e eu, de escrever juntos um livro, *El antiyoyo*, no qual tomávamos nosso casal como proposta de uma nova relação amorosa[15]. Uma espécie de diário de bordo sentimental, que hoje me serve de testemunho sobre aquela época. A gestação desse livro consolidou nosso casal mais do que um filho. Foi a aventura ambiciosa de uma aventura, uma rapsódia a quatro mãos na qual a partitura do outro era quase tão importante quanto a sua. Reunimos nossas Remington elétricas em *A casinha* e começamos a escrever em uníssono, cada um seu capítulo, corrigido pelo outro, trançando o livro no tear de um imaginário coletivo. Lembro-me de que no sábado a gente se levantava cedo para redigir nossas conferências e depois, em torno de meio-dia, cumprida a tarefa, íamos à Galeria do Este beber um *negroni* com os amigos, para, em seguida, escrever sobre o momento do *negroni*, num movimento perpétuo de uma escrita que se reescreve. Escutem essa passagem: "Cerca de meio-dia, eles foram à garagem da rua Libertador, cumprimentando o vigia de plantão. O Dodge tremia de frio e tossia na ampla avenida, na qual, à direita e no centro da Praça Seeber, se via a araucária. Contornaram o zoológico em direção ao centro da cidade. Escolheram esse sábado ensolarado para celebrar as duzentas

---

[15] Emilio Rodrigué, Martha Berlín, *El antiyoyo*, Madri, Editora Fundamentos, 1974.

primeiras páginas do romance, depois de três meses de recolhimento, mergulhados no delírio de tornar fictícia a realidade, desentoxicados da vida urbana; recolhimento durante o qual seu rebento comum crescia. Estavam de saco cheio. 'Quero largar esse livro', se queixavam eles".

El antiyoyo foi um livro de base na minha biblioteca. A partir daquele momento, comecei a explorar um estilo intimista, apimentado com humor e crueldade; um gênero autobiográfico na medida em que conto coisas de minha vida, misturadas com ficção. Minha escrita, então, se tornava terapêutica, porque eu redigia pensando na minha vida – e, para mim, pensar é escrever; e escrever é viver. Os livros que se seguiram, *La lección de Ondina, Ondina Supertramp* e *Gigante por sua própria natureza*, acompanham minha história e são módulos fundamentais e pontos de referência para o presente livro[16]. Um pouco como se eu tivesse redigido meu diário.

[16] Emilio Rodrigué, *La lección de Ondina*, Madri, Editora Fundamentos, 1980; *Ondina supertramp*, Buenos Aires, Editora Sudamerica, 1987; *Gigante por su propia naturaleza*, Buenos Aires, Editora Sudamerica.

20
O grupo de espera

Durante os esplêndidos e insensatos quarenta e nove dias do governo Cámpora, as idéias pulavam como pipocas na panela ou como salmões no rio.

Hernán Kesselman foi nomeado professor no serviço de Psicologia Médica do Hospital de Clínicas. Todos os de *O casarão* se instalaram em seu serviço. Isso me lembra a aventura do *Kon-Tiki*.

Em 1947, Thor Heyerdahl mandou quatro telegramas de Lima para seus amigos, convidando-os para atravessar o Pacífico numa balsa de madeira para comprovar que era possível fazê-lo a partir da costa do Peru. Uma grande aventura. Os quatro amigos abandonaram suas tarefas e partiram para o encontro. *O casarão* montou sua balsa peronista.

Tato, Gilou e Diego Garcia Reynoso se apresentaram em seus postos. Hernán me pediu para me encarregar do serviço das admissões. Em uma semana, no reservatório de idéias surgiu uma que tinha um nome: *grupo de espera*. O dono da idéia foi, provavelmente, Tato, mas posso ter sido eu, ou Hernán. Um enorme número de espermatozóides pululava nesse reservatório, o que, como vimos, é habitual quando um grupo se torna mais poderoso que a soma de suas partes.

O grupo de espera trazia uma solução para o problema do tempo de espera para as admissões. Tradicionalmente, em todos os hospitais, o paciente chegava, pegava um número e tinha que esperar mais de uma semana antes de ser recebido numa breve entrevista individual. Procedimento lento e insuficiente. Com o grupo de espera, o paciente chegava, uma secretária preenchia sua ficha e ele era recebido no mesmo dia numa admissão coletiva.

O grupo de espera era composto por uma dúzia de terapeutas e durava duas horas. Os cinqüenta pacientes se dividiam em subgrupos dos quais se encarregavam dois ou três terapeutas e então fazíamos a rodada das apresentações. Uma hora depois, os terapeutas se reuniam e estabelecia-se uma nova distribuição, seguindo uma semiologia improvisada que reagrupava os pacientes segundo as afinidades dos problemas apresentados. Um questionário mais refinado então tinha início. Como regra geral, os pacientes eram chamados uma segunda e depois uma terceira vez, mas desde o primeiro dia programávamos consultas individuais. O recém-chegado começava com uma transferência com o hospital. A outra vantagem era que os estudantes podiam assistir às reuniões como observadores. Elementar, meu caro Bion.

21
Ezeiza

Em 20 de junho de 1973, quando nos dirigíamos para Ezeiza, deixamos o carro num terreno baldio onde os motoristas de táxi estavam concentrados. Eu estava com Martha Berlín, que eu acaba de conhecer biblicamente (Deus sabe por que se dá o nome de bíblica a essa relação). Eu estava no sul de Ciudad Evita, onde começa o campo suburbano. Pequenos rios de pessoas marchavam. Passando pela avenida Ricchieri, atravessamos uma espécie de pradaria de cor de pasto seco na qual havia uma concentração de mulheres peronistas. À frente e ao lado, eu via meus irmãos do dia marcharem e marcharem, como se fossem ao estádio do Boca Juniors, perdão, do Independiente. Fomos até o pampa, até o cruzamento com o Mar Rojo, em direção à grande comemoração.

Éramos, segundo a imprensa mundial, milhões que seguiam um mesmo instinto, um mesmo sonho poderoso que abalava a História, e marchávamos, marchávamos, ainda e sempre, comendo cachorros quentes, ao encontro da Juventude Peronista de Escobar. Mais à frente, encontrei Sebastián, que tocava bateria no conjunto de Jaqui, o filho de Noune. Nós o seguimos por longo tempo. O homem político precisa de uma coluna de pertença.

– É meu problema – disse eu a Martha um quilômetro adiante –, sou um peronista *ham and eggs*.

Com isso eu queria dizer que eu era um peronista atípico, politicamente solitário, não morava nos quarteirões pobres, não pertencia nem a uma unidade de base nem a um sindicato.

– Mas você é peronista? – me perguntou Martha.

– Afiliado nº 65000 e alguma coisa.

– E antes, você era de outro partido?

– Sou recorde mundial da mais breve adesão ao Partido Comunista.

– Me conta.

Na realidade, é uma história búlgara chata, porque revela um grande defeito de minha personalidade. Depois da viagem para a Rússia, uma parte da delegação foi convidada a ir à Bulgária. Mais da metade era de afiliados ao Partido; o restante, do qual eu fazia parte, era constituído de simpatizantes. Evidentemente, os afiliados queriam doutrinar os simpatizantes. Tínhamos pelo menos uma sessão diária e individual de doutrinação política e todos os pretextos serviam para tocar uma guitarra sentimental em torno de uma fogueira, sob o negro céu balcânico. Entoávamos primeiro as canções de Mercedes Sosa; depois, terminávamos indefectivelmente com Lênin. Para dar um exemplo dessa habilidade: certa vez, estávamos numa praça em Sofia, que estava cheia de capim, e o guia exclamou: "Que maravilha, eles deixam o capim crescer para que o homem retorne a seu meio natural!". De acordo, pode ser, mas no dia seguinte visitamos um parque bem aparado, e então se louvava a diligência tecnológica dos soviéticos.

Bem, volto à minha história. Certo dia, quando íamos ao Mar Negro, visitamos, no caminho, uma comunidade agrícola ou *kolkoze*, dirigida por um jovem psiquiatra, entusiasta e simpático. Fiquei fortemente impressionado. O *kolkoze* ficava numa planície de milho que a brisa ondulava, sobre o fundo do Mar Negro. À direita, um grupo de trabalhadores agrícolas em tratores de raias parecidas com zebras. Tudo era idílico, bucólico e socialista.

Começou então a turnê programada para tirar fotografias dos trabalhadores agrícolas, que posavam sorridentes, com o punho levantado, e nos ofereceram tomates grandes como uma bola. Depois da visita à fazenda, o comissário nos foi apresentado. Foi uma história de amor à primeira vista; eu o olhei e fiquei levemente ruborizado. Ele devia ter cerca de sessenta anos, mas parecia mais jovem, um Kurt Jürgens em plena saúde. Havia feito guerrilha junto com Tito e aparecia no quadro dos heróis. Kurt nos levou à adega do *kolkoze*, na qual as uvas fermentavam nos tonéis de madeira. Era um excelente vinho e brindamos a Lênin e ao povo vitorioso dos vietnamitas do norte. Pelos vietcongues! Viva a Argentina, viva Codovila! E passamos do branco ao tinto. Pela paz no mundo! Viva o mundo! O tinto era forte, o sol seco esturricava naquele meio-dia, tirei o terno e a gravata. Martha, você pode imaginar, vinho à vontade e o Mar Negro a seus pés...

Kurt então levantou sua taça e disse:

– Pela psicanálise!

Freud e Marx de mãos dadas! Nessa hora de embriaguez, conseguimos a união impossível, o casamento do século, até mesmo do milênio! Mas aí fiz uma besteira:

– Se eu tivesse que escolher um dia para aderir à sua causa, Kurt – disse eu, olhando-o nos olhos –, seria este.

Kurt, o tradutor e eu brindamos com tanta convicção que as taças tremeram. Quando baixei os olhos, um novato do PC argentino me estendia um lápis e um papel.

– Verdade?

– Pode acreditar, Martha, conto a você textualmente. E ele não me deu para assinar um papelzinho qualquer, não, era a ficha de adesão que ele me apresentava. E, você sabe, o que me dá vergonha é que eu assinei. Por que fiz isso? Mil vezes eu me perguntei. O cara me pegou de surpresa, mas claro que havia formas de recusar; por exemplo, a mais simples: dizer, sorrindo, "Vai devagar, camarada", embora eu não saiba se teria podido sorrir, pois havia no comportamento dele uma espécie de desafio do tipo "vamos ver se você tem coragem". Por outro lado, eu não queria desmanchar as núpcias de Freud e Marx. Em resumo, assinei como um babaca.

Na verdade, eu teria adorado dizer: "Caralho, vocês acham que eu sou um babaca que vou aderir por um tomate e vinho tinto búlgaro?".

– Era isso que chateava você? – me perguntou Martha.

– Em parte, sim. Senti isso como um insulto à minha inteligência. Mas tem outra coisa: eu não estava bebum, sabia perfeitamente o que estava fazendo. Agora, por quê? Pois é, porque me deixei influenciar. Quando levantei minha taça para brindar ao casamento do século, eu era cem por cento marxista-leninista. O que significa que, politicamente falando, sou um verdadeiro panaca. É como alguém que se converte ao modo de vida americano por uma visita à Disneylândia.

– E como acabou a história? – perguntou Martha.

– Eu queria morrer quando pegamos a condução de volta. Sentei lá no fundo, sem dizer uma palavra, taciturno. Tenho que reconhecer que meus camaradas se comportaram bem: agiram como se não me vissem, ninguém me olhava. Silêncio no ônibus. Por que eles não me protegeram? pensava eu. Se são meus amigos e sabem que minha adesão ao partido é uma besteira tão grande quanto fazer os Irmãos Marx se afiliarem...

– Como é que acabou?

– Meu comunismo durou pouco tempo. Não conseguia comer, perdi o apetite e fui falar diretamente com o coordenador da delegação. Eu lhe pedi a ficha. Ele me entregou a ficha sem pedir explicações. Fui então à praia que ficava em frente do hotel, mergulhei na água e nadei muito tempo, deixando flutuar o papelzinho nas águas claras do Mar Negro. Fiquei aliviado. Fui membro do Partido Comunista durante cerca de três horas.

Naquela noite, estava de tão mau humor que quase provoquei uma briga quando quis dançar com uma gorda da mesa vizinha.

– E você os perdoou?

– Acho que não.

Hoje, talvez, porque atualmente as ideologias são tão incertas que estranho o tempo em que a União Soviética flamejava com sua inocência de urso polar. Aliás, não tão inocente assim...

No caminho, eu pensava o tempo todo na política e na minha recente filiação ao peronismo. As longas conversas com Hernán Kesselman e seu infinito poder de convencer. Só um mágico como ele poderia me fazer aderir depois do incidente búlgaro.

Durante as marchas em Ezeiza, as figuras políticas de minha vida desfilavam como uma brigada ligeira. Silvia Bergman estava na chefia de uma coluna, acompanhada de Gervasio Paz, Enrique Kushnir e todos os membros da FAP. Martha, que conhecia bem a FAP, queria mais detalhes.

Contei a ela minha passagem pela FAP da capital. Eu acabava de ser nomeado presidente da APA, de onde minha eleição. Naquela época, tínhamos começado uma série de ações que nos colocou no fronte de um movimento convergente de esquerda. O apogeu foi uma tomada de poder sindical em Rosario, em 1970. Por outro lado, a FAP foi o celeiro local de Plataforma.

Tive que aprender rapidamente e amadurecer na marra. Dirigir uma assembléia, naquela época, era uma tarefa impossível, como diria Freud. Um ato falho memorável, que cometi numa assembléia sindical em 1971, marca essa época. A sala estava cheia e, no fundo dela, como aves de rapina, circulavam os sombrios "epistemologistas do oeste", como eu os chamava. Estávamos na segunda hora dos debates parlamentares e eu, entre hesitações e ordens do dia, fugia astuciosamente da fúria dos trotskistas e dos tiros de canhão da Juventude Peronista. Eu começava a pensar que sairia vivo e vitorioso dali. De repente, como que por mágica, apareceu em minha mesa uma folha de papel dobrada em quatro. Eu a abri e, repare, dei de cara com uma carta com a estrela do ERP, o Exército Revolucionário do Povo. Impacto no plexo solar. Eu olhava a estrela como se fosse uma grande aranha caranguejeira. Lancei um olhar para a assembléia; suspense... Os epistemologistas, dispostos em fila, estavam com a mão pronta no gatilho. Então, pedi à assembléia a autorização para ler a missiva. Autorização concedida. Comecei minha leitura...

E foi nesse momento que cometi o lapso do século. Após ter lido a carta, eu disse: "Assinada pelo Exército *Republicano* do Povo". Ou seja, me remontei à Guerra Civil espanhola. Que a terra me tragues! Você pode imaginar as conseqüências. Ondas de riso inundaram a sede sindical, enquanto eu ficava vermelho tomate.

Certas pessoas nascem com um ouvido muito fino, uma espécie de gene político musical. Armando Bauleo e Silvia Bergman possuem um gene político e dirigem uma assembléia como Toscanini. Hernán e Fernando fazem isso. Mas não é o meu caso.

Marchamos numa coluna forte, densa, uma coluna carregada de linfa política que confluía num fronte como a embocadura de nosso rio portenho, tão grande e tão peronista. Em Ezeiza, tínhamos a certeza de entrar na História, um novo 25 de Maio, mas mais universal. E se fez política messianicamente no aeroporto Perón de Ezeiza, pois o general Perón vinha para ratificar sua doutrina latino-americana.

Ezeiza foi um momento no qual o escritor que trago em mim se agitava enquanto eu marchava, concentrado no exterior, olhando o azul e o branco das bandeiras, dos cartazes, dos ponchos, do céu.

A telepatia reinava. Eu lia o que se passava na cabeça de minha amiga Gilou enquanto ela avançava com sua marcha elegante de puro-sangue francês. No aeroporto, ela viveu sua primeira grande embriaguez ideológica. Eu a olhava nos olhos para ver o sonho dessa mulher-criança. Eu lhe disse que agora sabia por que era chamada de Joana d'Arc. Ela me sorriu.

Marie Langer marchava à frente. Com ela era outra coisa, ela levava todos os seus rapazinhos *querrridos* para uma viagem política, viagem que começava nas margens sujas do Danúbio e passava pela Espanha, usando sempre "Causa, até mesmo nas trincheiras, continuando nestas terras. *Siecherheitspieler*!

Sim, é verdade, éramos um grupo especial, e o carisma de Martha tinha algo a ver com isso. Ela não era linda, de fato, mas a gente sentia que ela nos obrigava a vê-la assim. Martha percorria Ezeiza com uma pose que sugeria que Perón estava de volta para lhe pedir sua mão.

Nossa coluna se juntou com uma outra que vinha do oeste e aí um fotógrafo que tinha colocado seu tripé na beira da estrada nos distraiu. A FAP quis uma foto; esperando que ela fosse revelada, nos sentamos para fumar um cigarro. Um grupo de mulheres de bunda grande e mal vestidas passou diante de nós. Martha me disse no ouvido:

– Você sabe que eu mando fazer meus *jeans* sob medida?

Marchamos durante muito tempo e repentinamente a História descarrilou num rastro de sangue. No início, não se compreendia nada, pois a violência se difunde lentamente numa multidão. O espocar das armas transformou a festa em tragédia. Eu não podia acreditar e andava, qual um sonâmbulo, entre os corpos. Parecia um pensador distraído que procura seus óculos. Os alto-falantes eram um elemento a mais no caos. Megafones histéricos urravam:

– Desçam das árvores!

– Camaradas, ele estão atirando em nós!

Ao longe, as armas continuavam espocando, sem sibilar, perto do palco oficial. Depois a volta, arrastando as bandeiras num mar que, agora, era verdadeiramente vermelho.

Ezeiza foi um acontecimento histórico grave. Um símbolo, uma antecipação de uma nova violência. Um trágico mal-entendido.

Ezeiza foi o beijo de Judas.

22
Terapia de grupo em Rosario

Em Rosario, o consultório não era nada parecido com seu primo de Buenos Aires: faltavam o computador, as caixas de som, a Gradiva e a gigantografia de Freud. Havia uma cristaleira de três prateleiras, uma velha máquina de costura Singer num canto e um lustre. A sala era grande e sombria. No meio, doze pessoas formavam um círculo.

– Bom, começamos? – me perguntou Martha.

Nós nos desejamos boa sorte.

A terapia de grupo teve início com o inefável silêncio, olhares oblíquos e mãos suadas. Rostos nos quais se misturavam receio e esperança. Sorrisos dirigidos a lugar nenhum. Momento propício para estudar o grupo, folheá-lo, antecipar de onde viria a chifrada, pois os grupos, em geral, trazem perigos.

– Nos apresentamos? – propus eu, percorrendo mais uma vez o círculo de rostos anônimos, zero quilômetro, sabendo que em quarenta e oito horas cada um teria sua história completa, com suplemento emocional, e que, no domingo à noite, partiríamos envolvidos pelo halo instantâneo de uma paixão coletiva à primeira vista.

Martha iniciou a rodada:

– Me chamo Martha Berlín, tenho quarenta anos, dois filhos e sou psicóloga. Atualmente, várias coisas me preocupam. Primeiro, meu trabalho, que está em plena crise e revisão. As terapias de grupo ocupam um lugar central no meu questionamento. A co-terapia com Emilio também me interessa. Estivemos juntos em vários encontros desse tipo, mas nunca como terapeutas. É a primeira vez. Enfim, no plano pessoal, tive uma vida dura, semeada de separações cruéis que reforçaram meu papel de mãe, mas é uma vida cujo processo conheço e assumo. Pode-se dizer que estou de volta.

Eu escutava, admirado. "Martha é uma mulher que viveu. Adoro seu rosto de pardal", pensei eu, aprovando.

Silêncio.

Ivan se apresentou. Russo, psicoterapeuta rural, solteirão de trinta e oito anos, judeu, com um ar torturado pelo crime e pelo castigo. Seu olhar de estrábico é alarmante. Ivan tem um olho arrogante e o outro, abjeto, atrás dos quais se adivinham obscuros labirintos. Olhar característico dos grandes paranóicos. Um cara para pegar com pinças, se possível com as pinças de Martha.

– Vim a esse grupo porque estou sozinho – concluiu ele.

– Como?

– Sozinho, completamente sozinho – disse e começou a contar, numa lamúria, que ninguém o amava, que as mulheres fugiam dele, que quando passava os homens rosnavam para ele e os cachorros latiam. Disse tudo isso com seu olhar estrábico pretensioso e abjeto. Quando expressou seu desejo de me tocar, fiquei arrepiado; senti uma necessidade atávica de me encolher. "Mamãe, não quero que ele me toque", pensei eu, e Ivan certamente percebeu meu gesto de rejeição instintiva:

– Como iria tocá-lo? Tenho certeza de que sujaria você!

Eu não conseguia mais pensar, ele de tal forma me causava repulsa que fiquei paralisado. O cara continuava a falar e uma louca semelhança, absurda, atravessou meu espírito: Ivan não tinha nada a ver com meu amigo Rafael, o mexicano, no entanto se parecia com ele. Nós o chamávamos de Pancho Villa, o mais machista dos mariachis. "Esses dois caras se parecem", pensei eu, e lhe disse:

– Escuta, Ivan, quanto mais eu vejo você, mais você me lembra um amigo que, a princípio, não tem nada a ver com você: ele é excessivamente machista, petulante e maníaco, e eu me pergunto se, no fundo, você não é como ele.

Uma surda explosão indicou que o torpedo havia atingido a Nau Capitânia e alguma coisa nele mudou. Falou da louca intensidade de sua vida, de sua fome tão grande que podia engolir a terra inteira.

– Como vocês o vêem? – perguntou Martha.

– Onipotente – diz um.

– Misterioso – diz outro.

– Tem algo de bruxo.

E era exatamente isso. O mistério o redimia, mas só se percebia a voz de xamã sob o marasmo melancólico. Falamos então de magia e de sortilégios, de cabalas e de mapas astrais, passando por sua avó espírita. Todavia, isso não levou a lugar nenhum. Então, Martha tirou de sua cartola a seguinte consigna:

– Você conhece Tibor Gordon?

– Quem?

– Tibor Gordon, o mágico.

– Sim, mais ou menos.

– Pois é, você é um pouco como ele, um pouco bruxo. As pessoas vêm consultar você por causa de seus poderes. Isso (ela mostra um canto da peça) é seu consultório, ou melhor, sua tenda. Nós procuramos você porque temos sérios problemas.

Assim dito, assim feito. Enquanto Ivan arrumava seus almofadões em seu "consultório", Martha, num outro canto da sala, dava instruções ao grupo:

– Falem de problemas sérios e, se possível, verdadeiros.

Ivan abriu a porta imaginária e mandou entrar o primeiro. A consulta durou cerca de cinco minutos. Um por um, a clientela desfilou; nós os víamos sair mergulhados em seus pensamentos.

Chegou a minha vez. Entrei na tenda e disse em voz baixa que a sombra de um filho natural me perseguia e me perturbava.

– Sinto uma curiosidade ancestral, não o conheço. Quero encontrá-lo. É justo?

Ivan me fez uma única pergunta, sobre a idade de meu filho, depois pôs a mão no meu ombro e disse:

– Não, Emilio, seria um erro procurar esse filho. Para ele, os pais adotivos são os verdadeiros pais. Se você deseja um filho, pode tê-lo, ou então adotar um. O seu filho natural não precisa de você.

– Sim, doutor – murmurei, saindo. O cara era um bruxo! Em menos de uma hora, havia resolvido os problemas do grupo! Martha observou que agora ele tinha uma expressão diferente; estranhamente, se parecia com Trotski.

Nós então nos perguntamos quais eram nossos próprios poderes, antes de passar para o próximo componente do grupo.

No domingo à tarde, fim do encontro. Martha me propôs, para coroar as sessões, a seguinte dramatização: a terapia tinha terminado e o casal estava no bar do hotel, avaliando a experiência. Logo colocamos duas almofadas no centro da sala e o grupo fez um círculo ao nosso redor.

– Você está cansado? – perguntou Martha.

Respondi que estava esgotado, mas que era um cansaço mais físico do que mental. E o que você pensa do nosso trabalho, perguntei eu. Martha me diz que tínhamos trabalhado como dois deuses. É fácil trabalhar com você. Nenhuma crítica? Pausa, um dos dois Mestres: mas acho que quisemos apressar demais o efeito terapêutico, pretendendo em dois dias analisar onze sonhos, refazer oito vidas, reconstruir todas as infâncias, ao mesmo tempo apresentando-nos como casal *prêt-à-porter* para possíveis identificações. Sim, foi assim, embora nossa onipotência estivesse na medida das expectativas deles. Nunca vi uma tal fome terapêutica. Verdadeiramente não sei, mas penso que nosso trabalho tem um paralelo com a prostituição. Num mês, organizamos um terapia de grupo, onze pessoas, em Mar del Plata, juramos amor eterno no passeio da Ciudad Feliz para logo nos desnudarmos em Montevidéu.

– Agora, qual é a alternativa?

– Ficar em Rosario e formar uma comunidade com Ivan e os outros? Não é nossa ideologia de trabalho? Senão, nossas promessas de amor profissional são puro blablablá. Cá entre nós, nunca pensei em formar uma comunidade em Rosario. É esse o dilema. Mas, então, o que sentimos era falso? O amor que se sente numa terapia de grupo é artificial? Se for, nosso amor se prostitui.

A voz de Ivan interrompeu a cena virtual do bar:

– Você não estão se repetindo?

– Como?

– Vocês não estão tentando fazer uma superdespedida? Gostaria muito de dar alguma coisa a vocês. Posso? – enquanto falava, ele se sentou entre nós e nos abraçou pelos ombros. – Obrigado, Martha e Emilio. Eu me sinto menos sozinho, foi bom conhecê-los. O que vocês sentem é sincero.

23
O erro de Oscar Masotta

Em 18 de abril de 1969, Oscar Masotta deu uma conferência, "Ler Freud", na qual começou me citando e logo se lançou numa crítica severa, dizendo que eu não sabia ler Freud. Ele me acusou – cito – de uma "amputação da teoria freudiana do símbolo, reduzida aos 'problemas do simbolismo'". Acrescentou que eu discutia com Jones porque ele não lia Freud, enquanto eu ia de encontro do verdadeiro Freud ao introduzir os "benefícios secundários de Suzanne Langer, assim como os nomes, e apenas os nomes, do conceito triádico de Peirce. Daí, uma certa visão genética, jacksoniana, hierarquizada e moralista dos símbolos é assentada".

Pois é, quero dizer-lhe que li várias vezes o texto dessa conferência e me perdi numa escura floresta. Masotta critica ferozmente os psicanalistas argentinos, que, diz ele, "só podem ser lidos pelo avesso, como esses tecidos dos quais só se conhece a trama se se os vira pelo avesso". Olhar os analistas pelo avesso é um exercício que pode se mostrar interessante, se pensarmos que é a maneira como todos temos que nos olhar no espelho.

Um pouco adiante, Masotta critica meu ensaio sobre o autismo, escrito quinze anos antes. Já me referi de passagem a Raul, a criança autista de quatro anos que me fez conhecer Suzanne Langer, Stockbridge e a comunidade terapêutica.

Continuemos com Masotta: ele estava entrando numa batalha polêmica e questionava a ordem instituída. Acho que ele me lançou um desafio por me considerar como o paradigma da APA; o que, aliás, me incensou. Seu texto era, claramente, destinado a produzir efeitos políticos. E eu devia me bater em duelo pela APA, essa Dama Canalha.

Em minha resposta, primeiro cito Masotta: "Vejamos o exemplo de sons emitidos pela criança autista de Rodrigué. É a palavra /*m*(a)*m*(á)/ [*mamãe*]: a presença, aqui, de uma dupla aliteração, de vogais e de consoantes, portanto, de uma paronomásia, difícil de separar do sentido da palavra, não seria comparável e análoga ao exemplo da pequena Anna?". Depois vem minha réplica: "O problema é que não estou certo de compreender bem. Além do mais, creio que a palavra *paronomásia* me matou, porque, segundo o dicionário, estaria em jogo a semelhança entre duas vogais bem marcadas (o que se produz com o *a* de mamá), mas aí tenho um problema: as crianças bem pequenas não falam como os adultos, isto é, como se escreve. Se me lembro bem, a primeira palavra da criança autista foi antes um má-má. Além disso, como analista de crianças, eu me pergunto o que teria acontecido se eu tivesse pensado na palavra pronunciada por Raul pela primeira vez como /ma-má/; não tenho dúvida nenhuma de que teria perdido alguma coisa da experiência"* .

Depois Masotta fala do sonho de Anna Freud. Ele explica que o sonho da menininha foi articulado em voz alta durante seu sono: Ana (Fr)eud, (Fr)ambuesas, (Fr)utillas [morangos]. Ele diz: "O significante desse sonho

* A tradutora, também não tendo entendido muito bem o teor da questão, trocou e-mails com o autor, para possível esclarecimento. A seguir, trecho dessa correspondência: "Caro Emilio: Não conheço a definição que é dada de paronomásia, ligada à aliteração; procurei, além dos dicionários comuns de língua portuguesa, em alguns dicionários de lingüística e de termos literários. Neles, a definição de paronomásia é 'figura da retórica que consiste em reaproximar palavras que apresentam seja uma similaridade fônica, seja um parentesco etimológico ou formal (ex.: qui se ressemble, s'assemble)'. Fico pensando que o que o senhor Masotta estava dizendo é que o senhor tinha 'tomado gato por lebre'. Sandra". "Querida Sandra: Como digo no texto, a palavra 'paronomásia' era desconhecida por mim e procurei a definição que vai no texto. Só isso. Gato por lebre significa uma adulteração; por exemplo, você vai a um restaurante e pede lebre [prato fino], mas o chefe mafioso te serve gato no lugar. Emilio". (NT)

está presente na repetição de um grupo fônico, na escansão que a repetição introduz no efeito de organização retórica e da hierarquização interna e autônoma das frases". Para Masotta, os (Fr) de Freud, Frambuesas e Frutillas são importantes. A questão é saber para quem. Certamente não para a pequena Anna; ela era austríaca e, que eu saiba, as crianças austríacas sonham em alemão.

Vamos lá. Marquei um golaço!

O problema aqui é compreender como um cara tão lúcido quanto ele pôde cometer uma tal gafe.

Sem dúvida achei que Masotta era um charlatão que bestamente acreditava que Anna sonhava em espanhol. Hoje, do alto de minha terceira idade, cautelosa e observadora, me pergunto se ele não construiu uma armadilha para que eu caísse nela. Não acredito, mas nunca se sabe. O que me espanta é que nenhum analista, lacaniano ou não, tenha metido o dedo nesse erro; é um caso pouco comum de recalque coletivo. Como é que é, babaca!, Anna Freud sonhava em alemão.

Se falo disso aqui, é porque essa polêmica com Masotta teve uma grande importância na minha vida, talvez até tenha contribuído para a dificuldade que tive, posteriormente, de ler Lacan. Naquela época, éramos muitos a ler seriamente textos duros, difíceis de digerir. Althusser e Lacan encabeçavam a lista.

Althusser exercia um terrorismo ideológico; cercava o mundo com uma prática teórica que nos deixava desconcertados, e aquele que só tinha feito estudos de medicina pagava o preço. Althusser era um déspota: dizia que ninguém sabia ler. Exceto Marx e, talvez, Espinosa, que fez algum progresso com "Minha mamãe me ama" e outros textos simples. Agora, você, você que lê pra caralho, você é repentinamente tomado por uma convulsão quando fica sabendo que deve fazer uma dupla leitura do *Capital* e que a primeira consiste em ler os quatro volumes, palavra por palavra, linha por linha, em várias línguas e, claro, em alemão, passando, como ele diz, "pelas planícies áridas da distribuição simples" para atingir o majestoso Iguaçu da mais-valia. E, uma vez que tiver preparado o terreno com essa leitura laboriosa, mas ingênua, você deve retomar as *Obras completas*, pescando entre as linhas os inaudíveis murmúrios, buscando o que ele quis dizer mas não disse, e você arranca os cabelos e corre para ler uma revista em quadrinhos.

Com Lacan é parecido. Tive dificuldade de lê-lo. É preciso entrar, vencer as resistências, tornar-se um leitor fêmea, como recomendava Cortázar, deixar-se impregnar pelo novo. Mas eu, em 1969, não era um noviço em psicanálise. Tinha quarenta e seis anos, era rodrigueano dos pés à cabeça, e renomado; o que, convenhamos, é um perigo.

A questão se complica, pois, para terminar, penso eu que Masotta tinha razão na sua apreciação global de meu trabalho. Senti a estocada. Havia uma certa monotonia de minha parte. Talvez, ao ouvir a crítica, eu tenha me dado conta, com um certo receio, de que novos códigos se avizinhavam e a hegemonia kleiniana estava ameaçada. Ninguém antes havia me tratado com uma tal falta de respeito, uma tal insolência.

Na época, eu já tinha a intuição de que Lacan representava uma revolução cultural. Do mesmo modo que falei em outro lugar do furacão kleiniano, naquele momento o tornado lacaniano se anunciava. Creio na progressiva sofisticação do pensamento. Klein usava uma mecânica de nível 4; Lacan, de nível 5. E percebi claramente que Masotta me colocava entre os dinossauros. Ora, com quarenta e seis anos, ser um dinossauro é inquietante.

Tato Pavlovsky conta uma história interessante: ele era campeão sul-americano de nado borboleta. Certo dia, quando ia nadar os cem metros, encontrou um nadador que era muito bom mas não era especialista em nado borboleta. O que você faz aqui?, perguntou-lhe. O outro sorriu ligeiramente e esticou os braços. A prova começou e o intruso ganhou com ampla vantagem. Tato competia com um rival que nadava o revolucionário estilo delfim, a mecânica aquática nível 5. Resultado: Tato pendurou sua malha.

24
Plataforma

Para mim é mais fácil fazer uma crônica de Moscou do que contar com a imparcialidade própria da terceira idade a saga de Plataforma e analisar o que injustamente eu chamava de a Revolução do Bairro Norte, quando tinha crises de melancolia.

A idéia de Plataforma é anterior a Moscou; germinou durante mais de um ano no viveiro de nossos consultórios. Reuniões semanais nas quais a gestação foi concebida como um ato político que pretendia revolucionar a psicanálise. Lembro-me de uma noite, no consultório de Marie Langer, quando o documento definitivo afinal ficou pronto e foi aprovado e assinado pelos presentes. Eram cerca de duas horas da manhã, tínhamos garrafas de champanhe geladas. Esperamos mais uma hora, pois Bleger tinha dito que viria, o que ele não fez. Penso que naquele dia a contagem final para a sua morte começou. Ele não conseguiu estar ao mesmo tempo entre nós e fora de nós; isso partiu seu coração. Por fim, brindamos com lágrimas nos olhos. Estávamos certos de roçar a História com a ponta de nossos dedos.

Bauleo e Kesselman foram os mentores de Plataforma, idéia que germinou com o Congresso de Roma em 1968, justo depois de Maio de 68. Sonhar com o impossível era então possível. A consigna: liberação social e individual. Bauleo se lembra: "Queríamos pintar a psicanálise com um vermelho vivo".

Em Buenos Aires, constituiu-se um grupo composto pelos pais da criatura. Quatro analistas didatas: Marie Langer, os Garcia Reynoso e eu. Uma série de pesos pesados da geração seguinte: Tato Pavlovsky, Rafael Paz, Volnovich, Barenblitt e Matrajt. Uma série de galinhos futuros pesos pesados – os Bigliani, Esmerado e Saidon – e dois filósofos de renome – Sciarretta e Rozitchner. Trinta e quatro ao todo.

Vejamos esse grupo heterogêneo mais de perto. Hernán e Armando, os pais da idéia, colocaram sua sementinha numa terra fértil, resultado do cruzamento entre os elementos progressistas da APA e os da FAP. A maioria de nós éramos membros da APA, mas também membros da FAP. Logo depois alguns de nós assumimos ativamente um papel na FAP. Houve uma greve geral, a FAP distribuía folhetos que afirmavam sua posição diante da paralisação, em todos os lugares de trabalho, inclusive na APA... E a APA reagiu. Eu, como presidente da FAP, recebi uma carta indignada e aberta do presidente da APA, em nome de todos os membros da APA, proibindo-nos categoricamente de exercer essa atividade política... Nós respondemos; uma relação epistolar, que foi divulgada, se estabeleceu.

Estávamos lá porque a idéia de ter descoberto um campo no qual se podia muito rapidamente aprender tudo o que nos havia faltado durante tão longo tempo nos fascinava. O que significava que o analista podia ser também um homem político.

À APA e à FAP acrescento *O casarão*. Afinal, Armando, Hernán, Tato e eu, portanto quatro membros influentes de Plataforma, éramos de *O casarão*. Eu, por exemplo, vestia a camisa da APA, da FAP e de *O casarão*. O que leva a considerar de outro modo a heterogeneidade do grupo.

Roçamos a História e nos comemos crus. A história do canário salmão pode nos ajudar. Certa vez, me ofereceram um canário de cor salmão, com anel de identificação, um grande canário. Certo dia, eu o coloquei no jardim, no fundo do consultório, com a gaiola aberta. Uma fobia invisível o impedia de sair. Ele não sabia voar nem andar na perigosa liberdade do jardim. Passou vários dias preso na gaiola aberta. Era o pássaro mais fóbico que já conheci. Mas alguns meses de liberdade o transformaram radicalmente em um outro animal, irreconhecível. Ele recebeu o nome de Gargântua. Na primavera, era um monstro com penas, disputando o alpiste com os pardais. O que vou lhe contar parece incrível, no entanto é verdadeiro: certa vez, um canário branco, que também não sabia voar, caiu do terceiro andar. Pobre passarinho: Gargântua acabou com ele. Perto do assassino, que continuava a bicar o pobre passarinho, podia-se ver um leito de sangue e penas.

Pois é, se tivesse que escrever um ensaio sobre Plataforma, eu traçaria um paralelo entre a APA e a SCA (Sociedad Canaricultora Argentina). Quando saímos de nossa gaiola dourada, a loucura tomou conta de nós. Perdemos a misericórdia. Não se tinha mais lar, nem rua, nem distrito e, como Gargântua, não se tinha mais a medida de nossos limites. Vivia-se de virtude ideológica e, contrariamente ao canário, perdemos nossa melhor arma: o ouvido freudiano. Um tal fanatismo nos levou a rejeitar o grupo irmão, Documento, presidido por Ulloa. Talvez os grupos de ruptura tenham que ser cruéis, guilhotinadores. A História parece demonstrar isso. Bauleo, em *Cuestionamos*, coloca com correção o problema: "Problemáticas divergentes convergiam numa estrutura que estava pronta para explodir, pois elementos pessoais se misturavam com elementos ideológico-políticos candentes... Não era fácil, tínhamos que pagar por nossa audácia. Ninguém nos perdoava nosso desplante, e o pior era ver a que ponto éramos implacáveis entre nós mesmos. Não nos fazíamos nenhuma concessão".

Recapitulemos. De um lado, havia os medalhões: Marie, Gilou, Diego e eu – as figuras veneráveis, pesos pesados. Depois vinham os jovens intelectuais lúcidos e de bom comportamento, tendo Rafael Paz e Volnovich na liderança. Os radicais eram Gregorio Barenblitt e Miguel Matrajt. Todos éramos irmãos parricidas da horda primitiva. Para usar uma metáfora zoológica, éramos um saco de gatos.

Isso me lembra *Rashomon*, de Kurosawa. Cada um conta sua versão. Aqui, dou a minha. Existe um vídeo, produzido por talentosos cineastas de São Paulo, que apresenta a versão radical da jovem guarda. Nós, os figurões, não somos mencionados uma única vez. Por outro lado, Élisabeth Roudinesco, em seu excelente *Dicionário da psicanálise*, põe Plataforma na rubrica "Marie Langer". Finalmente, nessa história, o personagem esquecido é Hernán, apesar de sua iniciativa ter dado excelentes frutos. Os editores da segunda edição de *Cuestionamos* esqueceram de publicar seu ensaio intitulado *Plataforma internacional, psicoanálisis y antiimperialismo*. Para explicar esse esquecimento, evocaram uma "inexplicável troca de papéis"; a meus olhos, é mais um ato falho; e entre psicanalistas um ato falho equivale a um soco nas costas. O peronismo de Hernán teria uma ligação com esse inexplicável desaparecimento? Um outro dado que não foi levado em conta foi que Plataforma era, originalmente, uma idéia européia, principalmente italiana e suíça, embora a Argentina tenha desempenhado um papel hegemônico. O leitor avisado captará que minha versão é a mais próxima da autêntica realidade.

Para mim, a ruptura não foi fácil; no íntimo, sou um conservador contrariado e as instituições prometem mundos e fundos. A APA parecia um excelente seguro de vida.

Por outro lado, hoje, quando volto a pensar na gestação de Plataforma, compreendo por que a maioria de seus membros odiava Lacan. Quando éramos crianças, nos contavam uma história que dizia: "Esse dedinho pôs um ovo, esse outro dedinho o cozinhou, o outro o comeu, comeu, comeu". Pois é, nós criamos um ninho alternativo, colocamos um ovinho e, no momento oportuno, Lacan o comeu. Daí as dificuldades que tive para ler Lacan.

Naquela época, nossa luta era política. A pesada hierarquia da burocracia analítica nos irritava, a sorte de um candidato numa relação assimétrica paratransferencial também nos irritava. Por outro lado, ao proclamar uma psicanálise aberta, nossa tese aparentemente se parecia com o projeto de Abadi, dez anos antes. Mas o sonho de Moro Abadi era mercadológico. Plataforma, sejamos justos, propunha uma revolução cultural. Reconhecendo-se isso, temos que dizer que, como todo movimento anárquico, a crítica de Plataforma foi institucional, e não medular. Era uma crítica dirigida à IPA e não à prática teórica em vigor. Perdemos, acho, nosso "retorno a Freud", se considerarmos esse retorno no bom sentido do termo: reler Freud através da caixa de ressonância reflexiva de nossa clínica num mundo em constante mutação.

Agora que fiz a crítica, quero destacar o mérito e a importância histórica que Plataforma teve no movimento psicanalítico internacional e, particularmente, na América Latina. Antes de Plataforma, não exista nenhuma psicanálise fora da IPA. No curso da história da psicanálise que começa com o Congresso em Nuremberg, em 1910, apenas seis analistas foram expulsos: Adler, Stekel, Jung, Wittels, Reich e Lacan. Na realidade, os três primeiros foram obrigados a renunciar. Wittels foi eventualmente perdoado de seu adlerismo. No que se refere a Reich, ofereceu-se a ele o que se chamou de "armadilha norueguesa". Quanto a Lacan, foi pura e simplesmente expulso.

Em contraste com essas expulsões, em 1971 trinta e quatro analistas assinaram uma declaração de renúncia à IPA por motivos ideológicos. Duas normas da instituição-mãe eram criticadas: os critérios de seleção (em particular a integração dos não-médicos) e os critérios de formação (particularmente a função didática). Quinze dias depois, Documento, presidido por Fernando Ulloa, apresentava uma carta parecida com a de Plataforma, na qual cinqüenta analistas afirmavam sua decisão de se desligar da IPA. Creio que, no fundo, os dois grupos colocavam em questão o estilo de instituição fechada e antidemocrática da IPA e de sua filial em Buenos Aires. Além disso, concordo com Vezzetti quando ele diz que mais uma vez existia "a missão histórica de uma psicanálise renovada nos objetivos da liberação social". Nisso Plataforma retomava, em 1971, o espírito messiânico dos pioneiros de 1942. Ao mesmo tempo, pretendia-se dar ao psicanalista uma dimensão nova, a de um intelectual inserido em seu meio cultural.

Vários colegas interessados pelo assunto leram, por e-mail, os sucessivos rascunhos deste capítulo. Um deles me escreveu: "Plataforma já era; você ficou fixado no passado". Um outro, o historiador Mariano Plotki, se pergunta como foi que nós, os figurões, nos politizamos. Qual foi o motor de nossa conversão? Segundo ele, a rica cultura do "caldo político" dos anos 1970 não era suficiente. Não sei como peguei o vírus. Marie Langer foi minha musa política. Mas isso não explica grande coisa. Tenho uma teoria que tem a vantagem de ser impossível de verificar: acho que, no meu caso, a psicanálise mudou minha maneira de ver a vida.

Por outro lado, Plataforma foi um sintoma dos tempos, anunciando o fim de uma época. Parece-me que a partir daquele momento a grande crise (científica, institucional, econômica) da psicanálise atual começou. O marxismo e a psicanálise foram questionados em 1968. Marx morreu e Freud, ferido numa ruela de Paris, foi salvo por Lacan – mas por pouco... Fim do Iluminismo. Mas nós não sabíamos.

25
O valor da arrogância

Voltemos a Moscou, na famosa torre do Hotel Rossia, no último andar, espécie de mirante que dominava a noite moscovita. No bar, apenas o dólar era aceito, os soviéticos não podiam beber seus rubros naquele antro capitalista. Bar internacional, uma mistura de oásis e lazareto; uma das pequenas contradições dos países socialistas.

Eram três horas da manhã. Tato Pavlovsky voltou frustrado, depois de ter saído com uma turista americana que nada mais fizera além de soltar um deliberado arroto sonoro diante da tumba de Lênin na Praça Vermelha. Um grande arroto capitalista, vulgar, o maior desprezo possível. Creio que foi a única vez em que Tato não foi adiante por razões ideológicas. Só na União Soviética, naqueles tempos revolucionários, havia as exceções que confirmavam a regra.

Quisemos brindar a esse gesto de abstinência cívica, mas era impossível chamar a atenção dos barmen: eles decididamente não olhavam para nós. Em meio a essa confusão, a porta dupla do bar se abriu, como num western, e uma loura explosiva e oxigenada de uns cinqüenta anos, completamente cheia de carnes e de copos, entrou. Uma ianque vulgar, mas de presença. *Ela* entrou. Ela se aproximou, imponente, do balcão, olhou o barman, apontou com o indicador uma latinha de caviar que estava lá em cima, no capitel de uma das colunas bizantinas do salão.

– *I want that caviar!* – ordenou ela. O barman entrou em transe. Como um robô, foi buscar uma escada, pegou rapidamente a latinha e desceu.

– *No, the other one* – disse a americana, sentando-se na perna do uruguaio Pla de uma maneira tão especial que ele se transformou em cadeira.

Mais tarde, Pla iria dizer:

– Eu me sentia um banquinho de madeira.

O cúmulo é que a ianque não tinha dólares, de modo que não comprou o caviar. Quanto ao vodka martini que ela havia pedido, foi presente da casa.

Estávamos furiosos com aquele barman, aquele russo de merda, e com a prepotência da gringa de merda.

– Esses americanos andam como procônsules imperiais – disse Tato, imitando-a.

E foi aí que Pla nos surpreendeu:

– Sabe de uma coisa, Tato? Vocês são parecidos.

– Como? – eu perguntei, como se não estivesse compreendendo, duvidando do que ele queria insinuar.

– Vocês, argentinos, em relação a nós, uruguaios, têm a mesma arrogância que a ianque com o russo.

As palavras de Pla nos atingiram como a flecha envenenada de uma interpretação bem aplicada.

– Você disse uma coisa importante, Pla – respondeu Tato –, com certeza a coisa mais inteligente que ouvi hoje.

– Nem vem! Que atitude de dominador! – concluiu Pla.

Poderíamos construir uma teoria que postularia a existência de um valor que se chamaria Valor de Arrogância (VA), uma espécie de peso específico étnico, que se mama desde o berço. Esse valor maior de arrogância constrói um corpus coletivo nacional, diretamente ligado ao PIB, que os concidadãos de um país compartilham. Existe uma mais-valia cultural que nos é dada ou retirada de quebra. Nós nos cheiramos como cães, avaliando nosso VA, como se a mais-valia aderisse à carne numa transação inconsciente que daria forma à nossa aparência.

Creio que foi o que ocorreu quando eu quis introduzir a teoria kleiniana em Stockbridge: o peso específico da arrogância americana inibiu minha retórica e comprometeu a qualidade de meus seminários. Um verdadeiro fracasso.

26
O dia do cogumelo sagrado

Em junho de 1973, aceitei um convite para dar conferências e dirigir terapias de grupo no México. Não tenho lembranças de meu trabalho no primeiro grupo, apenas um detalhe me vem à memória: durante as terapias de grupo, quando chegava a hora do almoço, o dono da casa batia palmas e dois rapazes de libré traziam iguarias suculentas em cestas de piquenique, como se estivéssemos na corte de Versailles. E dizer que eu pedi que preparassem alguma coisa frugal, do tipo ovos cozidos e coxas de frango! No segundo grupo, conheci Celia, uma mulher de longas tranças e voz sonora. Ela era psicóloga. Depois da terapia, nos tornamos amigos, falamos do cogumelo sagrado e Celia me convenceu a ir às montanhas Mazatecas, terras do cogumelo. Junho era o melhor mês.

Huatla é um povoado mazateca aninhado na montanha, perto de Oaxaca, no sul do México. Grande precipitação pluvial durante todo o ano. Clima muito úmido, favorável ao cogumelo sagrado. Lá as montanhas são terras santas para os índios. Em Huatla, há duas categorias de feiticeiros, claramente demarcadas: os feiticeiros, que curam chupando as doenças, e as feiticeiras, que usam as propriedades alucinógenas do cogumelo. Maria Sabina foi a primeira cuja notoriedade atravessou as fronteiras das montanhas, graças ao livro *As portas da percepção*, de Aldous Huxley, no qual ele conta sua experiência.

Celia tinha conseguido uma carta oficial do chefe do Instituto Nacional Indigenista para apresentar ao responsável rural de Huatla. Fomos no Volkswagen de Celia, passamos a noite em Oaxaca, após um jantar delicioso no Zócalo. Partimos pela manhã cedinho, rodando em segunda marcha os últimos quilômetros porque a subida era muito íngreme. Mesmo rodando devagar, eu tinha medo. Chegamos ao único albergue para um almoço tardio e entregamos nossa carta à autoridade local. Fomos bem recebidos e eles colocaram um jipe à nossa disposição, com um chofer que funcionava também como intérprete. Naquela mesma tarde, subimos ao cume da montanha para encontrar Maria Sabina.

A feiticeira vivia num velho rancho em forma de L. Nossa história foi um caso de rejeição recíproca à primeira vista. De minha parte, ela começou antes mesmo de conhecê-la, quando, no pátio, me vi cercado de cães esqueléticos, galinhas depenadas, porcos e leitões e uma horda de garotos de alma de mendigos, os netos de Maria Sabina. "Caridade, por favor!", me pediam eles com agressividade, e eu distribuía moedinhas. Não me agradava ver refletida em suas pupilas a imagem do turista americano, com secretária, Nikon, intérprete e gravador.

O intérprete foi interpelado por Maria Sabina, que murmurava alguma coisa em seu dialeto indígena; suas palavras diziam que havia tarifas especiais para as gravações. Lembro-me dela como uma mulher incrivelmente velha, com rosto de abutre, discutindo com ele.

– O que está acontecendo? – perguntei ao intérprete.

– Ela diz que os cogumelos são difíceis de encontrar.

– Quanto?

– Trezentos dólares.

Recusei. Era um preço exorbitante. Por avareza? Pode ser. Afinal, eram cogumelos para dois. Mas hoje acho que agi bem: Maria Sabina não tinha boas vibrações comigo, não estava pronta para a reunião no cume da montanha com o grande feiticeiro argentino.

Elemento interessante: fui à Internet consultar um site chamado John Lennon em Huatla. Eu não sabia que Lennon e Harrison tinham ido a essas altas montanhas e que, como eu, foram ver Maria Sabina e se altercaram com ela, porque ela lhes havia pedido duzentos dólares. Menos que a mim!

Fui, então, ver a segunda feiticeira, que morava numa montanha vizinha. Amelia era tão magra e velha quanto Maria Sabina. Ela nos recebeu com seu marido, que sempre estava fora do foco. Devo reconhecer que havia as mesmas galinhas, os mesmos cães e porcos, mas pela metade do preço. Além do mais, me agradava que Amelia tivesse um marido.

Naquela noite, subimos no jipe do mandatário. O intérprete e Jeff, um freqüentador de Huatla, jovem americano estudante de antropologia, nos acompanhavam. Jeff pediu para assistir à cerimônia como observador, porque não conhecia o trabalho de Amelia. Ao grupo se juntou, a pedido da feiticeira, um de seus sobrinhos, que estava com indigestão. "É tranqüilizador ter alguém da família", pensei eu. Chegamos pontualmente, às nove horas, e Amelia fechou a porta do rancho com uma viga grossa, o que atiçou minha claustrofobia.

Ficamos reunidos num lugar iluminado do rancho, de cerca de doze metros de comprimento. Da parte escura vinham murmúrios, risos sufocados de crianças, ruídos de cachorros que se coçam, preces sussurradas e cacarejar de galinhas. Fora, chovia. Noite de raios e trovões, típica de Huatla.

Sentamos, Celia, o sobrinho e eu, em cadeiras altas de cabeleireiro rural, diante de um altar encimado por uma virgem. Santos de barro, imagens, guirlandas de flores artificiais. Num canto, inexplicavelmente, um Pato Donald de plástico.

Antes de ingerir o cogumelo, havia uma série de preces do catecismo – litanias cujo eco monocórdio provinha da face escondida da peça:

"Oh, Maria, minha Mãe, oh, consolo do mortal,
Proteja-me e guie-me para a Corte Celestial".

Tinha esquecido dessa canção.

O momento da comunhão chegou. Comemos os cogumelos servidos em folhas de bananeiras. Quatorze para cada um. Crus, com um tempero arenoso, de gosto nauseabundo. Ah, Manuela, se você soubesse! A língua se eriçava como um gato, nem mesmo a virgem poderia conjurar o fantasma do envenenamento. A conselho de Jeff, mastigamos lentamente cada pedaço. Ultrapassado o medo inicial, tive como sintoma apenas um ligeiro refluxo gástrico. Um certo tempo transcorreu. A tempestade continuava. Atento ao menor ruído, ouvi vozes sufocadas pela forte chuva.

Um trovão me tirou da cadeira, anunciando a chegada do cogumelo. Amelia apagou as luzes. Fiquei deitado numa esteira, incapaz de me levantar. A última imagem registrada foi a do antropólogo e do intérprete à esquerda, diante do altar, e de Celia e do sobrinho à direita. Amelia então soprou uma a uma as velas do altar e a peça foi mergulhada numa total escuridão.

O cogumelo faz seu efeito. Eu me sinto crucificado na esteira, tenho a impressão de pesar uma tonelada. A gravidade me esmaga numa estranha e pesada falta de gravidade. A essa falta de gravidade se soma uma alucinação de queda contínua, com a mesma lentidão que nos sonhos. Fora, a tempestade aumenta. Os céus invocados por Amelia parecem obedecê-la. Estamos no olho furibundo da tempestade psicotelúrica. Do meu lado, Celia se oferece como uma deusa da fertilidade. A supermãe índia. Precisava de uma mulher assim para voltar a ter o sentido da medida, naquele espaço alterado das realidades cotidianas. Agarro-me a ela como um órfão incestuoso, mas uma intuição melodramática me avisa que o erotismo pode ser uma saída fácil, uma fuga para não penetrar no fundo solitário das coisas.

Da escuridão me chega uma canção mazateca, incrivelmente familiar, cujo sentido eu compreendo. Ao me concentrar, encontro o *índio eterno*. Uma canção para minhas entranhas de índio, de índio guerreiro, nem mais nem menos. Pertencimento, raízes na terra. O cogumelo me dá uma identidade mazateca, uma espécie de acesso livre a um modo de vida à antiga, rebelde até a humildade, o caminho do derrotado que não esquece.

A canção de Amelia termina em silêncio, sem tempestade. Jeff acende seu cachimbo e as chamas me cegam. No escuro, a feiticeira se dirige a mim, através do intérprete:

– O senhor pode fazer perguntas sobre seu futuro. Santa Sofia, com a ajuda da Santíssima Virgem, vai orientá-lo.

Levei algum tempo. Queria responder-lhe com o protocolo que uma grande ocasião merece. Comecei lentamente, depois me detive. De repente, tive completa certeza, não me perguntem por que, de que Amelia falava espanhol, de que me compreendia perfeitamente. E até mesmo melhor, eu tinha certeza de que todos os mazatecos de Huatla compreendiam o espanhol. O cogumelo me disse.

– Compreendo seu desejo de não falar espanhol – disse eu, escolhendo as palavras com cuidado –, é uma boa tática diante do conquistador, mas prefiro falar na minha língua, porque quero me aproximar da senhora e de seu povo com meu coração.

Eu falava como o embaixador de uma outra tribo. Um profundo silêncio se produziu, mais trovões. O intérprete percebeu que o momento era crucial. Ousará ele traduzir? Deixei o silêncio correr antes de retomar a palavra:

– Agradeço à senhora por ter me concedido o privilégio de comer o cogumelo. Eu lhe sou reconhecido por isso. É graças ao cogumelo que posso falar como lhe falo. Lamento, mas o que Santa Sofia poderia me dizer não me interessa, de jeito nenhum.

E sabe o que mais, Manuela? Eu fui genial, nunca me senti tão lúcido. Quando, mais tarde, no albergue, escutei a gravação de Jeff, pensei que podia ter me abstido de falar de Santa Sofia, mas, enfim, tenho ao menos a certeza de naquela hora algo se passou entre Amelia e eu: cabos de alta tensão se tocaram.

Naquele momento, o efeito do cogumelo descarrilava por um módulo alucinatório, eu via um desfile de imagens de poder de definição superior ao do ácido lisérgico. Não conheço droga mais alucinógena. Um templo maia desfilava majestosamente ante meus olhos. Ambientes decorados com um fausto desconhecido do homem branco. Uma outra cultura que, possuidor possuído pelo cogumelo, eu reconhecia como minha.

Uma vez no ápice, comecei a derrapar. "Com a ajuda da Santíssima Virgem", dissera Amelia. A virgem não tem nada a ver com essas terras índias. Nisso, Amelia, você se vendeu, todo o povo mazateco se vendeu, perorava eu, entrando num delírio político. A grande arenga. Emilio à esquerda de Emiliano Zapata. Eu perorava e perorava, mas meu interlocutor não era nem Celia, nem Jeff, nem o cara com indigestão, nem mesmo Amelia. Eu falava para testemunhas silenciosas, jovens e velhas, na face escondida do rancho. Eu falava para meu povo. O espírito do cogumelo me dizia que era um insulto render homenagens à Virgem.

– Não se deve ser traidor – disse eu, e minhas costas se retraíram por causa de um golpe de faca que minha paranóia imaginou, porque os mexicanos não são fáceis. Depois falei, durante quase quinze minutos, da luta de classes. O gravador registrou minha arenga assim como a gargalhada de Celia.

Amelia acendeu uma vela que me cegou e começou a recitar uma dezena de preces. O único a responder foi o indigestado. Então me ergui, pronto a retomar meu discurso. Amelia também se levantou, tomou um longo gole d'água e, acredite você ou não, se aproximou de mim e me cuspiu na cara. Brutal, um banho frio com mil alfinetes se cravou nas minhas faces. Fiquei atônito diante do aguilhão líquido, com o pensamento paralisado.

Celia então entrou na dança. Começou a falar como um membro do Partido Comunista Mexicano:

– Tenho sangue índio – começou ela a dizer. Ela também rejeitou o intérprete. Eu a achava conciliadora e demagógica. Seu discurso era reformista, ela não falava com o cogumelo.

À luz da vela, Amelia começou a cantar com Celia, depois a tirou para dançar e as duas começam a rodopiar, girar como piões. Eu lutava contra a paralisia. O cogumelo me diz que tenho que me opor à religião diabólica de Amelia, arrancar-lhe sua presa. Mas não posso quebrar o encanto. Um trovão vem em meu auxílio, me recoloca de pé, e eu interrompi o baile. Outras velas se iluminaram, eram quatro horas da manhã, a noite estava muito escura. Sem dúvida, houve um momento de hesitação quando pedi que tirassem a viga de madeira que trancava a porta. Dono de mim, disse ao indigestado que lamentava por ter pisado no seu fígado, paguei e me preparei para sair. Para meu grande espanto, Amelia me ofereceu o resto dos cogumelos. Quem pode compreender? Será que, no fundo, ela concordava comigo?

Fora, estava escuro. As luzes lá embaixo, em Huatla, e, à frente, em San Mateo, brilhavam como tochas na montanha dos feiticeiros. Em terra mazateca, Manuela, o fantástico destila uma forte realidade. Partimos com os últimos trovões. Resvalei montanha abaixo, correndo, na escuridão sem lua, entre poças d'água, barro e pedras, descendo sem olhar, evitando os obstáculos, com a felinidade de um índio. A verdade é que eu estava em transe, Manuela.

Três dias depois, Martha Berlín me esperava em Ezeiza com seu panamá de aba larga e uma echarpe em torno do pescoço assinada por Yves Saint-Laurent.

27
Teoria da aposentadoria

Chegou o dia em que fiz cinqüenta anos. A festa aconteceu na casa de um amigo muito rico de Chamaco, em Palermo. Quando fiz a lista dos convidados, uns sessenta ao todo, me dei conta de que eram novos amigos, pessoas que tinha conhecido nos últimos anos. Era positivo, isso implicava renovação, uma mudança de direção. A exceção era Marie Langer, minha velha amiga de vinte anos. Os novos amigos, Armando, Fernando, Hernán e Tato, estavam presentes.

Pouco antes de meia-noite, Marie se aproximou com uma garrafa de champanhe e dois cálices e me levou para o jardim. Brindamos pelos meus cinqüenta anos. Ela me disse:

– Emilio, bem-vindo ao clube dos sábios!

Pelo aspecto cerimonioso do convite, pela surpresa do suspense, pensei em minha mãe, pensei na Dama de Negro; hoje eu penso que minha mãe foi minha primeira Mestra.

– É preciso ter cinqüenta anos para entrar no clube – continuou Marie Langer.

Na época, eu era ainda um aprendiz de sábio.

Depois ela me confiou o segredo da sabedoria, da mesma forma como Juanita me contou o da pedra de meu sonho africano. Eu a escutei, concentrado, sem perder uma palavra, embora depois esquecesse o que ela falou.

Mas desta vez eu tinha a impressão de ter descoberto o segredo. Não é um plágio, é mais que um plágio, um caso total de apropriação. Em *El antiyoyo*, chamo isso de Teoria da Aposentadoria, idéia central daquele livro, que parece tirada do Eclesiastes: a aposentadoria seria como um tempo no qual o homem celebra a colheita de seus frutos nesta terra.

A aposentadoria como um estado civil: celibatário, casado, divorciado, viúvo, aposentado. Entrar, com a aposentadoria na cabeça, numa idade na qual, bem ou mal, se está em dia com Deus, o Homem e o Diabo. A árvore, a maçã comida, o filho, o livro. As cem mil horas como analista, a *Biografia de uma comunidade terapêutica*, Penny, Plataforma, a FAP, a marcha em Ezeiza são testemunhos de uma vida. Esse aposentado não morreu prematuramente; portanto, ninguém pode dizer: que desperdício! Então, a banca paga, dêem-me novas fichas, chegou a hora de ser sábio.

Para ser sábio é preciso ser órfão de pais e órfão de filho. É por isso que há tão poucas mulheres sábias (mesmo que tenha sido Marie quem me mostrou o caminho); é difícil para uma mulher se aposentar de sua maternidade. A aposentadoria pressupõe uma ruptura com os filhos bocas que devem ser preenchidas, com os filhos esfíncteres que devem ser controlados, com os filhos cidadãos que devem ser alfabetizados, descocainados, e assim por diante. "Não há nada que se pareça tanto com um amo quanto um filho", me confiou certa vez Selva Acuña. Sim, é preciso ser órfão nas duas pontas. Você cumpriu o contrato e está livre, livre para delirar.

Repito: é preciso saldar as contas e começar uma nova vida. O futuro é mais curto; convém, então, deixar correrem gota a gota esses alguns anos como a essência de mirra ou de jasmim. O que se perde em quilometragem deve ser compensado pelo benefício das coisas preciosas adquiridas com a aposentadoria: a liberdade. O homem sábio é livre. Dos pais ele deve guardar a lembrança; dos filhos, a amizade. Ele saldou suas contas e, mesmo que tenha esquecido uma pequena dívida, é hora do jubileu: a banca paga. Se o homem sábio cair na tentação de ser filho de seus filhos, que ele o faça sem medo e sem culpa, porque eles se sentirão enriquecidos por poderem paparicar o homem livre que foi seu genitor.

O homem aposentado deve transformar sua cidade em jardim. Como essas terras são sua propriedade, ele deve ser gentil com as pessoas que encontra em seu caminho, ocasionalmente piscando o olho para uma moça, para uma Dama de Negro, porque a cortesia não é incompatível com a bravura, nem a pontualidade com a imprudência. Ele deve aproveitar os bens terrestres.

A teoria da aposentadoria deixou sua marca na segunda metade da minha vida, se meu otimismo me deixar pensar que vou viver cem anos. Ela é meu norte e articula meu dever desejante. Naquela noite, com Marie, minha vida mudou. Agora sou outro.

Quando Carmen Lent, uma amiga quase sábia, recebeu este capítulo para ler, me respondeu que eu dou a impressão de pintar a vida cor de rosa. Mas os modelos são assim: você já viu uma publicidade de gilete com um homem barbudo? Admitamos, apesar de tudo, que a liberdade tem seus escolhos, a liberdade do órfão da terceira idade geralmente é solitária. O outro perigo é o tédio: creio que a tarde do domingo não é entediante porque o dia seguinte é uma segunda-feira, mas porque não se soube o que fazer durante o dia do repouso do Senhor.

Bachelard diz que "todo verdadeiro bem-estar tem um passado". Estou de acordo, o aposentado deve ser um homem notável para ser considerado, apreciado e paparicado.

Mas Carmen Lent volta à carga: "E todos os que não são notáveis, isto é, a grande maioria, têm que se foder quando se retiram?". É um verdadeiro problema: concordo com o fato de que a maioria dos homens se entendia quando se aposenta. Os aposentados sentados nos bancos das praças são a sombra deles mesmos, assim como quando andam com um passo lento, com suas calças de suspensórios, lendo jornais velhos, ignorados pelos pombos. Por outro lado, Carmen acerta em cheio quando diz: "É verdade que os lugares onde há notáveis é que me aquecem o coração". Pois é, cada um deve construir para si um cantinho onde haja prestígio: o bar, a praça, um *chat* na Internet, a tribuna dos membros do Chacarita Juniors. Vaidade das vaidades, tudo é vaidade, segundo o Eclesiastes.

E depois, há sempre a possibilidade do suicídio.

28
Candomblé

Certo dia, recebo pelo correio um convite formal de Mestre Didi e Juanita Elbein para uma ocasião muito especial: a cerimônia do sétimo ano da morte de Mãe Senhora, a mãe de Didi, uma das Ialoxixás mais ilustres da história do candomblé. Aceitei, encantado. Um verdadeiro convite, Jack, com cartão e tudo o mais, que parecia saído direto de seus contos africanos. De Buenos Aires, eu imaginava fogueiras e negros dançando em volta, ao som de tantãs, como nos piores filmes de Tarzã.

Preparei minha mala e tomei o avião. A cerimônia ia acontecer no Axé Opô Afonjá, sem dúvida o lugar mais tradicional da Salvador Negra, se assim podemos dizer, cenário principal do livro de Juanita sobre os *Nagô e a morte*. O convite continha um acréscimo exótico: era necessário passar toda a semana do ritual dentro das muralhas da comunidade, confinado intramuros, o que, em princípio, não me inquietava. No avião, reli o livro de Juanita, sobretudo o capítulo que descreve o terreiro de Mãe Senhora. Eu tinha uma vaga idéia do lugar. Sabia que ficava fora da cidade, no bairro de Cabula, lugar conhecido, outrora, por ter sido um quilombo. A tradição conta que o atual terreiro foi, no século XIX, o reduto dos negros rebeldes.

Juanita mencionava uma divisão da comunidade entre a parte urbana, onde se encontravam os templos, e o "Mato Sagrado", que ocupava dois terços do terreno: um pedaço de Mama África no Novo Mundo.

Mestre Didi e Juanita me esperavam no aeroporto. Levaram-me de táxi diretamente para o Axé Opô Afonjá, contornando uma cidade de Salvador muito mais vasta do que na minha imaginação. O fim da viagem aconteceu num caminho de terra com lugarejos à margem, nos quais as saídas noturnas não eram recomendadas. Ao chegar em frente ao portão, tudo mudou: caíamos em cheio no retábulo de um pintor *naïf*, no qual as crianças soltavam pipas e as casas multicoloridas pareciam de brinquedo. Três construções se destacavam. À direita, sobre um fundo de árvores gigantescas, se erguia a casa de Xangô, Orixá Rei do terreiro, casa ainda em construção. Ao lado, a casa de Oxalá, uma moradia ampla, mas simples, decoração ideal para um conto de fadas baiano. Por fim, o Barracão: o lugar das cerimônias, onde eram celebrados os rituais públicos. Eu sabia, graças às supervisões com Juanita, que esses lugares eram as principais construções da comunidade; em torno deles, distribuídos na zona urbana, ficavam os templos dos outros Orixás, assim como cerca de trinta casas dos moradores do terreiro.

Uma casa, que depois soube que era a de Omolu, o Rei dos Subterrâneos, atraiu minha atenção.

– Posso entrar?

Juanita me olhou como se eu quisesse espiar o banheiro das mulheres:

– Existem algumas casas, como a de Omolu, nas quais só os notáveis do terreiro podem entrar.

– Você nunca entrou?

– Nunca – disse ela enfaticamente.

Abaixo, no fundo, via-se a cidade de Salvador. Estávamos no cume de um alto morro, coberto pelo "Mato Sagrado"; mata virgem verde e profunda escondida pela luxuriosa frondosidade em abóbada de mil árvores. Lugar de cipós e de premonições, onde os pássaros são silenciosos. Ao retornar para a casa de Xangô, vi que as árvores gigantescas estavam cercadas na sua base por uma larga faixa de panos brancos. Perguntei o nome delas e Juanita me informou que eram irocos, as árvores sagradas.

Cheguei para a abertura da semana das festividades. Rápido percebi que assistia a um importante serviço religioso, certamente a cerimônia da década. Mãe Senhora foi uma ilustre Ialorixá, tão famosa no seu tempo quanto Mãe Menininha do Gantois nos anos 1980. Juanita, que provavelmente tivera grandes discussões com sua sogra, evocava com admiração sua rival defunta.

– Fizeram um monumento para ela no Rio de Janeiro.

Mãe Senhora tinha recebido o título de embaixadora na diáspora e sua reputação voltava a crescer agora, durante as cerimônias do Sétimo Ano.

Ialorixás e Babalaôs de todas as nações do candomblé se reuniram.

Cheguei na hora ao Barracão: naquela noite, as celebrações aconteceram cedo. Mestre Didi, com o agogô na mão, marcava o ritmo para os que tocavam os atabaques. Três grandes atabaques começaram a ressoar desde o crepúsculo para convocar os fiéis. O Barracão é um casarão simples, de teto de duas águas, do tamanho de um campo de basquete; a analogia também estava presente nas arquibancadas baixas, uma para cada sexo, construídas nos dois lados.

Num estrado diante do portão de entrada, as pessoas importantes se sentaram, encabeçadas por Mãe Ondina, Ialorixá sucessora de Mãe Senhora. Eu me lembro dela gorda, majestosa em seu trono, com uma cara bochechuda do tipo Charles Laughton. O lugar da dança, deserto, ocupava o centro do Barracão. Só se ouviam os atabaques. Convidados e fiéis, alguns usando esplêndidas túnicas africanas, enchiam a sala.

Juanita tinha me dado instruções: no momento oportuno, eu devia me dirigir ao estrado e saudar a Ialorixá, sentada acima, em seu trono. Atravessar todo o salão e fazer a reverência era algo inquietador.

– Como é que eu devo fazer?

– Observe bem como os outros fazem.

– Só?

– Sim, fique atento, vou lhe fazer um sinal quando chegar a hora.

Ela me tranqüilizou e me deixou no alto da arquibancada dos homens. Logo após, Juanita deu uma volta pelo salão, saudando todo mundo, antes de se instalar na arquibancada oposta, num lugar reservado para as personagens de alto nível. Constatei com orgulho de analista que minha ex-paciente evoluía nesse meio como um peixe n'água.

Minha atenção estava dividida entre o sinal que ela ia me fazer e o estudo das nuances do protocolo, porque não era simples. Identifiquei três maneiras de saudar a Ialorixá. Na primeira, os fiéis se esticavam todos e tocavam o solo de frente antes de se ajoelhar e beijar a mão direita da Ialorixá.

A segunda, mais complexa, consistia numa dupla prosternação, primeiro à esquerda, depois à direita, formando um parêntese aos pés de Mãe Ondina, seguido do ajoelhar-se e do beija-mão. A terceira combinava as duas outras: prosternação frontal e lateral, depois o ajoelhar-se e o beija-mão. A Ialorixá se deixava homenagear com um olhar displicente.

A fila avançava lentamente e cada um a saudava à sua maneira. Como é que eu ia fazer quando chegasse a minha vez? Apesar de minha bagagem de psicanalista antropólogo, e embora supervisor de Juanita e irmão menor de Mestre Didi, sem dúvida eu era um fiel muito mais cru, pelo menos um palmo abaixo dos turistas alemães que me cercavam. De toda maneira, eu tinha que saudar, marcando minha entrada no mundo do candomblé. O bom senso me dizia que quanto mais os laços eram fortes, mais complexo era o protocolo. Apesar de tudo, achatar-se com o ventre no chão não é coisa fácil para um argentino descendente de francês nascido do cruzamento de Viamonte e Esmeralda.

Juanita rompeu o silêncio com um pequeno movimento de cabeça.

A fila diminuía. Uma mulher de mais ou menos quarenta anos saudou em parêntese, o que parecia ser próprio das mulheres. Um velhinho quase senil se aproximou do trono. Eu esperava confiante, pensando que a idade dispensava a prosternação. Erro meu: o venerável velhinho, num ranger de ossos, se esparramou diante da Ialorixá. Eu vinha logo depois. Respirava ofegante, dando meu primeiro passo, e notava que Mãe Ondina tinha sempre a mesma expressão imperial, simplesmente tolerando a admiração dos súditos. Escolhi o protocolo mais simples. No momento em que minha testa tocou o chão, com o corpo rígido como um soldado de chumbo, minhas vértebras aristocráticas quase se insubordinaram. Foi difícil passar pelo buraco dessa agulha.

Depois as mulheres entraram na arena e giraram como um calidoscópio, com os pés descalços, com suas anáguas brancas perfumadas. Seja dito, de passagem, que as dançarinas não faziam parte de um concurso de beleza. A idade média do grupo, das lavadeiras, das cozinheiras, das donas de casa proletárias, ficava pelos cinqüenta. O duro trabalho tinha marcado seus corpos esqueléticos. Cerca de três mulheres de cerca de oitenta anos, a um passo da eternidade, desfilaram diante de meus olhos. Só uma moça espigada salvava o espetáculo.

Aprendi muito com Graça sobre as sutilezas que fazem da tauromaquia uma arte marcial e do candomblé, uma religião plena de signos e símbolos. Graça, que entra na arena como uma rainha, insiste, até quase me convencer, em que algumas daquelas mulheres idosas dançavam incomparavelmente melhor do que ela. Mãe Pinguinho, velha como Matusalém, parece ser uma ilustre dançarina. A octogenária Honorina também; a milenária Epifânia idem.

Graça me explicou que, se elas dançassem bem, era porque estavam possuídas pelo Orixá. Mas, nessa primeira noite, meu paladar não estava apto a degustar vinhos tão velhos, e Mãe Pinguinho, que fazia parte da dança, me parecia um espantalho.

A dança evocava, pelos tons lúgubres, por vezes imponentes, a razão funerária do encontro e as filhas de santo dançavam queixosamente, como se se tratasse de um velório. Mais tarde vim a saber que, mesmo para os iniciados, era uma cerimônia pesada. O ritual começava a me sufocar. Claustrofobia. Escapei furtivamente do Barracão, como outrora, quando matava aula. Que eu saiba, ninguém notou minha fuga. Diante do portão, atravessando a estradinha de terra, havia um bar que parecia uma vendinha suburbana. Entrei e pedi uma bebida no balcão. Fumei um cigarro e senti, pelos olhares, que eu era sapo albino de outro poço. Evidente. Logo um bêbado se aproximou e, com suas três palavras de inglês básico, me avisou sobre os clientes. Eles são perigosos, disse ele.

– Cuidado com os bêbados – disse, agindo como se sacasse um revólver. – Bang, bang!

– Existem muitos ladrões – acrescentou o dono da vendinha, chamado João.

– Gente que não presta – afirmou o bêbado.

Para agradecer-lhe o conselho, ofereci-lhe um copo. Meu protetor aceitou e pediu um copo de vinho tinto com gengibre. Passou-o para mim para que o provasse. Com uma certa reserva, peguei o copo. A mistura não é má.

– Se chama malandragem – me explicou João, que tem cara de turco. Nunca saberei se a bebida se chama *malandragem* ou se era *malandrice* do bêbado me servir essa *malandragem*.

Então, pedi uma malandragem, bebi e voltei para a escola. Juanita me esperava na porta do Barracão, com um rosto sério.

– Emilio, não se pode sair do Barracão durante uma cerimônia – me disse ela, num espanhol com um leve acento de português.

Com a cabeça baixa, pedi desculpas, bocejando, e fui me deitar sem esperar o fim da celebração do primeiro dia de luto. Naquela noite, dormi como chumbo, com um sono inquieto que deixava um gosto de gengibre na minha boca seca; foi uma vitória abrir meus olhos perto do meio-dia. Estava de péssimo humor, sabendo que a comunidade toda tinha despertado com o canto do galo.

Por direito de linhagem, Mestre Didi tinha uma casa no terreiro, perto do Barracão, com banheiro e geladeira. No meu quarto, havia um cabideiro e um mesa para meu diário de bordo. Na primeira página, escrevi: "Estou numa prisão africana".

Penso que minha opressão provinha da comunidade cercada de muralhas. Uma parede me separava da rua e o infranqueável Mato Sagrado se encarregava do resto. Eu não conseguiria viver num monastério, nem mesmo naquele de Umberto Eco com seus crimes, seus hereges e suas maravilhosas iluminuras. Essa era a razão leiga, mas quem sabe não havia outras, de tipo sobrenatural? Talvez Xangô não gostasse de mim.

O Axé Opô Afonjá sem dúvida é uma comunidade agradável na qual, diz-se, reina a paz. Eu não tive essa sensação. Minha relação com o candomblé foi enigmática e complicada; mais adiante veremos o lugar importante que ele teve na minha vida. Passado o primeiro momento de apresentações, que tinha o atrativo da novidade, me senti novamente oprimido. Fiquei confuso porque, repito, o lugar era edênico e eu sabia que era rico em sonhos. A rejeição era visceral, acompanhava-se de bocejos, pálpebras fechadas e formigamento no cu.

– O que aconteceu com você ontem à noite? – me perguntou Juanita, trazendo-me café. Eu me justifiquei, dizendo que o ritual produziu um grande efeito em mim, o que era parcialmente verdadeiro. Pedi mais informações:

– Como se chama a cerimônia de ontem?

Juanita me disse que era uma cerimônia fúnebre, sacramento póstumo, cuja função é o morto se dar conta de que está verdadeiramente morto. Não deixar a alma de pé. É por isso que nenhuma Filha de Santo pode se sentar durante a cerimônia.

Estávamos na cozinha, muitos garotos entravam e saíam ruidosamente.

"Não deixar a alma de pé", escrevi no diário.

Mestre Didi, meu irmão em Xangô, entrou na cozinha para anunciar que ofereceriam um Bori naquela tarde. Mas, acrescenta ele, talvez seja um pouco cedo...

– Cedo pra quê?

Juanita me explicou que era uma cerimônia interna para iniciados, mas que conversou com Didi e conjuntamente concluíram que eu poderia participar dela.

– Um Bori é o quê?

Parece que o Bori é algo como comida-para-a-cabeça; portanto, é um ritual de purificação.

– Só?

Juanita olhou Mestre Didi antes de responder:

– São sacrificados animais para colocar sangue na cabeça dos iniciados.

A casa de Oxalá estava cheia de fiéis, todos vestidos de branco. Nas paredes, símbolos desse Orixá dos Orixás, pai supremo. À direita, em esteiras, quatro silhuetas cobertas com panos. São as que vão ser iniciadas. Perto delas, Mãe Ondina, sentada numa poltrona de tamanho médio, menor que o trono do Barracão. Em frente de cada esteira, aos pés das iniciantes, estavam dispostos frutas, flores, uma garrafa de vinho e potes de cerâmica fechados.

Consegui um banquinho num canto. Duas filhas de santo depositaram perto de mim oito galinhas com os pés amarrados. Eu as olhava fascinado, como se elas estivessem sendo levadas para a guilhotina. Será que elas têm uma premonição de seu destino? Seus olhos paranóicos de réptil me faziam pensar que sim. Solidariedade com os condenados à morte. Quando meu olhar cruzou com o de Juanita, tive a impressão de que ela lia meus pensamentos.

Mãe Ondina se levantou e abriu a cerimônia. A Ialorixá entoou uma cantiga com a primeira iniciante. Voz impostada de soprano, os fiéis respondiam em coro. Mestre Didi se levantou e a confraria fez o mesmo. Com um sinal, Mãe Ondina chamou um homem grande e forte, sem idade, inteiramente vestido de branco, inclusive o impecável gorro inglês de linho. Logo fiquei sabendo que era o Pai Júlio. Seu braço direito tinha algo estranho, como se a cabeça do úmero fosse desarticulada. Pai Júlio pegou a primeira galinha e lhe cortou o pescoço com o golpe de seu braço de borracha. Mal tive tempo de fechar os olhos. Não me lembro se a galinha gritou, minhas anotações assinalam apenas o olhar de Mãe Ondina, voltado para o infinito.

Alguém trouxe uma espécie de noz num prato de prata e o deu à Ialorixá. Mãe Ondina quebrou a noz e fez o jogo oracular dos búzios com os pedaços. Depois derramou o sangue da galinha na cabeça da iniciante e a envolveu com um turbante branco. Foi a mesma cerimônia para as outras iniciantes. Muitos detalhes me escaparam. Minhas anotações eram lacônicas e fragmentadas. Lembro-me de que as quatro, então deitadas na esteira, pareciam dormir tranqüilamente. Os cadáveres de penas tinham desaparecido com uma singular eficácia. Só um rastro de sangue testemunhava o massacre.

Os cânticos e presságios pararam, mas ninguém deixou a casa de Oxalá. Cada um ficou em seu lugar. Longa pausa. Um formidável suspense tornava os minutos intermináveis. Mãe Ondina, de pálpebras cerradas, talvez estivesse dormindo no seu trono. O tempo escoava tal a digestão de uma sucuri. Baforadas de claustrofobia me invadiram, fui tomado por uma crise de paranóia ao pensar que Juanita, sentada do outro lado da poça de sangue, me observava, atenta à menor fuga.

As horas passam, a noite cai e um desejo crescente de ir ao banheiro começa a me preocupar. Finalmente, pela mesma porta por onde o Pai Júlio tinha aparecido para o sacrifício, entravam agora filhas de santo, trazendo grandes panelas fechadas que cheiravam muito bem. Elas as colocaram ao lado de outros pratos numa longa mesa, depois retiraram os turbantes das iniciadas e puseram, perto do sangue, pedaços de galinha e uma pasta amarela que parecia polenta. Por fim, a Ialorixá envolveu a comida-para-a-cabeça com um novo pano limpo de algodão.

As filhas de santo começaram a servir a comida aos presentes. Foi então que ficou evidente, porque sou lento para o que não quero ver: eram as galinhas sacrificadas que estavam sendo servidas! A fome ficou atravessada na minha garganta.

Anos antes, quando estudava medicina, um paciente que tinha uma doença rara estava agonizando na sala do doutor Furstinoni, meu professor de semiologia médica. Era um problema difícil de diagnóstico diferencial e, como dizem as pessoas da Bahia, tínhamos que "matar a charada". O pobre homem, com sua charada, morreu cercado de médicos, curiosos e um pouco impacientes para conhecer o fim da história. De modo que, assim que ele deu seu último escandaloso suspiro, foi levado direto para a sala de necropsia. Então examinei as vísceras ainda quentes daquele que eu tinha cumprimentado pela manhã, sentindo o cheiro adocicado enjoativo do interior do ventre.

Era do que eu me lembrava quando a Filha de Santo me serviu um prato. A coxa de galinha era acompanhada de uma espécie de mingau de milho branco e compacto. Levantei os olhos e vi que Juanita me fazia um sinal de cabeça enérgico, com a intensidade de uma mãe de filho anoréxico.

Eu sabia que teria dificuldade de comer aquilo. Não sei quanto tempo levei para engolir uma garfada. Para coroar tudo, uma farpa de osso de frango entrou no meu palato e, naquela mesma noite, minha boca começou a inchar. Despertei tarde e febril e tive que tomar antibióticos.

Minha boca ainda estava inchada no quinto dia, quando fui à festa que acontecia na casa de Omolu. A casa, vizinha à de Oxalá, estava cheia de fiéis quando cheguei. Juanita me disse que ficasse na porta, porque Xangô e Omolu são inimigos. Irmãos, mas inimigos mortais; como filho de Xangô, eu era *persona non grata*. Omolu, sujeito tenebroso, é o Senhor dos Labirintos; não gosto dele, não confio nele.

Então, instalado perto da porta, eu via tudo; pessoas de ambos os lados e, no meio, um corredor por onde passava uma série de animais: galinhas, galos, porcos, cabras e alguns patos, que andavam em fila indiana para se prostrar diante do altar; nada de mais, as galinhas do Axé Opô Afonjá têm uma vida curta. O incrível é que, dessa vez, os animais morriam sozinhos. Ninguém lhes fazia nada, o braço do Pai Júlio estava parado. Eles sucumbiam beatificamente, em silêncio, aos pés de Omolu.

– Ninguém fez nada com eles? – perguntava eu, espantado. Juanita nem se dignou a me responder.

– Uma cobra! – exclamaram os rapazes perto da porta. Algo se movia nas moitas perto da árvore que ensombrecia a casa de meu inimigo.

– Não é de estranhar – disse Juanita naquele dia tão especial –, as cobras sempre aparecem para as festas de Omolu.

Era uma cobra coral. Ninguém se espantou e eu fiquei surpreso porque ninguém a matou. Os rapazes a afugentaram com seus gritos e galhos de arbusto. Na casa de meu inimigo, só os inocentes morriam. Esse Omolu era demais!

Na minha opinião, o dilema de Juanita era aquele, nu e cru. A presença da cobra coral se devia ao acaso ou a um antigo sortilégio? As mortes não auxiliadas aconteciam sem interferência humana? O etnólogo crê ou não crê numa morte espontânea pela força do ritual?

Crer ou não crer.

A febre atiçava minha inflamação. Eu queria saltar do trem, mas era impossível. Menos mal que Juanita e Mestre Didi foram admiráveis anfitriões. Não me lembro do sexto dia. Os preparativos para o apogeu da festa eram intensos. As filhas de santo passaram a tarde decorando o Barracão. Finalmente, o sétimo dia chegou. Jorge Amado e Dorival Caymmi estavam sentados na arquibancada de honra. O Axé Opô Afonjá oficiava sua Missa do Galo. A entrada de Mãe Menininha do Gantois causou uma viva emoção. O Barracão vibrava intensamente, a expectativa era grande.

A festa durou toda a noite, era preciso matar o tempo até de manhãzinha. Juanita me informou que antes do levantar do sol o espírito de Mãe Senhora se materializaria no fundo do terreiro, perto da Casa dos Mortos, um encontro à beira do Mato Sagrado. Manuela, fiz todo o possível para não dormir. Agüentei, bocejei, me enchi de aspirina para ficar de olhos abertos. Mas não adiantou, o sono me derrubou antes da meia-noite.

– Você não sabe o que perdeu – me disseram no dia seguinte. O terreiro inteiro rendeu homenagem à presença etérea de Mãe Senhora, suspensa no ar e iluminada.

Minha inflamação desapareceu como por mágica quando eu saí do Axé Opô Afonjá para voltar à Bahia de fora dos muros.

Nisso eu tenho uma dúvida. De um lado, minha rejeição do Axé Opô Afonjá acompanhada de bocejos e inflamações vai além do normal. De outro, temos o papel de Juanita na história, a pedra vibrátil de meu sonho, o radiante Xangô. Portanto, se realmente existe uma senda que me levou anos mais tarde a me casar no Axé Opô Afonjá com Graça, uma Filha de Santo, eu diria que essa senda estava semeada de emboscadas. A começar pela Praça San Martín, quando Mestre Didi espetou minhas espáduas.

29
Medo

Crônica de tempos tormentosos. Conheci Antonio na famosa viagem a Moscou em delegação. Nós nos tornamos mais próximos na Bulgária, e particularmente numa praia do Mar Negro, aquela em que joguei no mar minha inscrição no Partido Comunista. Lembro-me de que Antonio e eu percorríamos os bares à procura de uma turista, qualquer uma, fosse do bloco comunista ou não (aliás, que fosse turista não tinha a menor importância). Durante essas noites brancas de moscões frustrados, ele me fez compreender a natureza séria de seu compromisso político. Falou mais do que devia.

No retorno à Argentina, Antonio partiu para sua província, enquanto eu ficava na FAP Capital. Alguns meses mais tarde, chegou a notícia do acidente: a bomba que ele estava fabricando com dois colegas tinha explodido. Um morreu na hora; não lembro do que aconteceu com o outro. Antonio, ferido no ventre, fugiu pelo pampa, sem dúvida para Córdoba. Eu queria saber se podia ser útil. Guri Roldán, secretário da FAP e meu anjo guardião político, foi categórico:

– O senhor não vai lá, não banque o idiota – como todo anjo da guarda, Guri me tratava formalmente.

Naquela noite, não pude dormir, o que não era novidade naqueles dias. Havia um perigo real. Risseau, um colega de trabalho, tinha desaparecido. Tudo cheirava tão mal que o conjunto da comissão diretora da FAP não tardou a fugir. Nunca participei ativamente dos grupos clandestinos, a não ser me ocupando de alguns militantes. Eram terapias muitos estranhas que teriam feito as delícias de Bion, que defendia que o analista devia trabalhar com a mente vazia. No meu caso, a partir do momento em que o militante saía do consultório, eu tinha que esquecer tudo o que ele havia me dito, principalmente os nomes e os lugares. Eu sabia que, sob tortura, soltaria tudo.

Naquela noite, então, uma cena do passado me atormentava. Na época em que eu era estudante de medicina, eu era antiperonista, meio brutamontes, seqüela de meu passado franquista. Certa vez, nos confiaram a missão de defender uma igreja que, segundo os boatos, ia ser atacada. Éramos um grupo de cinco. O líder de nosso quinteto era um cara que se tornou célebre no dia em que, num tumulto na Plaza de Mayo, tinha enterrado o capacete na cabeça de um policial. Eu admirava a coragem dele, mas ao mesmo tempo o cara me parecia um doido de pedra. Num pelotão, é importante ter confiança no sargento.

Meu irmão Jack, não me lembro por que, compôs esse pelotão. Eu tinha dois revólveres calibre 38; um de cano longo, outro de cano curto. Dei a Jack o de cano longo e minha covardia me deu vergonha: eu lhe passara o mais difícil de esconder, no caso de a polícia nos pegar. Esse ato vil sempre me perseguiu.

No dia seguinte, nervoso e tendo dormido mal, cometi o erro de viajar para Córdoba com uma camisa de nylon. Desembarquei no aeroporto de Córdoba encharcado de suor. Tive uma crise de pânico ao descer do avião. O que a polícia vai pensar quando vir passar um cara pálido, deixando atrás de si uma trilha de suor no piso do aeroporto?

Apesar dos rastros, milagrosamente escapei do controle policial. No hotel, desidratado, pedi uma garrafa grande de água mineral; além de estar sedento, estava morto de fome: não comia nada há vinte e quatro horas. Devo ter queimado pelo menos mil calorias esperando o avião.

Bem, tomei um banho e comecei a telefonar para meus contatos, envolto numa grande toalha de banho. As pessoas da FAP em Córdoba eram muito politizadas. Comecei a me sentir melhor no restaurante do hotel, um restaurante provinciano à antiga, sóbrio, silencioso, de guardanapos com monogramas, o tipo de lugar aonde se vai com a família. Pedi vinho branco. Uma hora e meia depois, meu contato chegou, uma mulher de Córdoba, triste mas simpática. Estava nervosa e vivia a angústia do momento; quanto a mim, saboreava a aventura desses momentos raros nos quais a vida perde seu aspecto quotidiano. Mais tarde soubemos que Antonio estava em boas mãos.

Quando analiso a cena, um paralelo salta aos olhos. Esse episódio em Córdoba me lembra a noite de *Play it Sam*, com Traute, no Rio. O mesmo *happy end* após a tempestade. Em Copacabana, o perigo foi interno, fiquei louco por amor; em Córdoba, pelas bombas. Quando sobrevôo as cenas, vejo em mim um romantismo condenável, mas redentor.

Destaca-se um tema para uma *teoria das separações*. Será que os acontecimentos gloriosos e intensos são necessariamente precedidos pela prova de fogo? Pergunta importante, até mais que importante. Não sei.

30
Da festa à fuga

1972: a morte. José Bleger desapareceu, vítima de uma parada cardíaca. Alguns meses depois, Arminda Aberastury se suicidou. A Negra, como era chamada, era uma mulher de grande beleza, mistura de inca e conquistador. Não suportava ver o tempo passar nela; isso piorou quando teve vitiligo.

O apartamento, decorado para a heroína da noite, brilhava com mil luzes. Ana Langer, a filha mais velha de Marie Langer, se casava com um poeta mexicano.

– Como é bela a noiva! – exclamou o embaixador.

– Como a mãe é bela! – retorqui eu, lembrando da festa em que ela me havia iniciado nos mistérios da aposentadoria. Abracei Fernando Ulloa, o dono da casa. Cada dia me sinto mais próximo dele. Um beijo na adorável Chichu. Um garçom passou e me ofereceu brochetes de ameixa envolvida em toucinho quente; peguei duas. Serviram-me whisky inglês, presente da embaixada de nosso país irmão, e fui à varanda que dá para a Praça dos Ingleses. Fumei um cigarro, escutando ao longe o barulho dos trens; tudo começava a me parecer irreal. Uma sombra se aproximou: Hans, um amigo de Noune. Falamos da chuva e do bom tempo. Era um homem muito culto, mas o que ele sabia da vida o tornava triste. Evitamos evocar o passado, embora fosse a única coisa que tínhamos em comum.

O *Danúbio azul*, essa valsa introduzida pelo gênio de Kubrick para dar voltas nas esferas celestes, me levava de novo à festa. Então me transformei em mestre de cerimônias, papel que raramente desempenho, mas que executo com elegância. A meu sinal, os noivos abriram o baile e, *at the right moment*, peguei Tommy pelo braço para levá-lo para dançar com sua mãe, depois com Ana, enquanto Jaime, o poeta mexicano, dançava com sua resplandecente sogra. As pessoas os rodeavam: uma franja de sorrisos balançava na pátina vienense da última valsa. Depois tirei a Marie para dançar. Estávamos como borbulhas de champanhe, inebriados dentro da coroa de sorrisos.

A música parou.

– Por que você está chorando? – Marie me perguntou.

– Estou triste.

– Tudo acaba, não é, querrrido?

– Sim, tudo acaba.

Estávamos dançando o fim de uma época.

"Vivemos a decadência de um mundo", comentaria eu com Martha. Como no ocaso do mundo, encarnado no filme *Cabaré*. Quando dançava a valsa, tinha a impressão de ser um palhaço que chora as palhaçadas desse mundo. O palhaço antropófago.

Hoje penso que naquela noite eu dava meu adeus ao século. Fim de tudo o que fez de Maio de 68 o último e talvez o mais belo dos acontecimentos. Fim da História, não aquela de que fala o idiota de Fukuyama, mas a dos grandes projetos históricos, o fim dos movimentos de massa, o fim da crença na mudança social. Entrávamos no mundo acelerado e caótico entrevisto por Baudrillard, cheio de promessas incertas e de sombrios pressentimentos. Não sei por que, mas me lembrei do dia em que fiz seis anos, aquele dia em que chorei e quis me vestir sozinho. Sem dúvida porque, ainda hoje, não sei se me visto sozinho ou se continuam a me vestir.

A primeira quinzena de outubro passou. O país estava enlouquecido, a política havia perdido seu astrolábio, era homem por homem, olho por olho, dente por dente. O medo era nosso inseparável companheiro. Estávamos cada dia mais taciturnos, sem desejo de escrever. De manhã, líamos as crônicas de numerosas mortes, mortes próximas por semelhança ou por oposição, mortes com mensagem, as piores possíveis.

Única saída: o exílio. Marie Langer foi a primeira a partir. Para o México. Da noite para o dia. Ela entrou dignamente na sala, mais Ingrid Bergman do que nunca, com seu aspecto de exilada internacional, e me comunicou sua decisão:

– Parto amanhã – ela disse isso quase como uma adolescente em busca de aventura.

Servi-lhe um whisky.

– Passo a noite em Escobar para me despedir. Amanhã vou diretamente para Ezeiza.

– Tchau, Mimi, tchau.

Prometemos que nos veríamos em breve, em Madri ou no México.

Naquela noite, fui com Martha ao centro da cidade: Florida, Paraguai, Corrientes e Suipacha, caminhando lentamente como se olhássemos as vitrines. Na esquina da suja rua Lavalle, na calçada do cinema Monumental, havia um carro de combate da polícia que parecia com a propaganda de um filme de guerra. Voltamos à Libertador. O fogo da fornalha estava aceso. Coloquei umas batatas na brasa e música também.

– Querida, você me prepara uma sopa com arroz?

Era minha sopa de criança carente.

Depois da sopa, comemos as batatas com manteiga derretida. Martha serviu copos de leite e disse:

– Muito tempo vai passar antes que tenhamos isso outra vez.

Decidimos a data da partida. Os últimos dias foram os piores e o medo do Tríplice A era mais irracional do que nunca, do tipo "nada de novo no fronte", morrer no último dia da guerra. Cada barulho me dava um sobressalto. Eu tinha contaminado toda a cidade com meu pânico.

Na noite anterior à partida, tive um sonho estranho. Estava numa cidade à beira-mar, um forte vento vinha ondular as cortinas (Não é comum sonhar com vento.). Saí para a praia e olhei o céu azul pálido, brumoso no horizonte. Sentia-me terrivelmente só. Despertei angustiado.

– E você sabe por quê? – perguntei a Martha. – Porque não tinha a menor idéia do lugar em que estava. Podia ser Cali, Marseille, o Mar Negro, ou uma praia inglesa, qualquer lugar passado, presente ou futuro. Essa cidade era nossa e não era. Eu tinha a impressão de que íamos viver num mundo imensamente vasto, sem limites, fazendo terapias de grupo com turcos bigodudos, ou expressão corporal em Varsóvia, ou discutindo *O futuro de uma ilusão* em Madri. Eu sentia que o planeta se movia.

Tchau, Buenos Aires, tchau.

31
Os psicoargonautas

Chegou o tempo dos psicoargonautas. Anos de viajantes do globo. A tropa psicanalítica argentina se dispersou aos quatro ventos. Nós nos reconhecíamos como tribo, como judeus latino-americanos que formavam uma rede na diáspora.

Marie Langer, Gilou e Diego García Reynoso, Nacho Maldonado, Horacio Scolnick, Miguel Matrajt e Elena de la Aldea no México; Hernán e Tato em Madri; Armando Bauleo, na Itália, Guri Roldán, em Barcelona; Mario e Lucía Fuks, Lea e Guillo Bigliani, Sara Hassan, em San Pablo; Carmen Lent, uma psicoargonauta precoce, recebeu Gregorio Barenblitt, Osvaldo e Vida Saidon no Rio; para Fernando Ulloa, Varón, Luis Córdoba, Alejandro Bernal, Raul Curel, Martha e eu, foi a Bahia. Nem todos os argonautas eram psicanalíticos.

Minha filha Belén e Jorge ficaram em Paris, onde viveram uma feliz lua-de-mel. Norman Briski e Pino Solanas completavam a filial parisiense.

Morríamos nos aeroportos. Chorávamos ouvindo *Balada para um louco*. Preparei mates nostálgicos que nunca teria preparado na Villa Freud. Na minha lembrança, esses tempos foram heróicos. Não tínhamos domicílio fixo, vivíamos em hotéis, passando de uma cama a outra, cada um com sua escova de dentes e sua pequena bagagem. Naquela época, a rede fraterna deixava um rastro de amigos espalhados no mundo inteiro; aprendemos outras vidas nas terras do exílio. Muitos carregavam consigo as dores de seres próximos desaparecidos. Meu caso foi um verdadeiro ostracismo, com ostras e champanhe. Às vezes tenho vergonha de meu exílio Veuve Clicquot.

Por outro lado, ser um cidadão apátrida tem certas compensações. O exilado faz do planeta seu tabuleiro. Inventam-se lugares. É importante ser reconhecido. Há um restaurante em Madri, La Ancha, que freqüento; logo que eu chego, o garçom me serve um jerez antes mesmo de me cumprimentar, depois prepara meu prato preferido: omelete de mexilhões. São afetos substitutos, filiais de um lar para sempre perdido, um lar que talvez nunca tenha existido.

Era época das terapias de grupo em Amsterdã. Vou lhe contar uma, dirigida por Marty Fromm. Marty, segundo a lenda, foi a amante preferida de Fritz Perls. Ela tinha cinqüenta e seis anos, minha idade, nesse verão nórdico do ano de 1978.

– Em que posso ajudá-lo? – me perguntou ela.

– Eu odeio a velhice.

Eu adivinhava, no seu sorriso, a cumplicidade nostálgica dos qüinquagenários.

– E que mais?

– Minha barriga.

– Fique de pé.

Minha pança ficou à mostra. Eu tinha engordado vários quilos.

– Por quê?

– Porque eu como e bebo muito na Europa. Além do mais...

– Quem fala assim? – ela me interrompeu e me dei conta do tom queixoso de minha voz.

– Eu falava assim quando era pequeno.

– Como?

– Uma mistura de provocação e de insolência.

– Ah... – diz ela com uma neutralidade gestaltista.

– Estou indignado com esse corpo de merda.

– E você acha que tem razão?

Sacudi os ombros e não respondi. Não quero responder. Os terapeutas, em geral, me exasperam; não sei como os pacientes suportam. Ah, esse ar superior do senhor-sabe-tudo!

Então, Marty me pediu que deitasse nos almofadões e agisse como se estivesse numa prancha.

Sensação de navegar num mar nórdico. Escuto o desafinar dos pardais holandeses. Como ruído de fundo, escuto o rumor veneziano de Amsterdã. Fecho os olhos e entro em mim mesmo. Flutuo. Sou um barco que voga pelos canais, entrando uma vez mais na alquimia das terapias de grupo. Sou um barco amarelo inflável, da consistência do corpulento Michelin, o dos pneus. Os braços colados ao longo do corpo são remos em repouso.

– Sou um bote salva-vidas amarelo – disse ao grupo.

– E a cabeça é o quê?

– O motor.

Ela então me pediu que o descrevesse.

Era desse tipo de motores que se levantam, acho que se chamam *over-board.* Não está funcionando. Eu o via claramente, tinha medo de que a hélice destripasse o Michelin. Fechei as pernas como se protegesse um púbis ameaçado.

Marty me pediu que falasse como se eu fosse o barco, o que produziu uma mudança sensível de perspectiva. Eu, barco, me sinto marinheiro. Estou à vontade com as ondas, mas o cérebro despreza o corpo.

A nova instrução é que o corpo fale com a mente, e eu digo: mente, você que modelou meu corpo até seu menor grama de gordura e que, por sua santa força de vontade, me fez correr por jardins e praias, sem chegar a lugar nenhum. Sim, mente, você criou o mito de que todo filho de francês pode beber o que quiser, sempre forçando o caminho, do descuido ao fanatismo, da gula ao jejum. O que provocou em mim, quando evoquei a comida, sobressaltos convulsivos acompanhados de terríveis náuseas físicas e morais.

– Como se você quisesse se enforcar – sublinhou Marty, em inglês, com um tom familiar.

O problema é ainda mais complexo, é como se minha mente quisesse enforcar meu corpo que, por sua vez, quisesse enforcar a mente. O nó subiu e desceu na minha garganta, como se eu tivesse engolido um escorpião. Como eles se odeiam! Por um momento, não consegui respirar. Vomitei a alma num balde *ad hoc*. Surpreendente vômito liberador.

Na realidade, quando penso nisso, acho que o nó psicossomático correspondia a um tempo passado. Antes de descobrir Palermo, o corpo simplesmente servia de apoio para minha mente. Eu era um profissional preso ao divã de produção, de segunda a sexta, depois entrava na dissociação burguesa, oferecendo uma estância ao meu corpo para que ele repousasse no fim de semana. Dicotomia alienante que alcança seu apogeu na melancolia dominical, na hora das vésperas, quando nem as preces me salvam.

Retomemos o tema da diáspora: os saltimbancos tinham que ser inventivos. Um invento, que ainda me é útil até hoje, foi chamado pelos madrilenses de *shampoo* e pelos cariocas de *sauna*. A idéia era simples: a questão era oferecer uma terapia na qual fossem utilizadas não apenas todas as técnicas dessa terapia, mas também um ouvido psicanalítico, durante uma sessão prolongada e individual de quatro a seis horas. Na primeira hora, o paciente conta sua vida e minha tarefa consiste em identificar os problemas centrais. Uma vez identificados, eu os coloco nos quatro cantos do consultório. Por exemplo, num canto coloco o que é relativo à mãe biológica; no outro, à mãe adotiva; no terceiro, à relação amorosa, no último, à dificuldade no trabalho. Em cada canto, o paciente fala desse problema, com esse problema. O paciente *é* o problema. Ele assim passa mais de uma hora de canto em canto. Depois, um dos cantos "fala" com um outro; por exemplo, a mãe biológica com a mãe adotiva. Num segundo tempo, o paciente se coloca no centro. A sala se torna um tabuleiro tridimensional da vivência em curso. Do centro onde se encontra, o paciente vai mexendo suas peças, tecendo sua própria história. O psicodrama é certamente a ferramenta mais empregada, seguido dos jogos clássicos de terapias de grupo. Exemplo: as duas mães comparecem diante do rei Salomão. Divertido, interessante, esgotante. Tratamento completo em uma única sessão, ideal para o exercício de um psicanalista que quer calibrar o estado de sua alma.

A idéia de utilizar o cômodo como um tabuleiro me levou a modificar o divã. Hoje utilizo um colchonete de três por três. Encontrei esse colchonete numa sala de ludoterapia na clínica em que eu trabalhei quando cheguei à Bahia. Foi um verdadeiro amor à primeira vista, eu me sentia muito à vontade num espaço comum com o paciente. Esse dispositivo tem uma vantagem: minha posição completa a do paciente, formamos juntos um quadro vivo, sempre mutável. Por vezes, meu colchonete imita o divã clássico: o paciente se deita e eu me coloco atrás dele. Não quero dizer com isso que minha cama-divã é um modelo para ser imitado, mas que cada analista deve inventar seu próprio divã.

Durante os oito primeiros anos, só tratei de grupos em terapia breve. Depois, uma vez instalado na Bahia, comecei a trabalhar com análises individuais: minha veia grupal se esgotava. Foi o tempo de meu retorno a Freud. Comecei a estudar profundamente as *Obras completas*, tomando notas. Um personagem central e útil fez sua aparição: o computador. Entrevi que podia realizar um dos sonhos de minha vida (já esboçado em *Heroína*): escrever a biografia de Freud. Durante anos, esse projeto foi tão secreto que não tive consciência dele. Mas ele morava na mansarda de meus sonhos.

Foi uma encruzilhada. O passo seguinte foi que entrei no estudo de Lacan graças a meus analisados. Já comentei minha atitude hostil para com esse senhor que comeu nosso ovinho. Meus pacientes insistiram e me ofereceram os *Écrits*. Repito, Lacan foi uma pedra no meu sapato. Ele me fez compreender que tinha que começar tudo do zero e meu pulso se acelerava: é humilhante se sentir idiota. Imaginem um homem realizado que, nas proximidades dos sessenta anos, perdeu o jogo de cintura do toureiro que ele nunca foi. Lacan me fez cair de meu pedestal de pioneiro fossilizado. Luis Córdoba já tinha me avisado: "Cuidado, Emilio, você corre o risco de se transformar em guru tropical". Sei, pela história do movimento analítico em Montevidéu, San Pablo e Rio de Janeiro, que o destino dos pioneiros é sombrio, a horda é primitiva e os mitos acabam. Minha teoria da aposentadoria me salvou, porque acabei me tornando discípulo de meus analisados.

De retorno à ortodoxia, com Freud, eu criticava meus anos loucos. Hoje lhes concedo todo o seu valor: eu encontrei meu corpo na teoria da alma. O Michelin ficou mais enxuto. Reencontrar o corpo não implica mover-se, tocar ou massagear. O que restou, no meu caso, foi uma leitura mais atenta e mais profunda do corpo do outro, a partir da transferência de meu próprio corpo. Uma ressonância de peles. Ficando o dia inteiro sentado, imóvel em sua poltrona, o analista convencional se achata, perde sua redondez coperniciana.

Sou de capricórnio com ascendente em capricórnio. Certa vez, com Martha, participei de uma terapia de grupo terapêutica em Amsterdã, na qual vinte pessoas, formando pares, se colocavam de frente uma para a outra e se perguntavam, alternadamente: "Quem é você?". Durante dez minutos, respondia-se: "Sou Alberto", "Sou um homem na vida", "Sou eu mesmo", etc. E não tinha nenhuma importância que o interlocutor não compreendesse: seu papel era ficar mudo, testemunhar. A cada hora se mudava de par e o ciclo se repetia, de sete horas da manhã até sete horas da noite. Uma hora para almoçar e meia hora de pausa, durante dois dias e meio. A comida tinha que ser macrobiótica. *Understand?*

Uma coisa de loucos. No segundo dia, na hora da pausa, Martha entrou numa igreja na qual se celebrava um batismo e comeu o maior número de sanduíches possível. Quanto a mim, fui passear na célebre rua das putas, com suas vitrines cor de rosa.

Era um verdadeiro calvário. Lembro-me de um jovem holandês que, desde o segundo dia, torcia-se como se tivesse sido picado por uma picana elétrica. Um de meus companheiros, um ruivo de uns quarenta anos, astrólogo, parecia ser um profissional de renome. No último dia, ele perguntou pela milésima vez quem eu era. Eu lhe respondi: "Sou um pecador, meu Senhor", "Sou um *latin lover*", "Sou cem por cento capricórnio". Nessa altura, já estávamos todos um pouco pirados. O astrólogo, fora de si, deixou seu papel de mudo: "Quer que eu lhe diga uma coisa? Vocês, os capricornianos, são uma merda, são arrogantes, pretensiosos e babacas". Decerto era verdade, concordo, mas nenhum astrólogo digno desse nome se permitiria uma tal fala. Aliás, ao partir ele se desculpou: "Eu exagerei", disse.

No fundo, ele tinha razão: nunca me orgulhei do meu signo.

32
Bahia

Certa manhã, em plena guerra fria, quando a frota soviética se dirigia para Cuba, a sirene da caserna dos bombeiros soou na cidade de Stockbridge. A população sabia que isso era sinal de um ataque atômico. A lembrança é muito nítida: eu me sentei na cama, mais atônito do que com sono, quase em pânico. "Que que eu estou fazendo aqui", eu me perguntava enquanto levava as crianças para a rua onde tínhamos um refúgio antiatômico precário, com provisões de leite em pó, água, presunto, etc. Era um falso alerta, mas deu a medida do absurdo de uma morte assim, insípida, como se fôssemos figurantes num filme de guerra americano. Foi uma das razões, jamais confessada, de nossa decisão de voltar para a Argentina.

Ao regressar à Argentina, em 1974, as coisas eram diferentes: o cavalo estava voltando para o estábulo. Tínhamos a impressão de ser órfãos, mas não era uma sensação totalmente negativa: misturava-se a ela o gosto pela aventura. Como digo na minha "teoria da aposentadoria", apenas os órfãos são totalmente livres quando não há mais território fixo. Por outro lado, ser um cidadão do mundo tem certas compensações. O fluxo existencial é diferente, são momentos de mudança. Eu me lembro de Edith, que me ensinou inglês durante a Segunda Guerra Mundial. Um corpo soberbo, mas oculto pelas marcas de uma acne antiga que havia devastado seu rosto. Ela era tímida; variedade britânica pudica. Arrastada por seu patriotismo, ela se engajou nas forças armadas e dirigia o serviço de ambulância na bruma londrina. Ali, entre as bombas, seu destino mudou: apaixonou-se por um aviador e perdeu sua virgindade com um bombeiro. Quando a paz voltou, era uma outra mulher, de rosto purificado por um *peeling*, de seios generosos e olhar perigoso. Ela não dizia *war is beautiful*, mas deixava entrever.

Guardadas as devidas proporções, no exílio há um certo clima de guerra.

Como contei, Martha e eu vivemos durante sete anos como viajantes planetários. Seis meses na Bahia, cinco meses entre Madri e Sevilha e um mês de férias em Paris, na casa de Belén e Jorge. A Bahia era nossa base de operações, nosso ponto de referência.

Na minha vida, há um antes e um depois da Bahia. Quando deixei o Axé Opô Afonjá, miraculosamente curado de minha inflamação, conhecemos, Marta e eu, um grupo de jovens psiquiatras e psicólogos que formavam o Núcleo de Estudos Psicológicos (NEP). Foi uma paixão repentina recíproca. Decidimos voltar lá durante o verão, para fazer três terapias de grupo. A tarefa prioritária do NEP era importar analistas para iniciar uma formação, mas as numerosas tentativas com as sociedades analíticas do Rio e de São Paulo tinham fracassado. Não existia um único analista reconhecido ao norte de Belo Horizonte. Nós vínhamos a calhar.

Nosso contrato de trabalho: formar trinta e quatro jovens, psiquiatras e psicólogos, divididos em quatro grupos. Encontrávamos cada grupo três vezes por semana para sessões de uma hora e meia. Ele tinham um laboratório social de seis em seis semanas. Esses jovens eram curiosos, brilhantes; tinham vontade, mas pouco rigor. Um viveiro de futuros analistas e de futuros amigos. Os primeiros que me vêm à cabeça são Aurelio, Syra, Urania; mas há também Cristina, Lucinha, Susana, Carlinhos e Mali, e sei que estou sendo injusto com os outros. São todos analistas e alguns são especialistas em expressão corporal, como Sandra Guimarães e Liane Zinc.

Em Madri, trabalhamos com o grupo de Alejandro Gallego e com o grupo Quipu de Nicolas Caparrós. Em Sevilha, com o grupo de Pablo Gotor.

Os psicanalistas tradicionais nos fizeram pagar nossa falta de ortodoxia. Não podemos chiar, nós não éramos ortodoxos. Cometemos mil imprudências: não fazíamos sessões individuais e, nos grupos, utilizávamos métodos que iam do psicodrama à Gestalt; de Reich a Ida Rolf. Comemos e até dormimos na casa de nossos pacientes. Nosso código de abstinência, diferente dos outros, era gerado pela necessidade. Foi, e não podia ser de outra maneira, uma experiência intensa, escabrosa e enriquecedora. Hoje, nossa transgressão não pareceria tão grave, muita água lamacenta correu sob as pontes. Todavia, não creio que teria coragem de fazer tudo de novo.

1978: estamos fechando um ciclo, imersos no processo de elaboração de um luto que induzimos com nossa partida. Os trinta e quatro jovens da Bahia estão tristes, perplexos, emocionados com a intensidade de um laço que os leva a ficar seis meses conosco e seis meses sozinhos. Encontros e separações. Essa simetria de ausências e de presenças simboliza o que eles sentem: serem amados pela metade. Ser filhos naturais de terapeutas que têm hábitos de analista errante é muito distante da imagem desejada do analista estável, do pioneiro que se coloca na cabeça de um movimento psicanalítico. Nisso não somos pais. "Às vezes, considero vocês como avós", nos confia Syra. De todo modo, não somos pais tradicionais, e saibam que é inteiramente verdadeiro: nem mesmo somos pais tradicionais para nossos filhos biológicos. Eles também se sentem amados pela metade.

Quando estava na Bahia, eu ia correr todos os dias na praia de Ondina. Eu levava a corrida muito a sério, tanto quanto a natação durante meus anos de juventude. Anotava todos os meus recordes numa caderneta; enfim, faço isso até hoje. Em Madri eu também corria no parque Berlín e no Retiro. Na época, eu transformava as cidades em centros poliesportivos.

A cidade que a gente atravessa a pé é percebida com outros olhos. Além do mais, em uma hora a gente percorre uma distância muito maior do que os motorizados crêem. A pé, assim como de bicicleta, podemos penetrar nas entranhas urbanas, detectar ruídos e odores, fazer o caminho inverso do turista de ejaculação precoce. A corrida transforma as ruas em sendas, as avenidas em parques e os parques em jardins. É preciso nadar nas praias, remar nos lagos, jogando migalhas de pão para os patinhos feios. Toda cidade, inclusive Feira de Santana, esconde ciumentamente seu cisne.

33
Colita, o cão pentelho

A praia de Ondina fica perto do centro da Bahia. Extensa, de areia firme, ideal para correr. Como as mulheres, é regida pela Lua, com suas marés baixas, seus períodos e seus vapores. É um tapete dourado onde as baianas estendem seus lençóis ao sol. Uma costa da *Belle époque* a circunda. Nas suas espáduas, um morro selvagem, de um verde cor de papagaio: terras que pertencem ao zoológico, mas um zoológico sem animais, no qual as sábias palmeiras pastam como girafas.

Ondina me adotou. Ondina é minha praia. Eu a percorri, meditei nela, corri por ela, passo a passo, pedra por pedra, nadei nela, peixe a peixe. Há dias em que ela é tão bela que o polido de sua areia reflete o paraíso. As boas línguas dizem que o sol passa todos os seus verões aqui. Conheço os estados de alma de cada uma de suas estações, que, na realidade, são variações do tema verão. Ondina é meu novo Palermo.

Certa manhã, no fim do verão, aurora de uma nova época, hipnotizei Colita, o grande cão pentelho de Ondina. Ele e eu havíamos escolhido a praia como nosso campo operacional. Eu me lembro do nosso primeiro encontro, alguns meses antes. Estávamos sós, em pleno sol. Corri um pouco, alongando as pernas, enquanto o cão cheirava uma turista.

Ele me olhou, eu o olhei.

Eu sabia o que ia acontecer antes mesmo de Colita começar o ritual, grudando nos meus calcanhares e latindo. Brincadeira irritante com uma escaramuça refinada, mordiscando meus tornozelos com precisão, beijos de língua nos quais eu mal sentia seus dentes, mas mesmo assim os sentia. Entre uma palavra aqui e um latido lá, nascia uma relação íntima que acentuava alegremente o sadomasoquismo. Não podíamos nos ignorar.

Então, naquele dia eu o hipnotizei.

Colita, mais uma vez, me sobressaltou. A areia firme de Ondina é um tapete mágico para os animais furtivos: e, de repente, paf!, um latido surpreendente.

– Some daqui, cachorro de merda! – gritei eu.

Colita ficou cinco minutos brincando de pele-vermelha e diligência, embrulhando-me em sua sonora teia de aranha. Como sempre. Mas dessa vez eu achei que ele ultrapassava os limites. Então parei, emboscado como um caçador ancestral. Caçar e ser caçado, duas grandes etapas lúdicas. Colita cometeu um grave erro: ele também parou, a cerca de sete metros de mim, com o focinho entre as patas e o rabo erguido. Nós nos avaliamos longamente e foi nesse momento que tive a idéia de hipnotizá-lo, ou melhor, de paralisá-lo com o laser de meu olhar. Brincar de gato com o cão-rato.

Aproximei-me com uma mistura sutil de Freud e Frankenstein. Parava a cada passo, combinando precaução e despreocupação. A cobra já havia crucificado o sapinho com seu poder ofídico, esse poder que sem dúvida nasceu na noite em que Belén se aninhou no meu colo. O cão começou a tremer. A cada um de meus passos, ele se petrificava mais. Pobre cão, e eu que acreditava que íamos ter um duelo de olhares. Ele queria se rebelar, sua garganta inflou, ele tentou rosnar, mas só pôde emitir um arroto labial frustrado.

Nocaute total.

Desde esse dia, Colita se tornou meu companheiro de praia: fiel como um cão e não menos leal interlocutor.

O Louco era um personagem central de meu périplo em Ondina. Na primeira vez em que o vi, ele estava imóvel no alto de um grande rochedo de forma vagamente humana, chamado Pedra da Sereia. Naquela manhã, após a festa de Iemanjá, a praia estava cheia de velas, flores amarelas, vidros de água de colônia, bonecos aos pedaços, fetiches e outras oferendas que voltavam como ressaca do altar marinho.

Ao vê-lo tão impassível, pensei que o Louco era um acólito da Deusa do Mar e que lhe rendia homenagem. Mas no dia seguinte ele ainda estava lá, no mesmo lugar, e nos outros dias também. Sempre na mesma posição. Parecia ter sido petrificado há uma semana, um mês, uma vida. Um psicótico alucinado à beira do oceano, com a expressão de um obscuro tártaro.

A sereia de sua loucura me atraiu. Esse louco enigmático, esculpido como um Átila em argila, era meu louco. Você não acha, Colita, que uma cura miraculosa nas águas de Ondina seria sensacional?

Qual era a idade dele? Difícil de dizer, talvez trinta anos, a loucura pode envelhecer ou rejuvenescer. Seu corpo, tão impávido que parecia de plástico, lembrava o do tirano asiático: sem idade. Ele havia colocado seu pedestal num lugar muito bonito, perto do início de minha corrida diária. Todos os dias, eu o observava, tentando perceber a primeira mudança que colocaria em andamento a máquina terapêutica de interpretar as diferenças. O primeiro outono, depois o inverno passaram sem que ele mostrasse o menor sinal de fraqueza. Nenhum sorriso nem suspiro. Absolutamente nada.

Até o dia em que ele apareceu batendo numa laranja como se fosse uma bola. A mudança revelava a evidência: o Louco deambulava. Conclusão, todas as manhãs, ele caminhava até chegar à Pedra da Sereia. Provavelmente descia na aurora para fixar sua flexibilidade de cera até o cair do sol, mas nunca o vi andando. Pela primeira vez, ele se movia diante de meus olhos: ele me mostrava como andava e o fazia com uma elegância brasileira. Após vários meses de nada, uma fulgurante mudança ocorria.

Minha surpresa diante do Louco me levou a adotar uma posição terapêutica, adquirida no decorrer de minhas cem mil horas ao pé do divã; ela tem relação com o inesperado, com a surpresa como virtude. O psicanalista deve ser tão inocente quanto o lago que reflete a imagem de Narciso. Com o Louco, eu tinha a cabeça em branco, maquiavelicamente pura.

Era a época em que eu trabalhava seis meses por ano na Espanha com Martha. Fazendo minhas malas, pensei que não voltaria a vê-lo, e estava pronto para lhe dizer adeus antes de partir, mas fazê-lo teria significado violar os segredos de Ondina. No semestre seguinte, o Louco estava lá, como sempre, em seu território restrito; no entanto, fiquei surpreso ao vê-lo chutar pedaços de madeira e garrafas de bebida. Pouco depois, ele chegou com uma bolinha de borracha debaixo do braço. Jogou com ela, olhando o mar como se Iemanjá fosse um Filipão severo ao qual não se devesse desobedecer. Depois se aproximou da bola, ficou imóvel um bom momento e, de repente, com a rapidez de um raio, disparou o canhonaço.

Ninguém se mete com ele, coisa louvável em Ondina. Seria tão fácil supor que o bando de meninos poderia pegar sua bola... É verdade que sua aparência dava medo, mas só isso. A praia nos toma, o Louco e eu, como o que somos: ela não se choca com nossa marginalidade. E, por isso, deve-se considerar Ondina como um refúgio, um asilo natural, protegido pelas palmeiras; um oásis telúrico onde os pescadores jogam suas redes e os peixes são ingênuos. Daí provém nossa internação.

Não se coloca em dúvida o aspecto terapêutico de Ondina, mas é difícil compreender a razão de minha internação. O que faço aqui? Que ventos me trouxeram? A história é longa e é não só minha: eu a partilho com outros psicoargonautas.

Sim, o avatar político existe. A história mesmeriana do peronismo, na qual todos fomos colitas, pode fazer qualquer um ficar louco. Exilar-se abala o edifício existencial; sem dúvida. Tenho consciência de que não é fácil escrever sobre aqueles anos. Não tenho as tristes credenciais de um filho morto ou de um ativo militantismo. Meu perseguidor fantasmático é um outro exilado e não o argentino que ficou. Temo que uma certa irreverência de minha vida possa ofender e que me taxem de tropicalismo utópico. Quando vejo a grande quantidade de compatriotas que tecem o mito do exílio, com suas brigas de galo e seus cortejos de fantasmas, eu o vejo vir. Ondina, em troca, não me critica, me deixa viver em paz.

Mas também foi maravilhoso ser Colita. Nos tempos de Perón, nós nos alimentávamos da ilusão de que tudo era possível na Grande Pátria Latino-americana. O questionamento do questionamento era questionado; o sonho contagioso de um chefe carismático. Temos dificuldade de lembrar, embora não possamos esquecer.

Semanas inteiras transcorreram sem mudança. Depois, certa manhã, encontrei uma bola de borracha bem perto de meus pés. Levantei os olhos: o Louco continuava, impávido, a olhar o mar. Ele tinha jogado a bola como se fosse a mosca de um pescador de trutas, perfeita parábola que usa o declive da praia para chegar ao ponto de nossas interseções. Os inconscientes entabulavam conversa em sua linguagem enfumaçada.

Os dados estavam lançados. Toquei delicadamente a bola com meus pés, tranqüilizando-me, pronto para mostrar, no código esquizofrênico, que eu acusava o recebimento de algum desejo, como se essa mosca perfeita todos os dias pousasse a meus pés. Eu olhava o Louco sem olhá-lo, eu estava a cerca de vinte metros dele. Bati então na bola com um chute seco, cruzando os dedos para não falhar, pois eu conhecia minha falta de jeito.

No dia seguinte, a praia estava suja. Com a maré, por causa da chuva, encalhavam na praia recipientes de detergente, botas para coxos, tubos vazios de creme de bronzear, pratos quebrados e garfos de plástico. Tipos de piolhos do mar. Um pouco adiante, vejo dois pneus carecas; é preciso olhar onde se pisa. Colita cheira um rato podre na praia do Deus Sol.

Estou cansado, corri muito e a segunda-feira é um dia penoso. Decreto um banho de algas. Esse cantinho é o mais bonito da praia. É maré baixa. O sol ilumina o tapete verde intenso que recobre as pedras recém-expostas. Faço prancha na minha banheira natural e vejo o céu se cobrir com a rapidez própria do outono tropical.

Às vezes me pergunto sobre o respeito religioso que o mar nos inspira. Somos filhos do Dilúvio, talvez tenha morrido afogado na reciclagem da vida.

Levanto os olhos. O Louco, que parece distante, observa o horizonte. Começa a chover no momento em que saio da água. Os jovens continuam a jogar futebol como se nada estivesse acontecendo. Ninguém sai da praia.

A chuva. Por que correr debaixo de chuva tem sempre um caráter de fuga? Foge-se da tempestade para buscar refúgio. A chuva nos provoca um medo horripilante. Atavismo que partilhamos com os gatos. Haveria algo mais? Sento-me, pensativo; agora, caem grossos pingos d'água. O que sinto? Ao mesmo tempo que sinto medo, tenho uma vaga sensação de prazer atávico, um toque de borbulhar infantil me vem ao espírito e me faz me levantar, correr, sempre mais rápido, e ser filho do vento.

Ao dobrar umas pedras, Colita retoma o hábito de latir. Fazia muito tempo que ele não tinha essa audácia. Primeiro fiquei perplexo, depois compreendi por quê: ele não conhecia meu lado infantil. Então comecei a gritar como um pele-vermelha.

34
Sou um bom companheiro

Novembro é um bom mês. Não há turistas na praia, que é ocupada apenas pelos freqüentadores, os fanáticos por esporte, os jogadores de futebol profissionais e amadores, os praticantes de capoeira, os dançarinos, os desocupados e os batedores de carteira ociosos. Tudo isso em terra. No mar, há pescadores com arpão, as jangadas, as redes de pesca e surfistas em número cada vez maior. As mulheres chegarão um pouco mais tarde.

Martha conta uma história sobre o lugar que ocupo em Ondina. Certo dia, quando ela entrava na água, três machões se aproximaram dela barulhentamente, levantando espuma nas ondas, numa mistura de intimidação e assédio sexual. Por cima do tumulto se levantou uma ordem imperativa. Os sátiros bateram em retirada. Quando Martha saiu da água, o Grande Líder Negro da praia lhe disse:

– A senhora tem um bom companheiro.

Sim, era o Bom Líder Negro. Isso me deu tanto prazer que cheguei a pensar que Martha tinha inventado essa história. Raramente, na realidade, as coisas se passam tão perfeitamente.

O que queria dizer o protetor de Martha? Qual é meu estatuto em Ondina?

Sou um residente de presença diária, cumprimento todo mundo, guardando minhas distâncias, utilizo Ondina esportivamente, sou o único na praia a ter um relógio, sempre informo as horas. Sou rico, mas não sou turista, empresto as raquetes de frescobol e devolvo as bolas que aparecem no meu caminho. Mas isso não explica tudo. Meu prestígio excede a imagem do homem maduro bem educado. Há algo mais, não é à-toa que sou o dono de Colita. Logo fiquei sabendo que existe um dono oficial; só que ele nunca vai à praia. Colita é o mascote indiscutível de Ondina e, como todo cão canalha, ele é esnobe, só freqüenta os maiorais desse mundo. Sem contestação, sou o Grande Líder Branco.

Entre os negros, o organograma se complica: identifiquei um Bom Líder Negro, um Mau Líder Negro, mais dois Grandes Donos do frescobol e o Louco.

Hoje, está apenas o Bom Líder Negro, o protetor de Martha. Um homem esplêndido, grande, de corpo musculoso pela capoeira e de cabelo afro. Ele joga futebol com um colar nagô. O Bom Líder Negro manda no pedaço. Nossa relação começou timidamente: certo dia, um cumprimento; num outro, um sorriso. Uma imensa barreira de moedas nos separa.

Depois do cumprimento, trocamos algumas palavras ("Tudo bem? – Tudo bem. – Jóia!"), até o dia em que jogamos frescobol juntos. No dia seguinte, ele me pediu as raquetes que eu havia emprestado a ele, um momento decisivo, como quando os guris trocam figurinhas na praça. A distância entre nós diminuiu a partir do reconhecimento de um profissionalismo de praia. O fato de estar lá, chovesse ou fizesse sol, transcendia minha odiosa imagem de Rico.

O Bom Líder Negro se ausentou durante um longo tempo. Quando voltou, soube de sua profissão: dançarino folclórico, capoeirista e professor de berimbau. Após uma turnê na Europa, ele estava contente de voltar. O esporte de praia o ajudava, dizia ele, a ficar em forma.

O perfil do Mau Líder Negro é mais sombrio. Ele tem um físico de boxeador, um metro e sessenta e alguma coisa, do tipo médio-pesado, fortes deltóides e nenhum grama de gordura. Passa todas as suas manhãs jogando futebol, mas antes ele corre, e é nesse momento que nos cruzamos. Eu o vejo todo dia, mas ele nunca me olha. Ele corre levantando os braços, friccionando as costas, fintando as sombras de seus inimigos. Sujeito perigoso. Certa vez, houve uma briga durante uma partida jogada regulamentarmente. O Mau Líder Negro, furioso, arrancou um travessão e ninguém protestou quando ele o jogou no mar. O árbitro não bronqueou, nem mesmo tirou um cartão amarelo.

Profissão? Boxeador, guarda-costas, ladrão...

Certo dia, uma amiga de Martha perdeu sua carteira na praia, falei disso com o Bom Líder Negro:

– Acho que foi um roubo. Podemos saber quem o cometeu?

Ele me estudou, depois disse:

– Ratinho.

Ratinho, aliás Mau Líder Negro, é o chefe do bando de ladrões que mora no morro do zoológico. Fomos juntos falar com ele. O Mau Líder Negro falou exclusivamente com o Bom Líder Negro. Um grande respeito mútuo. Ele nem notou que eu estava presente.

– Minha amiga quer apenas seus documentos – disse eu durante a reunião, e quase disse "Senhor Ladrão".

– Não fomos nós – respondeu ele, olhando-me pela primeira vez.

Há também os irmãos do frescobol. O que é espantoso nesse esporte é a ausência total de rivalidade: não se ganha nem se perde pontos e a melhores partidas são as mais longas, com rápidas cortadas, a fim de que a resposta seja mais rápida. "É bom para a dança", diz um dia o Bom Líder Negro, "obriga a exercitar o corpo em todas as posições possíveis". Meu filho Marcos, jogador hábil, me confessou que usava um marcador interno quando jogava comigo, com uma série de normas que não são conhecidas, mas que pautam o xadrez edipiano. Eu o compreendo, só um pai e um filho fazem do frescobol um jogo de competição.

Os irmãos do frescobol são três: gêmeos que parecem iogas e um adolescente que se parece com eles, mas mais bonito. A família é professora do esporte. Eles o praticam como uma arte marcial. Certa manhã, muito cedo, eu os vi meditar numa posição de ioga antes de pegar as raquetes.

Um dia, após ter nadado com Marcos, um dos gêmeos se aproximou e me convidou para jogar.

– Obrigado – respondi eu, pegando uma das raquetes, pintada de branco.

Olhei Marcos, que franziu as sobrancelhas. Em toda a minha vida, nunca joguei tão mal: tenso, nervoso, temendo ser ridículo, enquanto o gêmeo lançava suas bolas num ritual perfeito, nem muito rápido, nem muito lento. Essas proporções divinas me aniquilavam.

Para arrematar, na hora do almoço Marcos fez o seguinte comentário:

– Papai cortejou um negro na praia.

35
A tragédia dos Rolling Stones

Madri, inverno de 1997. A taberna Ultreya, na esquina da clínica Quipu, de Nicolas Caparrós. Estou voltando do primeiro congresso de Convergencia, que aconteceu em Barcelona. Minha relação com Graça se deteriora, a separação parece iminente.

Em Madri, senti vontade de escrever. Fazia muito tempo que não sentia esse impulso em plenas férias. Depois de ter acabado meu *Freud, o século da psicanálise*, pensei em escrever apenas na *Enciclopedia on-line de psicoanálisis*, navegando no ciberespaço.

Desde minha chegada, comprei um caderninho e uma bonita lapiseira antiga, depois fui ver Juan Sayares, o editor espanhol de *La lección de Ondina* e de *El antiyoyo*. Ele me deu dois exemplares de cada um dos livros, os únicos que restavam. Comecei a me ler, o que nunca havia feito antes. Gostei. Talvez a gente não se leia pelo temor de ser ruim demais ou bom demais. Vergonha, se for ruim, inveja, se for bom, inveja desse que escreveu. Pode ser que a metáfora puerperal se aplique a esse caso: livro parido, bonito ou feio, livro esquecido.

O dono da taberna Ultreya é um fã dos Beatles, lá se escuta *Here comes the sun*. Agora, pensando nisso, os Beatles não estão associados a ninguém em particular: eles reinam, supremos, no meu panteão musical. Se tivesse que associar uma música a cada um de meus amores, *Poor butterfly* seria de Beatriz, *Maintenant* seria de Noune e o *Concerto de Colônia*, de Jarrett, seria de Graça. Quanto a Martha, curiosamente não consigo associá-la musicalmente. Essa falta de ressonância musical é significativa. Não é mesquinhez de minha parte, todavia esse tema roça o humor negro e me leva a falar do que, enfim, se chamou de tragédia dos Rolling Stones.

Começo pela metade: Ariel, o filho de Martha. Vou tentar não cair no mito, o que não é fácil. Ariel tinha dezesseis anos quando nos acompanhou na turnê dos psicoargonautas; primeiro um semestre na Bahia, depois na Espanha. Eu aceitei a presença dele, embora ela trouxesse o risco dessas relações triangulares nas quais, diz-se, há sempre um que acaba ficando de fora. Mas naquele momento eu administrava bem todas as geometrias. Conheço demais losangos clandestinos e paralelepípedos perversos para me inquietar com um simples triângulo escaleno. Além do mais, Ariel era uma pessoa que eu podia naturalmente incluir na minha intimidade. Seus dezesseis anos eram soberbos. Ele estava na vanguarda de uma maneira de ser. Respeito mútuo. Certo, eu deitava com a mãe dele, mas nossa cumplicidade ia além da Santa Família Edipiana. Através de uma relação sincera, Ariel me ensinava os novos códigos da adolescência, ilegíveis para um adulto sem um guia. De meu lado, eu partilhava com ele minha experiência. Ele ficava impressionado com o fato de que, realmente, eu não conhecia o tédio. Aprendia comigo, e por isso eu lhe dediquei oficialmente um exemplar de *O paciente das 50000 horas*: "Ao discípulo que poderia ter sido meu filho".

Conto isso a você para que compreenda bem que a morte de Ariel foi uma tragédia pessoal. Ele morreu na estrada que liga Barcelona a Madri, perto de Calatayud. Ele voltava de carona; o carro em que estava foi esmagado por um caminhão que tinha derrapado numa curva escorregadia. Em Barcelona, ele havia assistido a um concerto dos Rolling Stones. Acabava de ver Rick Wakeman em Madri e queria se empapar de música conhecida. Apesar de tudo, ele tinha dúvidas: os Stones não estavam mais muito na moda em 1977.

– Vai lá, assim você vai poder contar a seus netos – eu lhe disse.

Que frase mais infeliz!

Nós o enterramos sem velório no cemitério de Zaragoza. Tudo mudou no novo mapa fóbico da Europa. A dor de Martha, como tinha que ser, apagou a minha. Era a dor fulgurante de uma mãe; até o orvalho tomou a cor do sangue.

Essa morte depositou seu ovo fatal na nossa união. Creio que nossa separação vem daí. As mães não possuem o gene egoísta que protege os homens. Elas hipotecam sua vida em cada filho que vive, que vibra. É essencial que continue vivo, vibrante. É por isso que não tenho nenhuma compaixão com os adolescentes suicidas: são assassinos da mãe.

Ariel, com sua beleza de deus grego, não se suicidou, nada disso. Mas, neste momento, me pergunto se, quando hesitou em ir a Barcelona e me perguntou minha opinião, não era uma premonição de mau agouro. Talvez.

1978: carnaval. O tempo do luto passava lentamente e estávamos tristes. Como os ânimos não se prestavam à *maior festa da Terra*, decidimos ir a Maceió, cidade conhecida por sua tranqüilidade. Maceió é para Salvador o que Salvador é para o Rio. Belas praias! Fomos com nosso Volkswagen, uma viagem lenta que levou dois dias. Foi uma idéia mais louca que estúpida: setecentos quilômetros de carro, recriando a morte de Ariel a cada curva.

– Fico assim com todos os caminhões que vêm de frente – disse a pobre Martha, que estava morrendo pela centésima vez.

Paramos em Aracaju, cidade sem encanto, célebre por seus caranguejos, a melhor coisa de suas praias lamacentas. Estávamos mal num hotel três estrelas. Um leve escape de gás existencial nos ajudava a fazer intermináveis sestas, seguidas de três gim-tônicas, acelerando assim o curto crepúsculo do triste trópico; jantávamos e caíamos, esgotados, às nove horas da noite, numa rede pegajosa.

Após nossa terapia de sono, uma tarde fizemos o trajeto restante até Maceió. Íamos para a casa de Agatangelo, psiquiatra de Alagoas que tinha feito formação conosco em Salvador. Sua mulher, Simone, nos colocou à vontade. Entrávamos na maravilha obsoleta de uma família nordestina, com filhos divinamente educados por um déspota esclarecido; só os vemos, pois eles não falam à mesa.

Passamos uma boa primeira noite, mas Martha acordou estranha, encrespada, olhar colérico, dizendo que ia me cortar o pau.

– Como? O quê?

Ela gargalhou como uma bruxa e imitou com suas mãos o uso de uma tesoura.

– Vou cortá-lo em rodelas.

Ela tivera um pesadelo. Essas reações bruscas me inquietam.

– Eu levantei num estado estranho – explicou ela.

Depois de nosso café da manhã – frutas tropicais, broa de milho, aipim cozido –, tínhamos programado um piquenique na praia de Paripueira.

– É o Arampebe de Maceió – nos havia explicado Agatangelo, colocando no carro a cesta de piquenique, com a toalha de quadrados vermelhos.

Partimos em clima de festa campestre. Aparentemente, eu havia esquecido o complexo de castração. A estrada, ondulante, passava por uma densa mata de palmeiras selvagens entrecruzadas. À direita, um mar de um verde azulado, intenso. Um cartão postal tropical.

Descemos na praia. Areia de argila. Grande calor, água tépida, um mar como uma sopa. A argila permite que as ondas modelem a areia, que ondula como língua de cão. Entramos até o joelho. Olhei Martha, ela me lançou um olhar sério, como o de uma dona que desafia seu totó. Jogando o jogo, eu lati, au!, au! – como Colita. Depois, fiz o gesto de molhar Martha; diante de minha ousadia, seu rosto se encrespou.

– Olha que eu te disse... – me fulminou com reticências.

Imóveis, ficamos um longo tempo a nos vigiar, com os gestos congelados, eu com a mão levantada em concha, ela com a foice. O medo está presente, mas, no alambique do suspense, o próprio medo se destila em tentação que cresce, irresistível. Então, eu a molhei. Primeiro com uma mão, depois com quatro mãos; a afronta estava consumada. Eu a empapei dos pés à cabeça com a água tépida de Paripueira.

Martha se jogou sobre mim; recuei como um caranguejo, às sacudidelas. Rindo, caí duas vezes. Morto de medo. Martha contará mais tarde que eu caía na água como uma criança. Ao chegar à terra, ainda tentado pelo riso, comecei a correr. Gritei para ela:

– Volto em uma hora.

Martha me deu até logo com a mão.

No início da corrida, com o banho de Martha ainda fresco na minha cabeça, lembrei-me de um episódio no princípio de minha adolescência.

Era Mar del Plata, durante esses longos verões aristocráticos dos anos 1940. Eu ia para um aniversário. Ela tinha 13 anos e se chamava Taretita, eu a amava em segredo. Em plena festa, soltei uma bomba, para divertir a galera. Era um nadinha de bomba, mas fez grandes estragos. As meninas ficaram histéricas, as mães, enfurecidas. Eu estava mais uma vez no centro de um escândalo. Pra ver o que são as coisas: a primeira transgressão de um garoto púbere tímido lhe explode nas mãos. Fiquei muito sem jeito, chateado. Deixei a festa com o rabo entre as pernas, e ainda hoje me pergunto como esse púbere acanhado pôde jogar uma bomba nessa festa. No dia seguinte, o pânico tomou conta de mim, na praia, quando um amigo me disse que as meninas estavam tramando sua vingança. Palavras paralisantes para o ouvido de um imbecil atormentado. Juro que, além disso, ele acrescentou:

– Elas estão com uma gilete enferrujada.

Ele disse ou foi um delírio fugaz?

Uma gilete enferrujada! O pior era esse "enferrujada". Comecei a correr como um louco, sem vergonha, perseguido pela imagem de um sabre enferrujado. Eu tinha certeza de que elas iam cortar meu pinto, cortá-lo com um golpe seco, exatamente na raiz de minha penugem nascente e insípida. Corri até a outra ponta da Playa Grande e fiquei escondido ali por um bom tempo. Pouco a pouco fiquei mais calmo, pensando na improbabilidade da emasculação. "Elas" simulariam, mas até isso também me parecia insuportável. Lembro de meu medo de ser despido por mulheres. Ao cabo de uma eternidade, começou o longo retorno, escondendo-me entre as barracas, encolhido, com suores frios, maldizendo a hora em que havia soltado a bomba que tinha desencadeado a guerra. Eu não podia ficar escondido a vida inteira.

Essa história vem a propósito, pois eu realmente tinha muito medo da agressão física feminina. Alguns desses temores são razoáveis, compartilhados por todos os homens com um mínimo de experiência na guerra dos sexos. O golpe dado pela mulher sempre faz mal, mesmo que seja uma brincadeira, e, aliás, especialmente quando é uma brincadeira. Faz mal, seja um soco, um pontapé ou uma joelhada. As mulheres não sabem medir sua força, não têm a aprendizagem infantil na qual o homem incorpora os simulacros da batalha, suas fintas e nuances. Sem experiência, elas calibram mal a potência do golpe e batem ao acaso, o que um homem raramente faz.

Na maré baixa, Paripueira não tem a elasticidade de Ondina. Ao longe se recorta um relevo e não se vêem mais turistas, apenas um pescador que lança sua rede. A areia agora dá lugar a um solo poroso, tipo pedra-pomes. Esse solo não é bom para a corrida. Caminho durante um bom tempo nessa paisagem lunar, até uma curva, e, lá, surpresa, uma bela praia se oferece a mim, tipo cinco estrelas e completamente minha, nenhum bando de mulheres na costa: uma vastíssima praia virgem. Corri sem parar, suando, e me despi para me jogar na água, feliz, nadando nu sob o céu violeta. A especialidade dessa praia era sua areia rosada, que lhe dava um ar à Gauguin. Praia feminina de ondas sensuais sem sutiãs e de mamilos arredondados. Ela mostrava um fundo de magníficas palmeiras: algumas estavam deitadas na areia, parecidas com cisnes de antes do Dilúvio.

Estava na hora de começar a volta, eu estava atrasado, já passava de meio-dia e meia. Ao voltar, comecei a sentir uma dor no calcanhar direito. Quase imperceptível, a dor foi crescendo e me forçou a parar, embora eu não quisesse, embora não pudesse acreditar no que estava acontecendo. Um anel quente envolveu meu tornozelo, como se eu tivesse caído numa armadilha para raposas. Voltei me arrastando pela zona da pedra-pomes, o pedaço lunar da praia. A maré alta tinha deixado uma pequena bacia de água quente. Coloquei meu tornozelo na água e fiz uma massagem. Parar naquela poça foi um erro: ao me levantar, meu tornozelo tinha dobrado de tamanho. Fui tomado por suores frios.

O que tinha acontecido? Eu tinha demorado na euforia edênica e alguma coisa tinha acontecido quando eu estava vendo os mamilos nas ondas. Confesso, meu pai, tive a fantasia sexual que me visita toda vez que corro nu numa praia solitária. Uma vermelha violação. Correr para a fêmea, jogá-la no chão, rasgar suas roupas, sem dizer uma única palavra, ou talvez lançando meu grito de guerra. Tenho que estar nu no paraíso para que floresça a veia pornográfica.

A dor estava quase intolerável, amarga sátira para um sátiro, eu apoiava o pé no chão com muita dificuldade. Estava banhado de suor sob um sol de chumbo. A arbitrariedade da coisa... como se minha imaginação tivesse injetado Hamlet num filme com Gina Lolobrigida.

E se eu desmaiasse?

Onde está Martha? Sinto a angústia alucinada da criança que se perde no supermercado da megalópole. Onde está minha mamãe Martha?

Percebo pessoas ao longe. Lentamente, chego ao oásis de luz e vejo Martha.

– Você está pálido.

Mostro-lhe meu tornozelo inchado como uma morcela.

– Água. Estou com sede.

Atravessamos a avenida e Martha pediu água na primeira casa. Cuidaram de mim com o mesmo cuidado que se tem com um afogado. Meu rosto devia estar espantoso.

Agatangelo chegou e lançou um olhar para meu pé inchado.

Há uma clínica ortopédica pertinho. Temos que fazer uma radiografia. Agatangelo diz isso a Martha e eu continuo ausente, não consigo sair do absurdo. Apesar de tudo, me pergunto: uma radiografia para quê? É possível uma fratura sem pancada? Acho que não, mas o doutor Agatangelo pediu uma radiografia.

Durante o trajeto até a clínica, voltei à infância, com uma lembrança anterior à bomba na casa de Taretita. Situo a história no primário, justo antes de fazer nove anos. Grande tumulto no recreio, entre dois bandos, tenho quase certeza de que eram os homens contra as mulheres, ou melhor, os meninos contra as meninas. A história foi que uma colegial me quebrou a perna com uma sapatada, golpe terrível na altura do tornozelo. Fiquei dois meses engessado. Cinqüenta anos depois, eu me pergunto qual era a perna engessada, quero saber. Tento pensar em mim na cama com o gesso: aposto que era a perna direita.

– Acho que é um sintoma histérico – murmurava eu a Martha, vagamente chateado, pois o discípulo Agatangelo presenciava meus estigmas.

Chegamos à clínica e um interno nos recebeu com uma cadeira de rodas, maravilhoso assento que ia caminhar por mim. Entreguei-me à medicina com alívio, e no meu narcisismo de inválido não prestei atenção em Martha. Foi Simone quem percebeu os tremores de Martha ao entrar na clínica, com seu fantasmático odor de desinfetante. Naquele momento, o simbólico saiu dos trilhos; a medicina que me protegia era a mesma que fracassou com Ariel, traindo-a. Contraste absurdo entre a morte de um filho jovem e o tornozelo inchado de um qüinquagenário psicossomático.

Fizeram uma radiografia. Eu sei, era absurdo que eu me deixasse radiografar, mas eu entrei numa espécie de inércia semântica: custava-me muito dar explicações em português. Resultado, deixei pra lá. Quinze minutos depois, a radiografia foi devolvida.

– Não vejo nada – concluiu o interno. – Só há aqui os restos de uma antiga fratura – e mostrou com um lápis um engrossamento em forma de nó de bambu.

Eu tinha razão, pensei, a fratura tinha sido na perna direita.

Já era alguma coisa.

36
O assalto ao Corcovado

Antes de ir a Esalen, para marcar o fim de nosso contrato com os grupos da Bahia, partimos para trabalhar durante quinze dias no Rio de Janeiro. Faziam quase dois anos da morte de Ariel.

O mar do Rio é mais nervoso que o da Bahia, a água, mais fria, a onda, mais traiçoeira. As praias do Rio merecem sua reputação. Grande cidade, o Rio! Sinto o maravilhamento do turista na metrópole. Tem-se uma sensação de futuro ao ver os mutantes que descem do morro.

No meu primeiro sábado de liberdade, decidi escalar o Corcovado. O dentista de minha discípula Sandra era alpinista de domingo, ele tinha dito que para essa subida devíamos tomar a trilha do trenzinho, que estava em conserto. O trenzinho chega até o pé do Cristo. Escala-se de tênis.

A duzentos metros de nosso ponto de partida, cruzamos com uma equipe que consertava os trilhos. Nós a saudamos com a excessiva cortesia que o turista reserva ao proletário. Nossa presença não surpreende muito. "Cuidado com suas máquinas fotográficas", nos previnem eles, "há ladrões lá em cima".

– Será verdade? – perguntei a Sandra, que aquiesceu com um excesso de indiferença. Ela é uma mulher audaciosa. Na última semana, ela me fez cair no chão com uma rasteira num psicodrama em que se supunha que eu queria estuprá-la. Bem. Colocamos a Nikon na mochila de Sandra e eu passei a levá-la. Começamos num ritmo rápido e, vinte minutos depois, paramos para repousar na primeira estação do trenzinho. É uma placa de cimento do tamanho de um grande altar. Nenhuma casa por perto. Apenas o altar e uma inscrição: "Estação do doutor Heitor". Provavelmente um médico das favelas. Perto, uma trilha que penetrava na floresta. Incrível, em menos de meia hora passamos da grande cidade à África. Floresta densa. A vegetação encobre o ruído da cidade. Toda uma gama de verde: do verde elétrico dos papagaios ao verde sombrio das figueiras gigantes. Uma enorme borboleta, de um estranho azul iridescente, nos segue por longo tempo.

Um pouco mais tarde, a situação continua a mesma, e por isso a repentina presença de uma vela nos espanta. Uma vela acesa numa pequena bancada. Ao lado, há incenso num queimador e comida.

– É para Oxoce – me diz Sandra, que crê identificar os símbolos da divindade.

Estamos no coração do Corcovado mágico.

– Provavelmente o autor da oferenda não deve ser visto – sugere ela depois.

Continuamos a caminhar, nossa escalada se sistematiza, saltamos nos dormentes. O fim do caminho do trenzinho desemboca atrás de um grande prédio muito feio e muito triste: um orfanato. Oito meninos sentados num banco, de jaleco cinza, perto de uma outra estação, desta vez sem nome, nos olham com curiosidade.

– Eles nos esperam – comenta Sandra.

Pobres crianças. Com o trem em conserto, elas parecem cinzentos robinsons. Bebemos água da fonte de um jardim deteriorado e descansamos o tempo de um cigarro que não fumamos.

Rápido retomamos a escalada para não permitir que as pernas esfriassem. Depois do orfanato, a trilha ficava muito íngreme. Não sei como a locomotiva se arranja para subir. Há cada vez mais cipós, umidade crepuscular e figueiras, a luz se torna mesozóica. Pouco depois, uma aranha gigante com pernas de girafa atravessou lentamente o caminho! Avançamos sem dizer uma palavra, sem nem mesmo tirar uma foto.

Essa criatura selvagem foi a última que vimos. Um pouco mais acima, a civilização nos esperava sob a forma de um hotel, um grande hotel dos anos 1940 a ponto de cair em ruínas e que se virava programando conferências e seminários.

– Tomara que Esalen não seja assim – disse eu a Sandra, tomando um suco de maracujá no terraço do hotel. O Rio está a nossos pés.

– O que você espera dessa viagem? – me pergunta ela.

Acendo um cigarro e busco algumas razões mal definidas. Esalen é a Capital do Movimento do Potencial Humano. É uma grande propriedade que dá para o Pacífico. Tem duas águas termais e um programa contínuo de Laboratórios Sociais. Lá a bioenergética ladeia a Gestalt e o psicodrama. O Oriente entra em Esalen pela porta principal, com ginástica ioga, meditação e aikidô.

– Para mim, é como uma Disneylândia para adultos – disse eu a Sandra. – Para Martha é outra coisa, um bom lugar para fazer o luto. Temos a intenção de passar lá um mês.

Falta-nos apenas o último trecho do caminho. Sandra está fatigada, mas morreria antes de admitir. Fazem mais de duas horas que saltamos de dormente em dormente, subindo. A fadiga dela me protege da minha.

Repentinamente, encontramos um operário com um rádio portátil colado ao ouvido. Que partida estariam transmitindo num sábado de manhã? Ao escutar a voz do radialista esportivo, compreendi subitamente o paradoxo de nossa expedição: quanto mais se sobe, mais a montanha se civiliza. Corcovado: uma mistura de penhasco tropical, montanha russa e *sundae* de frutas.

Nossa trilha desemboca nas costas do Cristo Redentor, com seus gigantescos braços abertos. Na plataforma que sustenta a estátua, os mercadores do Templo, as barracas dos fariseus cariocas. Meu morro de brinquedo desemboca num mercado persa. Abro uma lata de cerveja estupidamente gelada para me misturar, sem misturar-me, com os turistas. Depois descemos o morro num táxi que dividimos com um casal de filipinos em lua-de-mel.

37
Esalen

Tínhamos cumprido nosso contrato: quatro longos anos formando o grupo da Bahia. A viagem a Esalen foi nossa recompensa. Depois de ter escalado o Corcovado, fui com Martha ao consulado americano para obter os vistos. O vice-cônsul limpou suas lentes, escrutou-nos como se fôssemos pobres diabos apátridas, depois nos lançou a pergunta imperial:

– Como ficar certo de que vocês não têm a intenção de ficar nos Estados Unidos?

Algo atávico atravessou o olhar de Martha enquanto abria sua enorme bolsa, remexendo e procurando cartas que não provavam nada.

– Vamos a Esalen – cometi o erro de dizer.

– Esalen?

Tinha a impressão de representar uma ópera na qual o cônsul está sempre ocupado. O que é Esalen? Não sei, Senhor Cônsul. Uma montanha mágica, um hospital psiquiátrico, Shangri-la? A palavra Esalen faz pensar em eremita. Não sei o que lhe dizer, é melhor fazer cara de sincero, ou melhor, sincero e próspero, e controlar minha voz para não denunciar minhas roupas puídas.

Um silêncio se instala, com ligeiros ecos e sons distantes. Do meu lado, Martha luta com o fecho *ecler* de sua bolsa. Vejo-a envelhecer, de repente somos velhos judeus emigrados. Sinto ternura por essas mãos inúteis, por ela, por nós. Teria adorado dizer ao cônsul: "O senhor pode enfiar seu visto no cu"; mas não: tudo bem, obrigado, Senhor Cônsul. Momento em que se sente o exílio.

– Com seu carrinho de vendedor ambulante, você é o sorveteiro da psicanálise – me disse um dia Zoilo, em Zaragoza.

Voamos para São Francisco num enorme elefante voador: o Jumbo da Panam. Eu tinha essa estranha fome que sempre me assalta quando pego o avião. A comissária de bordo me serviu um gim-tônica. Abri uma página de meu caderninho de viagem e escrevi: "*Jimmy Carter, here I come*". O que que eu vou fazer se gosto muito de Jimmy Carter? Mas nunca poderia confessar isso a Marie Langer, meu supereu político. Como já disse, todos temos nossos pequenos segredos.

Certa vez, na praia de Ondina, tive uma conversa com Marie. Comparamos nossos rumos ideológicos após o Dilúvio. Em que somos diferentes? Marie me confessou que nunca poderia escrever um capítulo como o que eu redigi sobre a morte de Noune.

– Por quê?

– Porque é muito íntimo. Não interessa a ninguém além de você – acrescenta ela, sem muita convicção. Não é bem assim. Marie gosta de manter um espaço privado propício à ação política. Um líder não pode ser intimista. Ela renunciou ao subjetivo por uma causa social. Comigo é totalmente ao contrário: na minha busca da verdade, posso renunciar a um engajamento político. Eu dou prioridade à verdade, Marie, à justiça. Para ela, o inconsciente é político; para mim, a política é o inconsciente. Enorme diferença.

São Francisco: uma cidade salina, marinha, com ruas ventiladas e um céu semelhante ao de Mar del Plata. É também uma reparação étnica, como Cairo e Jerusalém. Tudo que é oriental tem lá uma familiaridade cotidiana. Se o Vaticano se mudasse para São Francisco, a Guarda Suíça seria japonesa, com alguns filipinos. Percebo em mim uma euforia turística. Tony Bennet me dá as chaves da cidade e compro meu primeiro par de Nike, uma maravilha de tênis em forma de lancha com lados azul elétrico e amarelo canário raivoso.

Passamos dois dias bancando os turistas, visitando a Golden Gate e comendo caranguejos gigantes na Marina Boulevard. No terceiro dia, partimos cedinho de ônibus para Esalen.

Esalen ocupa cinco hectares que dão para o mar. É uma propriedade do tamanho do Axé Opô Afonjá. Bangalôs esparsos, bem distribuídos, partem do edifício mãe, peça central e restaurante da comunidade. Por sorte, fomos alojados num bangalô com vista para o oceano, cercado de pinheiros, de onde se ouve o rumor do Pacífico. Banheiro privado de grande luxo. Alívio. Eu temia que Esalen fosse austero, macrobiótico, ou em ruínas como o hotel do Corcovado. Nada disso: a organização parecia eficiente e a hotelaria, de primeira classe.

Silêncio do mar. Ao longe, um cão late. Ainda não está na hora do jantar, no entanto sinto fome. Escrevo numa mesa rústica de madeira cor de mel. Degusto o resto do Chivas que comprei no *duty free*. Eu tinha decidido começar um regime de alimentação sadia, embarcar pela primeira vez numa experiência sem tabaco, nem álcool, nem café (exceto pela manhã), nem açúcar, mas com maconha. Lá, ter trinta gramas de erva não é um delito e a variedade local, chamada "sem semente", tem fama.

No restaurante, há cinqüenta pessoas. À primeira vista, eu diria que a média de idade é de trinta e cinco anos. Um grupo bronzeado e alegre de blusões coloridos. O mesmo clima simultaneamente elegante e excêntrico que o que Penny e Yoschide encontraram na Arca do Hotel Catedral.

Uma comida saborosa, Penny: *roast-beef* cozido ao ponto, batatas com casca, milhos perfeitos, grandes saladas de várias folhas, tomates, pepinos e lentilha. Leite de vaca de Esalen, manteiga e pão caseiro. Havia um menu vegetariano, mas eu o dispensei. Tão tão sadio eu não conseguia ser.

Naquela noite, meu grupo marcou encontro no bangalô de Fritz Perls. Iniciar-se com a primeira partilha de pão da Gestalt era bom augúrio. A casa: uma provocativa gôndola de vidro, aninhada no barranco da parte mais alta de Esalen.

Numa sala helicoidal, uma dúzia de pessoas que conversavam em pequenos grupos. Conversa social de louros sentados em almofadas. Estávamos em junho, mas o frio justificava a lareira acesa e os agasalhos índios. Instalei-me perto da lareira com a agradável sensação de não ter nenhuma responsabilidade com aquelas pessoas. Bárbara Clemens se encarregará disso. À sua chegada, observei imediatamente que ela estava tensa. Isso não me espantava. Eu mesmo durmo muito mal na noite que precede um Laboratório Social. Bárbara tem o jeito dessas mulheres que nascem para ser divorciadas. Agradável, simpática, mas neurótica no mais alto grau.

Naquela noite, nada de particular se produziu, exceto um convite para correr no dia seguinte antes do café da manhã. Aceitei. E eis-me às sete e meia, tiritando de frio, fazendo flexões em frente ao bangalô de Fritz Perls. Éramos cinco homens e três mulheres. A instrução era correr cinco quilômetros. Pesei a capacidade física de meus colegas e pensei que eu tinha chance.

No primeiro quilômetro, corri com muita vontade. Um pouco adiante, depois de uma encosta, estava em terceiro lugar, mordendo os calcanhares de Bárbara, como Colita fazia. Mantive essa posição e Bárbara começou a se queixar de sua má noite. Na primeira reta, acelerei nos meus Nike e a ultrapassei. Em contrapartida, Joseph, o melhor da corrida, não se desencorajou. Meu rival parecia com o Goldfinger, de James Bond, mas mais magro e em excelente forma. Profissão: engenheiro especialista em raio laser. Nos últimos cem metros, aceleramos o ritmo: a fome apertava.

Duas horas depois, tínhamos encontro marcado nas termas. Uma longa rampa nos conduziu aos banhos. Deixamos nossa roupa na ante-sala. Não acho nada erótico ficar nu sobre ladrilhos molhados. Apesar de tudo, Bárbara Clemens nua é muito mais bela do que eu pensava. A palavra exata é "firme". Seios firmes, baixo ventre firme e anacarado. Estávamos os doze, juntos, numa grande banheira de água sulfurosa. "A água está a 45 graus", diz Joseph, exagerando. O incômodo reina: demasiada nudez, estamos como sardinhas em lata. Meu pênis, que se enruga como pele de escroto, acusa o golpe. Calor fora, gelo por dentro.

"Fechem os olhos e tentem sentir seu corpo", propõe Bárbara. As ondas do Pacífico sublinham a cadência dessas palavras. O odor sutilmente diabólico dos eflúvios termais evoca o inferno celeste. O corpo se aclimata gradualmente à água quente.

Bárbara continua a nos dar instruções corporais. Sua voz nos incita a uma concentração hipnótica. O corpo vai perdendo sua couraça.

– Flutuem... flutuem... flutuem... – sua voz se tornava cada vez mais distante, perdia-se nos limbos sulfúricos.

Essa experiência com Bárbara me decepcionou. Martha e eu trabalhamos bem melhor nos nossos Laboratórios. Durante cinco dias, fora fazer massagens, não aprendi grande coisa. Ah, sim: uma meditação sobre o Bolero de Ravel. Colocávamos o ritmo dos baixos no ventre, a melodia no coração e o som das vassourinhas nas caixas na fronte – limpando assim o terceiro olho.

Na sexta-feira à tarde, conheci Betty Fuller, a coordenadora do segundo Laboratório. Naquela manhã, cena de adeus com os membros do grupo de Bárbara Clemens. Despedidas clássicas de fim de terapia, com lágrimas, promessas de amor eterno, e *poor butterfly*. Quantas repentinas paixões recíprocas! Depois de almoçar, cochilo, termas e, novamente, submersão como uma viúva alegre num novo encontro com quinze outras pessoas. Joseph me acompanhou. Fazia muito sol naquela semana. O grupo era novo, Joseph e eu éramos os únicos de pélvis bronzeada. Havíamos adquirido a sutil desenvoltura do lugar: éramos *Esalen men*.

Betty Fuller: uma mulher colossal, intemporal. Dou-lhe entre quarenta e cinco e sessenta anos. Ela mede um metro e setenta e cinco e deve pesar cento e quarenta quilos em jejum. Enorme, com um rosto ameaçador. Entre os pacientes, há três obesos, o resto tendendo para o gordinho. Joseph parece enxuto, e eu, magro. Nós nos perguntamos se não nos enganamos de grupo.

Betty exerce a fascinação de uma feirante.

– Betty Fuller vai lhes ensinar a dançar – diz ela. – Deixem-se levar.

A música me deu um sobressalto: *Crime of the Century*, de Supertramp, a música favorita de meu filho Marcos. Escuto sem dançar, de olhos fechados, passando a música pela ótica do Bolero. O *Crime of the Century* também se refrata: a bateria desce para o ventre, o peito se transforma em caixa de ressonância melodiosa, falta a percussão aguda frontal.

– É preciso entrar na dança automática – escutei e comecei a dançar com aquele pião cósmico que era Betty Fuller.

Foi insólito, disse a Martha, à meia-noite, quando a encontrei nas termas. Arrebatador contraste: depois de minha *dancing night* em companhia de grandes cetáceos, ela parecia uma foquinha.

Como passava todos os meus dias, de sete horas da manhã até a meia-noite, entre cursos de ioga e termas, estava em contato permanente com meu corpo, com o corpo lúdico, o corpo erógeno, o corpo epidérmico das massagens. Mais de doze horas correndo, dançando, fazendo ioga, sem contar os "calores das sulfataras", como Joseph nomeou as termas. Percebo que minha concepção do tempo mudou: numa comunidade sem trabalho, nem rádio, nem televisão, nem jornais, nem álcool, nem café, o fuso horário é diferente. Martha chama esse tempo de "panterapêutico".

No dia seguinte, descemos para as termas com Betty Fuller. Joseph fugiu. Eu desconfiava que ele não gostava de mulheres tão gordas. Nua, Betty é impressionante: seios enormes numa pele de bola de borracha pronta para explodir. Momento difícil para ela: como esconder cento e quarenta quilos, sobretudo quando se é psicoterapeuta? Ela ficou no centro da banheira e, lentamente, com seu histrionismo circense, deu uma volta completa, exibindo-se.

Pediu que observássemos seu corpo; queria falar primeiro do que nele a agradava. Cena forte que mergulha nas penumbras do masoquismo. Fascinação pela beleza monstruosa.

– Adoro meus braços. Um pescoço bonito, um lindo rosto. Certo, tenho seios grandes, mas eles são firmes.

Pausa.

– Tenho vergonha de uma coisa: essa bolsa que me cai da barriga.

Ela então pegou seu avental de gordura com as mãos.

– Peguem – insistia ela –, quero sentir minha vergonha.

Silêncio imóvel, ninguém ousava, como se aquele avental adiposo fosse a vagina primordial que engendrou o mundo. Ficamos abobados.

– Toquem! – ela suplicava.

Silêncio. Ouve-se o grito histérico e alarmado das gaivotas. De nossa paralisia, as ondas do Pacífico batem mais forte. Finalmente, uma outra mulher gorda entrou na banheira, pegou o avental de gordura, abraçou-o e começou a chorar. Fellini poderia ter filmado essa cena, comovente. Compreendia tudo, embora não houvesse nada a compreender. Fiquei tentado a também pegar o avental e dizer: "Betty, você é bela". Seu criador, Penny, teria sido capaz de falar esse tipo de coisa. Mas eu não falei. Não dessa vez. Não cabia, mesmo que, à sua maneira, Betty fosse bela. Essa mentira por compaixão não tinha razão de ser. Percebi que eu estava mudando, uma mudança de caráter em estado nascente. Não, eu não podia mentir para ela.

Passamos pela lavanderia e, enquanto as máquinas se ocupavam de nossas roupas, fomos à horta que ficava ao lado. Martha queria me mostrar seu trabalho. Ela havia trabalhado sábado e domingo com um jardineiro experimentado que a iniciou no cultivo das plantas. Terraterapia. A partir do viveiro de mudas, nota-se que o luto dá uma virada radical. Em Esalen aconteceu o terceiro aniversário da morte de Ariel e, desta vez, o lugar tinha sido sabiamente escolhido. Discrição e apoio da comunidade. Martha pôde simplesmente chorar. Estávamos próximos um do outro e, ao mesmo tempo, muito distantes. Os amores crepusculares talvez sejam isso.

Os dias passaram alegremente nesse agradável paraíso. Outras terapias de grupo se sucederam. Pratiquei *belly dancing* com uma tailandesa de pélvis tridimensional, kundalini com discípulos de Bagwan e uma admirável semana de Gestalt com Dick Price.

Depois veio o momento do aikidô. O professor se chamava Bob Nadeau, um personagem singular de cerca de quarenta anos, de corpo de atleta. Ele poderia ter sido o irmão marcial de Danny Kaye, pois tinha algo de cômico. A lenda conta que Bob Nadeau era policial e que foi enviado ao Japão para estudar os métodos de defesa pessoal. Lá, teve uma queda de cavalo e sua vida foi radicalmente transformada. Ele se tornou guru do aikidô.

Percebe-se nele um passado de violência; além disso, fala dele sempre em terceira pessoa, como os heróis de Hemingway:

– Bob Nadeau está com vocês – diz ele, dançando no meio da pista. – Ele sente a energia do lugar.

Bob pede um minuto de silêncio em memória de Ueshiba, o iniciador do aikidô, recentemente falecido. Essa arte marcial é mais refinada que o jiu-jitsu. O jiu-jitsu utiliza a força do adversário para jogá-lo ao chão, o aikidô se serve dessa força para o bem dos dois combatentes. Aikidô significa "arte da paz". Nadeau nos conta que Ueshiba não foi apenas lutador e filósofo, mas também poeta e calígrafo.

Estamos em círculo em torno de Bob, que continuava a se balançar numa rede enquanto nos anunciava que íamos aprender a meditação, base espiritual do aikidô. É uma meditação para guerreiros. Posição ativa da mente, o contrário da mente vazia. Acho que o aikidô se assemelha à atenção flutuante do psicanalista.

Tudo começa com flexões, longas flexões, expirando o ar, depois inspirando ao se levantar. Subir, descer, inspirar, expirar. A cada flexão, deixa-se de lado o estado de consciência do momento. Está claro?

– Não – diz Joseph.

Nadeau o olha com desconfiança, antes de concluir que a incompreensão é normal.

– Eu não compreendo – repete Joseph.

– O que você não compreende?

– Esse deixar de lado.

Nadeau então utiliza a metáfora fotográfica. A consciência de cada momento é como uma foto. A cada expiração, queima-se a imagem do momento. Com a inspiração, aparece uma nova imagem, que será fixada, contemplada e novamente descartada.

Começamos.

A metáfora era boa. As primeiras imagens saíram queimadas. Depois tive a impressão de que todas as fotos saíam queimadas, porque nada acontecia.

– Sejam pacientes, saibam esperar. Não esperem resultados no início.

Nadeau baixa o nível da luz. Flexões, mais e mais, em silêncio. A película da consciência continua queimada pelos timpanismos do tímpano, pelos borborigmos do cólon, ou pelos pássaros do bosque. Não acontece nada. Medo do ridículo. O rei nu está fazendo ginástica com Nadeau.

– Bob Nadeau sente algo no peito – diz ele. – Bob Nadeau tem mais força nos braços.

Eu não sinto nada, talvez um pouco de calor, mas só. Persisto. Quando inspiro pela enésima vez, a sensação de algo psicodélico aumenta em mim, como quando se liga um motor. Não tenho vontade de descartar essa imagem, mas a voz de Nadeau me chega, telepática:

– Mesmo se a imagem for boa, deve-se descartar. Se ela tiver sentido, voltará.

– Estou com sono – diz uma mulher grandona, de rosto anguloso. Ela boceja, o grupo inteiro boceja, unido por uma forte resistência. Vejo corpos sem desejo, alguns rebeldes, quase desafiadores. Joseph está a ponto de se amotinar.

– Bob Nadeau tem medo de que uma mulher grite.

O cara é um bruxo. Ele sabe que uma centelha pode ser perigosa.

– Estamos no limiar do nível energético superior – explica ele.

Nadeau, excelente mímico, adota a posição de um surfista que contorna uma onda. Mais tarde, anotarei no meu caderninho que parecia uma tauromaquia existencial, o mestre aikidô tinha algo de um toreador.

Soa o gongo do recreio. Desabo numa montanha de almofadões no canto da sala. Minha mente está vazia. Doce música de fundo.

Uma vez mais, Nadeau dança no meio da pista, gotas de suor brilham em sua fronte. Descarto a imagem pouco nítida de uma rua sob a chuva. Sucedem-se outras imagens que eu descarto também, uma após a outra. De repente, numa inspiração, a minhoca do anzol recebe seu primeiro mordisco: aparecem beduínos atravessando uma duna de areia. Uma imagem clara, tão nítida quanto num lindo sonho. Os beduínos desaparecem antes mesmo que eu tenha tempo de descartá-los. Respiro profundamente. Uma outra imagem se projeta na minha boca. Sensação imperiosa de uma sede instantânea. Fico um tempo dobrado, com a cabeça balançando. Ao me levantar, vejo um oásis. Não há dúvida, é o corolário dos beduínos e da sede. Despeço-me da miragem com uma profunda expiração e, pela primeira vez, levanto-me com uma certa curiosidade. O que me reserva agora a caixa de surpresas?

Um vazio total, diferente do precedente, delicioso, que combina com o oásis. Descarto essa imagem. Desperto no reino vegetal. Sou uma alga com as raízes presas na areia. Eu, alga, balanço ao sabor das correntes marinhas. Duas forças me atravessam: as raízes me sustentam e a água me levita. Descarto essa imagem e, agora, sou estrela do mar.

– Sou uma estrela – digo. Eu tinha que dizer. Dois braços, duas pernas, a cabeça é a quinta ramificação. Uma cabeça tão importante quanto uma ramificação, mas descentrada. O centro está no umbigo.

Abro os olhos e volto para o salão. Mais da metade do grupo repousa. Uma bondade astral nos cerca. Nadeau dança no meio da pista. Eu lhe conto minha experiência.

– É o que o tai chi busca – me responde ele, satisfeito, como se eu fosse um bom policial dirigindo o tráfego na encruzilhada da avenida São João.

Último Laboratório, o oitavo em um mês. Durante todas aquelas semanas, tinha conhecido várias pessoas numa promiscuidade arcaica e globalizada: gordas, magras, neuróticas, perversas, mulheres vestidas, outras nuas e firmes como Bárbara Clemens, e homens hirsutos como Joseph. Custava-nos deixar Esalen, eu e Martha teríamos tranqüilamente ficado mais um mês. Mas a televisão, os hambúrgueres com ketchup e fritas, os jornais, a cerveja, os cigarros, tudo isso fazia falta.

Só faltava um Laboratório: a cereja em cima do doce. Um laboratório para a solidão compartilhada dos corredores fundistas. Mike Spino descrevia sua terapia de grupo da seguinte maneira: "Essa terapia leva em conta recentes pesquisas em psicologia esportiva, o treinamento integral dos atletas soviéticos, a filosofia oriental e as artes marciais, como também as pesquisas realizadas no Centro Esportivo de Esalen. Estudaremos diferentes estilos de corrida, exercícios de esforço e de flexibilidade e programas de treinamento. Cento e dez dólares".

Exatamente o que eu precisava. Passar um fim de semana com irmãos de tênis, correndo e conversando sobre o cuidado dos pés, trocando receitas atléticas e outras boas dicas de esporte. Voltar à época dos acampamentos em Bariloche, lembranças míticas e idealizadas, se considerarmos que nunca acampei e nem mesmo carreguei mochila nas costas. Meu sonho de *boy-scout* pela módica soma de cento e dez dólares – mais barato que a bruxa Maria Sabina.

Começou bem, como nas más séries televisivas. Eu estava numa banheira, lendo *Beyond Running*, de Mike Spino, quando chegou um cara, em bom estado físico, e sentou a meu lado. Corpo peludo, longas pernas, longos braços. Ele olhou meu livro e sorriu. Olhei a capa, olhei o recém-chegado: era Mike Spino. Estávamos na mesma banheira. E foi mais forte do que eu, comecei a puxar saco:

– Percorri milhares de quilômetros para conhecê-lo.

Mike Spino enrubesceu de prazer.

Botei lenha na fogueira:

– Seu livro foi muito importante para mim.

Taí, é simples, basta dizer o que eu gostaria de escutar.

– *Good* – disse ele. Eu sentia uma espécie de admiração infantil. Aliás, eu tinha motivos. Mike Spino não tinha corrido na equipe olímpica em Montreal e não tinha ganhado bronze nas Olimpíadas? Medalha de prata olímpica, Jack!

Redigindo essas Memórias, percebo que minha experiência com a psicanálise foi exitosa na medida em que tenho uma facilidade prodigiosa para as transferências fulgurantes. Fico enamorado de todos os meus mentores.

Depois do almoço, nos reunimos no ginásio. Éramos muitos, mais de trinta e cinco pessoas, entre as quais apenas oito mulheres. O mais jovem do grupo tinha vinte e três anos, o mais velho, cinqüenta e três. Era eu. A coleção de tênis era impressionante: Adidas, Vilanova, New Balance, Pumas Easyrider. Meus Nike não deixavam nada a dever: Mike usava Nike.

Um lindo grupo. Grandalhões louros da Califórnia, pessoas simples. Sãos e não complicados. Naquela noite, Mike Spino fez uma conferência sobre a corrida aeróbica. Teve dificuldade de traçar a linha conceitual que separava correr da marcha de Cooper. A contribuição de Cooper é mais importante em medicina esportiva do que em esporte de competição. Cooper é o pai do trote, não da corrida. Mike Spino separa claramente o trotador do corredor.

– Qual é a diferença? – perguntou alguém.

– O corredor faz uma milha em menos de seis minutos e meio.

Fiz rapidamente o cálculo: meu recorde pessoal para os três mil metros é de quinze minutos e meio. Então, corro uma milha em oito minutos. Segundo esses parâmetros, sou um trotador, ou melhor, um *borderline* atlético.

O momento mais forte da conferência foi a exaltação da proeza esportiva. Mike Spino contou com entusiasmo a história de Bannister, o primeiro a correr uma milha em menos de quatro minutos. Passou um vídeo do corredor, voando como o vento nas planícies da Escócia.

A proposta espartana fascinou o grupo, fazendo da rapidez e do esforço um militantismo. Ao ver o brilho nos olhos deles, compreendi que em parte tinha me enganado na minha apreciação inicial. Os bárbaros da Califórnia não eram neuróticos, mas fanáticos.

– Não sei se concordo com essa filosofia – disse eu naquela noite mesma a Martha –, embora o esporte levado ao extremo possa ser uma maneira de não ter mais medo da morte. Por outro lado, *La lección de Ondina* mostra que para chegar a isso é preciso ultrapassar a barreira do esgotamento.

Mais de vinte e cinco atletas em fila, correndo na madrugada. Céu azul chumbo, esverdeado. O sol não se levantou ainda. Partimos às cinco horas e meia, tiritando de frio na alvorada. Costeamos a praia, todos vestidos de azul. Mike Spino havia dito que essa corrida antes do café da manhã era facultativa, mas mais da metade do grupo compareceu. Corremos por um desfiladeiro estreito: embaixo, o mar; entre ele e nós, um precipício de cerca de duzentos metros. Quietude absoluta, o bosque de abetos absorve o ruído ocasional da estrada. É uma corrida de aquecimento, o pelotão segue o ritmo dos mais lentos. Ao cabo de uma hora, voltamos para o café.

– Comam *corn flakes* com creme e muito açúcar – recomendou Mike Spino.

Depois, saímos para a verdadeira corrida. Nos três mil primeiros metros, o pelotão estava compacto, depois os mais rápidos tomaram a dianteira, cem metros, duzentos metros, a distância aumentava pouco a pouco. Lá atrás, com as mulheres, eu.

O caminho se afasta da costa e penetra na garganta de colossais *redwoods*. Lugar mágico, com musgo e um riacho que serpenteia sob a abóbada das árvores gigantes. Acampamos numa clareira, lá onde o riacho se alargava e as lontras mostravam o nariz. Ouvi alguém dizer:

– No ano que vem, vou correr a maratona em Marathon.

Simples e complexo assim. A maratona em Marathon, como o leite materno, como balançar-se nos jardins suspensos da Babilônia, ou tirar o tarô em Delfos. A maratona em Marathon! Eu me imaginava fazendo essa corrida de quarenta e dois quilômetros, respirando ventos homéricos com a mesma elasticidade parcimoniosa dos sonhos. Imediatamente tomei a decisão de ir, eu tinha que ir, é o que se chama de dever desejante. Finalmente, não fui, mas é uma outra história. O dever desejante me havia conduzido, certo dia, à cabana de madeira de Suzanne Langer e, mais tarde, me lançaria nos braços de Graça.

Retornamos para a casa correndo, fazendo um desvio pelo parque de Esalen para ver um torturado pinheiro de Monterrey, a mascote do lugar.

Despedimo-nos, tchau Mike.

Almocei com Joseph. Momento triste. Partir é um pouco como morrer... muito.

– Se você passar em Los Angeles – disse ele, escrevendo seu endereço em *Vaginas para colorir*, um livro com o qual havia me presenteado.

Tchau, Joseph.

Tenho que falar da *Viagem de Ulisses*, dever desejante e frustração. Tem relação com meu cunhado, o da escultura anônima. Com o dinheiro de uma herança, Francis decidiu realizar seu sonho: fazer a viagem de Ulisses no Mediterrâneo, conforme contada na *Odisséia*, passando por Cila e Caribde, escapando das sereias e suspirando por Penélope. Foi para a Turquia e comprou um veleiro que ele equipou para a aventura. Francis, que na época tinha trinta e oito anos, parecia muito com Cousteau. Era, entre outras coisas, um homem do mar. A equipe era composta por amigos do grupo Falena: poetas e filósofos. Heidegger quis se juntar a eles, mas era velho demais. Eu também queria ir. Falei com Francis.

– Vocês vão precisar de um médico a bordo.

Eles aceitaram. Havíamos calculado que a viagem duraria dois meses. Imagine oito homens lúcidos, sob o céu estrelado do Velho Mundo, escutando as sereias... Certamente ouviríamos o canto delas. Com a viagem organizada, Francis partiu para o Chile de Allende, convidado pela Universidade de Santiago. Devia dar um curso sobre a capacidade inventiva.

– Vou falar do que pregar um prego implica – nos disse ele, a Noune e a mim, em sua passagem por Buenos Aires. Eu lhe ofereci *Heroína*, que acabava de ser publicado. Isso me permite datar o momento: 1967.

Francis morreu ao decolar de Caracas, no maior desastre aéreo da Air France.

38
Meu delírio de aposentadoria

Quando aterrissei no aeroporto de Salvador, um vago calor me lambeu como um colita ciclópico. Lufada tórrida. O calor da Bahia sempre surpreende. As roupas colam no corpo quando ainda são oito e meia da manhã.

Uma vez no litoral, me sinto em casa. Martha também. Isso vem do ar, da beleza das praias. Itapuã, Piatá, Placafor despejam sua magia colorida numa maré baixa que as embeleza. Assim que cheguei, tirei os sapatos, minhas calças, toda a roupa séria do homem que atravessa a alfândega, vesti um calção de banho e desci para a praia. A água salgada, quase tépida, e o ar que passa com a doçura da brisa me acariciam a pele. O mar é minha segunda casa. Percorro Ondina e sinto sua sensualidade e sua elasticidade lendárias, que lembram as ancas das mulatas.

O Louco está no lugar habitual. O Bom Líder Negro me estende a mão e me pergunta como foi nos Estados Unidos. Conta-me novidades de Colita, de Ratinho e dos outros.

– Tá tudo bem – diz ele.

O Louco mudou. Parece que está melhor, mais ativo, mas ficou mais feio, tipo adolescente escrofuloso. Chega a jogar partidas de futebol, mas não fala com ninguém. Engordou, adquiriu barriga. Masturba-se freqüentemente, olhando as mulheres; de fato, ele pratica o mais popular e mais secreto dos jogos de praia. Considerando-se tudo, ele não mudou: louco como sempre.

Começo a correr, trotando, esticando bem as pernas, aplicando as instruções de Mike Spino; minha pegada é mais forte. Depois jogo frescobol com um dos gêmeos. Testamos uma bolinha preta e dura que comprei em São Francisco. Fraco resultado.

Colita chega, fico contende de vê-lo. Ele também mudou. Seu dono oficial me dirá depois que ele fugiu de casa. Às vezes aparece, de visita ou para comer, mas não fica. Diz-se que a chegada do bebê o tornou ciumento e que ele se tornou cão vadio. É possível, o mesmo aconteceu, no nascimento de Belén, com o cão que tínhamos em Londres. Colita está magro e parece mais velho do que é. Quando me reconhece, encontro por um momento o Colita de antes, uivando e latindo, mas ele rapidamente readquire o perfil sério do cão sábio. Lamento seu devotamento lúdico do passado, assim como o esplendor catatônico do Louco. Fim da infância de Ondina. Todos mudamos.

Eu agora me pergunto qual é minha própria loucura. Não sei. Entro aqui numa zona de sombra, mas talvez essa zona não exista, ou talvez baste ver que ela existe. É muito complicado. Vou lhe dar um exemplo. No *Casarão*, Tato e Hernán me chamavam de “O Mudo” e eu não sabia se era porque eu falava pouco ou porque falava muito. Hoje ainda não sei. Quando lhes faço a pergunta, começam a rir e acham que estou brincando. Há coisas que a gente nunca chega a saber, ou será que apenas os autistas, como eu, não podem saber? Você compreende o dilema, não é? A zona de sombra talvez seja a zona de luz.

Certas loucuras são como o mau hálito: só os outros se dão conta dela. A propósito, alguém disse que Victor Hugo era um louco que se tomava por Victor Hugo. O poeta se torna louco quando assume a imagem que o outro lhe devolve. O contrário do que aconteceu com Narciso: ele se afogou porque acreditava que o reflexo de sua imagem no lago não era a sua. No fundo, é exatamente a mesma coisa, e é isso que é estranho. E não esqueçamos que o Rei está nu. A loucura de Victor Hugo foi realizar seu delírio de ser o melhor poeta francês. O delírio como projeto: apostar tudo no delírio até realizá-lo. O delírio veste o personagem. Freud era um louco que acreditava na psicanálise quando ainda não era freudiano. Maquiavel foi um louco maquiavélico. O delírio é montar num potro: arrisca-se a queda mortal, mas também se pode domar o animal. O delírio domado se chama mitomania.

Meu delírio de aposentadoria? É muito simples: ser sábio. O delírio engendra suas próprias condições impossíveis de existência. Tenho a impressão de que não penso como os outros.

De retorno a Ondina, fui nadar, testando meu corpo esalênico. O mar é o brinquedo mais maravilhoso do mundo, nos massageia com sua espuma vigorosa, nos provoca com suas ondas de todo tipo, pode-se entrar nas suas águas e nelas se esconder. Brinca-se com o mar, navega-se, pesca-se, e no fundo mora o continente perdido da Atlântida.

O mar inspira respeito, ele já me impressionava antes de ter visto *Tubarão*, de Spielberg. Jack era um nadador fundista. Lembre-se de que ele me levava mar adentro, contornando os diques do norte em Mar del Plata. Para ele, nadar era uma forma de alpinismo. São enormes a solidão e o perigo quando o litoral é apenas uma linha no horizonte, o risco estimula. Perder-se em alto-mar. Ele dizia que aquele que se contenta com ficar no pé do Everest não faz alpinismo. Hoje, eu não me afasto a mais de cem metros da margem.

O mar está calmo e cristalino. A descida para o fundo é doce. Vou até o próximo arrecife para ver se a água me puxa. Jack sempre insistia nesse ponto. Volto à superfície. Sobrevôo um banco de areia cheio de rochedos cavernosos. Os peixes violeta e negros de ranhuras amarelas, assim como raras moréias, escolheram ali sua morada. Algumas algas, vermelho vivo ou verdes, parecem com professores de aikidô. No mar, compartilho a satisfação dos míopes: vejo melhor. Adiante, um cardume de peixes nômades, lagostas prateadas, aerodinâmicas como estiletes, abrem caminho para mim.

Saio da água pela crista de uma onda nervosa. Sim, é isso, o mar é minha casa. Depois de ter conhecido outras isóbaras, posso dizer que a Bahia é única. A língua quente do cão só lambe no aeroporto. Uma vez atravessado esse limite, entra-se no Jardim de Alá.

É preciso despir-se para entrar no paraíso. Um homem de paletó e gravata sofre na cidade baixa. É por isso que trabalho de short. Os executivos bem vestidos, na sala de espera, me olham espantados.

– Você pode trabalhar vestido assim, mas eu não – me diz meu amigo Varón.

– Por quê?

Mas já tinha a resposta. Um aposentado como eu, renomado (a justo título), pode gozar de certos privilégios.

Primeira terapia laboratório social depois de Esalen. Cada um quer mostrar ao outro o que aprendeu. Martha e eu preparamos a terapia com muito cuidado e uma grande expectativa. Todos queriam ver a trama do novo trabalho na tecelagem. Trabalhamos harmoniosamente, como clavicórdios bem afinados. Renovados, como velhas amebas que rejuvenescem quando copulam.

O Líder Branco e a Papisa do Tarô coroaram uma época. A fluidez da leitura era tal que a técnica se tornou invisível no trabalho de tecelagem.

A psicanálise é um domínio que Freud explorou, um vasto campo que vai de Lacan a Jung, de Bion a Stekel, de Melanie Klein a Anna Freud, de Tausk a Groddeck, de Lou Andreas-Salomé a Arminda Aberastury. Diria até que chegou o tempo de elaborar uma genealogia herética da psicanálise. Esalen não tem consciência de sua dívida para com Freud. Reich, Perls e Moreno foram filhos ingratos, embora talentosos. A jovem ciência centenária conheceu, como era previsível, avanços e retrocessos, modas, revisões e traições.

A psicanálise tem sua própria técnica de meditação, na qual tudo flui no universo da associação livre. A escuta imponderável da atenção flutuante. Poderíamos dizer que ela é, essencialmente, uma arte marcial. Todo movimento tem sua importância, e nenhum a tem, num mundo no qual tudo está contido e nada o está. A técnica da atenção flutuante, como o aikidô, privilegia cada emergência. A psicanálise é uma meditação sensual, compartilhada. São as peripécias de um encontro íntimo. A psicanálise é um virtual beijo de língua.

39
Morte de Beatriz

Vôo	Destino	Via	Hora	Portão
VARIG	LISBOA	SALVADOR	08:38	8
KLM	ATENAS	PARIS	9:30	5
PANAM	TÓQUIO	L. ANGELES	10:15	7

Atenas. As plaquetas eletrônicas giravam no grande painel do Aeroporto do Rio. Destinos e horários escalavam as posições. Atenas está na segunda posição. Nosso vôo ainda não foi nem anunciado. Três horas de espera. Não é fácil conseguir passagens em pleno carnaval. Minha filha Paula comprou-as em Buenos Aires. "Não sei como ela conseguiu", se surpreendeu Martha.

O aeroporto é um lugar estático onde tudo se move no mesmo lugar, os carrinhos de bagagem dão voltas. Três horas plastificadas nos esperam. Comprei a revista *Time* e Marcos escolheu um presente para sua mãe. Depois fui ao salão de beleza para matar o tempo. O cabeleireiro que me atendeu era suave e distinto, um italiano de dedos brancos. Disse "sim" para tudo e me deixei barbear até o último pêlo: cinco horas de barba desapareceram sob sua navalha. Precisava desse polimento sublimado porque estava mal, assustado, à beira do pânico. Do italiano passei para uma brasileira que me cuidou dos pés. Marcos chegou e foi para a manicure.

Saí de lá penteado e perfumado. Eram quatro e meia. Bebi um conhaque forte, brasileiro, precisava de álcool. Desci ao balcão da companhia e percebi que estava na hora, subi correndo para avisar Marcos. "Ainda faltam três unhas pra fazer", diz a manicure.

– Vamos logo, vamos perder o avião.

Esperamos alguns minutos no portão de embarque. Ali conhecemos Ana Maria. Amizade instantânea. Marcos e eu, mais uma vez, fizemos o papel de pai e filho modernos. Dramatizamos a super-relação. Fomos obrigados: Marcos também estava com medo.

Uma voz suave anunciou nosso vôo. Subimos os três a bordo e fizemos Ana Maria sentar entre nós. Pedi um gim-tônica, Marcos, uma cerveja, Ana Maria preferiu um guaraná.

A história tinha começado em Madri, um ano e meio antes. Um telefonema na noite. Belén me diz, chorando, que sua mãe está com câncer. Eles a operaram de um suposto fibroma e constataram, ao abrir, que o tumor já tinha invadido o peritônio.

Naquela noite, algo se extinguiu, eu sentia uma tristeza inconsolável e quase clandestina. Certo que Beatriz não era mais minha mulher, mas foi minha inseparável companheira na Torre de Babel da vida. Beatriz, mãe de meus filhos. Eu podia ficar uma semana sem pensar em Beatriz, mas nunca mais do que isso; ela era um personagem duplo, até mesmo triplo. De um lado, Beatriz e sua vida consumida. Do outro, a Beatriz transformada dos últimos anos, com seu passado de frustração e futilidade. A isso se acrescenta uma crescente admiração pela dignidade com a qual ela enfrentou sua doença. Admiração como parte da idealização incontornável que cerca as pessoas que vão morrer. Foi impossível para Beatriz reconstruir uma vida razoável quando eu a deixei por Noune. Se não tivesse havido essa paixão, meu casamento teria sido suficientemente viável para durar o tempo do périplo burguês. Tínhamos em comum nossa vida de família em Stockbridge e os anos heróicos em Londres. Os filhos, a família periférica, os pequenos hábitos e as lembranças ternas nos uniam.

Rompi, e devo acrescentar que sou partidário da ruptura brutal. Em contrapartida, meu sentimento de culpa me levou a compensar o crime conjugal com uma dependência econômica e emocional que não permitiu que Beatriz encontrasse outro homem. Quando deixei a Argentina, a situação sugestivamente melhorou.

Uma comissária de bordo nos trouxe sanduíches. Vêm espetados num ananás que funciona como se fosse um alfineteiro. Ana Maria nos fez perguntas sobre a Bahia e, pouco a pouco, Marcos e eu perdemos nosso verniz. Agora traziam as bandejas com o jantar. Comemos em silêncio. Marcos acendeu um cigarro após o café. Ele me olhou e pestanejou como se a fumaça tivesse entrado nos seus olhos. Caímos na armadilha absurda de nossa própria negação. Então comunicamos nosso destino a Ana Maria. Ela se dirigiu a Marcos:

– Por que você foi viajar se ela estava doente?

Marcos explicou: quando viajou para a Bahia para me visitar, sua mãe não estava tão mal. Seu estado piorou do dia para a noite.

– Não acreditamos em Paula – eu disse a ela, explicando que Paula é minha filha.

– Não acreditamos quando ela nos telefonou. Pensamos que ela estava exagerando.

Qual era a cena que eu temia, a que era responsável pela demora? Há duas: ver o câncer se refletir em seu rosto e ver o medo da morte se refletir em seu rosto. Buracos negros.

Ninguém nos esperava no aeroporto de Buenos Aires. Na alfândega, Marcos conseguiu passe livre. Fizemos um caminho diferente, furamos uma série de sinais vermelhos. Eu percebia as surdas estridências de uma grande cidade, curiosamente deserta por ser sábado de carnaval. Aproximamo-nos do buraco negro pela avenida 9 de Julio.

Ayacucho e Las Heras. Paula abre a porta. Olho seu rosto, mas não consigo ler nada. Durante um instante, achei que Beatriz estaria atrás dela, na sala. Rosto de não-posso-falar-agora. Marcos entra com as malas. Alguns segundos se passam. Então Paula nos anuncia a morte.

– Quando?

– Faz mais de uma hora – responde Paula, sem olhar seu relógio. O pai de Beatriz está na cozinha, ele prepara café. Reconheço a presença de uma morte fresca; o clima de velório ainda não está armado. Paula está para além do cansaço, quase plácida. Ela cuidou de tudo.

Paula leva Marcos ao buraco negro. Ele abre a porta e entra. Passaram-se cinco minutos. Quando entro, Marcos está com sua mãe nos braços. A intimidade da cena me impacta.

Fui ver Beatriz e fiquei aliviado. A imagem que eu temia não me olhava. Rosto céreo com uma expressão de dor póstuma, mas era o rosto de Beatriz. Aqui jaz uma mulher vencida, dizia o rosto. Seu corpo frio surpreende Marcos. "Ela está morta há mais de uma hora", repete Paula. Eu não a toquei.

Eu tinha falado com Beatriz uma semana antes, pouco depois da chegada de Marcos. Ela me dissera que ia mais ou menos bem, que tinha febre, que seus cabelos caíam, e um turbilhão de associações cercara essas palavras, a começar pelo pequeno passarinho morto.

– Por causa da quimioterapia – ela acrescentara, e eu fiquei com um nó na garganta. Mas Beatriz interrompeu a conversa, pedindo-me notícias de Marcos. "Como ele está? Os jornais dizem que há inundações e uma epidemia de tifo". Algo me levou a dar um certo peso à preocupação dela. Disse a ela que o perigo de tifo existia, embora fosse relativo... Só tinham sido registrados casos no interior... estavam recomendando ferver a água, o que estávamos fazendo. Continuei a enumerar as prescrições higiênicas para não desligar logo. Só mais tarde compreendi que ela também queria prolongar a conversa.

Duas horas da manhã. Paula volta para a sala. Cheira a água de colônia. Ela e seu avô se queixam do calor. Eu não sinto calor. Proponho a Paula dar uma volta. Ela se arruma no banheiro. É uma verdadeira mulher, é bela, tem vinte anos.

– Por que você não veio antes? – me perguntou ela ao dobrarmos a esquina da rua. – Por que você não colocou Marcos no primeiro avião?

– Sinto muito, eu achei que você estava exagerando.

– É porque você não me conhece.

Por pura má-criação, respondi:

– De fato, estou começando...

– Não sei se vou poder perdoar você.

Paula tem razão. Eu mesmo não sei se poderei me perdoar. Imagino que ela captou a angústia da mãe que quer dar adeus a seu filho e – por que não? – ao pai de seus filhos.

Tomamos uma Coca-Cola no bar do hotel da esquina. Paula me falou dos últimos meses de sua mãe, da posição desta diante da morte: a maneira como passou de saber sem saber a saber sabendo.

Escuto-me dizer:

– Um padre foi vê-la?

– Na última semana lhe deram a extrema-unção – e por alguns detalhes constato que continua usando o presente quando fala de sua mãe.

Às seis da manhã levaram o corpo. Eu estava cochilando num sofá da sala. No momento em que partimos, a cidade despertava num triste domingo de carnaval e a padaria ao lado abria suas portas.

– Compramos *croissants*? – perguntou Marcos. Lancei-lhe um olhar cheio de reprovações do tipo: "Como você pode pensar em comer *croissants* quando sua mãe ainda não foi enterrada?". Constatei, com a luz do dia, que estava caindo na sábia loucura de um luto convencional.

Compramos uma dúzia de *croissants*. Marcos pagou.

Enterramos Beatriz antes do meio-dia. Tudo transcorreu rapidamente. Sanduíches e cochilo com Valium. Um pouco mais tarde, a casa se encheu de amigos de meus filhos e eu me libertei da minha roupa de viúvo por um dia. Saí para caminhar na cidade, de Ayacucho a Palermo, passando por Dársena Sur, visitando antigos lugares. Não era só uma maratona sepulcral, era mais uma pálida tentativa de construir uma cidade na cidade, quando a cidade é um cemitério. À meia-noite, eu estava na frente do cinema Broadway. Esquálidos ruídos distantes celebravam o Rei Momo. O rei está vestido de negro. Eu pensava na minha dupla viuvez.

Martha tinha proposto me acompanhar, mas preferi ficar sozinho com meus filhos durante algumas semanas. Eu dormia no *living* e Marcos ocupava o quarto de Beatriz. Paula e eu não tínhamos ousado dormir lá.

Com Paula, a relação era confusa, um jogo de silêncios. Com Marcos, fomos interlocutores de nossos respectivos lutos; chegamos até a aceitar o alívio que essa morte nos proporcionou. Suspeito que com Belén aconteceria a mesma coisa.

Curioso como nos parecemos, Marcos e eu. É possível tomar o atalho que Marcos está tomando?

– Acho que você está queimando etapas – eu lhe disse numa tarde. Ele não concordava.

As coisas são parecidas, mas nunca se repetem. Essa é a mensagem. Semelhante à morte de Noune, ainda que não tenha nada a ver com ela. Estou triste, como raviólis, caminho na cidade. Percebo claramente a presença da bolha que me protege. Depois dos cinqüenta, corre-se o risco de estourar como uma rã se não nos protegermos. Há os mortos a enterrar, os adultérios a cometer e as pragas do Egito.

40
Meu medo da morte

Sem rodeios: tenho pavor da morte. Cortázar dizia que a morte é um escândalo. Se você quiser minha opinião, é até o mais escandaloso dos escândalos. O que me espanta não é a metafísica de um além, mas a fisiologia do momento, a hora do último suspiro, quando os olhos ficam vítreos – e paro aí para não cair no macabro. Tenho tanto medo da morte que chego a admirar a coragem dos suicidas. Também é por isso que ensaio a morte toda vez que tenho uma oportunidade. Já morri inúmeras vezes nos laboratórios.

Hernán Kesselman e Tato Pavlovsky trabalham com Cenas Temidas, dramatizando os momentos que cada um de nós mais teme. Para Hernán, a cena mais temida são as pombas batendo-se, em pânico, contra o vidro de uma janela. Para Tato, seria estar sentado num restaurante e, quando o garçom chega com o menu, não poder dizer nenhuma palavra e começar a chorar. Quanto a mim, a cena que mais temo, e que representei em várias terapias de grupo, é a seguinte: morrer na contramão, atrapalhando o tráfego. Estou dirigindo em Charcas e entro na contramão em Ayacucho; um carro em alta velocidade bate no meu. Durante a dramatização, fico morto no centro da sala com o motorista que me esmagou, os curiosos de sempre formam, como moscas, um círculo em torno de mim. Então geralmente acontece esse tipo de diálogo:

– Ele morreu, olhem a nuca! – diz uma testemunha.

– Sim, está com o pescoço quebrado. Olhem como está torto!

– Que horror!

– Acho que não adianta chamar uma ambulância.

– Também, ele entrou na contramão como um louco! – retorque o motorista, que não teve nenhum arranhão, querendo se justificar.

Interrompo o jogo, porque me dói o pescoço.

Eis um outro exemplo de minha morte em um laboratório: um esquimó setentão volta ao iglu e reúne toda a sua família para anunciar sua decisão. Sua mulher, sua filha e seu filho o cercam. São três horas da tarde, mas fora é noite negra. O velho esquimó lhes diz:

– Meus queridos, chegou a hora. Na primavera, fiz setenta e dois anos. Cada inverno que passa, fico mais lento e a vista está fraquejando. Na semana passada, deixei escapar uma foca que era presa fácil, e vocês sabem que aconteceu a mesma coisa com aquele urso que estava a dez passos de mim. Se não fosse meu filho, eu estaria morto.

– Mas papai...

– Não me interrompa, meu filho. Você conhece a lei de nossos ancestrais: quando o homem não serve mais para a caça, ele deve deixar o iglu e se perder na noite.

– Papai, papai, por favor!

– Hoje não cacei nada, estamos com fome e eu sou uma boca mais para alimentar.

Sua mulher começa a chorar e me toma nos braços. Os dois filhos se aproximam e me abraçam. Eu sou o velho esquimó.

– Deixem-me, por favor. Tenho que me encher de coragem e fazer o que tenho que fazer.

– Vou com você – diz minha mulher, que continua me abraçando.

– Querida, quero que você saiba que sempre amei você. Agora, deixe-me morrer como um bravo.

Eu me levanto. Meu filho e sua irmã seguram minha mulher, que cai, desesperada, e eu, com lágrimas nos olhos, parto na fria e cruel noite polar. Sempre choro nesse final.

41
Ruptura com Martha

Chegou a hora de filosofar sobre o casal, essa bela e impossível instituição que, com seus nós e suas cadeiazinhas, está na base de todos os laços sociais. O casamento é um desafio titanesco. Por três vezes o encarei, como defensor da monogamia, ou melhor, como campeão do mais absoluto devotamento amoroso. Tenho que confessar que os momentos mais felizes de minha vida foram vividos em plena dança nupcial, numa fusão total com minha cara-metade, com o coração leve e comprometido. O casal é uma guerra em tempos de paz; uma paz em tempos de guerra. É o Louco no tarô, perversamente sublime para a maioria, na qual me incluo.

Tive uma paciente que tinha um marido que era um verdadeiro saco. Todas as manhãs, ele se levantava feliz com o canto do galo, como se fosse a propaganda do último ansiolítico, espreguiçava-se como um felino, respirava profunda e ritmicamente, um dois três, saltava da cama, abria a janela panorâmica de seu quarto e exclamava: “Que bela manhã!”. Sua mulher, que, nas manhãs frias, era uma toupeira sonolenta, tinha vontade de estrangulá-lo. Ela fazia a seguinte leitura da cena: esse filho da puta tenta me mostrar que estou deprimida, que não me comparo com ele, e é simplesmente insuportável levantar todos os dias com um jovem yuppie que nem mesmo tem mau hálito. A perversão reside em que, num certo grau do processo de decomposição conjugal, o simples fato de ter hálito fresco é um ponto que pesa contra você. A lógica conjugal é uma lógica quântica, o sim e o não nunca ocupam lugares fixos. Quando se começa a comparar o hálito mentolado com o hálito fétido, o casal está na sua fase terminal.

Meu casamento com Martha ilustra bem esse processo. O começo foi auspicioso. Eu atravessava uma onda de esterilidade pós-*Heroína* e não escrevia uma única página há três anos. Portanto, eu estava num estado lastimável. A isso se somava o luto pela morte de Noune e o estado de medo crônico devido à situação do país, pois a FAP era, sem dúvida nenhuma, um calo na bota militar.

O *antiyoyo* nos levou ao exílio. Quando Lanusse foi deposto do poder, a capa da revista *Primera Plana* reproduziu a agenda do general com a seguinte entrada: "Consulta com o Doutor Rodrigué". Não é preciso dizer que o general nunca seguiu o dito conselho. Eu era um cara incômodo. O resto da história é conhecido: conseguimos trabalho na Bahia, em Madri, em Sevilha.

Março de 1981, aeroporto de Salvador. Cheguei de Paris com malas que eram de Gaspar, Melchor e Baltazar combinados. Trazia o último perfume Apfel, patê de fígado de ganso, o primeiro lançamento da Benetton, os sutiãs mais sutiãs da Rive Gauche, calcinhas compradas num sexy shop e uma magnífica capa preta à Michele Morgan, feita com pele de tubarão.

Martha me esperava no terraço do aeroporto.

Como estava Martha?

Como velho comandante de divã, com mais de cem mil horas de vôo, posso situar o estado de uma pessoa com uma certa precisão. Sou um bom psicólogo, como diria minha tia. De modo que logo vi que Martha estava estranha, diferente, um pouco distante. Amistosa, mas reservada. A possibilidade de um amante passou pela minha cabeça, provocando uma baforada de ciúme, mas eu a descartei: cuido ciumentamente de meus ciúmes. Martha me felicitou pela quantidade e qualidade de minhas cartas. Mas já na viagem de volta ela havia dito que queria falar comigo. Havia um ponto a esclarecer ou uma nuvem a dissipar. Mas por que tirar o brilho do encontro, da abertura dos presentes, etc?

Naquela época, morávamos perto de Chame-Chame, numa rua com o insólito nome de Sátiro de Oliveira. Martha abriu os presentes e ficou pasma. Então cenas íntimas ocorreram sobre o papel de seda da capa Michèle Morgan.

Nada de novo no fronte nos dias seguintes. Mesmo que uma grande nuvem pairasse nos meandros da Sátiro de Oliveira, ela só se manifestava naquela reserva que eu havia notado no aeroporto. No terceiro dia, terminado nosso trabalho, Martha me convidou para beber alguma coisa no Salvador Praia Hotel. Nós nos instalamos em poltronas que davam para o mar para ver o pôr do sol. Tudo parecia calmo como uma xícara de chá. Servido o nosso pedido, eu lhe disse algo como "Bom, vamos ver do que se trata", com a mente livre de qualquer culpa, o que raramente me acontece.

Martha foi direto ao ponto. Ela tinha dado uma olhada na pasta que continha meus manuscritos em diferentes estados de preparação. A curiosidade a tinha levado a ler alguns de meus textos. Ela havia encontrado dois nos quais eu relatava meus encontros com prostitutas. Pegou muito mal.

– Como é que pode, Emilio?

Tomado de surpresa, armei minha defesa em torno de três pontos. Primeiro, não era nem uma carta nem um comunicado de um marido burguês que exibe seus deslizes por sentimentos de culpa. Os dois textos eram excelentes capítulos de um livro que ia ser publicado e ela sabia muito bem que eu queria escrever um livro erótico. Em segundo lugar, mas esse argumento era mais frouxo, o que ela havia lido podia ser considerado como um composto de realidade e fantasia. Em terceiro lugar, eu não era, por natureza, uma pessoa fiel, e me parecia que compartilhávamos essa ideologia marital aberta.

Martha respondeu que, de fato, os capítulos eram excelentes, mas ela não podia aceitar que isso se repetisse. O pai da psicanálise na Bahia seria apenas, assim, um velho devasso? Ela não tolerava a idéia de ser misturada com sórdidas histórias. Eu respondi que minhas escapadas não se repetiriam. Depois, com um certo cinismo, acrescentei que tinha recolhido material suficiente e, diga-se de passagem, ela fez mal em olhar meus papéis. Bebemos nossa bebida, comemos a azeitona do Martini e encerramos a questão.

No dia seguinte, acordei com um certo mal-estar. "O está acontecendo comigo?", perguntei a meu travesseiro suado. Então, claramente percebi que de jeito nenhum eu tinha a intenção de honrar minha promessa. Eu sabia que ia mentir, como sempre menti, mas me cansou a idéia da mentira tipo "Pai, estou arrependido, não vou mais fazer coisas erradas".

Então disse a Martha que tinha pensado na nossa conversa e que não estava disposto a cumprir minha promessa. Ou melhor, que não queria me comprometer com vãs promessas, mesmo que para mim, em princípio, o capítulo das prostitutas estivesse encerrado.

– Bem, se é assim, vamos nos separar – disse ela. Então nos separamos. Estranhíssima separação, quase cômica. Lady Martha e Lord Emilio entabularam um duelo de monóculos. Entretanto, o que começou como paródia inglesa acabou num banho de sangue.

Sem querer desculpar a ninguém, nem mesmo a mim, a incursão no País das Prostitutas merece uma elaboração. As mulheres da noite são o símbolo de uma sexualidade proibida e dos mistérios de Safo. Acontece que sou polígamo por natureza; chego até mesmo a dizer que todos os homens o são. Concordo com Lacan quando diz que o desejo masculino é trepar com todas as mulheres do mundo. Penso até que os homens fiéis por vocação ou por princípio não são dignos de confiança. É um raciocínio machista, mas eu desconfio dos homens que não o são.

Desde os tempos de Odila jogando *bridge* eu nunca fui monógamo. É verdade que durante meus dois primeiros anos de estadia em Londres eu fui monógamo, mas foi o tempo das vacas magras. Fui monógamo pela força das circunstâncias. E aqui, na Bahia, no ambiente psicanalítico nascente, era problemático ter uma amante. Matéria explosiva, brincar com fogo. Foi nessa época pré-aids que comecei a freqüentar o fabuloso mundo das prostitutas baianas. Andar de carro por Ondina, rodando, quando a noite cai, é toda uma aventura. Mas daí a dizer a Martha que eu fazia isso para salvar nosso casamento...

Eu tinha um paciente que era um grande masoquista. Sua perversão consistia em montar uma cena na qual ele implorava de joelhos a uma prostituta que trepasse com ele.

– Quanto é que você vai me dar? – perguntava a prostituta, severa, batendo os saltos altos.

– Cem? – respondia ele.

– Não basta. Essa trepação vai custar duzentos.

Meu paciente balbuciava, ela continuava a exigir, e o orgasmo ocorria em meio a uma sangria de dinheiro. Ora, certo dia, ele descobriu que ela, furtivamente, roubava pasta de dentes. A visão do tubo meio espremido que ela escondia em sua bolsa lhe causou um tal choque que rompeu o fascínio. Assim ocorreu o crack.

Pois bem, minha teoria das separações é que tem que haver um crack, um cúmulo, e que esse cúmulo faltava nessa separação. Nesse caso, temos que considerar os antecedentes, e os nossos passam pela letra. De um lado estão os dois textos pornográficos; do outro, o livro que Martha estava escrevendo naquela época. Eu sou Mateo num livro intitulado *Historia sin monumentos*, no qual Martha elabora a morte de seu filho. Esse belo livro, cruel e delirante em alguns momentos, foi escrito ao mesmo tempo que eu redigia *La lección de Ondina*. Certo dia, Martha me pediu que lesse as provas de seu livro. Um frio percorreu a minha espinha, pois Mateo era descrito como um homem lamentável; ora, tenho muita dificuldade de suportar que não gostem de mim. Escute: "Essa página é um acerto de contas. O segundo golpe é para você, Mateo. Sinta-se feliz: na lista, você vem logo depois de Deus. Muitas vezes tive vontade de lhe falar de sua loucura, que toma a forma do mais refinado sadismo. Você sempre me evitou com o desagrado, com a interpretação sumária ou com os silêncios obscenos de quem está distante, mas eu sei que, diante do livro, único Deus que você adora, você vai ficar paralisado. É estranho como se pode ser vítima de seus próprios mitos. Vou escrever essas páginas com o ódio e as feridas ainda abertas..., e quero que você me escute como nas longas noites de terapias cruzadas".

Crack... craack... craaack...

Eu lia apertando as pernas, gesto que revela minha eterna fobia da castração e das giletes enferrujadas. Fiquei horrorizado com esse ódio tão visceral, um ódio quimicamente puro, um amor sublimado no inferno. Mas como ela me conhece bem! Ela sabia que, diante do livro, meu único Deus, minha língua ficaria presa na armadilha de um macabro *noblesse oblige*. Depois, vamos dar a César o que é de César: Martha sai melhor dessa história, pois ela me mostrou seu manuscrito e eu escondi o meu.

– Você amava Martha? – Graça me perguntou certa vez. Eu podia ter respondido que sim, por elegância. Podia responder não, mas era uma resposta um tanto insípida.

Eu realmente a amei? Para responder, consultei o *El antiyoyo*, escrito em pleno apogeu de nossa relação, para encontrar pistas.

Em Rosario, no começo da relação, escrevi: "Você é o crime perfeito, tão perfeito que não sei com quem estou, se com uma amante, com uma co-terapeuta ideológica, ou com uma companheira para um futuro asilo geriátrico". Ou seja, num primeiro momento tudo era possível, ainda que o asilo geriátrico baixasse a nota. Mais adiante, digo: "Martha tem alcova, rua, mundo; tem Liniers e tem Florida, Carnaby Street e Kaatmandu; tem algo de homem e muito de mulher, inclusive de mãe". O que fala de admiração.

"Nossa relação não é neurótica. Cada um de nós pode ser neurótico, mas nosso casal não o é. O casal não desafina. Não é neurótico porque não tenho nada a lhe recriminar e, quase mais importante, não tenho nada a me recriminar. Se eu fosse Antonioni, não faria nenhum corte". Mais adiante, Martha me pergunta: "O que eu sou para você?". Eu respondo: "Você é meu Engels".

Beatriz, Noune e Graça foram meus Marx. Você compreende? Martha era o número dois numa relação na qual eu era o número um. Fiquei apaixonado por mim mesmo no casal.

Bom, Martha, é minha versão. Pinto minha verdade com um mínimo de máscara e apenas um pouco de sombra nos olhos. Hoje, mil anos transcorreram e o seu ódio, que escondeu o meu, continua a me perturbar. Mas creio que a melhor forma de odiar consiste em não odiar, assim como a maneira mais irritante de competir é não competir. No fim das contas, se eu tivesse que terminar com uma intervenção correta, mas antipática, eu diria que um tal ódio reflete um grande amor extinto.

42
Meu amor por Lourdes

Você conhece, Manuela, a Síndrome do Cozinheiro Francês? Por que o Grande Chefe nunca é uma mulher? Ser o maior, escalar a montanha mais alta, dar a volta ao mundo num balão maior que a Torre de Pisa para entrar no livro dos recordes é uma cobiça puramente masculina. O caso de um capitão da Marinha Mercante Americana aposentado cabe bem aqui. É meu Personagem Inesquecível do *Reader's Digest*. Ele se aposentou quando sua mulher morreu. Esse homem de uns sessenta anos tinha agora uma casa para administrar sozinho. O luto não o perturbava demais. Depois de ter bebido algumas cervejas no bar do porto, o capitão aposentado, com o cachimbo na mão, elaborou um plano. Homem metódico, ele começou por visitar vizinhas e lhes fazer perguntas. Elas foram muito amáveis com o simpático viúvo e autorizaram o capitão, de cronômetro em punho, a fazer anotações sobre as tarefas cotidianas no uso dos eletrodomésticos e a maneira de passar cera e polidor nos móveis. Ele se inscreveu num curso noturno de economia doméstica na universidade da terceira idade. Em suma, para ir diretamente à questão, no fim do segundo trimestre, o lobo do mar exercia perfeitamente as tarefas domésticas em muito menos tempo que as donas de casa mais hábeis. Você compreende, Manuela? Só um homem pode fazer isso; ou, se você quiser, só um antigo capitão da marinha mercante ianque poderia fazê-lo. Nunca uma mulher.

Após minha separação, fui trabalhar durante um mês na Espanha. Eu estava triste e amargo. Sofria com a ausência de Martha. Depois, fui para Paris, onde comprei uma bela bicicleta, que tinha infinitas marchas, e fui, de bicicleta, pedalando pelos castelos do Loire, costeando o rio. Deus sabe quanto me entediei na solidão das grandes distâncias. Mas o ponto importante é que não perdi nenhum alfinete de gancho de minha mochila. Graças a meu Personagem Inesquecível, eu me vesti com a fastidiosa minuciosidade do astronauta.

Quando voltei a Salvador, Luis e Virginia Córdoba me convidaram a ficar na casa deles enquanto procurava um lugar para ficar. Amigos que são como uma família, eu gostava deles e sentia que eles gostavam de mim.

Quando comecei a procurar uma casa, Claudia, a sobrinha de Varón, apareceu. Era uma terapeuta corporal que voltava de uma longa estada em Londres. Ela propôs que alugássemos uma casa juntos. Varón se integrou no projeto, queria instalar nele seu consultório. Foi o nascimento de *Amílcar Falcão nº 1*, uma casa localizada em cima do Morro do Gato. Tinha três andares. Precisávamos de uma mucama.

Como redigir o anúncio?

"Psicanalista com massagista e tio procuram empregada para todo serviço".

Pouca credibilidade.

"Pai e filha estrangeiros buscam...".

Melhor.

Lourdes se apresentou. Tinha um filho, Beto, de nove anos. Ela disse a Claudia que tinha perdido seu emprego por causa de seu filho. Claudia foi compreensiva e disse que por ela estava tudo bem, mas tinha que falar sobre isso com seu pai, porque, disse ela muito corretamente, ele não gostava de crianças. Quando Lourdes viu o papai de Claudia descer as escadas senhoriais de Amílcar Falcão, seu coração se apertou, porque pensou que esse homem branco nunca iria aceitá-la.

"Você tinha cara de dono de engenho de cana de açúcar", me dirá ela, semanas mais tarde.

Mas Lourdes ignorava a que ponto podia ser sedutora: em alguns minutos, minha fobia dos menininhos se dissipou.

Como era Lourdes?

Lourdes era a Bahia com seu sorriso e suas tormentas afetivas. Um belo rosto e um belo corpo, uma bunda grande e pele escura que trazia nela o sol, e muito jovem ainda para seus trinta e sete anos. Tinha ancas largas e gargalhadas que produziam interferências no sonar dos morcegos; mas alguns de seus gestos possuíam a delicadeza dos tempos antigos, como a flor que ela religiosamente roubava do jardim dos vizinhos e que decorava minha mesa. Mulher inteligente, ela imediatamente percebeu que Claudia não era minha filha.

– Como você adivinhou? – perguntei.

– Vocês se entendem bem demais.

Lourdes alimentava uma curiosidade crescente em relação à vida multifacetada de *Amílcar Falcão*, com sua procissão de pacientes que não se pareciam com pacientes e de médicos que não pareciam sê-lo, sem contar com os cursos de tai chi chuan de Claudia, que aconteciam no terraço. Ela não conseguia compreender que Claudia e seu namorado Daniel pudessem andar pelados na casa a qualquer hora.

– Quando eu vejo eles nus, é como se eu estivesse nua – me confiou ela certo dia.

Claudia não era minha filha e Lourdes não era minha mãe, embora, de uma certa forma, o fossem. Minha solidão foi rapidamente povoada e *Amílcar Falcão* se transformou num oásis, de onde os problemas de alimentação: as gazelas não comem churrasco e Claudia não gostava de carne. Certo dia, ofereci a ela uma magnífica panela e ela me retorquiu que não cozinhasse carne nela. No dia seguinte, Lourdes preparou uma suculenta feijoada na panela em questão, com carnes gordas, toucinho, o que os baianos chamam de carne verde. Escândalo no oásis: a solução foi comprar uma segunda panela. Lourdes colocou um carrapicho cor de salsa na tampa da panela vegetariana.

Meu crescente amor por Lourdes era muito particular. Ela alegrava minha existência não apenas por sua boa cozinha, pela roupa limpa, pelo banho reluzente e pela flor na minha mesa, mas também porque me apresentava um mundo novo, do qual uma das janelas dava para a Bahia proletária. Na terça-feira, antes da praia, íamos de manhãzinha ao mercado e Lourdes discutia com o açougueiro, cunhado de seu primeiro marido, pechinchava com o verdureiro, pedia notícias da mulher do eletricista que tinha tido seu *kerere* no terreiro Casa Branca.

– Não gosto das mulheres do passeio – me disse ela certo dia, criticando sua sobrinha, que era uma prostituta *free-lance*. No entanto, Lourdes tem algo de uma puta, no bom sentido do termo: ela sabe manejar seus homens para obter benefícios materiais. Prova é que seu segundo marido, um ex-amante e seu patrão a ajudaram a construir sua casa. Ayrton, o marido atual (capataz numa construtora e jóquei no fim de semana), levantou as paredes com a ajuda de sua quadrilha; Vermelho, mecânico e bicheiro, contribuiu com ladrilhos e cimento; seu patrão, psicanalista e escritor, doou as portas e janelas. E dizer que Lourdes se irrita quando eu a chamo de Dona Flor.

Certo dia, paguei seu salário com um aumento espontâneo. "Oba!", exclamou ela de bom humor, colocando o dinheiro sobre um armário na cozinha. Lourdes estava acompanhada de uma mulher que procurava a dona precedente da casa. Ela lhe ofereceu um café. Meia hora depois, ela me anunciou que o dinheiro não estava mais lá e que certamente a tal mulher o tinha roubado. Não havia queixa em sua voz, apenas a determinação do guerreiro que fará o que tem que ser feito:

– Preciso desse dinheiro.

Falei com a proprietária. Não, ela não tinha notícias de sua empregada, mas uma de suas irmãs trabalhava perto do Dique de Tororó. Deu-nos umas parcas indicações.

Levei Lourdes até o dique durante um intervalo entre dois pacientes. Eu estava preocupado. Caiu o dia, fechei meu consultório sem ter notícias dela. Caminhava inquieto, nervoso, na varanda que dá para o mar. Servi-me de um whisky na cozinha e sua chegada, silenciosa, me sobressaltou. Ela tinha os olhos brilhantes e o dinheiro na mão. Sua postura parecia com a do mais hábil dos Sete Samurais. Nem mesmo seus cabelos estavam desarrumados. Ela aceitou o whisky que lhe ofereci e se sentou à mesa da cozinha para contar sua história.

Após ter por muito tempo procurado e seguido falsas pistas, ela enfim tinha localizado a irmã, que acabou admitindo, com dificuldade, que a pessoa em questão vivia no Cabula. O Cabula é uma favela muito perigosa, cheia de ladrões, mas Lourdes tinha relações por lá. No começo da tarde, ela começou a subir a favela, fazendo perguntas. Por fim, havia encontrado a guarita. A ladra estava na soleira da porta. Lourdes a olhou e disse:

– Quero meu dinheiro.

A mulher a observou em silêncio, sacudiu os ombros e lhe deu o dinheiro. Lourdes pegou o dinheiro e foi embora. Não sentia pena nem raiva.

Brindamos pelo impecável desenlace.

Certo dia, no qual eu levava Lourdes ao mercado, ela subitamente me lançou:

– Não sou nenhuma puta.

– E quem disse isso?

– Você.

– Eu? – exclamei, completamente inocente.

– Minha sobrinha foi, eu, não.

Merda! Ela tinha lido o manuscrito. A página sobre Dona Flor do livro *Ondina supertramp*, estava na máquina de escrever durante o fim de semana. Lourdes lê muito bem, o espanhol se parece com o português e a curiosidade solta as línguas. Ela me diz que não tinha compreendido algumas palavras, mas que não era porque Ayrton, Vermelho e eu tínhamos ajudado na construção de sua casa que ela era uma puta.

Lourdes, pelo simples fato de ler por cima de meus ombros, se tornou uma interlocutora singular, a que recebe meus escritos ainda quentes, no nível mais íntimo, no qual as idéias são tecladas.

43
O hambúrguer de Colita

A onda dos belos dias prossegue e Ondina parece um cartão postal. A cegonha que o Instituto Goethe acaba de doar ao Jardim Zoológico voa alto num céu de nuvens inquietas. Hoje, falei com o Louco. Eu não acreditava no que via. Eis como aconteceu: eu corria, olhando a areia, quando, repentinamente, vi rolar na minha frente uma bolinha de frescobol. Abaixei-me para pegá-la, buscando o destinatário, mas não vi ninguém com a raquete na mão. O Louco estava a uns trinta metros, devia ser ele. Então lhe dirigi um sinal interrogativo que poderia ser traduzido como "A bola é sua?". Ele me confirmou duas vezes com a cabeça, para o caso de eu duvidar. Simples assim.

Esse diálogo de surdos naturalmente me leva a falar da solidão. Solidão característica do isolamento da aposentadoria, o que, graças ao inevitável declive da praia, conduz a abordar novamente o tema da morte.

A morte é o último delírio dos vivos? Tentemos refletir sobre isso. A morte existe? Certamente não tal como a entendemos. É o que Freud quer dizer quando afirma que não temos o registro psíquico da morte. Não sabemos o íntimo dos defuntos. A morte é uma produção fantástica do imaginário da humanidade. A sociedade embaralha os ícones da morte, mata os doentes e os fracos, nos faz comprar túmulos e constrói uma superestrutura mortuária mercenária. O que fazer, então? Pelo menos tirar a morte do cemitério e colocá-la no céu. É essa a conclusão lógica do projeto de Freud: a felicidade máxima com um nível de energia zero. Atenção, é possível que o momento da morte seja de um gozo extremo e que, por isso, a sábia biologia dos genomas faça dela o grande lobo mau. Mas, até nova ordem, aconselho os futuros mortos a desconfiar de tudo e de todos.

Após uma breve viagem a São Paulo, volto à praia. O verão chegou, o sol destila seus raios sobre Ondina, estou vagamente deprimido. De repente, Colita aparece e me saúda com um latido. Eu não o tinha visto desde o início da primavera. Nós nos olhamos durante um breve tempo, sem representar, e sobretudo sem representar o homem que brinca com o cão ou o cão que brinca com o homem. Ele me parece neurótico, envelhecido, mas mais "amigo do povo" que antes. Sentado nas pedras, começo a acariciá-lo. Colita mete o focinho na dobra de meu joelho, zona predileta. Com meu indicador, contorno uma antiga cicatriz na sua bochecha direita.

– Não é fácil – digo a meu companheiro de praia. Por um instante, penso em adotá-lo. É que não tenho discípulos, Colita. De fato, adotar talvez seja uma expressão forte demais, digamos que mais experimento um desejo enorme de nutrir esse cão. Dar-lhe algo suculento, um hambúrguer real, por exemplo. Ao mesmo tempo, percebo que essa idéia me angustia. Uma espécie de angústia inexplicável. Penso: "Sei que é absurdo, os freqüentadores da praia vão me criticar se eu der um hambúrguer a um cão, até mesmo o dono do quiosque vai se sentir ofendido". Fico estressado no caminho que me leva das pedras ao quiosque. Por que me é tão difícil dar de comer a Colita quanto falar com o Louco? Acho que o problema vem de que os dois se tornaram mitos e os mitos não devem ser "adulterados". A amizade com o Louco e a adoção de Colita são coisas impensáveis. O vendedor põe dois pedaços de carne entre as fatias de pão; espero, com o pulso acelerado, como se tivesse acabado de correr.

Uma lembrança opaca boicota a barreira do tempo e se insinua na minha neurose atual. Eu acabava de ter êxito no exame de medicina clínica, eu tinha dezenove anos. Festa na casa de uma tia rica. Bufê bom, moças bonitas de Buenos Aires. Observo a reunião, com um copo de whisky na mão, no estado de graça que a aprovação num exame proporciona. Foi então que minha tia me chamou para me pedir um favor: uma garota, Magdalena, muito amiga de minha prima, estava entediada, porque ninguém convidava a coitadinha para dançar.

– É uma moça bonita... um pouco tímida... – e logo eu fui recrutado como uma bóia de salvação para moças apagadas e não requisitadas.

Olho clinicamente a abandonada. De fato, ela não é feia, mas seu vestido não lhe cai bem; ela está desalinhada, as ombreiras estão fora do lugar. Resultado, ninguém a tirava para dançar.

Então tive uma brilhante idéia. Chamei três amigos e lhes expliquei meu plano: Magdalena, a Magdalena desalinhada, tem que passar a "noite de sua vida".

Assim foi. Cinderela assediada. Fazíamos revezamento. A cada cinco minutos, cada um a convidava para dançar, arrancando-a dos braços do predecessor. Quatro zangões em torno da abelha rainha. Coreografia exemplar.

Meses se passam. Revejo Magdalena numa festa de fim de ano. É uma outra mulher, bela, radiosa. Aproximo-me para cumprimentá-la, mas ela não me reconhece. Então fui tomar um whisky no bar, com a sensação amarga de ter sido um personagem de Oscar Wilde.

– O hambúrguer real está pronto – me diz o dono do quiosque. – Cuidado, está quente.

A história da Cinderela me fez viver um momento pigmaleônico. Talvez Colita fosse a moça desalinhada. Desço para a praia. Colita brinca com um outro cão, isso é insólito. Eu me aproximo antes que ele me veja. Tiro o hambúrguer do saco e corto um pedaço, como se eu fosse celebrar uma primeira comunhão. Eu juraria que nesse momento Colita me olhou estranhamente, como se pensasse: "Mas o que é que você está fazendo?". Coloco o hambúrguer na areia, Colita o cheira, empurra o pão e come a carne com boas maneiras: não está com fome. Lentamente, faço o trajeto de volta para casa.

Nunca terei um discípulo.

44
A odisséia do visto

Uma semana após o assassinato de John Lennon, em dezembro de 1981, soou a minha hora. Recebi uma notificação da polícia federal brasileira para que comparecesse lá. No dia marcado, meu carrasco, uma bela mulher de boca carmim em forma de coração, pronuncia a sentença:

– O senhor tem que deixar o país em oito dias.

– Eu? Por quê?

Ela consultou um grande prontuário, meu prontuário, eu comecei a tremer de medo. Ela me lançou um olhar cheio de cansaço que significava: não se faça de inocente. É verdade que, desde 1974 e durante sete anos, entrei e saí do país com um visto de turista. Desde a morte de Perón até a de Lennon.

– O senhor não acha que está exagerando um pouco como turista? – pergunta ela, sem necessidade de apelar para o sarcasmo.

Tento seduzi-la:

– Adoro o seu país.

Outro sorriso cansado. Só obtive migalhas: um mês de prorrogação.

Saí. Tomei uma cerveja. O Mercado Modelo ficava ao lado do departamento de polícia. O porto, a agitação do mercado de frutas e peixes, o barco que chega da ilha de Itaparica, tudo isso está representado num cartão postal que é ao mesmo tempo nostálgico e insípido. Tchau, Bahia.

Sensação de precariedade, de ser um gato vagabundo. Termino minha cerveja, dou uma gorjeta de condenado à morte e, miau, voltei para casa.

Suely e Regina leram na minha cara que as coisas não iam como eu esperava. Elas tinham vindo de São Paulo para passar duas semanas comigo: Suely editava o livro de Guattari *Révolution moléculaire* e Regina escrevia suas próprias beberagens feministas-corporativistas. Falo delas em *Ondina supertramp*. Suely Rolnik e Regina Fabre separadamente, mas sobretudo juntas, brincam de ser a Nova Mulher, e o conseguem. Suely é uma moça espetacular e eu colocaria a mão no fogo se Lou Andreas-Salomé não era seu ideal secreto. Regina, quarentona, tem o corpo firme de uma domadora de tigres. Rambo, que ela execra, é seu *alter ego*. Regina poderia ser convidada de honra numa reunião de Donos do Circo. É a única mulher que Lourdes respeita.

Pedi então a Lourdes que trouxesse laranjada, cubos de gelo e Bacardi, depois contei, palavra por palavra, o encontro com a delegada. Meus temores, a babaquice planetária, miau... No decorrer da manhã, a reunião se tornou uma fábula de La Fontaine ao vivo e a cores: eu era a cigarra que foi passear de Esalen a Madri, de Amsterdã a Huatla, com a guitarra debaixo do braço e com o púbis bronzeado, cantando "A vida é bela".

As duas formigas improvisadas, Lou Andreas-Salomé e a domadora de tigres, se irritaram comigo.

– Você tirou o CPF? – perguntaram elas, e levantavam os olhos para o céu quando viam que eu não sabia do que elas estavam falando. Eu era neuroticamente dependente delas, porque devo lhe fazer uma confissão: parto do axioma que diz que a força de cada um de nós é também nossa fraqueza. Em casa de ferreiro, espeto de pau seria a lei, não a exceção. Minha força é minha inteligência, sem dúvida nenhuma. Muitos cavalos de força galopam na minha calota craniana, mas há momentos em que eles se transformam em asnos. Toda a lógica implode, como se meu cérebro se liquefizesse.

Suely e Regina detectaram que meus neurônios derrapavam:

– Você não quer ver o problema. Você deve ser mais equilibrado, você é só um...

Lourdes estava preocupada. A notícia a tornara muda e agradeci a ela por não tentar nenhuma psicoterapia de apoio. Ela esperava, eu sei, que seu patrão fosse um impecável guerreiro.

Para sair desse marasmo, decidi ir ao núcleo do problema: comprei uma passagem para Brasília, deixando a casa nas mãos de Lourdes, Suely e Regina.

Brasília é uma cidade fantástica, do tipo ficção científica dos anos 1960. O arquiteto: Flash Gordon. Um futuro obsoleto. Dias congelados fazendo ante-sala em inacreditáveis ministérios de mármore. Um mundo kafkiano, muito eficaz. Eu estava na casa de Bache, uma belíssima analista lacaniana. À noite, jantávamos em restaurantes silenciosos. Eu me lembro como se fosse um filme em preto e branco. *O terceiro homem*, por exemplo, com cítara como música de fundo. Bache me mimava como uma mãe, mas eu não estava bem. No quarto dia, constatei que não ia dar certo em Brasília. Naquela noite, escrevi uma carta para o Centro de Estudos Psicológicos da Bahia:

"Querida Bahia,

Eis a carta de um estrangeiro que encontrou um país à altura de seus sonhos e uma história que foi construída em comum: casual, mas também familiar. Escrevo a ti movido pelo medo de perder-te, de perder teu céu, teus moradores, tuas boas vibrações, teus coqueiros. Nada pode ameaçar mais minha tranqüilidade. Posso perder-te, Bahia, e repentinamente compreendo que no limite de um grande amor está a morte. Hoje, não vou te falar como psicanalista, nem como escritor, nem mesmo como homem notável. Vou te falar como apaixonado, a única chave que abre tuas magníficas portas".

– E como você fez para ficar no Brasil? – me perguntou Bache, três meses depois. Contei a ela que o panorama psico-astral mudou na volta de Brasília: preparei um currículo de oitenta e cinco páginas, insistindo veementemente em que eu era um homem notável. Depois: um hábil advogado, estampilhas fiscais, um reconhecimento de firma, selos consulares, uma pequena propina, em resumo, encaminhamentos, e foi isso. Chegou o dia em que recebi meu visto permanente com uma bela faixa verde e amarela.

Uma pergunta inquietante se perfila. Fiz bem em ficar? Eu poderia ter tomado a intimação policial como um sinal, um presságio me soprando que tinha chegado a hora de mudar de lugar. Talvez eu não tenha querido ouvir a voz de meu anjo da guarda, encarnado pela bela, mas pérfida, comissária de polícia. Possibilidade perturbadora. Mas Salvador, cidade de mil e uma palmeiras gueixas, é meu país de adoção. Escrevo com a mente leve. Meu trabalho, que não tem nada de asfixiante, se desenrola numa paisagem de praia, de diálogos invisíveis com o Louco, de rum com laranjada e de terças-feiras no mercado com Lourdes. O que mais pode querer um homem de boa vontade?

45
Félix Guattari

Em 1982, dois meses antes das primeiras eleições brasileiras, Félix Guattari passou pelas maiores cidades do país. Tinha sido levado, promovido e seduzido por Suely. Guattari visitou Rio, São Paulo, Belo Horizonte e Salvador. O Centro de Estudos de Psicanálise (CEP) se responsabilizou pela parte baiana. Maria Amália estabeleceu contatos com os dirigentes do Partido dos Trabalhadores (PT) e com os responsáveis pelo movimento gay da Bahia. Nem os líderes gays nem o PT sabiam o que ia acontecer, provavelmente desconfiavam, mas a curiosidade mata o bicho.

Cristina, presidente do CEP, organizou uma grande festa de recepção na casa dela. Uma festa *comme-il-faut*, garçons com luvas brancas, pitus, lagostas e moqueca de camarão. Os pratos marinhos prontos para as vinte e uma horas. Duas horas antes, Suely telefonou do Rio para dizer que tinham perdido o avião. Eles desembarcam, enfim, perto de meia-noite. Guattari estava de muito mau humor. Comeu sozinho, com a cara enfiada no prato. O cúmulo da falta de educação.

Guattari era um *enfant terrible* e talentoso, tipicamente francês, de aparência jovem, apesar de seus sessenta anos. Ao mesmo tempo, alimentava-se mal, fumava e bebia excessivamente. Lourdes me disse que ele dormia de meias, não sei como ela descobriu. Na primeira noite, ele foi devorado pelos mosquitos. Poderíamos dizer que era um Dorian Gray um pouco enrugado.

Eu tinha planejado ceder meu quarto a Guattari e Suely, pensando que eles eram amantes, mas, para minha grande surpresa, eles chegaram com outros parceiros. O coração é tão obscuro quanto os caminhos do Senhor: Guattari e a outra mulher dormiram no meu quarto, Suely e o outro homem, no consultório, e eu, na ante-sala do consultório.

– Não entendi nada – dizia Lourdes, colocando lençóis no meu estreito colchonete.

No dia seguinte, Suely, num gesto democrático, convidou Lourdes para assistir a uma reunião do PT com Guattari. O lugar escolhido devia permanecer secreto até o último momento. Lourdes aceitou e estreou, para a ocasião, uma roupa branca tradicional da Bahia.

Pegamos meu velho carro para atravessar a cidade. Demos várias voltas antes de encontrar o lugar. Guattari e Suely entraram na arena, enquanto Lourdes e eu ficamos um pouco afastados, sentados no chão. As arengas políticas começaram e Guattari mostrou que era um orador de trincheira.

– Eles não falam a sério – Lourdes me disse no ouvido, ao mesmo tempo colocando a mão na boca para não se arrebentar de rir.

Guattari e Castel, na França, Bertoldo, na Suíça, o falecido Basaglia e Armando Bauleo, na Itália, formavam uma rede de contracultura fortemente politizada. Eu considerava que eles pertenciam a uma tribo vizinha, sendo dadas minha amizade com Armando e minhas ligações com Bertoldo. Por isso Guattari compartilhava meu teto. Mas, quando conversamos, rapidamente me dei conta de que para ele o inimigo principal era a psicanálise, não a psiquiatria. Constatei, mais uma vez, que a esquerda briga mais com a esquerda do que com a direita, que o pior inimigo de Freud foi Jung e não o vestuto Kraepelin, que um lacaniano odeia mais um outro lacaniano do que um kleiniano que mora do outro lado do Canal da Mancha. A coisa é ainda mais feia no relativo à religião, já que católicos, protestantes e judeus derramaram sangue no Ocidente, abraçando a mesma Bíblia, e o arcanjo Gabriel odeia o arcanjo Rafael ainda mais do que o próprio Lúcifer. Nem Freud nem Marx sabem explicar esse fenômeno.

Na hora do café da manhã, sérias polêmicas. Lourdes fazia caretas atrás do francês e Suely era o árbitro. Félix abriu o terceiro round com um virulento discurso contra a análise em geral. Eu me escuto replicar com essa fala absurda: "Não esqueça que você está na casa de um psicanalista!".

Na verdade, não tão absurda assim.

– Você não é um psicanalista! – retorque Guattari. Erro crasso: sou psicanalista até a raiz dos cabelos, escrevo como um psicanalista, psicanaliso psicanaliticamente e até mesmo nos motéis eu introduzo a causa freudiana. Sou uma máquina psicanalítica.

– Você é outra coisa – intervém Suely.

Então eu contra-ataco:

– Você, Félix, é um analista contrariado.

Estou com a razão. Guattari não é apenas é um psicanalista nato, mas, além disso, lembro-me perfeitamente do impacto que produziu em mim *O anti-édipo*, escrito com Deleuze, e que começa assim, à maneira de Groddeck: "*Isso* funciona em todos os lugares, às vezes incessantemente e às vezes descontinuamente. *Isso* respira. *Isso* caga. *Isso* trepa. Máquina das máquinas com seus acoplamentos e suas conexões. O seio é uma máquina de produzir leite e a boca, uma máquina acoplada...".

No dia seguinte, o sangue esteve a ponto de ser derramado. Guattari levantou de mau humor, decretando que não faria mais as conferências previstas, pois as considerava palhaçadas de analistas. Ora, o CEP havia alugado um local, enchido a cidade de cartazes sugestivos, vendido bilhetes de entrada, pagado as passagens de avião e organizado a festa de luvas brancas.

– Detalhes pequeno-burgueses! – grunhia Guattari, bufando como só os franceses sabem fazer.

Na varanda de *Amílcar Falcão*, eu e meu amigo Varón nos perguntávamos como resolver o problema. Um de nós fez o gesto expressivo de uma mandíbula quebrada. Um ruído seco. Não se podia ser mais claro: se ele não fizesse as conferências, acabávamos com ele.

– Então, não vai fazer as conferências, você confirma? – pois bem, um direto no fígado.

O nocaute como única saída possível.

Felizmente, Maria Amália, durante um passeio no litoral, conseguiu convencê-lo. As conferências ocorreram com algumas modificações. Não há dúvida de que o mérito é de Maria Amália; no entanto, estou convencido de que nossos olhares ameaçadores também ajudaram um pouco.

Apesar de tudo, confesso que a dedicação cívica de Guattari me comoveu. Um verdadeiro homem político, que assumia seu compromisso social de militante. Vêm-me à memória Marie Langer, Gervasio Paz, Kushnir. Na reunião do PT com Lourdes, velhos fantasmas que datavam de minha época na FAP me visitaram. Percebi que tinha perdido meu engajamento político com o exílio, embora, na realidade, eu sempre tenha sido individualista e egoísta.

– Você é um príncipe no exílio – me disse Suely.

– É difícil saber em que campo se está – confiei eu a Félix no momento das despedidas, enquanto nos dávamos abraços franceses, na varanda de *Amílcar Falcão*.

46
Lúmpen

Naquela manhã, estava chovendo em Ondina. Não havia ninguém na praia, exceto o Louco. Deixei minha roupa, minhas sandálias e minha caneta perto da pedra que lhe serve de pedestal. Comecei a correr sem me preocupar com a chuva. Após algum tempo, vejo uma forma ao longe. Um homem. Ele caminha na minha direção. Algo nele desperta minha desconfiança. Sinto uma certa inquietação quando ele pára a uns cinqüenta metros, ostensivamente esperando que eu passe. Quando chego perto dele, ele me aplaude e exclama:

– Muito bem, velho!

Uma onda de ódio me invade, mas continuo meu caminho, simulando indiferença. Na volta seguinte, o incômodo personagem me espera e me faz sinais que eu pare. Ele é alto e jovem, com essa cor amarelo escuro, macilento, característico do lúmpen do nordeste. Cor de cachaça.

Paro de correr a uns quinze metros dele e ando o resto do percurso. Por quê? Não sei. Quando chego perto dele, o cara me faz uma pergunta insólita:

– Onde é que tá tua mulher?

Minha resposta também foi insólita:

– Me diz, você me conhece?

Eu não me lembro do que ele respondeu, talvez "não".

– Ah! – digo eu, e recomeço meu percurso. Cinqüenta metros adiante, olho para trás e vejo que o homem se dirige para o Louco; portanto, em direção a meus pertences. Minha intuitiva paranóia me diz que ele vai me roubar. Dou meia volta e começo a correr lentamente, calculando meu ritmo para chegar ao mesmo tempo que ele diante de minha roupa.

De fato, o homem se agacha e pega meus pertences. Nesse instante, um milagre se produz: o Louco, que nunca falou com ninguém, perdido em sua absoluta loucura, faz um gesto de "não" com a cabeça, apontando o indicador na direção do legítimo dono das coisas.

Surpresa total, que me dá a coragem de dizer, num tom simultaneamente autoritário e tranqüilo, como Lourdes havia feito no Cabula:

– Essa roupa é minha.

O homem age com minha roupa como se ela tivesse colado nos seus dedos. Olha apenas para o Louco e se senta numa pedra próxima. Eu, é lógico, fiquei desconfiado. Abandonei meu programa de corrida e decidi me banhar nas proximidades. Mel e adrenalina correm nas minhas veias. O Louco me defendeu!

Saio da água e começo a fazer flexões, sem me afastar muito, pois vejo que a coisa se complica. O homem se aproxima do Louco e começa a apoquentá-lo: fala com ele, dá tapinhas nos seus ombros. O Louco não bronqueia e continua com a cabeça baixa. É a primeira vez que assisto a uma invasão de sua intimidade e que testemunho uma humilhação, mas fico lá, imóvel. Eu o defendo ou não, me meto ou não me meto? O Louco gostaria de que eu o defendesse? Pois não é tão simples. "Ondina não pretende ser o cenário de um filme de cowboys", me sussurra no ouvido meu diabo da guarda, personagem um pouco covarde, apesar de seus chifres e de seu tridente.

Aprisionado no dilema hamletiano, mergulho de novo na água. Quando saio, a situação piorou. No momento, o homem lhe puxa os cabelos. Insuportável.

– Deixa ele em paz! – digo-lhe eu, constatando ao mesmo tempo que minha voz fluía tranqüila, ameaçadora.

– Você não vê que ele é louco? – me responde ele, virando a cara para mim.

– Solta ele!

– Mas ele não fala – diz o lúmpen.

Repito que ele deixe o outro em paz e, felizmente, ele acaba soltando-o e se afastando, levantando os ombros.

Ficamos sozinhos no recanto mais bonito de Ondina, que se converteu em teatro de arena.

Por um motivo indizível, mas que tem a sua lógica, foi impossível dizer ao Louco o que quer que fosse. Não nos olhamos, não nos falamos, ficamos por longo tempo silenciosos, imóveis. Um belo final. As palmeiras nos aplaudiram. “Bis, bis”, murmuravam elas ao vento.

47
Malvinas

Em 1690, no apogeu da era colonizadora, o capitão inglês John Strong desembarcou nas ilhas Malvinas e lhes deu o nome de Falkland, em homenagem ao Visconde de Falkland, almirante do Reino Unido. As ilhas Falkland faziam parte de um arquipélago gelado e distante, a treze mil quilômetros da Inglaterra. Quando a guerra começou, em 1982, a maioria dos ingleses não fazia a mínima idéia de onde ficavam essas ilhas; muitos pensavam que ficavam ao norte da Escócia. As Malvinas eram o paraíso postal dos filatelistas: os selos das Falkland Islands representavam, depois da lã, a segunda fonte de recursos das ilhas.

Um país não é uma mulher, nem mesmo uma mãe. Meu amor pela Argentina era mais irracional em sua perversa geografia. Antes de viajar para a Espanha, no início da guerra, telefonei da Bahia para meu filho Marcos. Estranho diálogo, característico de um filho esquizofrenizante que, por um lado, me tranqüiliza (a situação do país não é alarmante), mas que, por fim, justo antes de desligar, me diz subitamente:

– Se me convocarem, eu vou.

"Merda", pensei. Sempre tive a impressão de que, de um ponto de vista político, Marcos era um crápula: um capitalista, admirador de Reagan, antiperonista por más razões, apolítico empedernido. E eis que ele queria lutar por sua pátria. O mais estranho é que eu o compreendia. Eu não estava surpreso. Inclusive, se analisar a fundo, eu queria que ele falasse assim. "Compreendo", respondi, dividido entre a idéia de detê-lo e a de estimulá-lo. Ninguém pode encorajar a partida de um filho para a guerra, ainda que esse desejo borbulhe nos infernos edipianos.

Passei alguns dias em Madri, depois viajei para Valencia, a cidade de Mavy, minha namorada espanhola. Mavy era uma valenciana típica, loura, cheia de estilo, uma mistura de criança e duquesa canalha. No fim de semana eu trabalhava em laboratórios sociais e durante a semana descansava em sua casa em Rocafort, nas cercanias de Valencia.

Nosso mini-casamento sempre tinha sido um pouco irreal e, dessa vez, foi mais irreal ainda. Mavy não compreendia por que essa escaramuça belicosa no fim do mundo afetava nosso idílio.

– Não vai dar em nada, você vai ver. Você não percebe que é uma simples manobra dos americanos?

A invasão das Malvinas, a operação nomeada Virgem do Rosario, teve início em 2 de abril de 1982, quando eu estava em Madri. Margareth Thatcher conta, em suas Memórias, que a notícia chegou graças a um rádio-operador pirata. A marinha argentina usou três mil homens e o pequeno contingente dos Royal Marines, de cerca de quarenta homens, opôs uma breve mas simbólica defesa, matando um militar argentino, antes que o governador das ilhas, Rex Hunt, se rendesse, voando imediatamente para Montevidéu.

A invasão caiu como uma bomba em 10 Downing Street. O governo inglês não estava preparado. Para a oposição, a invasão caía como uma luva, e seu líder, Enoch Powell, questionou se a Dama de Ferro era realmente de ferro. Ela tinha merecido esse epíteto quando, no ano precedente, havia recusado o acordo com o Sinn Fein, na Irlanda do Norte, selando assim a morte de Bobby Sands, que morreu depois de sessenta e cinco dias de greve de fome.

O Conselho de Segurança das Nações Unidas votou a resolução 502, exigindo a retirada imediata das tropas argentinas. Por seu lado, a RAF enviou um contingente de apoio para a ilha de Ascensión. As armas foram embarcadas e estavam prontas para o uso.

Nesse momento, a armada britânica descia pelo Atlântico; Mavy ficava espantada de me ver colado na televisão 24 horas por dia. Mas, em

Rocafort, eu me sentia como Napoleão. Todas as manhãs, Mavy ia trabalhar no centro de Valencia, vestida como uma secretária executiva, enquanto eu montava na minha bicicleta para ir a Arrozales, a cidade mais próxima. Lá eu comprava o *ABC*, único jornal que chegava naquelas terras de exílio. Eu o lia bebendo um copo de vinho tinto no bar da praça. Eu tinha uma mesa reservada e conversava com os clientes sobre a próxima copa do mundo de futebol em Barcelona e sobre a guerra das Malvinas. Os valencianos eram solidários com as atribulações da ex-colônia. Eu os incitava a recuperar o rochedo de Gibraltar. Depois, voltava para Rocafort, imaginando estratégias bélicas.

A população inglesa vivia a ocupação argentina das Falkland como uma humilhação. Colosso derrotado por um Davi latino-americano que come bananas. Parece que o governo conservador esteve a ponto de cair e a renúncia de Lord Carrington, Ministro do Exterior, foi sintomática: o Reino Unido, repito, não estava preparado. Eu não sabia que a Pérfida Albion estava mal ferida, mas só ganhamos o primeiro round.

Para acalmar meu humor de cão, Mavy, a doce Mavy, preparou uma paella. Ela era especialista. Só em Valencia se cozinha *the true and only paella*. Como os arroios escoceses para o whisky, a água de Valencia permite o justo cozimento dessa iguaria. Sem falar do arroz longo Don Salustio, que só cresce nos pântanos da região.

– A verdadeira paella leva coelho – comenta Mavy, desossando o animal. Eu tinha trazido, no porta-bagagem da bicicleta, duas boas garrafas de um bom vinho riojano.

– Você ouviu falar das invasões inglesas na Argentina? – perguntei eu, já sabendo que ela não sabia nada sobre isso. Então lhe contei as aventuras dos ingleses da mesma forma como me foram contadas na escola. "Tudo isso aconteceu, Mavy, antes de 1810. Meu colega Napoleão fazia das suas por terra e os ingleses, por mar. Os ingleses sempre foram piratas. Eles desembarcaram e se apoderaram da cidade, mas não tinham levado em conta a defesa heróica de Buenos Aires. As crianças derretiam soldadinhos de chumbo e atiravam o metal fundido nos soldados de verdade, que urravam obscenidades. A torre da igreja de Santo Domingo ostenta um buraco como prova da má pontaria do invasor. Mais chumbo e mais azeite fervendo. O problema, Mavy, foi que nos invadiram duas vezes e, por duas vezes, foram expulsos. Eles eram nossos fregueses, assim como o Brasil era freguês dos uruguaios, na Copa do Mundo, em 1950. Sim, havia muitos pontos comuns com o futebol, nesses começos".

Enquanto eu lhe contava as vicissitudes de nossos ancestrais, ela preparava o fogo para a paella no jardim.

– O segredo da paella está mais na maneira de preparar a lenha do que na água – me explicou ela, empilhando lenha de diferentes grossuras perto do fogo para calibrar a temperatura.

Naqueles dias, a imagem de um Oceano Atlântico de cor cadavérica me assustava. Um horizonte sombrio. A esquadra inglesa navegava para o sul. Eu imaginava satélites conversando eletronicamente, submarinos russos movendo-se precavidamente, aviões americanos transmitindo todas as informações ao inimigo. Aqueles filhos da puta!

O significante lacaniano tem um grande impacto nessa guerra do nome próprio. Porque nomear já indicava de que lado se estava: lutávamos pelas Malvinas ou pelas Falkland. As duas nomeações dividiam as águas, exceto os franceses, que, por coqueteria, as chamavam de Malouines. A televisão espanhola cobria a luta pelos dois lados; além de um escritório central, ela tinha correspondentes em Buenos Aires, Londres e Washington. A informação ocupava mais da metade do jornal televisivo. Éramos a grande notícia do momento. O correspondente de Londres tinha uma voz esganiçada; em Washington, aparecia na tela uma bela mulher; em Buenos Aires, era um velho jornalista espanhol cético que comentava o caso. Pela telinha ibérica, via-se que os argentinos estavam mal informados. Marcos, no telefone, não parecia ter conhecimento das notícias que circulavam fora do país. O que é certo é que naquela noite eles haviam torpedeado o Belgrano.

– Viu? – disse eu a Mavy, num tom de reprovação. – Viu? – repetia eu, como se ela fosse a culpada.

Com uma infinita paciência, Mavy me deu um beijo e me trouxe uma sangria preparada amorosamente.

No dia seguinte, fui trabalhar em Sevilha. Eu não tinha namorada lá; aliás, não queria ter. Ficava na casa de um casal de amigos, Pablo e Cristina Gotor. Família. Eles tinham um filhinho, Pepe. Levei para ele, de presente, uma metralhadora de plástico que fazia um barulho infernal. Pepe me cedeu seu quarto sem protestar. O quarto de hóspedes estava ocupado pela Tia Lola, muito doente e prestes a morrer.

No verão, Sevilha começa a trabalhar às quatro da tarde. Eu tinha todas as minhas manhãs livres e, rapidamente, adquiri o hábito de ir cedo ao centro, caminhando rápido, para comprar o jornal e ir a uma barbearia da cidade velha que se chamava Los Pajaritos. O doce sabor da vingança, fotos fantásticas, quase pornográficas, de nosso míssil penetrando as entranhas do *Sheffield*, a tiro de Exocet.

– Enfim acertamos uma neles – me disse o barbeiro de Sevilha, olhando por cima de meus ombros a foto no jornal. Minha euforia tinha como coro o trinado de duas dezenas de canários (de onde o nome do estabelecimento), presos em várias gaiolas, entre os vasos de gerânios.

Comecei a delirar. Meu delírio se incubou nesses passeios matinais e seu tamanho ia aumentando. Tratava-se de futebol. Era o ano da Copa do Mundo, a seleção argentina estava concentrada em Alicante e os rumores corriam: o moral da equipe deixava a desejar. O grupo estava deprimido e o craque Ardiles tinha perdido um primo no Belgrano. Então imaginei que meu saber psicoterapêutico poderia lhe ser útil. Melhor ainda, que o treinador, Menotti, precisava de mim. Alicante era pertinho. Juro que pensei em entrar em contato com Menotti, cheguei até a pegar o telefone, mas, por fim, não tive coragem; não sei se fiz bem ou não, o que prova que meu delírio continua. É evidente que só delirando é que se podia acompanhar essa guerra. Por outro lado, todos os argentinos deliravam. Foi o ano da Guerra Louca. Sem dúvida, a guerra mais grotesca.

O estado da Tia Lola piorou da noite para o dia. Meus amigos esperavam o pior. Colocaram um balão de oxigênio do lado do leito. Cristina tinha sido enfermeira. Ela sabia que a hora da Tia Lola tinha chegado e cuidava o melhor possível dela, por profissionalismo e por afeição. Até a metralhadora que dei a Pepe teve sua utilidade. A campainha do quarto era tão fraca que, freqüentemente, tocava em vão. No momento, Lola dormia com a porta fechada, com a metralhadora do lado dela. Não se passava uma só noite sem que nos chegassem rajadas. A idéia de Cristina era genial. A tia

Lola se sentia mais forte com a metralhadora na mão, guerreira de sua própria agonia.

Na noite em que fui ao seu quarto para despedir-me, eu a encontrei acariciando a culatra com sua mão ossuda. Ela me olhou nos olhos e disse:

– Acho que não nos veremos mais.

Ficamos por um bom tempo silenciosos, depois lhe dei um beijo na testa e saí.

Dali fui para Barcelona. Eu queria ver a Argentina jogar. Perdemos contra a Bélgica. Início de junho, fico sabendo que os pára-quedistas tinha ocupado a Baía do Ganso Verde nas Malvinas Ocidentais. Primeiro encontro em terra entre os combatentes, e a batalha foi a mais sangrenta de todas. A guerra estava perdida.

Quatro fatores foram decisivos para a vitória inglesa. Em primeiro lugar, a linha dura de Margareth Thatcher, que declarou uma zona de guerra de duzentas milhas ao redor das ilhas. Em segundo lugar, a pronta solidariedade da comunidade européia, que, em menos de uma semana, aprovou sanções contra a Argentina. Em terceiro lugar, a posição americana, transmitida por Haig à Junta no dia 12 de abril e, *last but not least*, a torpeza criminosa de nossos generais.

O dia da rendição chegou. A Dama de Ferro realmente se mostrou metálica. Desliguei a televisão e saí para a varanda para chorar, chorar muito, e chorar com uma tal intensidade que só meus mortos despertaram. Eu não sabia que uma derrota podia doer tanto. Doía-me perder em má companhia. Perder do mesmo lado que Galtieri, perder com os que eu desprezava. Perder sem glória, mas com muita pena. Chorar sem saber por quê.

48
Supervisão com Lourdes

A última paciente tinha me perturbado. Não era fácil não. Um sonho extravagante, uma espécie de miscelânea. Um sonho charada. Lourdes chega com meu gim-tônica da noite e se senta num canto do consultório, do lado da flor, fruto de sua delicadeza.

– O senhor está sério! – me diz ela.

– Estou pensando.

– O senhor pensa demais. Todo esse tempo lendo e estudando! Como na escola.

Encolhi os ombros e a convidei a pensar comigo. Ela alisa sua saia, adota um ar profissional e deixa a mesa para vir se sentar numa poltrona, na minha frente.

Explico-lhe que se trata de um sonho fora do comum, como no cinema, e lhe dou as informações necessárias.

– A paciente, que vamos chamar de Rita, é uma mulher de cerca de trinta anos.

– É a que o senhor acaba de atender?

– Não, Lourdes, um supervisor não deve fazer esse tipo de pergunta. Não posso lhe dizer quem é. Você deve manter distância, como o inspetor que vai ao mercado.

– Tenho certeza que é ela.

Para interrompê-la com autoridade, estendo-lhe meu copo, pedindo:

– Pouco gim e muito gelo.

Conto-lhe, então, o sonho, fazendo os cubos de gelo tilintar no fundo do copo: "Eu me vejo numa cama com minha mãe, começamos a nos acariciar. É uma cama de casal e eu sinto muito prazer. Sinto-me bem, mas de repente batem à porta. Eu me levanto, vou abrir a porta, cobrindo-me com um lençol, e vejo minha mãe, que me olha severamente".

Lourdes me pergunta:

– Ela está fora?

– Sim, e é isso que é surpreendente. Uma mãe fora e uma outra dentro.

– Mas elas deveriam estar juntas.

Explico a ela que a paciente pensa que a mãe de fora a critica.

– Eu acho que não.

– Como assim?

– A mãe de fora quer encontrar a de dentro. Afinal, é uma única pessoa, não é?

– Nunca teria pensado nisso – digo-lhe eu, enquanto ela muda a flor de lugar. – Já que estamos nessa, Lourdes, há uma frase do professor Lacan que me preocupa: "O amor é dar o que não se tem".

– Ele não tem amor?

– Não, atenção, o professor disse que o próprio amor dá o que não tem.

– Então o amor não existe, se não tem nada para dar.

– Sim, pode-se ver assim.

– Eu sempre pensei que o senhor não me ama. O senhor vê o que eu quero dizer?

Num certo sentido, meu amor por Lourdes ilustra o caso: eu lhe dou o que não tenho, amando-a do meu modo.

Antes de levar meu copo vazio, Lourdes me olha quase como uma mãe. Depois me diz:

– Quando o senhor estiver muito muito muito velho, quando mais nenhuma dessas mulheres descaradas andar atrás do senhor, eu vou cuidar do senhor.

49
Marcos se casa

Em dezembro, Buenos Aires promete o verão que não se encontra em nenhum outro lugar. Cidade de prazer para o turista ou para o futuro sogro que vai ao casamento de seu filho de cravo na lapela.

Marcos e Luz, sua noiva, me esperam no aeroporto. Esse encontro suscita em mim uma grande curiosidade. Como ela é? O que ela vai achar de mim? Cara ou coroa. Luz podia ser um cisne ou um papagaio. Em matéria de mulheres, Marcos e eu não tínhamos o mesmo gosto.

Na última reta, para além da alfândega, avisto os noivos. Por cima dos sorrisos, nossos olhares são scanners de alta precisão. Luz passou na primeira prova: não é uma bomba que se detecta nos aeroportos, é uma espécie de princesa. Belas pernas. Além disso, possui um Renault último modelo. Pensei tipicamente como um pai que casa seu filho: "É uma família abastada". Juro que pensei nisso.

Luz ao volante. Por decisão de Marcos, fico no banco da frente. Saímos do aeroporto, rodamos em silêncio. Toda a Buenos Aires vem ao meu encontro. Até os velhos grafites de Perón nas pontes da auto-estrada. Luz está nervosa, eu também. Ela, tremendo, acende um cigarro.

– O cigarro incomoda o senhor?

– Não, pelo contrário. Mas eu não posso fumar, me faz mal.

– Eu queria parar.

– Você pode me tratar por você.

– Vou tentar.

Pergunto a Marcos:

– Como é que isso aconteceu?

– Não tenho muita coisa pra contar. Olha – diz ele como um pescador que acaba de pescar um dourado real de dez quilos –, ela conhece você por *La lección de Ondina*.

– Ah, sim, a senhorita o leu? Quero dizer: você o leu?

– Estou lendo.

Ligeira pausa, noto uma crítica incipiente.

Hesito em perguntar o que ela pensa sobre o livro.

Marcos joga lenha na fogueira:

– Ela não gostou muito da passagem em que você diz que não poderia se casar com uma mulher que não fumasse maconha.

– Eu disse isso?

O lança-bombas é Marcos.

Luz tira seu olhar do volante para me perguntar, olhando-me direto nos olhos:

– Isso é verdade?

– Pois é... é verdade. O que está escrito, está escrito. De fato, eu queria dizer que nunca me casaria com uma mulher que fosse totalmente contra a maconha.

Perdi pontos.

O casamento está previsto para dali a cinco dias. Fico na casa de Fernando Ulloa e Chichu. Pedro Ulloa filho, como Pepe em Sevilha, me cedeu seu quarto e sua bicicleta de dez marchas. Pedro é um interlocutor. Fernando me dá sua amizade. Não tenho metralhadora de plástico, mas isso não é importante, pois a família Ulloa está tão sadia quanto uma bela maçã. Ofereço a Pedro o último disco de Gismondi. Sei que gosta dele.

Há séculos que não tenho cinco dias seguidos para não fazer nada: sem luto, sem escrever, sem namorada, sem ter que apoiar Menotti ou qualquer outra loucura do gênero. Pela manhã, levanto-me razoavelmente cedo e vou à padaria comprar *croissants*, minha contribuição para o soberbo café da manhã que me espera: torradas, o pão de Buenos Aires, geléia de pomelo, manteiga e leite fresco de primeira classe, café de segunda classe. Chichu acrescenta marmelada de laranja e biscoitos amanteigados, dos quais ela percebeu que eu gostava.

Esperei Fernando terminar sua sessão com seu paciente matinal. Uma vez mais, constatei a que ponto a sessão de análise é longa, vista do exterior. É por isso que, hoje, minhas sessões duram apenas trinta minutos. Baudrillard tinha razão quando dizia que o tempo se acelerou? Hoje, cinqüenta minutos me parecem uma eternidade.

Fernando sai de seu consultório:

– Um caso difícil – murmura ele.

Fernando tem um irmão gêmeo e compete com sua própria sombra e com a de seu irmão. Não comigo. Estranho que não sejamos rivais, mas não rivalizar talvez seja o cúmulo da competição. Somos os Veneráveis da psicanálise, cada um em seu nicho. Certa vez, escrevi que Fernando era o amigo ideal para ir procurar as putas e essa afirmação foi mal interpretada; tive que explicar a Chichu o valor dessa metáfora, e não foi muito fácil. Procurar as putas, como alegoria, significa muito mais que procurar as putas. Não sei por que as cônjuges não entendem isso.

Isso me leva mais uma vez à URSS de 1970, em São Petesburgo, que, na época, se chamava Leningrado. Era uma noite estival e podia-se ler o jornal à luz boreal. A delegação de psiquiatras estava completa quando, numa ponte, três prostitutas nos abordaram. E você sabe, Chichu, o que o chefe da delegação fez? Chamou a polícia. Esse foi o primeiro ato. Fernando e eu estávamos mortos de vergonha. O segundo ato começa no hotel. Nos hotéis soviéticos, a cada andar havia uma empregada que guardava as chaves dos quartos. A que ficava no nosso andar dormia numa rede perto de seu posto de trabalho. Mulher opulenta que vestia uma camisola fina, quase transparente. Perto da rede, Fernando cometeu um curioso lapso em russo. Nós dois só conhecemos duas palavras: *pozhalujsta*, que significa "por favor", e *zakryto*, que quer dizer "proibido entrar". Fernando estende a mão para pegar as chaves e diz à opulenta mulher: "*Zakryto*". É impossível ser mais claro.

Depois do café da manhã, peguei a bicicleta de Pedro e fui a Palermo, onde aluguei um bote para dar um passeio no lago. Sensação agridoce da viagem sentimental, mas não havia nada de sentimental nessa viagem, porque eu tinha a impressão de nunca ter deixado meu país. No dia mesmo em que cheguei a Buenos Aires, senti que nunca havia partido, que tinha sempre estado lá e que nada havia mudado. Fenômeno estranho: é sempre assim com o lugar onde se nasceu?

Os noivos queriam o menu completo: casamento civil personalizado com a juíza da moda, bodas na Igreja do Pilar com véu e marcha nupcial, homens de casaca e festa com churrasco num salão de San Telmo. Um casamento como Deus manda. Fernando me empresta a casaca de seu casamento e Pedro, seus sapatos pretos. Só tenho que comprar uma camisa. A cara que Lourdes vai fazer quando me vir nas fotos!

Percorro a cidade de bicicleta. Vou de Palermo ao Parque Lezama, passando pelo ex-Luna Park, e tiro uma foto com pombas na *Casa Rosada*. Estaciono a bicicleta numa garagem de Tucumán e passeio sob o sol pelas ruas sujas das cercanias. Entro no Palacio de las Papas Fritas, ao lado do cinema Ambassador. O garçom me olha e começa a me falar em inglês; é verdade que pareço um turista, com meu short e meus Nike. Peço um jerez e saboreio o maravilhoso pão de Buenos Aires.

Meu pedido chega: bife a cavalo completo. As batatas são *soufflés*. Peço uma garrafa de Carcassone, um vinho encorpado para um prato forte. Um vendedor de jornais entra e eu compro *La Nación*. O casamento de Marcos é anunciado na coluna social. Marcos está em todas!

Cinco anos antes, pouco tempo depois da morte da mãe dele, Marcos levava uma vida boêmia em Paris. Vivia de bicos. Até chegou a tocar no metrô com Jaqui, o filho de Noune. Jaqui na guitarra, Marcos na bateria.

– Não somos nada – confiou Marcos a seu meio-irmão.

Meu filho e meu enteado passavam o chapéu no metrô! Um tema recorrente. Fui um pai ausente? Deveria ter feito alguma coisa? Eis a aposentadoria que mostra de novo a cara. Um puro aposentado deve ser um pai indiferente e um péssimo avô. Marie Langer, pioneira nesse domínio, nunca levava seus netos ao zoológico, pois estava ocupada com a revolução na Nicarágua. Tinha coisas mais importantes para fazer. Queria dar um sentido à sua vida. Oportunidade e privilégio da Terceira Idade. Os velhos, com sua memória cheia de futuros do pretérito, se tornam artesãos de sua posteridade; eles cinzelam seu passado a partir do seu presente. É por isso, Lourdes, que a sabedoria chega quando se está velho.

As pessoas em geral, mas sobretudo as mulheres, não compreendem bem essa passagem de minha teoria da aposentadoria, e em parte lhes dou razão. Por vezes, sou assaltado pela idéia de que talvez eu tenha inventado essa teoria para justificar minha desastrosa paternidade. É o que Belén e Paula pensam. Para complicar as coisas, sou um avô querido.

Naquela tarde, banhado e perfumado, assisti ao casamento civil e chorei, como havia chorado no casamento de Belén. Depois nos reunimos na casa da noiva e conheci a sogra de Marcos, uma mulher de cerca de cinqüenta anos, viúva como eu. Percebo que a família próxima tinha uma vaga fantasia sentimental, uma espécie de telenovela em horário nobre.

– É uma moça muito simpática – me diz Marcos. Mas, se há uma coisa da qual não tenho necessidade, é exatamente de uma qüinquagenária simpática. Além do mais, ela ainda não entrou nas brumas da Terceira Idade: está inteiramente dedicada a seus filhos.

No início da noite, tive uma grande idéia, típica do bom aposentado: convidar o noivo para passar a tarde anterior a seu casamento numa sauna. Marcos topou na hora. Temos os mesmos gostos, gostamos que nos cortem as unhas dos pés, de assistir futebol bebendo uma cerveja; somos torcedores do Independiente e adoramos frescobol.

Fomos ao Colmegna, a melhor casa de saunas de Buenos Aires. O pátio central é uma mistura de mesquita e banhos romanos. Colunas, fontes e vasos de plantas anãs. Ultrapassamos o primeiro round da sauna, transpirando profusamente. Envolvidos com espessas toalhas de banho, nos sentíamos como em *Quo Vadis*. Pedimos cerveja e queijo com salsa inglesa.

Duas manicures vieram nos fazer as unhas dos pés. A de Marcos, como observo em *Ondina supertramp*, tinha um sinal em forma de cometa na têmpora direita; a minha tinha os seios apertados, do tipo mulher Luís XV. Elas puseram algodão entre nossos dedos libidinosos. Com a segunda cerveja, começamos a jogar o jogo do "você se lembra?". As manicures eram nossa tribuna cativa.

– Lembra dos espinhos nos pés? – pergunto a Marcos.

Como de hábito, voltávamos tarde da praia de Punta del Este, caminhando num atalho, e chegamos em casa cheios de espinhos, gemendo como pobres condenados. Nossos pés se pareciam com camas de faquir, e aí começava o momento de gozo: deitávamos de ventre numa cama e Noune, com a pinça de depilação, que imaginávamos que era de prata, nos tirava, espinho por espinho, um a um, os estigmas de nosso prazer.

– Lembra de Mura? – me pergunta Marcos.

Mura era baixo, do tipo que perde as estribeiras na jogada, uma espécie de jovem Maradona; um número oito hábil, mas sujo. Seus chutes eram destruidores, mas a um jogador do Independiente se perdoam as pequenas ofensas.

– Quem eram os atacantes da equipe? – Marcos me examina. Só me lembro de Mura, Savoy e Mario Rodriguez.

– Quem era o quinto?

– Não dá, não me lembro.

– Você tem que se lembrar!

Estou velho. Faço um enorme esforço e, por fim, exclamo:

– Bernao, é claro, Bernao!

As passagens de trem para Avellaneda. O estádio, o pão com lingüiça, a mistura de rotina e antecipação.

– Vocês são torcedores do Independiente? – pergunta uma manicure.

– Se lembra do *sex-shop*? – me pergunta Marcos.

Depois da passagem pelo metrô, Marcos fez um bico num *sex-shop*, perto do Centro Pompidou. Começava a trabalhar às seis horas da tarde e terminava à meia-noite. Todas as noites, às dez horas, com a pontualidade de um analista, eu ia visitá-lo. Era uma casa velha. Quando eu entrava, as prostitutas me saudavam: "Ali vai o pai de Marcos", diziam elas. Eu me sentava atrás do balcão e lia revistas pornográficas. Todos os fregueses achavam que eu era o patrão.

– Você se lembra da lanterna?

Eu tinha esquecido. Quando fechávamos a butique, na hora de Cinderela, Marcos tinha que fazer uma ronda noturna, iluminando as salas dos fundos, pois a lenda contava que, às vezes, homossexuais ficavam escondidos ali.

Pois bem, o *sex-shop* ilustra o que quero dizer quando falo de "pai ausente". Não sou um pai ausente, eu participo. Se tivesse ido para o metrô com Jaqui e Marcos, eu teria passado o chapéu.

– Você se lembra das termas em Paris?

Em Paris, há uma terma genuinamente árabe, a maior do mundo depois da de Istambul: chá de hortelã e mesquita anexa. Meu genro Jorge e seus amigos a tinham descoberto, e era seu programa masculino da manhã de sábado.

Enorme, antiga, como uma sauna no centro de Babel, ali se ouvia falar mil línguas por trás da cortina de vapor. Eu estava com Marcos na sala central. No meio, uma mesa que se parecia com um altar de pedra. Coloquei as toalhas em cima dela e ofereci a Marcos uma massagem digna de Esalen. Marcos se deitou. Comecei a massageá-lo pelo pescoço com minhas mãos de ouro, recortando cada vértebra cervical, quando, de repente, um turco enorme e bigodudo me bateu nas costas e me disse, com uma voz tonitruante, que esse tipo de intimidade era proibido.

– Ele acha que somos gays – disse a Jorge, que tinha se aproximado da cena do escândalo.

Depois de um terceiro round de vapor, voltamos para a sala de repouso. Um mergulho numa piscina bem fria. Pedimos uma terceira rodada de cerveja. Estávamos sentados em confortáveis cadeiras de vime. O tempo tinha parado sobre nossos pés bem manicurados. Fumamos em silêncio, esperando nosso pedido.

– Como foi isso de se casar com a velha?

– Com quem?

– Com minha mãe.

– Se você tivesse lido *El antiyoyo*, saberia.

Marcos encolheu os ombros, como se eu lhe pedisse o impossível.

– Escuta, Marcos, fui um mau marido, mas é assim com todo marido; o que não quer dizer que você não vá ser exceção – acrescentei rapidamente. – Ser um marido é uma profissão quase impossível.

– Por que você se separou de minha mãe?

– Porque eu amava Noune. É só isso. Amei-a com um amor que reinventa o futuro sem passado conhecido.

Com um gesto teatral, fiz um sinal para o garçom, que chega com uma garrafa de champanhe.

– Se tomarmos toda a garrafa, chegaremos bêbados à igreja – diz Marcos.

A idéia nos pareceu tão engraçada que caímos na gargalhada, uma gargalhada tão louca que nos doeu no diafragma. Uma roda de homens barrigudos nos olhou, de mau humor: incomodávamos seus sonhos de hipopótamos. Mas, porra, não é todos os dias que se casa um filho! Quando a crise de riso histérica se acalmou, levantei a taça, com lágrimas nos olhos, e disse: "Boa sorte".

50
Você é uma mulher?

Em *Apesar de tudo*, sua autobiografia, Gervasio Paz escreve: "Nestes últimos anos, coisas muito importantes aconteceram no mundo e na minha vida pessoal. Minha companheira de sempre morreu, e também minha mãe. Meus filhos me deram três netos, é claro que adoráveis, que vieram se somar ao primeiro, já nascido então. Tive alguns problemas de saúde e, *last but not least*, abandonei silenciosamente o Partido Comunista".

Admirável síntese – com arrancada final. Mas Gervasio não precisa esquadrinhar as profundezas de sua vida. Ele não escreve com uma máquina "Duplo zero": para sua finalidades, não precisa disso. Mas eu preciso. Quando se raspa o passado, não se pode escrever toda a verdade, é impossível. Se eu o fizesse, a Igreja Católica poria meu livro no índex. A Igreja Universal também. E o Partido Comunista faria a mesma coisa. E a Sociedade Protetora dos Animais. E as Senhoras Católicas. Até mesmo a Interpol. Seria o repúdio completo. A APA arrancaria minha fotografia da sala da comissão de direção.

Em contrapartida, a seguinte história pode ser contada. Aí vai.

Não sou um "homem da noite". Os cabarés me inquietam e as damas da noite me intimidam. Não sou malandro, mas o mundo da noite, com suas loucas tentações, sempre me atraiu. Nessa vez dei várias voltas de carro, confundindo as silhuetas femininas com caixas de correio instaladas em escuras esquinas febris. Era dezembro, o ciclo de festas que antecipa o carnaval começava. Essa seqüência festiva começa em 8 de dezembro, com a festa de Nossa Senhora da Praia, ao pé do Elevador Lacerda, no centro da Cidade Baixa.

Chego de noite. Dou duas voltas no Mercado Modelo, que exala um odor de incenso e como um acarajé no tabuleiro de uma baiana com os colares de Iansã no seu majestoso peito. Tento entrar na animação da festa, passeando entre as barracas onde acontecem os bailes populares. Tomo uma grande garrafa de cerveja na minha solidão de homem que está só. Quase comprei um cigarro de um vendedor ambulante. "Um bom momento para fumar", sussurra o diabo da guarda no meu ouvido.

Termino a cerveja, dou mais uma volta, depois decido voltar para casa: são vinte e três horas e não acontece nada na Cidade Baixa. No momento em que abro a porta de meu carro, vejo um vulto na esquina, uma sombra insinuante vestida de branco. Não era uma caixa de correio. Ao olho do míope, era uma mulher exuberante, com tudo demais, tanto é que eu pensei que podia ser um travesti.

– Você é uma mulher? – perguntei eu.

A pergunta era, de fato, um pretexto para quebrar o gelo. A mulher me respondeu "Sim", e eu lhe sinalizei para entrar no carro. Durante o trajeto, quase não falamos, cada um mergulhado em seu próprio silêncio. Ela disse:

– Me chamo Vanda.

Bela voz de barítono.

– Meu nome é Mateo – diz Emilio.

Mateo a olha com o canto do olho: ela tem uma boca grande, a pele azulada, brilhante, característica dos negros da costa oriental da África. Coxas fortes e ancas largas de mulher madura. O velho charmoso que sou pensa em seu foro interior: "Mulher de uns quarenta anos".

– Você achou que eu era um travesti?

O sinal vermelho de Chame-Chame nos parou. Eu a estudei com escrupulosa atenção.

– Bota a mão, Mateo, bota – diz ela, levantando sua saia branca justamente no momento em que o sinal verde abriu. Respondi que acreditava na sua palavra. Durante o resto da viagem, falamos dos travestis.

– Coitados – conclui Vanda.

Quando viu *Amílcar Falcão nº 1*, minha casa, ela exclamou: "Oba!". Circulou pela casa, indo de surpresa em surpresa, mas o que a espantou mais foi a cozinha, com seu forno embutido e churrasqueira. Enquanto ela inspecionava a geladeira, preparei duas margaritas com algumas gotas de *triple sec*, cobrindo as bordas com sal como Horacio Scolnick havia me ensinado outrora.

– Mais gelo? – pergunta ela, virando os cubinhos no balde de gelo.

Sob a luz da cozinha, Vanda era o paradigma da prostituta para a Terceira Idade.

– Saúde, Vanda.

– Saúde, Mateo.

Ela me observa com a cabeça inclinada, enquanto levanta a taça. Também me estuda. Alguma coisa em mim não cola com a burocracia da noite. Quem será esse cara que prepara bebidas de maneira tão cerimoniosa?

Em cima, na varanda de meu quarto, saboreamos as margaritas, olhando o céu, num silêncio completamente diferente do inicial. Não é para me gabar, mas a lua brilhava em todo o seu esplendor.

Escolho Rita Lee como fundo musical; queimo incenso; nada me apressa, o sexo pode esperar.

Vanda fuma na varanda, de costas para a lua. Acompanha o ritmo do rock, mexendo lentamente o pescoço e os ombros. Peço-lhe um cigarro. Não nos tocamos, mas os fluxos pélvicos começam a circular em cada recanto de nosso corpo erótico.

– Você sabe fazer massagem? – pergunto eu, com a cervical vagamente dolorida.

– Massagem sexual?

– Não, o outro tipo de massagem.

– Não, o outro não.

Rita Lee termina. Qual é a música apropriada para um momento como esse? Nos anos 1960, uma música dos Beatles, *Lady Madonna*, por exemplo; nos anos 1970, Pink Floyd, com *The dark side of the moon*; nos anos 1980, a batuta do saxofonista de *Supertramp*, o grupo favorito de Marcos.

Durante *Breakfast in America*, Vanda se admira diante da banheira de mármore. Enquanto toma um banho, preparo um *joint* de maconha.

– Eu sabia! – exclama ela, ao sair, enrolada numa toalha de banho. – Por causa do cheiro – acrescenta.

Vanda estende a mão para pegar o *joint*, depois rapidamente se detém, como se uma idéia a sobressaltasse. Suspense. Ela me observa e, naquele momento, seu olhar refletia seu temor.

– Você é da polícia! – diz ela. – *Você é da polícia mesmo.*

Minha primeira reação: o espanto. "Eu? Um tira?", teria retorquido um cliente um pouco manso. Mas eu não deixei nada transparecer no meu rosto, pois meu diabo da guarda tivera uma excelente idéia. Também em voz baixa e num tom conspiratório, disse a Vanda:

– Sou da Interpol.

Uma deliciosa expressão cobriu seu rosto. Nunca uma mulher tinha me olhado assim. Uma mistura de respeito e de medo, como se eu fosse um cruzamento de tigre com escorpião.

Já fui amado, respeitado, odiado, coberto de ternura, mas nunca fui tratado com essa submissão de zebra diante do carnívoro de plantão. Novamente o saxofone de *Supertramp* entra em cena, enroscado em sua cintura. É claro que essa submissão foi uma fonte de intenso prazer para mim, germinando nos corpos cavernosos; uma fisiologia poderosa fermentava no meu baixo ventre.

Disse a ela que não tinha por que ter medo de mim, que, no fundo, eu era bom, um cidadão como qualquer outro. A fera estava em paz com o mundo, coisa que transmiti claramente no gesto decidido, mas delicado, de despi-la. Com a toalha na mão, eu contemplava o corpo negro de azeviche de uma escrava.

– Você é uma bela puta – disse-lhe eu, como epílogo. Vanda reconheceu o valor sincero do cumprimento.

51
Syra

Em Ondina, muitas coisas interessantes aconteceram no campo da clínica. Tive novas idéias.

Palma de Mallorca,
29 de março de 1986

Querido Emilio,
Antes de tudo, gostaria de agradecer a você pelos momentos que passei em sua companhia em Salvador, durante os quais me senti muito bem. Escrevo para dizer a você que quatorze pessoas se inscreveram no laboratório social "Correr um risco". A idéia as entusiasma. Esperamos você em Palma de 28 a 31 de maio. Palma está esplendorosa na primavera. Seria uma honra para mim recebê-lo na minha casa durante sua estada aqui. Despeço-me com um forte abraço e espero em breve uma resposta sua.

Mario

Mario era um jovem psicólogo uruguaio que me visitou em Salvador. Um incondicional admirador de *La lección de Ondina*. Meu único fã. Tenho uma ligação fraterna com os uruguaios, exceto no futebol; embora, pensando bem, também no futebol. Não posso esquecer aquela noite, em Moscou, na qual Pla me falou do imperialismo argentino. Como dizem os anti-semitas, a maioria de meus melhores amigos é de uruguaios, um caso de ambivalência no Rio de la Plata.

Aceitei o convite de Mario com grande prazer e incluí Palma de Mallorca no planejamento de minha estada anual na Espanha. Em Madri, trabalhava com Norma Ferro; propus que fizéssemos o laboratório juntos. Tínhamos realizado vários trabalhos em Madri e Zaragoza. Norma não era apenas uma boa analista, era também uma excelente animadora de psicodrama, discípula da escola de Tato Pavlovski. O título do laboratório – "Correr um risco" – falava por si: o problema da transgressão ficava aberto.

O laboratório como um grande encontro psicanalítico breve. Esse tipo de evento tem como origem o Rio de la Plata. Bauleo, Kesselman, Pavlovsky, Martha e eu somos os pais dessa idéia. Assim como Nicolas Caparrós na Espanha.

Em Zaragoza, estreei com Norma o laboratório sobre os riscos; não nos demos muito bem. Ninguém, nem mesmo nós, estava disposto a correr grandes riscos; agora tínhamos que melhorar isso.

O grupo de Palma se mostrou o mais duro, o mais perigoso e o mais interessante que eu dirigi em toda a minha vida. O grupo ficou louco. Creio que até o general Franco teve uma parcela de culpa em relação ao desfecho. Era 1983, faziam cinco anos que ele tinha morrido, mas sua sombra em forma de sotaina ainda obscurecia a alma dos espanhóis. A censura da sexualidade era tão forte durante a ditadura que os jovens, ávidos de ver mulheres nuas, freqüentavam a sala de partos da universidade para assisti-los. Essa fome sexual deixou suas marcas.

Como eu estava disposto a assumir riscos, propus ao grupo a viagem de Ulisses. O que estava em jogo: a temática da sedução. Os homens eram os tripulantes do barco e as mulheres, as sereias. A decoração da ilha foi montada com almofadões que ficavam no centro da sala; as mulheres se instalaram ali e tinham como instrução ser as mais sedutoras possíveis. Concha, a mais atrevida do grupo, propôs que as sereias estivessem de monoquíni. Proposta aprovada.

Fenômeno curioso, ou não tanto assim, os espanhóis produzem os mais piedosos homens e os mais blasfemos, produzem um Almodovar e o

Opus Dei. A juventude espanhola não ia mais para a sala de parto para ver mulheres nuas; agora ela faria o Marquês de Sade enrubescer. Então, *topless*. Aí, comecei a brincar com o fogo.

Num canto da sala, os homens se preparavam para a odisséia e eu cometi um erro fatal. Como o grupo não chegava a um acordo sobre quem interpretaria Ulisses, propus que fosse Tony. Ora, Tony era, disparado, o mais fraco do grupo. Mario e Quique eram candidatos naturais para esse papel, mas eu, por maquiavelismo ou babaquice, escolhi Tony. Isso me custou caro.

Tony foi o único a levar seu papel a sério. Pediu que fosse amarrado no mastro. O barco, entre risos e galhofas, se aproximava da ilha, remava-se ao ritmo de *Volga Volga*. Devo admitir que algumas das sereias eram muito sedutoras, mas os homens, como jovens adolescentes, não as olhavam e se divertiam entre si. Concha se queixava:

– Merda, não é assim que se seduz uma mulher!

Tudo era historicamente errado: eram as sereias que deviam seduzir os homens, não ao contrário. Seja como for, a cena se encheu de um clima libidinal e as brincadeiras se transformaram, lenta mas inexoravelmente, em motim. Os marinheiros não escutavam Ulisses, estavam prontos a tomar de assalto a ilha. A crise cada vez ficava mais forte: Ulisses, num grito, desmaiou. Esse grito paralisou o jogo. Norma foi até junto de Tony, que jazia inerte, num estado catatônico. O grupo o cerca.

Estávamos ocupados com Tony quando, repentinamente, escutamos o grito de Quique, que, com seu punho protegido por uma almofada, aplica um golpe seco num tapume de madeira, partindo-o. Agitado, ele espalha no chão os almofadões e salta em cima deles. Parece possuído por uma aceleração crescente. Norma tenta contê-lo, mas, na sua tentativa, rasga sua blusa. A cena, ou melhor, o olho do ciclone se desloca de Tony para Quique.

Quique era um verdadeiro energúmeno. Quem diria, com sua aparência de bom aluno? Norma e eu tentamos encurralá-lo, mas, na verdade, não sabíamos como fazer isso: agíamos com a lentidão dos indecisos. A psicanálise tem horror da violência física. Acossado, Quique escapa como uma enguia estridente.

Depois aconteceram as cenas de horror. Quique brandia um porrete e o agitava diante do grupo aterrorizado.

– Vocês têm medo de mim! – gritava ele, com razão.

Ele pediu que lhe déssemos um aperto de mão como cumprimento. Mario o cumprimentou e o abraçou, estabelecendo uma aliança. Duas mulheres do grupo também lhe deram um aperto de mão. Os outros se recusaram.

– O problema – digo eu – é o poder. Quique, você está rivalizando comigo.

– Por que você trouxe esse cara? – Quique ironicamente pergunta.

Quique volta a fazer as suas coisas e começa a saltar ao ritmo de *Yellow submarine*. O grupo não participa, só Mario o acompanha. Quique e Mario cantam e dançam.

Meio-dia. Charo começa a gritar, encarando Quique como se fosse um cão de guarda. Quique levanta o porrete, pronto para baixá-lo. Eu me interponho:

– Me dê esse porrete – falo num tom decisivo. Ele me dá o porrete.

A gota d'água foi posta por Mario, que começou também a uivar, numa escalada delirante: Tony + Quique + Charo + Mario...

Quique aproveita a confusão para me roubar o porrete. A situação ficou insustentável. Nesse momento, eu disse:

– Se em um minuto esse porrete não estiver nas minhas mãos, eu interrompo o laboratório.

– Como?

– É simples, se num minuto você não me entregar esse porrete, Norma e eu vamos interromper o grupo e iremos embora imediatamente.

Meu corpo todo tremia, encharcado de adrenalina.

Suspense.

Quique, como um líder louco, se ajoelha e me entrega o porrete.

– Não, assim não.

Quique se aproxima, brande o porrete com sua mão direita e o entrega a mim, exclamando:

– Excalibur!

Essa experiência me levou a escrever um livro com Norma, *O último laboratório*. No dia seguinte, nos reunimos, cotejamos nossas notas com o grupo e decidimos publicar o material. Por vontade de Norma, esse livro só foi publicado em português. Esse *último laboratório* não foi o último, fiz outros quatro, depois parei, da mesma forma como parei de trabalhar com crianças e com grupos; não sei muito bem por que parei, essas experiências exigem muito, mas também são muito estimulantes. Analisar uma criança de três anos é uma grande aventura, e meu duelo com Quique e Excalibur foi rico em ensinamentos.

Em 15 de setembro de 1987, fui comer um *gefilt-fish* na casa de Syra para comemorar o fim de sua análise. Levei comigo a seguinte carta, para entregá-la em mãos:

> *15/09/1987*
>
> Querida Syra
>
> Anexo vai o material das cinco últimas sessões. Creio que o final de análise pode ser trabalhado com proveito para ambas as partes. O registro foi feito após cada sessão e serve como memória. Contudo, me chama a atenção o quanto o registro é incompleto, o quanto esqueci de entrada.
>
> Pela riqueza do material, por ser encruzilhada, por ser fim de análise, o empreendimento se torna complicado... mas fascinante.
>
> Tenho a seguinte proposta de trabalho para lhe fazer. Num primeiro tempo, enquanto viajo, você fica para elaborar o material. Na minha volta, estabelecida a devida distância, pensaremos o que fazer com esse material que tem a qualidade de "passe".
>
> A idéia é escrever algo juntos. Ver essas cinco sessões pelos dois pontos de vista. Esse plano é sustentado pela hipótese de que o material de fim de análise pode tornar-se público e essa transformação serve para esse fim.
>
> Ok, a senhora topa?
>
> Emilio

De fato, entreguei a ela as cinco sessões: quinze páginas ao todo. A primeira sessão era muito rica, elaborada em torno do sonho típico de final da análise. Não costumo tomar notas, mas dessa vez o material se impunha. Confesso que foi naquele momento que nasceu a idéia de escrever um livro em comum, o que, tenho que reconhecer, a privou de certa espontaneidade no final.

Syra topou e escreveu-me, dizendo: "Me sinto feliz. Tive uma imensa satisfação narcisista ao poder ler o texto de minha análise. Que melhor presente um analista pode dar?".

Com efeito, para muitos colegas foi um presente grande demais da parte daquele que, segundo a moda atual, deve ser um resto, um mero limão espremido.

Então, era um fim de análise. Duas vozes, duas versões bem diferentes, embora sutilmente semelhantes.

Logo no início, Syra sugeriu o título do livro em três partes: *Um sonho de fim de análise*; *Fim de análise: um sonho*; *Análise: fim de um sonho*. Três em um: o sonho que uma análise encerra; a quimera do desejo; o fim das ilusões. Como ela me disse um dia: "Fim do sonho, o de crer que no fim se vai saber tudo. Depois de uma análise, perde-se o direito à inocência do esquecimento e do engano".

Escrever com Syra foi uma experiência rica e gratificante. Toda quarta-feira, na hora do almoço, nos encontrávamos e trocávamos textos. Revivi um pouco a época em que redigíamos, Martha e eu, *El antiyoyo*. Gostaria de elaborar um pouco mais esse tema da escrita a quatro mãos, pois essas colaborações estão presentes em minha escrita e com mulheres importantes em minha vida. Com minha mãe, vivemos a *folie-à-deux*; Beatriz deu sua contribuição sobre o papel do observador com um capítulo de meu livro sobre os grupos; Noune escreveu comigo *El contexto del proceso analitico*; Marta, *El antiyoyo*, Norma Ferro, *O último laboratório*; e Syra, uma das minhas pacientes favoritas, *El sueño de fin de análisis*. Quanto a *Gigante por sua própria natureza*, versa sobre meu amor por Graça e praticamente foi escrito em colaboração com ela. Pode-se dizer que a co-autoria é um sintoma meu. Todas essas experiências foram muito ricas, particularmente *El antiyoyo*, que lançou as bases de minha plataforma literária.

Sou uma alma solidária ou um vampiro contrariado? Você decide.

52
Diana, coca e televisão

O Shopping Center Iguatemi fica na banda rica da cidade. Fui ao encontro debaixo de uma forte chuvarada de verão. Rapidamente se formaram poças lamacentas nos declives do caminho. Um motorista impaciente me ultrapassa pela esquerda e a onda de lama entra pela janela de minha Brasília. Felizmente a bolsa onde está a cocaína é impermeável.

No dia em que eu decidi comprar dois gramas de cocaína, Mácula, minha mestra em drogas mágicas, sentenciou:

– A cocaína tem horror da umidade. – Ela tinha vindo expressamente ao meu consultório para ensinar-me a cheirar. Assim aparecera munida de um espelhinho de bolso, um canudo grosso de milkshake e a clássica gilete.

– Seca-se bem o espelho – disse ela, usando lenços de papel para a operação. Depois, com um gesto preciso, tirou uma pitada de pó branco do pequeno envelope e a picou com a ajuda da lâmina.

– Deve ficar com uma consistência espumosa – ela me disse enquanto trabalhava meio caolha. Então introduziu na narina esquerda o canudo e a cocaína desapareceu, aspirada. Eu a olhava admirado. Mácula sabia que a única vez em que havia tentado eu acabei soprando o pó, como Woody Allen em um de seus filmes. Aliás, mais por falta de jeito do que por medo. Mas, naquele dia, no meu consultório, consegui aspirar corretamente minha primeira carreirinha, o que me proporcionou a sensação de uma tarefa cumprida. Um certo orgulho, como quando fumei meu primeiro cigarro.

O Chevrolet de Diana me esperava no estacionamento do shopping, lugar predileto para a prestidigitação clandestina. Rápida troca de automóveis. Sem olhar para trás, Diana entrou na minha velha Brasília. Quem visse o Chevrolet estacionado no Iguatemi pensaria que seu proprietário estava fazendo compras. Crime perfeito, ninguém por perto.

Acaricio seu joelho esquerdo, depois decidimos ir para um motel, Le Royale, que acabava de ser remodelado. Estávamos na metade da manhã. No caminho para o motel, sai o sol perdulário e as rãs coaxam. Dirijo devagar, tenho todo o tempo do mundo. Na entrada do motel, peço ao porteiro a suíte romana; ele me olha com um olhar entendido e me sugere a suíte hindu, último lançamento. Ao abrirmos a porta, ouvimos o gorgolejo de um elefantinho que faz pipi numa fonte de água tépida. Em cima da enorme cama hexagonal, um afresco erótico ostenta um hindu cujo pênis, ereto, tem proporções consideráveis. Uma mulher de cabelos espessos e negros e olhos egípcios sopra no falo como se fosse uma trombeta para uma meditação seminal.

Passeamos pelo quarto. Na mesa de luz, um painel cheio de botões, tipo painel de bordo de Boeing. Acendemos e apagamos as luzes; uma delas era estroboscópica. Televisão, rádio, cama vibrátil, ar condicionado, tudo acionado por controle remoto.

Acendo um cigarro, decidido a conceder-me todos os prazeres. O elefantinho me dá vontade de urinar, vou ao banheiro, no qual constato a presença de um secador de cabelo. Voltando para o quarto, localizo na televisão o canal pornográfico. Um pênis gigante e negro, mais imponente que o do hindu, está no centro da tela. Diana fica hipnotizada por essa cobra africana, mas, como nessa vida nada é perfeito, a televisão começa a falhar; o pênis piscava, prisioneiro de um tique maquinal.

Já notaram que os motéis não têm janelas? Eles são como bolhas imaginárias, superúteros.

Diana pede dois sucos de laranja, sem açúcar, ela precisa.

– Estou um pouco nervosa – murmura entre dentes.

Quando se instala na cadeira, com os pés na piscina, eu lhe explico minha fantasia sexual; ou, se se quiser, qual é a ordem do dia. Esclareço que é um tema sexual. Entrar no rio, sem saltos nem sobressaltos. Uma coisa que leve a outra como o frufru da seda. Olhar distraído-interessado-sensual-amoroso-lascivo-passional e orgasmo olhando-se nos olhos, sem solução de continuidade.

A campainha do motel sempre dá um sobressalto. Uma vez para avisar que o garçom chegou com o suco de laranja. Uma outra para indicar que ele está saindo.

– Que calor! – exclama Diana, no momento em que vou buscar as bebidas. Quando volto, vejo que ela tirou a blusa e o sutiã. Atrás de nós, a televisão continua a projetar pênis piscadores.

Olhar atento.

De repente, Diana se lembra da ordem do dia:

– Queimei etapas – disse ela, e imediatamente compreendi o que isso significava.

Diana sintonizou o rádio e, olhando-me de alto a baixo, tirou o sutiã da espreguiçadeira. Excelente idéia, começar pelo fim, esse fim sempre insípido, quando tudo já foi feito, na melancolia pós-coital, quando os casais enfiam, com dificuldade, seus pés úmidos nas meias. O motel então se transforma em vestiário de clube municipal, sensual como a arnica.

Diana cruza os braços sobre seus seios e rapidamente se vira. Hábil como uma maga, ajustou o sutiã e cobriu o busto negligentemente, como se o filme fosse projetado novamente, mas em câmera lenta e de trás para frente.

Decidimos passar diretamente ao prato de resistência: a cocaína.

Minhas mãos tremiam ao tirar o envelope de cocaína do tubo de Redoxon (a tampa desse produto tem uma substância desidratante que mantém o pó de cocaína seco). Com gestos cirúrgicos, Diana pegou o envelope. Enquanto ela, seminua, picava com esmero o pó branco como a neve, eu, com o secador, aplicava lufadas de ar quente no espelho e no canudo. Trabalhamos em silêncio; apenas a voz de Julio Iglesias soava na música de fundo.

Quatro carreiras no espelhinho, nós o colocamos no centro da cama. Depois, sob o olhar indiferente do hindu, cheiramos duas carreiras cada um. Operação impecavelmente realizada.

"Amor, amor, amor...", ronrona Iglesias, o trovador dos motéis. Desabados na cama, com cocaína no corpo, esperávamos o que vinha a seguir. Mácula tinha me dito que o efeito viria rápido, e veio. A voz da droga não vinha pelo lado do transe; é algo mais visceral, mais deste mundo. Não se perde a razão, como com o ácido lisérgico; ao contrário, a razão se torna inexpugnável. A cocaína dá uma lucidez fálica, como diria Lacan. A potência que se elevava no nível do sexo não era um efeito espiritual ou alegórico. A boca era mais boca, o pênis, mais pica.

Diana, no painel de comandos, aciona o botão da cama vibradora: um movimento surdo parte das entranhas do colchão.

Comecei a massagear a planta dos pés de Diana; massagem lenta, profunda, como me ensinaram em Esalen, seguindo os vales serpenteados dos metacarpos. A cocaína então me sugere que eu chupe seus dedos dos pés. Atacando o dedinho, pensei: "Este pôs um ovinho, com sua unhazinha". Coloquei um pouco de sal e constatei que conquistei uma nova zona erógena, sabendo, com a certeza que a cocaína proporciona, que esses pés virgens nunca foram tão bem lambidos.

A vibração da cama era quase penosa. Quando me levantei para pegar uma bebida, perto da piscina, a magnitude do efeito da coca me fez titubear. Mergulhei para me refrescar. A televisão parou de piscar. Duas mulheres num divã começam a fazer das suas; uma é loura platinada; uma terceira, adolescente, observa a cena por uma porta entreaberta e se masturba. Aqui não há amor, ao menos explícito, mas sexo cru, sexo cocaínico. Convido Diana a olhar, com olhos livres de qualquer imaginação, as duras cenas da pornografia. Orgias de múltiplos casais e uma cadela ovelheira alemã, que ladra ao invés de gemer.

A televisão começa novamente a falhar, o que nos irrita consideravelmente, pois estávamos num pico de excitação. A suíte hindu havia se transformado em placenta perverso-polimorfa.

O que fazer? É preciso fazer alguma coisa. Enquanto a acaricio da cintura para baixo, Diana empunha o telefone e faz sua queixa à telefonista:

– Não queremos incomodá-la, mas temos um problema. (Ela tapa o telefone e comenta: "Que bela voz ela tem!"). É a televisão.

Ela dá os detalhes da pane técnica. Escuta as instruções da telefonista, depois pergunta, com uma voz rouca:

– Na frente ou atrás?

Do outro lado do fio, uma voz de aeroporto responde, formando o circuito erótico-triangular:

– Vocês verificaram o botão lateral?

– Qual?

– Um botão preto.

– Sim. Tentei, mas não aconteceu nada.

– Então...

Pausa.

– Convide-a a vir.

53
Carnaval com Lourdes

Só existem dois grandes carnavais no mundo: o do Rio e o de Salvador, que Olinda me perdoe. O do Rio é impressionante por sua incrível beleza, pela marcialidade e pelo luxo de suas escolas de samba. Uma verdadeira tauromaquia do frenesi. Em Salvador, todo mundo participa do carnaval, festa de dança globalizada que começa no café da manhã e que nunca termina. Quatro dias seguidos que se tornarão cinco. Rios de cerveja entram e cascatas de urina saem do metabolismo de um milhão de pessoas. O carnaval mete medo nos falsos baianos, mas também nos verdadeiros, embora eles digam que é apenas respeito. É uma aventura, e o risco implícito dessa roleta tropical dá o tom picante da coisa. Na Bahia, o carnaval tem a força do transe e o sangue dos sacrifícios rituais.

Tema das decorações carnavalescas daquele ano: os personagens de Jorge Amado. Gabriela, Arcângelo, Dona Flor se repetiam ao longo da avenida Sete e da rua Carlos Gomes. Eu tinha aberto o carnaval no sábado, com a mortalha do Méridien que Diana me deu. No domingo, naturalmente, fui descansar na praia. Na segunda, voltei em companhia de Lourdes – Dona Flor em pessoa. Ela preparou um café da manhã consistente e disse, colocando o acento no plural: "Vamos precisar". Encerrei o café da manhã com um cigarro e um whisky duplo, como manda o costume. Saímos de carro às dez e meia da manhã. Lourdes havia conseguido, não me perguntem como, um lança-perfume, contrabando da Argentina. Estacionamos em frente ao Hospital das Clínicas, na esquina do Campo Grande, onde a festa começa. De longe, ouvíamos os tambores, o pulso se acelerou, sobretudo quando Lourdes me passou seu lenço perfumado, droga frenética.

O carnaval da Bahia inventou o trio elétrico. Invenção necessária, se pensarmos que é preciso proporcionar música para um milhão de pessoas. A solução consistia em colocar os músicos sobre grandes caminhões; o primeiro trio elétrico, de Dodô e Osmar, parecia muito com os caminhões de campanha eleitoral. Atualmente, o trio é um monstro eriçado de caixas acústicas, antenas, guitarras elétricas e alto-falantes, com uma intensidade sonora superior a uma boate. No cair da noite, parecem encouraçados rutilantes que navegam em fila indiana pela avenida.

De mãos dadas, Lourdes e eu seguíamos o trio elétrico dos Apaches; a uma certa distância, meio andando, meio dançando, ainda não mergulhados no calor do ambiente. Um outro toque de lança-perfume nos atirou no turbilhão da música e da dança.

Abraçados, perdemo-nos na imensa multidão, mas a ilusão durou pouco tempo. Uma bela mulher negra, com realeza no porte, nos fuzilou com o olhar. Os negros, alguns Apaches inclusive, nos dirigiram olhares desaprovadores. Na realidade, eram mais dirigidos a ela do que a mim. Passando pelo Relógio de São Pedro, umbigo do Rei Momo, encontramos um casal de analistas que, dois dias antes, tinha jantado na minha casa.

– Você viu como eles me olharam? – disse Lourdes, tentando dissimular sua amargura.

É verdade que fizeram uma cara esquisita. Eles são prisioneiros de uma estereotipia insensata, a que se refere às relações entre patrões e empregados. Os patrões, evidentemente, trepam com as domésticas. São ao mesmo tempo putas domésticas. Para meu grande espanto, Lourdes me disse que não havia nada pior do que o serviço doméstico.

"Se a ferradura trouxesse sorte, o cavalo não puxaria carroça". *Dixit* Lourdes.

54
A mulher da minha vida

A Princesa Africana, como criatura de ficção, já aparecia em *La lección de Ondina*. Sem dúvida um pressentimento. Mas, na época, ela estava longe de mim, cercada pelos crocodilos da vida. Ela se materializou quando o livro foi publicado em português, numa cerimônia literária com bebidas, salgadinhos e autógrafos. Todas as fadas da região vieram comprar um exemplar do livro, as psicólogas também. Fizeram uma fila diante da mesa do autor. À direita, uma imensa fotografia minha, tamanho natural, surgindo das ondas qual um Netuno ligeiramente decadente. Eu dedicava e dedicava livros. Tinha um copo de whisky na mão livre.

Cada pessoa colocava dentro do livro a dedicar um papelzinho com seu nome. Tenho péssima memória, mas sou excelente quando se trata de fazer dedicatórias. A técnica consiste em associar livremente e proibir-se os clichês. O exercício deve ser considerado uma interpretação que funcionaria como oráculo. Para tal, é necessário soltar a bruxa do inconsciente e subir na sua vassoura.

A fila diminuía quando chegou à minha mesa um exemplar do livro com o nome "Graça" no papelzinho. Levantei os olhos e encontrei dois outros, grandes, verdes, cheios de luz, cercados por uma abundante cabeleira afro. Essa visão rutilante sacudiu todos os meus chacras. Sem hesitar, escrevi: "Para Graça. Que os Orixás nos protejam!".

O fogo de seu olhar me encantou a tal ponto que apaguei a cena, continuando a viver sem saber que a flecha tinha me atingido. O carnaval de 1984 foi frenético e isso contribuiu para o esquecimento. Quando chegou o outono, eu estava sereno, mais meditativo, novamente imerso no meu autismo primordial. Os Orixás me protegiam à minha revelia. Caminhava manhãs inteiras nas praias; era a época das marés altas. Certo dia, no meio da Quaresma, recebi pelo correio o programa de um grupo terapêutico de expressão corporal organizado por discípulos de Ângelo Gaiarsa, um terapeuta reichiano que eu respeito.

"E se eu fosse como paciente?", pensei. Era uma velha fantasia, jamais realizada. Ser um neurótico anônimo durante um fim de semana. Que cuidem de mim, que me mimem, que eu possa gritar, estapear almofadões, acariciar almofadas, chorar nos braços das psicoterapeutas, usar e abusar de todas as minhas prerrogativas de paciente. A isso se somava o clima de transgressão erótica que sempre paira nesse tipo de encontro.

A face escondida de meu desejo tinha seu lado razoável. Fim de semana de ginástica, massagens e macrobiótica, momento propício para um check-up existencial. Como sou? Como me vêem? Espelho, espelho meu, o que sou nesse grupo? Entretanto, meu anonimato era relativo: eu era uma pessoa muito conhecida no universo psi da Bahia. Talvez o charme do anonimato resida justamente no reconhecimento por trás do disfarce.

Numa sexta-feira, então, minha Brasília atravessou Amaralina em direção aos salões Roda Viva, perto da praia chamada Jardim dos Namorados, sugestivo lugar para um *blind date* terapêutico. Na porta do Clube Português, avistei a silhueta de Celina, uma prostituta que, algum tempo atrás, na época de *Supertramp*, trabalhava nas calçadas costeiras da Barra. Uma mulher do tipo Vanda. Ela me pega no ar; as mulheres da vida poderiam pilotar Boeings, elas têm olhos de lince e, além do mais, uma excelente memória. Celina me cumprimenta com a mão. Ela me cumprimenta e não me chama: é a diferença entre o amigo e o cliente. Não esquecer, apesar de tudo, o fator rapidez. As prostitutas detectam imediatamente quais são os carros que têm um destino preciso e os que estão apenas bisbilhotando. Eu ia a lugar preciso, era irreversível. Nunca teria pensado que o fato de encontrar Celina sem a cumprimentar ia marcar minha despedida de solteiro.

Quinhentos metros adiante estavam os salões Roda Viva. E gira a roda da fortuna! Sem mapa, mas com bússola, entrei num novo capítulo de minha vida.

Cheguei com a absurda pontualidade do analista. Freei a Brasília. Uma mulher grávida até a raiz dos cabelos se aproxima e me diz, numa sintaxe duvidosa:

– Nunca me imaginei que Rodrigué em pessoa viria a um dos meus grupos de trabalho. – Percebo-a nervosa, sem dúvida nenhuma está intimidada. Fim de minha breve incursão no anonimato.

– Sou Irene Gentile.

Irene Gentile, discípula querida de Ângelo Gaiarsa, estava, de fato, sumamente grávida. Tinha um ar de intelectual atormentada que repentinamente descobre o corpo. O que digo funciona como flash: a gravidez sempre desvela a mulher. Vários carros estacionados na praia. A tropa é noviça. Eles conversam entre si. Escruto a cena, tentando avaliar a idade média do grupo. Se forem jovens demais, corro o risco de ser uma relíquia. Em contrapartida, há a vantagem de ser um velho notável. Qualquer grupo desse tipo seria funesto para um velho anônimo.

Reparem que as pessoas idosas formam uma minoria tratada com tal indiferença que ela se torna hostil. Os casais de idosos geralmente dançam com um sorriso amarelo, uma espécie de perdão nos lábios, como se se desculpassem por ter ousado dançar. Eles dançam parodiando a dança.

Ninguém olha os velhos.

Irene volta quinze minutos depois, com Lucia, sua co-terapeuta. Lucia é uma mulher sedutora, do tipo Martha, de olhos definidos, voz doce, com um certo tom afetado. Uma mulher fatal reichiana.

– Falta Graça – diz ela, consultando o relógio, um tique. As duas terapeutas estão visivelmente nervosas. Alguns minutos depois, para passar o tempo, elas nos pedem que coloquemos os carros em fila indiana, como numa corrida de Fórmula 1. Lucia vai de acompanhante e eu começo a aproveitar plenamente essa sexta-feira sabática. Enquanto esperamos, percebo que o núcleo duro do grupo é formado por um grupo terapêutico de Irene. O fato de eles já se conhecerem não facilita as coisas.

Finalmente, a Graça em questão chega. Roncar de motores impacientes. A caravana parte, roda por Itapuã, na direção Ceasa. No caminho,

Lucia me informa que o encontro ocorrerá numa chácara, com vacas e tudo. Vamos passar duas noites no campo.

– Você trouxe lençóis? – me pergunta ela.

Sim, preparei minha mochila com muito esmero, seguindo as instruções indicadas no programa: lençóis, manta, caneca, travesseiro. Acrescentei uma escova de dentes e os *Écrits* de Lacan.

Chegamos. As pessoas transportavam colchonetes, víveres, almofadas, toca-discos para esse fim de semana afastado dos ruídos mundanos. Pus mãos à obra para me mostrar servil. Graça estava no último carro, que se perdera várias vezes. Era ela, então? Emilio ainda não tinha reconhecido a Princesa Africana. Ele só tinha visto uma presença vagamente conhecida, com um perfil de eco, reverberando, instantaneamente interessante.

O grupo faz um círculo numa sala pequena. Graça fica num canto. Vou me sentar do lado dela. Estudo meus companheiros como um joalheiro suíço, avaliando os quilates. A idade média é de cerca de trinta e cinco anos, um pouco mais, um pouco menos. Detecto um louro, escandalosamente jovem; e junto dele, felizmente, se encontra minha amiga Lia Mara, que beira os cinqüenta. À parte o rosto vislumbrado de Graça, Lia é a única pessoa que conheço. Uma personagem na Bahia: atriz, diretora de teatro, jornalista especializada em entrevistas de homens políticos e que, além do mais, tem em seu passado um casamento anulado com um conde húngaro. É da minha geração, se levarmos em conta os 10% de desconto que a sociedade me concede por possuir um pênis.

Graça está à minha direita, com seu perfil de pato. Está vestida com as roupas tradicionais da Bahia. Túnica branca e turbante cor de canela; usa um colar de búzios dos Orixás. Mais longe, no outro extremo, um jovem negro. Ele é perigoso. Com sua aparência de dançarino africano, é o único Golias da sala. Chama-se Mutar. Pobre de mim, que há mais de meio século deixei meu estilingue de lado!

Naquela noite, em círculo, cada um de nós explicou a razão de sua presença. Graça queria que fôssemos espelhos que lhe remetessem sua própria imagem. Não me lembro bem de minha problemática, creio que estava ligada à morte. Tarde da noite, dançamos em volta de uma mangueira gigante. Depois, na cozinha, tomamos uma sopa quente. Graça, a retardatária, não tinha preparado sua mochila. Eu tinha uma caneca vermelha e uma caneca verde. Dei-lhe a verde. No fim do jantar, Graça a devolveu com um beijo. Naquela noite, no meu quarto, escrevi no meu diário: "Conheci a mulher de minha vida. Caneca verde". Depois, dormi com os *Écrits* como travesseiro.

Vacas, cães e galos me despertaram pela manhã. Saí para correr pela chácara. Corri sem temor e sem premonição. Meu único objetivo era o amor. Uma horrível papinha me esperava para o café da manhã, daquelas que os prisioneiros e as crianças inglesas comem. Mas a fome é boa cozinheira. Graça comeu sua papinha na caneca verde.

– Fique com ela – eu lhe disse quando ela a devolveu limpa e com outro beijo.

– Não, prefiro que você me empreste todo dia.

O que significava uma série de beijos até o final do fim de semana.

Passamos a manhã fazendo exercícios corporais ao ar livre. Irene, com sua gravidez de pingüim, pegou a batuta e se saiu bem. Após um banho no reservatório, continuamos sob a direção de Mutar, que, de fato, era dançarino. Ele nos levou para um morro, do outro lado do reservatório, onde eu tinha feito meu Cooper. Ele nos fez fazer exercícios de alongamento muscular e passou a seguinte instrução: cada um de nós devia adquirir a postura e a aparência de um animal selvagem. Avaliando minhas possibilidades, decidi ser um urso e com alegria constatei que Graça não participava do exercício. "Ela não joga o jogo de meu inimigo", pensei. Mutar encarnou a pantera negra. Seus movimentos tinham a elasticidade perigosa dos grandes felinos. Em contrapartida, o urso subia e descia o morro como um babaca, colhendo uma flor amarela para a Princesa Africana. Ela observava o zoológico, sentada ao pé de uma ameixeira, acompanhada de Lia, que tinha pegado conjuntivite.

– Sinto falta de você – disse-lhe eu no ouvido, com o focinho úmido.

De tarde, Irene nos pediu que formássemos pares. Ao ouvir a instrução, o jogo das cadeiras me veio à memória. Eu estava lá, perto de Graça, jogando a carta do amor, o ás de copas, quanto mais feio mais belo. Quando os pares se formaram, Irene nos disse que cada um devia se apresentar ao outro. Estávamos reunidos na varanda coberta do primeiro andar. Com Graça, empilhamos almofadões num canto para fazer ali nosso confessionário. Primeiro, foi uma série de perguntas, sendo a primeira, de longe, a mais perigosa:

– Casada?

– Não, divorciada.

– Que bom! – exclamei com alívio.

A separação datava de mais de um ano. Graça me deu alguns detalhes enquanto eu preparava minha segunda pergunta:

– Filhos?

– Sim, quatro.

Fiquei de boca aberta.

– Filhas? – perguntei, inquieto.

– Não, não tenho filhas.

Respirei profundamente.

– Profissão?

– Adivinhe.

– Dançarina?

Eu me enganei, mas não muito: Graça era professora. Pedagoga por profissão, era especialista em expressão corporal – e a dança, como modelo de harmonia, fazia parte dela.

Silêncio. Depois ela disse:

– Você não se lembra de mim?

Olhei intensamente a portadora da caneca verde. O rosto me era familiar. Ela se deixava olhar, sorridente.

– Me dê uma pista.

– Que os Orixás nos protejam!

Tudo o que eu havia recalcado veio à superfície numa cascata de estrelas. Foi assim, Manuela, que reconheci a Princesa Africana.

– Você é uma mulher fantasticamente bela – disse eu, tratando-a com intimidade pela primeira vez.

A pergunta sobre sua profissão tinha sido relativamente *light*. Eu não estava nem aí para saber se ela era nutricionista, assistente social ou seja lá o que fosse. A pergunta *hard* era a seguinte:

– Idade?

Graça novamente me pediu para adivinhar, o que me deixou nervoso, pois tenho dificuldade de atribuir uma idade:

– Quarenta e dois?

Dei-me conta, por um rápido piscar das pálpebras, que me enganara, e em muito. Ela contou nos dedos: trinta e cinco. Trinta e cinco anos? Fiquei envergonhado. Que pena que tantos anos nos separam! O erro de cálculo traía a força do meu desejo.

– E a sua? – me perguntou ela.

– A minha? Cinqüenta e nove – respondeu o velho de sessenta e um anos. Até então, eu nunca havia mentido sobre minha idade. Dessa vez, compreendi na própria carne o que sente uma mulher que disfarça sua própria idade.

Tarde da noite, visitei as vacas à luz da lua. Angustiado. Minha idade como mosca na sopa. Restava-me pouco tempo na terra para dividir com Graça. Ter uma relação com mulheres na época de *Supertramp* era um aqui e agora sem futuro. Agora, eu experimentava outras sensações, totalmente diferentes, tanto é que as estrelas não queriam parar.

O momento culminante dos laboratórios é sempre o domingo. Naquela manhã, voltei suado da corrida. Lia, curada da conjuntivite, me deu um banho de mangueira. Eu estava mais ou menos convalescente de minha imortalidade perdida. O amor prosseguia seu curso a toda velocidade, como norte imantado. Graça estava vestida com uma túnica africana recoberta por vários colares. Ela tinha esse não-sei-quê de essencialmente feminino chamado *glamour*. A mulher dos meus sonhos.

Mais ginástica, mais caneca verde, mais confidências. Naquele momento, os membros do grupo eram meus irmãos, e eu abraçava Mutar sem medo de suas garras. Na caída da noite, Irene e Lucia repartiram uma dezena de vendas pretas que pareciam máscaras cegas. A orquestra se preparava para o final.

– Busquem seu parceiro, aquele que for ditado por sua pele – diz Irene.

Lucia coloca o pano negro nas minhas têmporas prateadas e o amarra cuidadosamente, como uma mãe que se separa de seu filho no primeiro dia da escola. “Boa sorte”, ela me murmura no ouvido. Ela sabe que vou à procura de meu destino. Irene coloca o *Hino à felicidade*, de Beethoven, cantado por Roger Daltrey. Os almofadões são empilhados num canto da varanda coberta. Resta um amplo espaço livre para possíveis encontros e incêndios sentimentais. O sol estava baixo e projetava uma filigrana de efeitos luminosos, visíveis através da cortina. Detalhe importante: nas preliminares amorosas eu me concedo o direito a todas as artimanhas.

Daltrey pára de cantar.

Os casais se buscam na penumbra do silêncio. Os Orixás retêm sua respiração. Então eles me protegiam? No início, percorro as bordas, com os sentidos alerta, inclusive a visão que me resta se mobiliza para a busca. Saio e volto várias vezes, pareço um pseudópode pulsátil, avanço e recuo. Não encontro ninguém. Pelos murmúrios, adivinho que vários casais já se encontraram. A busca é sem fim. Séculos transcorrem num céu de estrelas fixas. Minhas incursões à busca da Princesa Africana se tornam cada vez mais audaciosas, pois a causa é justa e a aposta, elevada. Onde ela está? Dois amantes, quase cegos, que se buscam tateando por uma varanda coberta. De repente, percebo uma silhueta, sei que é ela antes mesmo de levar minha mão à sua frondosa cabeleira.

O abraço foi longo, puro amor. Uma metamorfose em uma borboleta perfeita.

55
A casa de Lia

Naquela noite, voltei sozinho na minha Brasília. Graça levou Irene em sua Fiat. As cigarras me saudavam na passagem e a bússola de minha felicidade, inebriada, se enganou de rota. Quando, finalmente, encontrei o asfalto, eu estava em Lauro de Freitas, berço de Diana, heroína perfeita de *Ondina supertramp*. Eu lhe mandei um beijo. O passado me sorria e a noite evoluía num fluido futuro perfeito.

Cheguei ao restaurante Yemanjá e pedi uma caipirinha, quebrando assim minha longa abstinência. O Yemanjá fica de frente para o mar, na praia de Armação, na qual, no passado, os barcos dos escravos terminavam sua viagem sem escala. Agora, eu era escravo do amor, um escravo de mão no queixo, com meu sorriso como leque de páginas em branco, saboreando uma deliciosa caipirinha.

Os surfistas são grandes filósofos. Estão aqui, na praia de Armação, em qualquer praia, montados em suas pranchas, à espera de uma boa onda. Os caprichos do mar lhes ensinam paciência. A arte de esperar o momento oportuno, na esperança da onda ideal para voar. No surfe da vida, as grandes ondas são raras, mas surgem de vez em quando.

A que vem é gigantesca.

Graça. Ela olha minha caipirinha e pede uma. "Não é abstêmia", pensei, "que sorte! Divorciada, mãe de quatro meninos, pedagoga, dançarina e, além do mais, gosta de beber. Que mais pedir a Deus? Será que ela odeia Margaret Thatcher tanto quanto eu?".

O último tango em Paris conta uma história exemplar. Marlon Brando enlouquece de amor por uma moça que também perde a cabeça por ele. Eles nem sabem o nome um do outro, mas esse amor anônimo é passional até que Brando desembucha sua biografia com funerais, últimos tangos, choros e manteiga. Então tudo se torna tão pesado que ela não quer mais vê-lo nem em fotografia. Moral da história: atenção para não contar teu passado, nem tuas mágoas. Dito isso, a troca de figurinhas tinha feito seu efeito, pois as minhas intenções eram das mais sérias. Pelo momento, ela sabia que eu era psicanalista, escritor e figurão de cinqüenta e nove anos, o que prova que todas as histórias são um pouco mentirosas. Só isso. Nada mais. Todo o resto ficava na penumbra do não-dito. Eu lhe disse que minha família era religiosa, católica, metade francesa, metade argentina, que eu adorava minha mãe e tinha bom coração.

Quanto a Graça, nasceu em Jequié, pertinho do lugar onde Cabral descobriu o Brasil. Era a segunda de uma família muito numerosa. Seu pai foi o maior ferreiro da cidade. Após seus estudos secundários, ela foi para Salvador para estudar pedagogia. Depois ela me falou de seu trabalho, dessa Escola Colorida que tinha fundado e na qual morava.

A baiana trouxe a comida. Tínhamos pedido uma moqueca de camarão e uma garrafa de Liebefraumilch. A Princesa Africana se serviu da moqueca com muita farofa. Eu a imitei.

– E o seu marido, seu ex? O que o seu ex-marido faz?

– Vivo o presente sem pensar no passado – me respondeu ela.

A moqueca estava deliciosa. Repeti e fiquei tentado a mostrar minha cultura geral, traduzindo Liebefraumilch, mas rapidamente me detive. Meu sexto sentido me disse no ouvido: "Você está com ciúme".

– Como é seu ex-marido? – perguntei eu, contornando uma onda na minha prancha de surfe. Graça me olhou, fez um pequeno gesto que interpretei como: "Vale a pena falar nisso?".

O problema com o ciúme é que ele paralisa a roldana do diálogo. Por trás do ciúme, sempre há uma pergunta que fica atravessada. Então produziu-se um silêncio, nosso primeiro silêncio. Vi que Graça pesava suas palavras. Mas veio algo completamente inesperado:

– Não é fácil ser negra.

Atenção, não julguem depressa demais, minha resposta poderia ser mal interpretada. Eu disse:

– Pra mim, você é branca – o que parece com "meus melhores amigos são judeus". Mas não era isso que eu queria dizer, não tem nada a ver. O que eu queria dizer era que, para mim, ela não tinha cor. Ela podia ser azul, violeta, ou verde como a caneca. Ela era apenas ela mesma.

– Pra mim, você não é negra – repeti. Ela me olhou, sorrindo, perplexa. E aconteceu o primeiro beijo, um beijo como uma pedra que cai no lago, um beijo que apagava qualquer outro beijo.

A casa de Lia Mara fica na esquina da rua da escola de Graça, no bairro meio silvestre da Boca do Rio, ali onde o asfalto se mistura com a terra barrenta. Naquele domingo, ao nos separarmos no restaurante, marcamos um encontro para a sexta-feira seguinte. Por uma razão obscura, deixamos passar cinco dias. Algo da ordem da sabedoria da espera, as ondas da sexta-feira chegam com toda a pompa sabática.

Em *Gigante por sua própria natureza*, o livro que faz a crônica desse período, descrevo em detalhes esse encontro. Cheguei no pôr do sol, com vinho e queijo na minha mochila. Graça, do balcão de sua escola, me viu passar, me saudou com a mão e desceu com uma cesta debaixo do braço. Era como um conto de fadas, mas sem lobo.

A casa de Lia, emprestada para a ocasião, foi construída com sangue, pesadelos, ferrolhos e múltiplas travas anti-roubo. Construí-la valeu à sua proprietária uma outra fatia de análise feita comigo. Nunca é simples construir uma casa, várias pessoas já foram enterradas sob cimentos traiçoeiros. Eu, ao pé do divã, só conheci os dissabores de portas fora do prumo e pedreiros ladrões. Qual não foi minha surpresa, então, ao ver uma tão bela edificação, com escada caracol e teto de duas águas! Esplêndido refúgio, digno de futuros amantes no início de sua lua-de-mel.

No alto, passando por uma ponte levadiça, estava nosso ninho de amor. Pequena suíte com três janelas de persianas verdes que davam para o mar. Os lençóis eram brancos, os cobertores e as toalhas, vermelhos. Num canto da peça, um tecido dourado transparente cobria uma lâmpada. Perto da lâmpada, um frigobar dava ao conjunto um ar de motel. Coloquei as garrafas de vinho para gelar. Graça, de túnica africana, inspecionou o quarto e perguntou:

– Gostou?

Eu estava encantado.

– Notou as cores?

– Vermelho e branco. Minhas cores.

– Sim, as cores de Xangô.

– Como você sabia que eu sou de Xangô?

Graça levou algum tempo para responder. Depois percebi que, quando abordávamos um tema religioso, ela sempre fazia uma pausa antes de falar.

– Por causa do seu oxé – disse ela, apontando para a machadinha de duplo corte que pendia de meu pescoço. – Mas não apenas por isso. Você só podia ser de Xangô.

Ela fala como se estivesse escrito nas estrelas.

– Qual é o seu Orixá? – perguntei eu.

Ela foi para perto da lâmpada, levantou o véu dourado e disse:

– Sou de Oxum.

Oxum, a divindade das águas doces.

O tempo escoava com a persistência da mirra e do sândalo. Um silêncio perfumado para os que chegam a bom porto. Coloquei o *Concerto de Colônia* no toca-discos. Keith Jarrett, virtuosismo absoluto. Música aquática para uma mulher de Oxum. Momento propício para o segundo beijo, com sabor de desejo, abrindo as portas para a dança antiga do sacramento marital.

Um bastão de incenso mais tarde, Graça tirou de sua bolsa africana um colar cor âmbar:

– Meu colar de Oxum – disse ela, selando a aliança. – É pra você.

Descemos a escada caracol, equilibrando uma garrafa de leite de mãe virgem, copos e emoções variadas. Embaixo, na sala de jantar, a mesa consistia em uma grossa prancha de carvalho. A casa de Lia nos era oferecida com um caseiro completamente mongolóide. Graça lhe deu instruções detalhadas sobre a maneira de preparar a galinha. Um grande menu nos esperava:

Galinha à pimenta da Jamaica
Salada de beterraba com menta
Pêras flambadas no mel
Café, chocolate, licor

Acendi um cigarro. O halo azulado me fazia uma doce companhia. Eu brilhava estupidamente, no sentido que os moradores da Bahia dão a essa expressão quando dizem "Essa cerveja está estupidamente gelada", embora haja uma extraordinária estupidez na felicidade do amor da caneca verde. Da cozinha vinha o soar dos talheres que escondia o ruído desagradável do espremedor de laranjas para a galinha. Lacan, esse analista estúpido quando proclama que nem a relação sexual nem a mulher existem, defende também que a felicidade é apenas uma forma de nostalgia, e ele tem razão: muito raramente sentimos o instante Polaroid da felicidade, exceto na encruzilhada do amor total, quando o tempo se dilui na fuga de um jogo de espelhos que não refletem nada. Com a emergência do amor total, a felicidade se apropria do corpo, que então toma a consistência de um espantalho. Um corpo cheio de boa palha e de pano velho, sem uma gota de tensão para espantar os rouxinóis: então o soar das colheres repica como trinado nos campos, e você está feliz.

A única nuvem possível: estar invejoso de mim mesmo, pensar nesse momento destinado a passar à posteridade como um florilégio antológico. Nostalgia pela memória de um futuro. Como daquela vez em La Escobita, com Noune e os cogumelos alucinógenos.

– Você acredita em Papai Noel? – perguntei eu, na entrada da cozinha, ao caseiro, que me respondeu, pelo sorriso na boca, que sim.

– A relação sexual existe? – perguntei em inglês.

– Descaradinho – ela me respondeu.

Novamente em cima, na capela ardente, tomei um banho com sabão negro da Costa, o mesmo que Mestre Didi me havia dado um dia. A água sobre meu sexo me revelou que esse espantalho estava morto de cansaço. O Homem da Bolsa tinha amontoado areia em minhas pesadas pálpebras. Voltando ao quarto, enrolado na minha toalha vermelha, encontrei Graça na cama, lendo uma história infantil.

– Você quer que eu lhe conte a história do urso que tinha música na barriga? – me perguntou ela.

– Não, eu prefiro que você me conte uma bela história de Oxum.

– Certa vez, há muito tempo – começou ela, enquanto eu colocava minha cabeça no seu regaço –, Oxalá, o pai de todos os Orixás, preparava uma grande festa. Recomendou a Oxum que cuidasse bem da coroa real. Oxum a poliu tanto e tão bem que ela estava reluzente, depois a levou para o rio para poli-la com areia branca. De tanto trabalhar, dormiu na ribeira. Iansã e suas amigas, ciumentas do favoritismo do rei pela doce Oxum, estavam então atravessando o rio. Vendo-a dormindo, maquinaram uma boa peça para lhe pregar: Iansã se aproximou na ponta dos pés e jogou a coroa no rio.

– Lucia é de Iansã.

– Como é que você sabe?

– Mutar falou, dizem que são mulheres-crianças, sedutoras, um pouco pérfidas. Para mim, Marylin é Iansã.

– Bom, retomando a história, quando Oxum despertou, buscou a coroa desesperadamente. Não pôde pregar os olhos durante a noite. “O que Oxalá vai dizer?”, se perguntava ela. Na aurora, o rapaz que fazia o mercado lhe disse que o peixe fresco tinha chegado. Maquinalmente, Oxum lhe deu uma moeda e continuou a arrumar a casa. A cidade estava totalmente enfeitada para a festa, as ruas tinham sido limpas e as plumas de avestruz colocadas nas esquinas. Iansã e suas cumpinchas cochichavam, excitadas antecipadamente.

– E então? – perguntei eu, como antes, com Jack. – O que aconteceu?

– Calma! Oxum arrancou os cabelos, tremendo como vara verde. Nesse momento, o rapaz do mercado voltou com um enorme e belo peixe. Ela começou a prepará-lo...

– Mas a coitada estava desesperada... – interrompi eu, novamente.

– Ela queria ficar ocupada para acalmar os nervos. Então, Oxum, para se acalmar, abriu o ventre do peixe e... o que foi que ela encontrou?

– A coroa do rei?

– Isso, a coroa do rei.

Meus olhos se fecharam. Nem mesmo tive tempo de ver a cara de Iansã e suas maldosas amigas.

56
Núpcias

Dois meses se passaram desde nossa sexta-feira-de-mel na casa de Lia. Certa tarde, quando eu estava escutando música, descalço, na Escola Colorida, suspirei fundo e disse:

– É como se estivéssemos casados.

Fiquei arrependido no ato, e não só pela cara que Graça fez. Percebi sozinho que essa frase soava mal. O "como" soava falso, sugeria o simulacro, o fingimento. Não cabia, pois nosso amor era extraordinário: um pouco insólito, sem precedente, pouco a pouco se instalou, constante e recíproco. Tinha surgido no domingo à noite, durante a última reunião de grupo, quando a borboleta tinha saído de seu casulo, magnífica, navegando por um imponente altiplano e mantendo-se invariante, como dizem os geofísicos, traçando uma linha contínua no sismógrafo. Nosso sismógrafo é sensível a qualquer tipo de tremor, embora o registro basal continue sempre o mesmo, como se seu curso fosse traçado com a certeza inata do pato selvagem.

Isso não significa que Graça se mostrasse a mim como um livro aberto: nunca vi livro mais enigmático. Ela sempre me surpreende, como naquela noite de lua cheia na qual ela convidou todos os seus alunos para uma serenata. Quarenta garotos entre quatro e sete anos. Uma loucura! No meu imaginário, nenhum sismógrafo poderia resistir a um bando de garotos uivando à luz da lua; "Não se preocupe", me dissera ela, "vai correr tudo bem". Quando cheguei, no fim da tarde, a garotada tinham acabado de tomar a sopa. Na mesa comprida, jarras de refresco de maracujá e pratinhos com biscoitos. Mas era no jardim que o coração da festa batia, ao som da guitarra do pai de um garoto lunático. Um outro pai tocava atabaque. Uma mãe dançava em volta de uma fogueira. E a noite transcorria sob uma enorme lua cheia e refresco de maracujá. Acreditem se quiserem, nenhuma criança chorou, nem durante nem depois da festa. As quarenta dormiram empilhadas nas salas de aula, sem fazer pipi na cama. Um sucesso total.

Então me dei conta de que Graça tinha uma maneira muito particular de tratar as crianças. Primeiro escutava atentamente cada palavra, depois refletia algum tempo. Quando respondia, dizia algo sempre tão diferente dos lugares comuns que a criança ficava de boca aberta, embasbacada. Faz assim também comigo.

Graça queria se casar. Esclareço que minhas preferências não passavam por aí. Nenhum homem, mesmo que pouco machista, aspira se casar, sobretudo se já se casou três vezes. O casamento com registro civil, anel, véu, arroz e "Sim" corresponde a um desejo tipicamente feminino. Então, era o desejo de Graça. O meu era viver eternamente com ela num ninho de amor. O problema para os recidivistas, para os que já disseram "sim", são os filhos dos casamentos precedentes. Um obstáculo quase insuperável. Eles são sistematicamente sabotadores. As crianças como "madrastas" dos pais! Daí meu pavor antes de conhecer os quatro filhos de Graça.

– Você tem que conhecê-los – me dizia Graça. – Quero que você os conheça. Falei de você para eles.

– O que você disse a eles de mim?

– Que eu amava você.

– E você disse a eles a minha idade?

– Claro.

Graças a Deus, Graça não é uma mãe burguesa e seus filhos não são as crianças insuportáveis que as mamães psicanalisantes engendram; viveram a rua, o bairro e, nesse caso, o bairro popular da Boca do Rio. São autosuficientes, se têm fome vão à cozinha e fritam um ovo, depois lavam a frigideira. Não são chatos, na verdade sou eu que encho o saco deles. Antes de eu chegar, a mãe deles, jovem e bonita professora, dedicava seu tempo ao universo infantil, era inteiramente dedicada a eles. Uma mamãe que lhes oferecia o rock da lua. E, de repente, essa mamãe vive um grande amor com um senhor caído num pára-quedas que vem da Segunda Guerra Mundial.

Um amor com essa dedicação constante podia ser insuportável. Os filhos de Graça não agüentaram mais a música alegre e constante das guitarras havaianas; voltaram a viver com o pai deles. Preferiam trabalhar no açougue paterno. Os amigos, um a um, pararam de nos visitar.

– É um amor canibal – murmura baixinho Wilma, uma amiga e vizinha.

– Como? – perguntei eu, achando que tinha ouvido mal.

– Canibal – repetiu ela, rangendo uma fileira perfeita de dentes finos.

O mundo inteiro, e Wilma no comando, nos via como uma muda de orquídeas carnívoras. As pessoas não sabiam o que fazer com essas duas superfícies polidas que refletiam uma perfeita cópula especular. A reflexão seguinte talvez valha a pena: a sociedade não tolera a auto-suficiência do grande amor; essa variável importante deve ser desenvolvida numa *teoria das separações*.

Então, as orquídeas carnívoras decidiram se casar. A idéia nasceu em vários lugares: um deles foi a alta montanha, num almoço em San Martín de los Andes. Estávamos juntos há quatro meses e entrávamos nesse outono dourado quando Graça foi convidada para um seminário pedagógico em Porto Alegre. Meu país não ficava longe, boa oportunidade para que ela o conhecesse. Queria também levá-la para esquiar nas suaves descidas do Chapelco. Fomos. Quando meus filhos souberam que seu pai ficara apaixonado por uma negra, reagiram como puderam. Marcos comentou, filosoficamente:

– Pelo menos ele não vai perdê-la na neve!

Diga-se, de passagem, que Graça, em Buenos Aires, fez tanto sucesso quanto com as crianças do rock durante a noite de lua cheia. Inaugurou uma matinê dançante na casa de Fernando e Chichu. Jack também foi seduzido. A qualidade de minhas mulheres o surpreendia, o que me conduz a estabelecer um paralelo: Noune e Graça, embora muito diferentes, foram grandes sedutoras, modelos de feminilidade.

Sob grossos flocos de neve, o casal escalou a colina para esquiar em San Martín de los Andes. No dia seguinte, ela já deslizava nas escarpas num estilo perfeito. Rapidamente, pudemos pegar a pista lenta e indolente do Caminito, atravessando florestas brancas com elfos sorridentes. Almoçamos numa pousada no cume: guisado de lentilhas, pão italiano e vinho quente com cravo e canela. Felicidade completa, felicidade de anjos nas nuvens; embaixo se estendia o vale de lágrimas, com charcos e pontes de safena. Então fantasiamos sobre os futuros possíveis. E se montássemos uma comunidade terapêutica em San Martín de los Andes? E se fôssemos viver numa distante praia de Itaparica? Pescaríamos de rede e dançaríamos sob o tremeluzir das estrelas... E se nos casássemos?

"Mas tem que ser um casamento completo", concordamos, "civil, marcial, religioso".

– E se casássemos pelo culto iorubá? – propôs Graça.

Era claro: o casamento de uma Princesa Africana *comme il faut* devia ser assim. Essa idéia dissipou minha última dúvida.

– Como é isso? – perguntei.

– Não sei. Precisamos perguntar a Mãe Stella, ela deve saber.

Mãe Stella é a Ialorixá atual do Axé Opô Afonjá. Sucedeu Mãe Ondina, a Ialorixá de minha primeira visita ao terreiro (um dos lugares do culto iorubá). Mãe Stella é a Mãe de Santo de Graça.

Que os Orixás nos protejam!

Assim dito, assim feito. Quando voltamos, marcamos data para um jantar com Mãe Stella. Graça me esperava no Axé Opô Afonjá, que eu não visitara desde a famosa época de minha chegada a Salvador. Nada tinha mudado, exceto a casa de Xangô, que tinha aumentado.

– Primeiro você tem que saudar Xangô – declarou Graça.

Tiro os sapatos antes de entrar. Diante do altar, contemplo os símbolos do Senhor dos Trovões. No centro, um machado sobre um fundo listrado de vermelho e branco. Flores e vasos cobertos. Ajoelhei-me diante do altar, tocando com minha fronte a pedra fria, de olhos fechados, tentando me concentrar. O que esse lugar me evoca? Poucas coisas, se comparar com a forte impressão que tive em Buenos Aires, por ocasião da vernissage de Mestre Didi. Eu estava ali, constatando que todo o meu aparato religioso estava enferrujado, quando percebi que não estava sozinho. Uma tartaruga de grande porte me fazia companhia. Lembrei-me de que Juanita classificava as tartarugas como bichos de Xangô.

– Vou me casar, Xangô – disse a meu Santo.

Na sala vizinha, ajoelhei-me diante da Ialorixá. Eu conhecia Mãe Stella de vista, de longe, com a roupagem religiosa. Agora, vestida comumente, sem enfeites nem colares, tinha uma aparência magnífica, como uma rainha de palácio, jovem para o cargo que ocupava. Sentei-me respeitosamente ao lado dela. A televisão transmitia a tão esperada luta de Maguila. Ela está com um copo de whisky. Pergunto-me, inutilmente, se vai me oferecer um: uma Ialorixá nunca convida para beber em sua companhia. Acompanhamos a luta em silêncio. Maguila, campeão brasileiro dos pesos pesados, defende seu título, está no apogeu de sua carreira. Pergunto como vai a luta. "Maguila está ganhando", me diz ela, e percebo que ela tem estranhos olhos cinza. Muito cinza e pouco branco.

De minha parte, acho muito bom que uma Ialorixá se interesse por boxe. Graça tinha me dito que era uma mulher moderna, com conhecimentos de bioenergética e leitura de Arminda Aberastury. Além do mais, tem o melhor massagista da Bahia. Um pouco como o Papa com o tênis; mas a semelhança pára por aí: Mãe Stella é uma grande sacerdotisa.

Fomos jantar no Bacalhão de Firmino, um famoso bodegueiro, perto do terreiro, no centro do bairro de Cabula. Diante do carro, Graça gentilmente cedeu o lugar a Mãe Stella, o que ela não faria por nenhuma outra mulher no mundo. Na região de Cabula, Mãe Stella é a rainha absoluta, o próprio Firmino se ajoelha, beija a mão dela e nos oferece como presente um velho vinho verde português. Vê-se, pela poeira na garrafa, que ele dormiu anos na adega.

– Pelo que brindamos? – pergunta Mãe Stella, com um ar mundano.

Gracinha de Oxum, como é chamada aqui, olha seu apaixonado, filho de Xangô, e diz:

– Mãe Stella, vamos nos casar, Emilio e eu.

Contamos a ela nossos projetos, que consistiam num duplo casamento: o civil e o religioso, no Axé Opô Afonjá.

Pausa.

– Os padrinhos de Emilio – continua Graça – serão Lia, que você já conhece, e Varón, um psicanalista, seu melhor amigo. Da minha parte, eu gostaria de que fossem você e Mestre Didi.

A Ialorixá não respondeu logo, deixando escoar o silêncio pelos tonéis da bodega; depois, suspirando, ela disse sim com a cabeça. Pedimos uma segunda garrafa de vinho, dessa vez por conta dos noivos.

Mãe Stella e Mestre Didi, explosiva combinação, longa história que remonta a uma infância comum perto do Mato Sagrado. "Eles eram como irmão e irmã quando eram pequenos", Juanita certo dia me confiou. Penso que, atualmente, uma tormenta sentimental perturba essa relação cheia de símbolos e de augúrios na qual sopram, sejamos poéticos, as tempestades genealógicas do poder. Havia grandes rivalidades entre eles. Os dois tinham títulos que os faziam se sentirem donos dos lugares. Então, colocar diante do altar Mãe Stella e Mestre Didi, mesmo que só como padrinhos de um casamento, era no mínimo um *tour de force*, e Graça bem sabia disso, mas talvez ela pensasse que nosso amor podia mover montanhas.

A surpresa vem com a sobremesa. Mãe Stella anunciou que desconhecia os detalhes da cerimônia africana.

– Você fala da cerimônia religiosa? – perguntei eu, incrédulo.

– Sim, os detalhes concretos, o ritual – me respondeu ela.

Eu não compreendia nada.

– A senhora quer dizer, Mãe Stella, que nunca ninguém se casou no terreiro?

– Na minha época, não.

– Sua época... (eu não encontrava palavras). Seu tempo de sempre ou seu tempo de Ialorixá?

– Minha época de sempre, *Mister*.

É incrível, pensem um pouco, seríamos os primeiros, Graça e eu, a casar segundo a religião iorubá. Confesso que a idéia me agradava: ser pioneiro, uma espécie de campeão olímpico sentimental africano.

– Você sabia? – perguntei a Juanita, no nosso almoço da primeira quinta-feira do mês. A resposta dela não foi muito precisa, mas o fato é que não haver precedentes não a espantava.

– No terreiro, não há homens – me disse ela, exagerando.

– Mas o casamento em si existe, não é? – e Juanita me diz que casou com Mestre Didi no palácio de Alafin.

– Aqui?

– Não, em Oyô, na cidade de Xangô, na Nigéria. Foi nessa ocasião que Mestre Didi confirmou seu título de Balé Xangô.

Quando Graça chamou, Mestre Didi aceitou, encantado por ser padrinho, e nos propôs que pedíssemos a Mãe Stella que lhe telefonasse: ele poderia dar a informação de que ela precisava.

Sheila Walker, antropóloga afro-americana, escritora *free-lance*, mulher de talento, a melhor amiga de Graça, conta a seguinte história. Mestre Didi viajava para Benin, numa peregrinação às fontes. Chegando a esse pequeno Estado que confina com a Nigéria, ele teve um encontro com o rei de Keto. Para grande surpresa do rei, esse estrangeiro vindo de terras distantes conversava num iorubá fluente. A curiosidade do monarca aumentou quando o estrangeiro declarou descender de uma antiga família de Keto.

– Você tem provas? – perguntou ele.

Mestre Didi, à guisa de confirmação, entoou antigas canções iorubás que sua mãe, Mãe Senhora, lhe havia ensinado e que se transmitiam de geração a geração. As canções de louvação à terra eram tão emotivas que o rei e seus ministros ficaram comovidos. Depois, Didi enunciou seu *oriki*, síntese codificada de sua linhagem familiar que tinha valor de senha. Quando Mestre Didi entoou o canto litúrgico *Asipa borongun kan gangôo*, o rei se levantou e lhe disse: "Tu és um Asipa". Mestre Didi era o rebento direto de uma família real iorubá. Eram essas as credenciais do padrinho da Princesa Africana.

Quanto a Mãe Stella, descende de uma linhagem de grandes Ialorixás que tomaram a história de assalto e revolucionaram o culto. Elas inventaram o candomblé. Na África, em terras iorubás, cada região rende homenagem a um Orixá, que pode ser Xangô, Oxalá, Oxoce, etc. A novidade do candomblé reside em que o terreiro abriga todos os Orixás. No Axé Opô Afonjá, por exemplo, o rei da casa é Xangô, mas, como vimos, todos os outros Orixás têm seu templo. Graça me explicou que essa diversidade das deidades era o que fazia com que os terreiros tivessem tanto "axé" (força, equivalente dinâmico de amém). As Ialorixás são os luzeiros da diáspora africana que transformaram a cidade de Salvador em Roma Negra.

A primeira Ialorixá foi Mãe Aninha, que pôs a pedra fundamental do Axé Opô Afonjá em 1930. Ela nasceu escrava, em 1869, e foi libertada aos dezenove anos, graças à lei áurea. O Pelourinho foi sua universidade sagrada. Mestre Didi conta que ela comprou as terras do terreiro no Cabula porque havia ganhado na loteria, e a lenda diz que foi Xangô em pessoa quem lhe soprou os números. Seu neto de Axé, Mestre Didi, revela detalhes de sua morte: "No momento em que o cortejo fúnebre desfilava, quando o carro mortuário, seguido de oito ônibus, passava, a massa que se espremia era tamanha que não se podia passar pelo Pelourinho. Foi naquele momento que uma multidão de pessoas arrebatou o caixão e o transportou até o cemitério de Quintas, fora da cidade".

Se Mãe Aninha foi a fundadora do Axé Opô Afonjá, Mãe Senhora, que a sucedeu, foi sua prosélita. Durante seu reinado, as iniciações e as festas se multiplicaram, adquiriram esplendor e um grande virtuosismo litúrgico. Pessoas ilustres a conheceram: Pierre Verger, Sartre e Simone de Beauvoir. Seu reinado culminou com uma festa que celebrava seus cinqüenta anos de iniciação. Durante a festa, Jorge Amado disse: "O templo de Mãe Senhora sempre foi e sempre será a casa da cultura e da inteligência baiana".

Depois veio Mãe Ondina, a estrela que me conduziu por essas terras. Seu sonho era construir a casa de Xangô. Quando fui ao terreiro pela primeira vez, a casa estava metade construída. Mãe Ondina não pôde ver seu sonho completamente realizado: morreu relativamente jovem, no apogeu dos sessenta.

Essa era a genealogia de Mãe Stella, a madrinha.

Graça considera Mestre Didi como quem a familiarizou com o iorubá, abrindo-lhe o caminho da tradição dos ancestrais. Mãe Stella é sua mãe de iniciação, figura chave na realização de seu Orixá. Para Graça, ter Mãe Stella e Mestre Didi juntos era o maior presente de núpcias.

O tempo passava e Mãe Stella demorava a dar sua resposta; eu começava a me perguntar se nosso casamento no Axé não era um problema que caiu no colo do terreiro. Um dispositivo analítico que revelava a carência erótica da comunidade? Talvez. O calendário era desfolhado, o ano se aproximava de seu fim. Graça propôs que passássemos o *réveillon* no terreiro. Era uma festa íntima, com fogueira, sem liturgia nem convidados, com velhos e crianças, cães e foguetes; mais sidra que champanhe. A confraria dançava no ritmo de um velho gramofone. E eis que, entre dois latidos, a porta se abre.

Vera Felicidade aparece.

Eu a conhecia, uma mulher brilhante, de mente ferina, que cortava a glande com um golpe seco sem que o prepúcio sangrasse. Vivia e trabalhava numa praia distante, em Buraquinho. Nenhum terapeuta, nem mesmo eu (não me é fácil dizê-lo), pode pagar o luxo de receber seus pacientes num consultório que fica a uma hora do centro da cidade; mas, no caso de Vera, a maioria dos pacientes vinha de avião do Rio ou de São Paulo. Mulher jovem, um pouco desgastada, que fuma como uma chaminé e bebe como uma esponja. Fez estudos de psicologia na Universidade Patrice Lumumba, fala o russo correntemente e fez uma passagem meteórica pelo Partido Comunista. Esse passado soviético tinha uma certa influência no Axé Opô Afonjá.

Vera Felicidade representava a ala direita, stalinista, da Ialorixá. Graça, por sua própria natureza e por sua aparência, a ala esquerda, progressista e ecológica. As duas eram as conselheiras intelectuais de Mãe Stella e colaboraram ativamente no dossiê sobre o sincretismo apresentado no *Segundo Congresso sobre a Tradição dos Orixás*. As rivais são bem diferentes. Graça nada como um peixe em todos os rios, faz rir os velhos do terreiro, contando-lhes histórias malucas. Usa a saia tradicional do Axé e entra na dança do candomblé, para minha grande delícia. Vera Felicidade não usa saia, não dança, sempre será a psicóloga branca que fala difícil.

Naquela noite, quando as cinzas ainda não tinham esfriado, coloquei minha esteira no quarto de Xangô. Não havia convidados do lado de fora, os homens presentes à festa viviam no terreiro, de modo que eu estava sozinho na morada do Senhor dos Trovões. Nesse mundo, são poucos os mortais que podem se permitir o luxo de entrar no novo ano em tão altíssima companhia.

– Boa noite – disse eu à tartaruga. Ela me olhou com sua espessa sabedoria.

No dia 1º de janeiro de 1985, levantei cedo e tomei um banho frio num dos banheiros comuns. Vesti uma roupa branca e fiquei esperando Gracinha de Oxum. Ela tinha certas obrigações a cumprir antes do café da manhã. Vagabundeei pelo terreiro, na direção do Templo dos Mortos, lugar com árvores gigantes e enormes tufos lanceolados e sombrios, de cor verde medo. À esquerda, o Mato Sagrado, inexpugnável. Parei na fronteira do além. A atração pelos lugares proibidos se insinua. Olho à esquerda, depois à direita, nenhum Filho de Santo nas redondezas. Naquele momento, uma voluptuosa serpente, enrolada em uma gameleira, começou a sibilar: "Shentra!".

Vou ou não vou?

Na dúvida pesava uma advertência de Gracinha de Oxum:

– Cuidado, se você for sozinho, se ninguém acompanhá-lo, um Orixá pode te agarrar.

– E aí?

– Então, você entra em transe, e seria vexatório um psicanalista corcoveando solto.

Sou um transgressor nato, capaz de fumar erva no Kremlin. Transgressor, mas prudente. Fiel aos instintos de Xangô, comecei a caminhar na orla do Mato Sagrado, ia e voltava. Parece um jogo de amarelinha, as casas dos Orixás são casinhas e o Mato Sagrado, o céu. Lugar formidável, feito de barreiras espirituais, quase tangíveis, abrindo redutos fechados para a tentação. Os heréticos conhecem bem o espantoso gozo do sacrilégio.

Por fim, como os cães, fui para trás de uma gorda árvore, que parecia um aduaneiro chileno de poncho, e fiz pipi.

Graça me esperava com o café da manhã na cozinha da casa de Xangô. Pude constatar que o lugar estava animado. Meia dezena de mulheres trabalhando duro. Num canto, havia um papagaio no seu poleiro, pássaro sobre o qual já se tinha dito que o único talento residia em blasfemar em iorubá. Fora, as crianças do terreiro soltavam foguetes. A cadela de Mãe Stella me olhou e começou a latir. Estaria ela me delatando?

Pouco depois do café, a cerimônia começou. "Todo 1º de janeiro", explicou-me Graça, "a Ialorixá, num jogo público, consulta o oráculo para saber qual vai ser a regência do novo ano, qual vai ser o Orixá que comandará os acontecimentos da Terra". O jogo de oráculo era feito no quarto de Xangô; a sala estava cheia dos veneráveis do Axé Opô Afonjá, razão pela qual eu não podia entrar. A porta estava aberta e, da peça vizinha, podia-se ver Mãe Stella acalentando os búzios. Após vários rituais, os búzios começaram a correr sobre o veludo azul, uma, duas, três vezes. Mãe Stella murmurou comentários inaudíveis. Por fim, com voz alta e clara, ela disse:

– O ano de 1985 é de Oxoce.

Mãe Stella aos poucos foi esclarecendo que Oxoce dirigiria um ano no qual a oportunidade e o perigo seriam fiéis companheiros. Ano de loucas surpresas e sábias diferenças. O primeiro fato insólito daquele ano aconteceu algumas horas depois e tomou a forma de um desentendimento carregado de conseqüências. A cena da discórdia ocorreu no quarto relativamente pequeno da Ialorixá. Mãe Stella na sua cadeira de balanço, o resto, sentados na cama. Presentes Vera Felicidade, sua irmã Mariana, Graça e eu. Estávamos falando sobre o oráculo, bebendo um whisky escocês, quando Vera abordou o tema do nosso casamento. O clima festivo se evaporou como por encanto quando a ala direita do candomblé deu sua picada.

– Por que um casamento no terreiro?

Seus motivos eram reacionários: não havia precedentes, não se conhecia a liturgia iorubá, não se podia improvisar. Os cubinhos de gelo davam um fundo de percussão a cada ponto que ela abordava. O olhar de Mãe Stella pairava acima de nós como se fosse o Espírito Santo. Gracinha de Oxum respondeu com simplicidade:

– Nosso desejo é nos casarmos no Axé.

Vera Felicidade voltou à carga:

– Teríamos que compreender qual é a natureza desse desejo.

Minha noiva lhe retorquiu, com fogo nos olhos, que isso não era problema dela.

– Você está pensando como uma mulata – respondeu Vera.

O pior dos insultos. Silêncio absoluto. Ao cabo de uma curta eternidade, Graça se dirigiu a Mãe Stella para lhe pedir permissão para deixar o quarto. Eu não disse nada, não me fiz notar. Certa vez, um garoto de minha idade me deu uma chicotada e eu, Jack, por covardia, recuei. Meio século depois, eu fazia a mesma coisa. É verdade que Vera Felicidade me intimidava, mas isso é apenas uma explicação e não serve como desculpa. Um cavalheiro cabal não pode bater em retirada quando a reputação de sua dama está em jogo. A cena, paralisada no tempo, foi interrompida por Vera Felicidade. Ela quase não chegou até a janela a tempo de vomitar até a alma.

Outro portento aconteceu nesse início de ano de Oxoce. Uma semana depois do episódio do Ano Novo, o maior galho do iroco sagrado caiu sobre o teto da casa de Xangô. Estranho! O Senhor dos Trovões estava implicado no enredo marital? Se assim fosse, o que ele queria dizer? Estava zangado conosco ou com Vera Felicidade, que tinha vomitado na casa dele? Numa consulta privada, imediatamente depois, Mãe Stella consultou os búzios e a resposta nos tranqüilizou: ele não estava zangado conosco. Não estava contra...

Mas um *mas* pairava no ar.

Uma semana depois, Mãe Stella me avisou que queria me falar. Eu fui cedo ao terreiro com Graça porque queria me impregnar do cotidiano do lugar. Os primeiros capítulos de *Gigante por sua própria natureza* estavam escritos e eu queria ambientar-me. O título de noivo de Gracinha de Oxum me abria portas e eu tinha a impressão de ser bem-vindo, como não era antes. Foi assim que passei algumas horas com Obá-Gessi, minha irmã de Xangô, observando como ela confeccionava suas fantásticas bonecas. Ficamos sentados na frente de sua tenda. Pedi a seu neto que fosse buscar duas garrafas de cerveja. De longe, ouvíamos os pedreiros repararem o teto da casa de nosso pai. Perguntei-me o que essa filha de Xangô estava pensando de seu irmão branco que ia se casar.

Raras vezes tenho a oportunidade de dar e vender, de conversar com irmãs octogenárias, de observar as formigas no tronco de um iroco, de não ter nada para fazer; pois correr na praia, beber um rum com suco de laranja antes de almoçar, olhar as notícias esportivas ao meio-dia, receber pacientes são acontecimentos programados que não têm nada a ver com o tempo livre, esse tempo incerto sem projetos. Naquele sábado em questão, eu tinha tempo para perder.

Após o almoço, desci para visitar o museu do Axé Opô Afonjá, concebido por Mãe Stella; ele ficava no sótão da casa de Xangô, com uma entrada independente. Graça me acompanhava com as chaves. Diante da porta do museu, observei uma grande pomba branca numa imensa jaula sem poleiro nenhum. Aproximei-me e, como se diz, tive suores frios: num canto da jaula, havia uma serpente do tamanho de uma pequena jibóia. A pomba era seu almoço. Graça sorriu ao ver minha cara e fez um gesto que significava: *c'est la vie.*

– Não pode ser – disse eu, pois não sabia o que dizer.

Gracinha de Oxum fez uma cara divertida:

– É um presente para a Ialorixá. As pombas não são do terreiro. São compradas no Mercado das Sete Portas toda semana.

À tarde, Mãe Stella me recebeu. Pela primeira vez, vi uma Ialorixá escolher cuidadosamente as palavras. Ela repetiu que nosso casamento tinha a aprovação dos deuses, mas que, em contrapartida, ela declinava do papel de madrinha. Naquela noite, fomos, Graça e eu, ao Bacalhão de Firmino para reorganizar as tropas. Eu também acabava de perder minha madrinha: Lia estava em São Paulo. Decidimos nos casar o mais rapidamente possível, apesar de tudo.

– O que você acha de 2 de fevereiro, dia de Iemanjá?

– Que os Orixás nos protejam!

E fizemos nosso brinde.

A madrinha do noivo chegou providencialmente de Buenos Aires. Mais uma vez, meu irmão Jack entrou na história. Patrick, seu filho, vinha a Salvador passar o carnaval com Veronica, sua flamejante esposa. Então, ela se impunha como madrinha, representando minha família e minhas raízes no Rio de la Plata. Restava o grave problema da madrinha da noiva. A única mulher que poderia preencher o vazio deixado por Mãe Stella era Sheila Walker, mas ela estava na Califórnia. Vários nomes foram propostos – e descartados. Eu, que era um homem simples, que desejava apenas um ninho de amor, estava embarcado numa trama nupcial cada vez mais densa e complicada. Graça finalmente escolheu sua amiga Telma, uma bela psicoterapeuta de olhos persas.

Então, Telma e Mestre Didi para a noiva, Veronica e Varón (o duplo V da vitória) para o noivo. Para a ocasião, fui ao Centro Comercial Iguatemi para comprar uma roupa de linho, séria, com botões na manga e na braguilha. Comprei também sapatos pretos de cadarço e meias finas, cor creme. Completei com uma bela camisa, comprada em Madri, que fazia jogo com as meias. As alianças eram H. Stern. Despedida de solteiro com Varón, no melhor restaurante de Salvador. Champanhe e filosofia. Pompa e borbulhas. Fim de uma das épocas mais intensas da minha vida. A caligrafia de meu ser se simplificara, o pincel estava mais firme, o traçado mais contingente, minha psicanálise mais fluida. Foram anos de hedonismo austero, quase monástico, embora não se deva esquecer que o diabo ronda os monastérios.

Saúde!

Minha vida dava uma reviravolta, naveguei no novo mundo da caneca verde. Os amigos dizem que eu era um solitário; outros dizem que Graça trouxe alegria e leveza à minha vida. Eles têm razão. Mas esses anos não foram tristes, não me arrependo de meus amores inocentes e satânicos.

Eu estava nervoso na manhã do casamento civil. Depois de fumar um cigarro, fui buscar Patrick e Veronica no hotel. Patrick carregava sua máquina fotográfica para treinar como futuro fotógrafo de casamento. O conjunto de Veronica era rosa salmão. Acho que meu nervoso era contagioso, pois eles riam muito e faziam piadas clássicas. Fumei um outro cigarro, que Veronica acendeu para mim.

O Registro Civil ficava no Fórum, uma construção histórica localizada sugestivamente num lugar chamado Campo da Pólvora. Chegamos exageradamente cedo. Quinze minutos depois, Mestre Didi apareceu, vestido à européia. Estávamos em plena conversa quando a Princesa Africana surgiu, seguida de seu cortejo. Ela estava divina, Jack. Teu filho tirou uma foto dela. Os oficiais de justiça pararam para olhá-la. O local foi se enchendo pouco a pouco. Como acontece nesses casos, cada casamento reunia um enxame de parentes e amigos. Os irmãos e irmãs de Graça preenchiam uma ala: Maísa, Carminha, Magdalena, Roquelina, Miralva, Alvino, Glorinha e Zé. Graça me apresentou sua mãe por último: Amanda. Uma mulher da minha idade, com os mesmos olhos de sua filha, mas tristes. Simpatizei com o ar melancólico dessa sogra que certamente não ia criar problemas.

O juiz estava atrasado. Inquieto, várias vezes verifiquei se estava mesmo com as alianças no bolso. Então percebi que Graça não tinha um buquê como as outras noivas. Fui à rua para buscar flores. O Fórum fica situado numa velha praça com fontes, pombos e fotógrafos ambulantes. Um quiosque de flores num canto. Peguei um buquê de rosas amarelas.

– Você é o padrinho? – perguntou a florista, curiosa.

– Sim – respondi sem hesitar.

Nos dias de hoje, os noivos têm memória curta.

Na volta, a inquietação tomou a sala inteira: o juiz ainda não tinha chegado. Graça recebeu as flores com um sorriso:

– Da parte de meu elegante marido – disse ela.

De repente, uma notícia se espalha como um rastilho de pólvora: nessa manhã, ao sair de sua casa, o juiz teve um infarto. Tenho calafrios. Primeiro, um galho de árvore se abate sobre a casa de Xangô, e agora uma síncope fulmina o juiz...

Vade retro Satanas!

O Registro Civil se mobiliza para buscar um suplente. A consternação era geral.

– Você acredita nesse tipo de coisas? – perguntei a Varón, que estava do meu lado.

– Que tipo de coisas?

– Coisas do tipo: não se deve abrir um guarda-chuva dentro de casa.

Varón emitiu um som irônico e pouco comprometedor. Quando penso naquele momento, acho que tudo era um pouco irreal nesse desaforado foro, cheio de noivos para casar que se faziam a mesma pergunta: "O que significa essa parada cardíaca?".

Mas ninguém deu para trás quando uma campainha anunciou a chegada do suplente. Éramos vinte casais, divididos em dois grupos de dez, fazendo fila num corredor central. Os padrinhos ficavam nas laterais e todos convergiam para a mesa atrás da qual estava o suplente. Ritmo lento, embora a cerimônia em si se desenrolasse rapidamente. Quando chegou nossa vez, a máquina fotográfica de Patrick eternizou o momento.

Alguns anos depois, vendo um casamento numa novela de televisão, vi que o noivo beijava a aliança antes de colocá-la no anular da noiva.

– Boa idéia – comentei eu.

– Mas você fez a mesma coisa – replicou Graça.

Eu duvidava: como eu poderia ter esquecido o momento mais íntimo da cerimônia? Depois a lembrança me vem, sem contornos claros, e também a razão de meu esquecimento. De fato, eu tinha beijado a aliança, mas era mais um sinal de protesto do que de amor. Minha maneira de protestar contra aquele infarto de mau agouro e aquela cerimônia massificada.

Um magnífico café da manhã, à moda de Jequié, nos esperava na Escola Colorida. Grandes mesas cobertas de bananas, abacaxis, mangas, mamões, uvas e uma estranha fruta em forma de estrela chamada carambola. Suco de laranja, de maracujá, de lima e de pitanga, que, dizem, é afrodisíaco.

– Afrodisíaco africano – digo a Varón, que, na sua conversão lacaniana, adora misturar significantes.

Cuscuz de mandioca, milho e carimã. Beiju enrolado na folha e beiju de coco. Pães sortidos, café, chá, chocolate e champanhe. O presente mais bonito, sem tirar o mérito dos outros, foi uma magnífica escultura de Mestre Didi em pérolas, madeira, conchas, búzios e couro. Naquela noite, dormimos em lençóis de seda, cor caramelo, que Lia, ausente, nos tinha presenteado. Assim acabou a parte civil de meu casamento.

57
Núpcias (*bis*)

Tínhamos um Bori dois dias antes das núpcias religiosas. O Bori, ou "Comida para a cabeça", é, lembrem-se, a cerimônia que eu havia assistido no Axé Opô Afonjá por ocasião de minha chegada a Salvador. Aquela do osso de galinha encravado no meu palato. E eis-me novamente no quarto de Oxalá com minha noiva, todo vestido de branco, usando calças de escravo, prostrado sobre uma esteira e rodeado por fiéis.

O Bori é um ritual de fortalecimento. Patrick e Veronica eram os únicos convidados. As pessoas presentes batem palmas e os atabaques fazem o fundo musical. Gracinha de Oxum, também vestida de branco, está sentada ao meu lado, magnífica, sobre a esteira. Mãe Stella dirige a cerimônia, que, agora, se tornou familiar para mim, pois estou no umbigo do universo sacro.

A Ialorixá inicia a cerimônia com Graça. Pai Júlio, aquele do braço de borracha, se aproxima com duas pombas tão brancas quanto suas roupas, coitadas... Para não ver o sacrifício, fixo meus olhos em Graça. Impassível, ela assiste ao degolamento: fico orgulhoso de sua coragem. Terminado o ritual, Mãe Stella se senta no trono e Mãe Pinguinho, a segunda na hierarquia do Axé Opô Afonjá, toma a batuta da cerimônia.

– Por que Mãe Pinguinho? – eu perguntei, e parece que era porque a mesma Mãe de Santo não pode dar comida à cabeça de ambos os cônjuges.

Mãe Pinguinho é a Mãe Pequena do terreiro; tem a reputação de ser muito severa. Ela é um pouco fanática. De novo, fecho os olhos quando chega a hora das pombas e, por uma razão obscura, concluo que é preferível que sejam pombas e não galinhas. Pai Júlio, com sua habitual diligência, as degola. Qual é o melhor destino: ser o café da manhã de uma jibóia ou tingir de sangue a cabeça de um psicanalista apaixonado?

Imerso nessa metafísica, lembro-me de um analista mexicano que foi devorado por um tubarão no Caribe e cujo relógio foi encontrado nas entranhas do animal. A simples idéia de ser comido estremeceu a comunidade psicanalítica. No entanto, as pessoas ficam indignadas quando um caçador mata e não come sua presa. Quem tem razão? A metafísica sempre é vã, pelo menos para meu fraco espírito.

Os animais sacrificados são levados para a cozinha. A um sinal de Mãe Pinguinho, deito-me na esteira; um sono invencível me invade e só acordo mais de uma hora depois, na segunda parte da cerimônia: minha cabeça recebe a oferenda de sangue. Quando chegou a hora, comi sem problemas um pouco de pombo e o lavei com um copo de vinho branco doce que estava numa garrafa a meus pés. O estranho sono que se apoderou de mim me havia provado que, dessa vez, eu estava dentro da cerimônia. No entanto, não rezei nem fiz algo do estilo. Esse absoluto sono era exatamente o contrário do torpor causado pela inflamação, dez anos antes.

Naquele momento, o casal se separa. Gracinha de Oxum fica na sala, enquanto eu vou para o quarto de Oxalá. Colocam lá minha esteira: estou me habituando a dormir com os deuses. O quarto do Pai de todos os Orixás é inteiramente coberto de azulejos brancos. O altar, os candelabros são brancos. As flores também. Naquela noite, antes de dormir, Mãe Pinguinho vem, joga búzios na cabeceira de meu leito, depois exclama: "Está tudo bem!".

Dormi como os primeiros cristãos nas catacumbas antes da prova dos leões.

O que significa a religião para mim?

O menino puro das catedrais, aquele que perdeu sua imortalidade com o passarinho morto, teve uma travessia teológica acidentada neste vale de lágrimas. Fui do coro, mas um pouco antes dos quinze anos passei para o outro lado. Primeiro me rebelei contra a Igreja Católica, depois contra esse livrinho mentiroso que é o catecismo e, por fim, contra o próprio Deus. Eu desconfiava de todo saber ilusório, de todo relicário, de toda imagem santa, de todo *ora pro nobis*. O ateísmo do adolescente é furioso, tonitruante. O punho que desafia o céu não deixa de ter sua comovedora grandeza.

Meu ateísmo foi de um fervor radical durante poucos anos, até que comecei a desconfiar que todo ateu tem um deus no seu bolso e que carrega uma incredulidade boba estampada na sua face. Como se pode não duvidar nesse mar de dúvidas? Além do mais, eu me fazia certas perguntas. Por que a espiral do caramujo se enrola sempre para o mesmo lado? Como explicar as trinta e sete enzimas nas glândulas salivares de uma espécie de mosquitos e as quarenta e três numa outra? Como a natureza, em si bastante idiota, pode fabricar hormônios e leucócitos? E eu não me interrogava apenas em relação aos mosquitos...

Por que existe uma ordem no cosmos?

O enigma da ordem como origem. A genialidade dos autores do primeiro capítulo do Gênesis foi se terem feito a pergunta: de onde vem a ordem? Na nossa época, segundo Gregory Bateson, esse é o problema implícito na segunda lei da termodinâmica. Se os acontecimentos casuais, entregues ao puro acaso, nos conduzem à discriminação e ao ruído, qual foi o elemento não casual que a ordem nos legou? Joseph Breuer, meu ancestral psicanalítico, um grande homem, era agnóstico. "Tudo é possível, até mesmo Deus", dizia ele. Concordo com esse boletim metafísico: dar crédito, mas não crer.

Dou crédito ao candomblé, mas não creio. Se houvesse um deus, eu apostaria em Xangô. Convenhamos, entretanto, que há sacrifício e sacrifício... É verdade que a comunhão é um sacrifício de vinho transformado em sangue, embora o cálice de vinho que por algum motivo não se bebe e o sangue ainda quente vertido sobre minha cabeça sejam coisas bem diferentes. A força do candomblé reside na degola e no transe ritual. Esses, sim, são sacrifícios!

Dois dias depois do Bori, chegou o dia D, o de nosso casamento religioso: 2 de fevereiro. A cerimônia foi organizada para que coincidisse com a festa de Iemanjá, na qual os homens de Salvador sonham com sereias e vivem a fascinação mortal do amor. Eu queria passar em frente ao restaurante Yemanjá e jogar uma rosa no mar em memória de nosso primeiro jantar e de nosso primeiro beijo. Cheguei muito cedo ao Axé Opô Afonjá. Vestido de branco dos pés à cabeça, um noivo cor de noiva. Estava em paz depois do Bori, tranqüilo por dentro, entrando fluidamente no ritmo pausado do terreiro, esse lugar no qual o relógio anda mais devagar. O Axé, na hora da sesta, estava deserto. Algumas crianças diante da casa de Xangô brincavam com pipas, o vento estava favorável. Dei uma volta, Obá-Gessi não estava em sua tenda, e então fui para a casa de Oxalá, na qual a festa devia acontecer. Ninguém. Pouco depois chegou uma mulher idosa, com cara de beatitude absorta e uma boca que devia ter sido sensual em outros tempos. Ela se sentou num canto e fui me sentar ao lado dela, buscando entabular conversa.

– Como se chama? – perguntei, como as crianças que se conhecem na praça. A venerável criança teve um sobressalto e eu tive que repetir a pergunta.

– Me chamo Leninha – disse ela. Ficamos em silêncio na penumbra da peça. A sala de Oxalá tem apenas duas janelinhas.

– Bem, Leninha – digo eu após um momento –, o que você pensa do casamento de hoje?

– Casamento? Que casamento?

– Como? Você não sabe que um casamento vai ser celebrado aqui hoje?

Leninha se impacientou:

– Não ouvi falar de nenhum casamento.

Comecei a pensar que havia algo de maldito nas minhas núpcias. Ia dizer a ela "Senhora, saiba que me caso hoje aqui", quando Gracinha se materializou como que por encanto. "Olá!", disse eu. Quis dizer a ela que Leninha não estava a par do casamento, mas parei rapidamente quando vi o rosto da noiva se destacando na sala vazia. Alguma coisa andava mal.

– Mãe Stella quer falar com você.

O telhado da casa de Xangô ainda estava sendo consertado e, por isso, nosso encontro aconteceu no fundo da casa de Oxalá. Lembro-me muito bem do quarto, cheio de quinquilharias, um manequim de pano e saias colocadas sobre uma arca. Ao lado de Mãe Stella, que estava sentada num trono leve de vime, havia um cacho de uvas. Pareceu-me que ela estava nervosa. Mais uma vez, ela escolheu as palavras para me dizer que a cerimônia nupcial não ia acontecer.

– Não será um casamento – repetiu ela. – O casamento civil de vocês vai ser apresentado aos Orixás.

Então, os Orixás não nos casariam. Tomariam conhecimento de nosso casamento laico; ele seria comunicado. Mãe Stella se desculpou: ela ainda não conhecia o ritual de uma tal celebração. Senti-me frustrado como uma criança que espera receber uma bicicleta e recebe um velocípede. Tive a tentação de lhe dizer que ela poderia tomar lições com Mestre Didi, mas mordi a língua. Então, como um guri malcriado, fiz algo insólito: fui até o trono, peguei o cacho e comi uma uva. Em vez de morder a língua, mordi uma uva.

Enquanto eu comia o fruto proibido, a trança da Filha de Santo que estava cuidando de Mãe Stella se eriçou.

As pessoas chegavam pouco a pouco ao baile e nos esperavam no salão de festas da casa de Oxalá. Urânia, Syra, Varón, Mestre Didi em pessoa e Juanita, os amigos íntimos. Cerca de vinte convidados ao todo. A presença mais estranha foi a de Jaime Rojas Bermúdez, o papa malandro do psicodrama argentino, em visita a Salvador.

– O que é que você está fazendo aqui? – perguntei, e ele, com razão, me devolveu a pergunta.

O sol ainda não havia se posto quando a cerimônia começou. Primeiro, Mãe Stella apresentou o casal resplandecente a Oxalá. Nós nos ajoelhamos na entrada de seu quarto. Depois, acompanhado pela Ialorixá, Mestre Didi e a cúpula do terreiro, fomos, em cortejo, à casa de Xangô, entrando pela única porta que já tinha sido consertada. Uma reverência ao Senhor dos Trovões. Dali fomos para o templo de Oxum, o Orixá da noiva. Depois, desfilamos por todas as dezesseis casas, das quais tenho fragmentos de imagens, quase oníricas, um pouco como as visões que tive com o cogumelo sagrado em Huatla. Foi assim que conheci santuários onde só os iniciados podiam entrar.

Ao chegarmos à casa de Omolu, Mestre Didi, na sua função de Grande Pai do Culto da Morte, comandou a cerimônia. No umbral, Juanita me observava com um orgulho mal disfarçado. Lancei-lhe um olhar cuja tradução poderia ser: *remember*?

Na casa de Oxumaré (o deus serpente/arco-íris), o último da ronda, implorei tolerância e sutileza. Na caída da noite, tínhamos terminado o percurso da Via Amorosa. Eu estava feliz.

Os convidados nos esperavam na entrada. Eu os via perplexos, embora talvez fosse uma pura projeção. "Que casamento mais estranho esse em que os noivos e o padre deixam os convidados no vestíbulo!".

A surpresa seguinte nos foi proporcionada por Mestre Didi. A cerimônia, de acordo com Mãe Stella, estava terminada, quando Mestre Didi entoou uma canção em iorubá. Doce, contagiosa. Os convidados então começaram a bater palmas ritmicamente. As filhas do terreiro se olhavam entre si; ou melhor, elas olhavam, inquietas, para um e para outro, Mestre Didi e Mãe Stella, como se fosse uma partida de tênis; quando a Ialorixá deixou a peça, começaram a fazer coro para a canção.

Foi assim, eles se casaram, foram felizes e a história termina aí.

58
O galo

Certo dia, quando eu dormia na Escola Colorida, o canto forte de um galo me despertou. Pela estridência, o animal estava muito perto. Chegando à janela, eu o vi no jardim do pátio da escola. Um galo magnífico cujas penas pareciam salpicadas de reflexos metálicos, azul-verde, parecendo com o arco-íris de Oxumaré. Joguei-lhe amistosas e suculentas migalhas de pão feito em casa. Ele me olhou e pareceu me agradecer com um cocoricó. Nas semanas seguintes, entabulamos uma relação baseada em migalhas de pão e cocoricós, da janela ao pátio. O galo nunca faltava ao encontro, cantava e comia e partia com a chegada das crianças.

Como cabe a todo bom psicanalista, concebi um plano erótico para seduzi-lo. Graça me levou ao Mercado das Sete Portas, lá onde o terreiro comprava as pombas para a jibóia. Escolhemos cuidadosamente duas galinhas magníficas, bem torneadas. O galo bateu asas e elegeu definitivamente domicílio no nosso jardim. Rapidamente chegaram os primeiros ovos, que celebramos com uma omelete. Algumas semanas depois, num domingo ensolarado, eu lia jornal no jardim quando o galo se aproximou e me olhou fixamente. As galinhas, no segundo plano, faziam a cena palpitar. Fiz um sinal com o levantar de sobrancelhas e ele começou a cacarejar; então fui à cozinha procurar milho e lhe ofereci um punhado. O galo me olhou dos pés à cabeça, demorou algum tempo e, por fim, bicou o milho na palma da minha mão. Estava selado o pacto de amizade. A partir de então, o galo se chamou O Galo. É desnecessário repetir, meu companheiro é também um bicho de Xangô.

Depois perdemos uma galinha. Graça tinha que fazer uma operação cirúrgica, coisa pouco tranqüilizadora, embora os búzios de Mãe Stella certificassem que não havia perigo. Mas vai-se saber...

Duas horas antes de ir para o hospital, Graça ouviu latidos e gritos de agonia. Ela se debruçou na janela e constatou que o cachorro da vizinha estava atacando uma das concubinas. A coitada foi mortalmente ferida. Fizemos o possível nos primeiros socorros. Era tarde, fomos para o hospital. No caminho, ela decidiu o que fazer: chegando à recepção do hospital, telefonou para André, seu filho.

– André, como vai a galinha?

André foi até a cesta onde ela foi colocada para verificar.

– Está viva ainda, talvez se salve.

– Mate-a.

– Mas mamãe...

– André, me escuta. Ordeno a você, como filho mais velho, que a mate. Faça isso fora da casa e jogue-a longe.

Assim foi feito.

– Me dei conta no táxi. Era ela ou eu – me confiou Graça, já instalada no quarto da clínica.

Senti admiração pela guerreira. Escolheu a decisão oportuna e não a queixa fútil e neurótica. Ela não disse "pobre galinha!", ou "Isso tinha que acontecer logo hoje?". A marcialidade de uma resposta que transforma um acidente em sacrifício. Esse gesto marca a diferença entre nós: eu nunca teria mandado matar a galinha. Em certas encruzilhadas, nossas vidas tomam caminhos divergentes, o que é uma boa coisa e uma coisa ruim.

O Galo ficou tão monógamo quanto seu amigo, mas não por muito tempo. Três novas galinhas, vindas do Mercado das Sete Portas, lhe foram presenteadas, e o harém aumentou. Alguns meses depois, nos mudamos para a rua Pedro Silva Ribeiro, não muito longe de onde morávamos, em Armação. O Galo e as galinhas foram alojados num antigo canil no fundo do jardim. Como o hábito faz o monge, meu misterioso companheiro se transformou num formidável cão de guarda, vigiando a casa com suas rondas contínuas. Todas as manhãs, ele cantava e bicava a porta do meu quarto. Essa relação privilegiada só existia comigo. Graça e O Galo tinham uma relação silenciosamente desconfiada.

A casa da rua Pedro Silva Ribeiro era estranha; um lugar encantado com sua floresta de palmeiras que ia de rua a rua, com seu clima rural de chácara, à beira do mar. Para Graça, o lugar era um mistério. Por vezes, de noite, após o jantar, ela parava no meio de uma frase e me perguntava se eu não estava ouvindo nada. Eu levantava minha orelha para além do rumor do mar e, efetivamente, talvez ouvisse alguma coisa nessa grande concha que é o mundo.

Certo dia, Graça mandou chamar Dario, o especialista em limpeza de casas do terreiro, que chegou vestido de branco, trazendo um molho de ervas. Dario enfumaçou o lugar profusamente, com mirra e incenso, batendo o piso e as paredes com ramos para espantar todos os espíritos. Quando a casa ficou limpa e cheirosa, comecei a brincar de aprendiz de feiticeiro, o que prova que rivalizo até com as moscas. Eu também queria pôr à prova minha habilidade e enfumaçar O Galo. Peguei-o, ele parecia tranqüilo, embora seus olhos brilhassem de maneira mesozóica. Fato é que raramente eu o pegava em meus braços. Fiz um ninho para ele. Acalmei-o, ninando-o. Aproximei-me de Graça, que lia no jardim, com o bicho nas minhas espáduas. A Princesa Africana fixou seus olhos no bicho. Na cena, havia suspense e rufar de tambores. Ninguém disse nada. Avancei um pouco mais. No passo seguinte, O Galo teve um espasmo selvagem de animal de rinha e senti uma punhalada perto do polegar. Soltei o energúmeno. Um corte de quatro centímetros sangrava ao longo da minha linha da vida. Esporão assassino.

– Ele sabia que, se não reagisse, ia morrer – me explicou Graça, aplicando água oxigenada no corte e de jeito nenhum querendo desculpar o animal. Não compreendi o que ela queria dizer, mas tive a impressão de que era uma questão de vida ou de morte. A visão do sangue ficou gravada nas minhas retinas. Fiz uma caipirinha, representando o homem que bebe algo, aproveitando a paz dominical. Perto de mim, coloquei um pratinho de *corn flakes*; ele adora. Fiz um ar distraído, ele também. Levou algum tempo para se aproximar. Quando o pratinho estava metade vazio, lancei-me sobre minha presa com tanta falta de jeito que minha testa bateu numa quina de madeira. Novamente O Galo escapou e um novo corte, mais profundo, entalhou minhas sobrancelhas.

A partir daquele momento, nossa relação mudou. O Galo parou de ser um animal doméstico, um mascote. Eu o respeitava mais, mas o queria menos. Compreendi que ele tinha um poder e que falava línguas que eu não conhecia.

Pergunta: de onde ele vinha?

Primeira hipótese: podia simplesmente ter escapado de um galinheiro vizinho. Talvez, mas isso não combina com nosso encontro dramático. Segunda hipótese: alguém o tinha deixado numa encruzilhada por uma obrigação religiosa; assim, havia uma certa imanência mágica. A terceira hipótese, fantasticamente plausível, incluía a possibilidade de uma entidade sobrenatural. Graça sempre desconfiou daquele bicho. O Galo podia ser o próprio Exu, o diabo em pessoa.

Exu, o diabo iorubá, exige uma apresentação. É totalmente amoral, não é necessariamente mau, mas pode sê-lo, assim como também pode ser bom. Digamos que está para além do bem e do mal. É o mensageiro dos destinos humanos, uma espécie de carteiro celeste que nunca chama duas vezes e prega pesadas peças. Um diabo que gosta de fazer diabruras.

Certa vez, quando atravessava o deserto, Exu viu um bando de diabinhos que em vão ensaiavam tentar um venerável eremita com imagens lascivas, de opulência e de poder. Exu, depois de ter observado as tentativas infrutíferas dos maus espiritozinhos, aproximou-se, disposto a mostrar o que era uma verdadeira tentação. Disse no ouvido do velho: "Felicitações! Seu irmão acaba de ser nomeado Bispo da Etiópia". O rosto sereno do eremita se crispou de ciúmes.

Com O Galo, entramos no período dos prodígios. Coisas extraordinárias aconteceram. Foi assim quando partimos para fazer um safári na ilha de Itaparica, terra dos Eguns e outras presenças sobrenaturais.

Em primeiro lugar, os preparativos. Levantamos na aurora e recolhemos os ovos que as galinhas tinham posto. Sou filho de um especialista em *oeufs à la cocque* e conservo a tradição. Então cortei vários pedaços de pão em fatias e coloquei-os para fritar em azeite bem quente, polvilhando-os de orégano: são as chamadas *lichettes*. Os ovos foram fervidos por três minutos e quarenta e cinco segundos. Bem, suco de laranja, ovos com *lichettes*, café com creme e *corn flakes* no café da manhã. Pus um pratinho ao lado para O Galo, que comeu sem remorsos, sem sequer olhar para o curativo que eu tinha na testa. Antes de partir, enchi as garrafas térmicas das bicicletas com limonada fresca. No mapa, traçamos o trajeto adequado. Tínhamos que atravessar a cidade para chegar ao *ferryboat*, a cerca de vinte e três quilômetros.

Já no caminho, passamos pelo Centro de Convenções, cruzando a estação de ônibus rumo ao vale de Tororó. Íamos rápido. Chegando à Baixada de Quintas, onde Mãe Senhora foi enterrada, o trânsito ficou mais pesado. Os engarrafamentos oferecem um estranho prazer aos ciclistas, que se sentem lebres entre as pesadas tartarugas buzinantes. O que é evidente é que, naquele dia, os carros que faziam fila para entrar no *ferryboat* nos viram passar com inveja. Colocamos as bicicletas no navio e eu estava prendendo as rodas quando um vendedor de sorvete me bateu no ombro, me pedindo para ajudá-lo com sua pesada carga. Graça sorriu, ao ver que o homem não tinha percebido que eu tinha sangue azul.

Na ilha, pedalamos na direção do Mar Grande, nosso destino. Dezoito quilômetros de bom caminho, suavemente ondulado. Chegamos sedentos e suados, com as térmicas vazias. Prendi as bicicletas num coqueiro e toquei afetuosamente meu guidão. Agora, merecemos um banho na suave praia do Mar Grande. Refrescados, fomos beber uma cerveja num bar. É deliciosa essa primeira golada que sublima o sal marinho. Comensais alegres, batucada de fundo. Notei um habitante da ilha de cerca de vinte anos e de pele brilhante de negro ébano autêntico. Usava calção minúsculo, tinha um corpo de dançarino e um sombreiro inclinado na cabeça. Pedi-lhe autorização para tirar uma foto, o rapaz posou com um enorme sorriso; depois nos convidou para beber um copo. Estava na mesma mesa que três bancários. Se conto a você, Manuela, essa história em detalhes, é porque a partir dali tudo se encadeou como por mágica. Depois da segunda cerveja, começamos a falar de dinheiro. O mais velho do grupo, que sem dúvida era o gerente, abriu seu portfólio para nos mostrar uma coleção de notas estrangeiras de todos os tamanhos e cores: francos, marcos, liras, pesos. Havia até mesmo notas coreanas. O bancário nos ofereceu uma bela nota, de cor malva, com a esfinge do general San Martín.

– Nos deram dinheiro, isso traz sorte – comentou Graça, de volta às bicicletas.

– Boa gente – disse eu, pensando que o dia começava bem.

Eu conhecia a pousada Arco Íris há muito tempo. Uma casa antiga de estilo colonial. O dono se chama God, apelido que ele mesmo se atribuiu. Na vez anterior, quando visitei a pousada, o bom deus tinha desaparecido no sótão, pois não queria ser visto pelos fiéis. Cara estranho esse God.

Havia pouca gente no bar que dá para o jardim da pousada. Pedimos duas batidas de pitanga, uma especialidade da casa. Do fundo do jardim se aproximou uma mulher em contraluz e Graça me perguntou no ouvido:

– Me diz, essa mulher é mais gorda ou mais magra que eu?

Eu ia responder quando a pessoa em questão mudou de direção e veio até nós:

– Acho que sou mais magra.

Como era possível que ela tivesse ouvido o sussurro?

– Ouvi muito claramente – disse a mulher, que era dançarina e tinha um corpo semelhante ao da Princesa Africana. Trocamos telefones nesse jardim telepaticamente imantado.

O garçom preparou nossa mesa sob uma árvore. Pedimos o prato do dia, um bortsch. God é de origem russa. Na mesa ao lado, uma sedutora loura está comendo uma salada de legumes crus. Ela nos diz:

– Vocês são o casal mais feliz que conheço!

Perguntamos como ela percebeu.

– Vocês ficam lindos juntos, parece que há uma irradiação!

Ela se chamava Cristina. Nós a convidamos para nossa mesa. Amamos os que nos amam. Amor tríplice. Falamos de God, da vida; ela era gerente de um hotel vizinho e nos contou as intrigas do Mar Grande.

– Qual é o segredo da alegria de vocês? – perguntou ela. Nós lhe contamos, ela merecia.

A surpresa seguinte foi que o garçom, ao trazer a sobremesa, me disse confidencialmente:

– A cozinheira está apaixonada pelo senhor.

Não detecto nenhuma malícia no olhar do Cupido. Olho Graça e Cristina, suspeitando de uma piada de mau gosto: elas estão com cara de anjo.

– Por que você não vai vê-la? – exortou Cristina.

Sou um cara feio, é preciso conhecer-me bem para apreciar minhas qualidades. Um belo urso em segunda instância. Ninguém nunca ficou apaixonado por mim subitamente, à primeira vista. Aparentemente, tornei-me um sexagenário sexy. Sem dúvida, o amor embeleza. Olhei Graça antes de me levantar, como um garoto que pede permissão à sua mãe para sair para brincar.

– Deve ser uma mulher de Obá – comenta ela.

O garçom vai na frente, guiando-me pelos labirintos da cozinha de Deus. Lugar obscuro de teto de palha e paredes de tijolo. Quando, depois do último corredor, entrei na cozinha espaçosa, perfumada de bortsch, ouviu-se um barulho de caçarolas e uma sombra caiu atrás da fiambreira, deixando atrás de si um rastro de risos.

Minha apaixonada fugiu.

– Obá era mulher de Xangô, não é? – perguntei a Graça quando voltei de mãos vazias, mas com a sensação de que a vida era um sonho.

Certa vez, Manuela, há muito tempo, Xangô vivia com duas esposas, Oxum e Obá, muito ciumentas uma da outra; sobretudo Obá, que amava loucamente Xangô e queria realizar todos os desejos dele. Xangô adorava os pratos que Oxum preparava. Obá sempre pedia as receitas à sua jovem rival. Certo dia, esta decidiu vingar-se. Amarrou um pano na cabeça e chamou Obá para a cozinha para lhe mostrar o último manjar que estava preparando.

– Xangô adora essa sopa – disse-lhe ela, mostrando uma sopa fumegante na qual boiavam dois grandes cogumelos amolecidos. Obá lhe perguntou o que estava cozinhando e Oxum disse, levando a mão ao turbante, que tinha cortado as orelhas. Na semana seguinte, foi a vez de Obá cozinhar. E ela, que não era muito esclarecida, cortou as orelhas e preparou com amor a sopa para seu esposo adorado. Quando Xangô tirou a tampa da sopeira, seu estômago se revirou em náuseas. Naquele momento, Oxum entrou em cena e, numa gargalhada, descobriu suas orelhas intactas. Obá, louca de raiva, precipitou-se sobre sua rival e se bateu com ela numa luta frenética. Então, Xangô, tomado pela cólera dos deuses, deu um tremendo pontapé na terra, fazendo com que as duas mulheres se transformassem em rios, que, hoje, trazem seus nomes.

Todas as fadas estavam presentes durante todo o dia; a bússola enfeitiçada do desejo mostrava o caminho. O ponto culminante ocorreu no retorno no *ferryboat*. Eu estava sentado na coberta, admirando o pôr do sol atrás da ilha, quando o vendedor de sorvete, homem agradecido, me ofereceu um pelos serviços prestados. Era um belo sorvete, cor de arco-íris.

Naquela noite, na Pedro Silva Ribeiro, pensei nos mil rostos do amor que amando se ama. Pelo visto, pode-se sempre recomeçar, com uma serpente à prova de maçãs. Eu pensava em ti, esplêndida cobra negra de olhos cor de mel; eu pensava em mim. Como se nossa vida fosse um tarô íntimo, uma senha, escrita com letras transparentes. Então, o amante, no outono de sua vida, se acha belo, e a memória se perde no eterno presente de um paraíso nunca perdido, porque te amo e sou amado.

59
A tartaruga

Depois de Itaparica, um mês transcorreu sem que nada de particular acontecesse. Nenhuma cozinheira desmaiou e ninguém me ofereceu sorvete. Mas, no sábado, novamente, algo extraordinário se produziu. Naquela manhã, saindo de casa, encontrei uma tartaruga plantada na minha porta, cobrindo quase todo o tapete de entrada. Animal digno de um zoológico, tinha trinta centímetros de comprimento, exatamente como o respeitável quelônio que vive no quarto de Xangô. Pensei que ela tinha vindo me visitar, já que Aladim estava solto.

A tartaruga se instalou na Pedro Silva Ribeiro; como O Galo, ninguém a reclamou. Ela, por seu livre arbítrio, após ter explorado o jardim, decidiu se alojar no antigo canil com as galinhas. Graça lhe oferecia cenouras e chuchus. Deve-se notar, dois bichos de Xangô, O Galo e a tartaruga, tinham escolhido morar voluntariamente na nossa casa.

– A partir de hoje, ninguém mais nessa casa terá furúnculos – declarou Gracinha de Oxum. Parece que essa era a especialidade terapêutica das tartarugas. Logo decidimos chamá-la A Tartaruga. Um semestre depois, O Galo e A Tartaruga eram os melhores amigos do mundo.

Certa manhã, muito cedo, Graça preparou seus apetrechos para passar o fim de semana no terreiro. Uma festa importante, já não me lembro mais qual, ia ocorrer no Axé Opô Afonjá. Duas saias brancas, um corpete e o indispensável pano de turbante da Costa foram passados e engomados. Quando tudo ficou pronto, Graça, vestida de branco dos pés à cabeça, veio me ver no jardim para conversar. Palavra que eu não desconfiava de nada.

– Emilio, quero que você tome uma decisão – e naquele momento fui surpreendido por uma certa intensidade no timbre de sua voz e pelo brilho de seu olhar. – Hoje tenho que fazer um sacrifício no Axé: que animal levo?

Eu a olhei fixamente, tentando saber se ela falava sério, talvez também buscando nela um sorriso que pudesse atenuar sua determinação. Em vão; ela simplesmente disse:

– Será um grande sacrifício.

– Pois bem, poderíamos passar pelo Mercado das Sete Portas.

Eu queria ganhar tempo.

Seu pé esquerdo começou a mostrar sinais de impaciência. As filhas de Oxum têm um gênio muito forte, além de serem caprichosas. Eu não estava indo direto ao alvo. Então, com um suspiro, perguntei:

– O Galo ou A Tartaruga? – lembrando-me de Meryl Streep em *A escolha de Sofia*.

Ela fez um gesto que interpretei como um "sim" categórico.

– Vão matá-los? – Quase disse: "Vai matá-los?". Pergunta idiota.

De novo ela aquiesceu. A imagem do canário eriçado atravessou minha mente como uma visão em preto e branco. Ela interrompeu minhas cavilações.

– O Galo é esplêndido, seria um grande sacrifício.

Para Gracinha de Oxum, o sacrifício ritual era um privilégio, a melhor morte possível para um animal. Eu não posso encarar desse modo, pois me ponho na pele dele. Além do mais, há a questão do *fair play*; não podemos esquecer que O Galo e A Tartaruga se refugiaram sob nosso teto, transformando nossa casa em embaixada. Outro ponto importante: os dois eram bichos de meu Orixá.

Eu poderia ter dito: "Nessa casa, não se sacrificam animais". Poderia ter dito, mas não disse, ainda que, quando agora penso nisso, devesse ter dito. Tive a tentação de dizer "Leve O Galo", um pouco como Jacó, com o punhal na mão infanticida; em contrapartida, eu disse, com uma voz quase inaudível:

– Leve A Tartaruga.

Foi com o coração pesado que assisti, sem participar, à procura da vítima no jardim. Hoje, posso afirmar que algo grave se passou, mas, naquele momento, duas *Weltanschauungen*, duas ideologias se aliaram. Acho que nunca a perdoei, também não me perdoei pelo desenlace. Ainda que se separar por causa de uma tartaruga possa parecer estranho.

Talvez seja o momento de levantar o véu de minhas covardias. Por "covardia" eu entendo, antes de tudo, o "medo". Cronologicamente, há a fuga do menino diante da chicotada de seu rival, o revólver grande que deixei para meu irmão, a mão que recusei dar à moribunda, a assinatura da ficha de adesão na Bulgária, calar a boca quando Vera insultou Graça e, por fim, permitir que A Tartaruga fosse imolada. Não são grandes covardias, mas são muitas e pesam na minha consciência, dando a medida de uma certa precariedade de minha condição de homem.

Um ano depois do sacrifício da Tartaruga, O Galo desapareceu. Claro que suspeitei de Graça, mas a diáfana expressão de seu rosto provava sua inocência.

O que aconteceu?

Confesso que essa história do Galo é uma das mais estranhas da minha vida. Num período de prodígios, ela foi o símbolo máximo. Juro a você, Manuela, que não estou exagerando, que não estou mentindo, nem nada assim. O Galo e A Tartaruga foram dois extraterrestres que caíram na nossa casa. Todavia, o desaparecimento pode ser explicado pela dinâmica interna do galinheiro. As galinhas faziam o possível para ter uma família. Após várias tentativas frustradas, um macho sobreveio. Quando o pintinho cresceu, os inevitáveis problemas edípicos surgiram. O Galo não o deixava em paz e as galinhas, creia-se ou não, estavam do lado de Laio. O pintinho em questão, chamado Galinho, que tinha a mesma envergadura de seu pai, agüentou corajosamente a ordália das bicadas: um senhor animal, de uma cor mais avermelhada que seu genitor. Foi então que O Galo desapareceu. Tinha cumprido sua missão. O Galinho mostrou ser uma réplica de seu pai, comia na palma de minha mão e me despertava de manhã. É curioso, mas a partida do velho galo não deixou nenhum vazio. Ele chegou e depois partiu. Também para nós tinha chegado a hora de mudarmos. Pedro Silva Ribeiro tinha cumprido seu ciclo.

Certo dia, pouco antes de partir, chegou-me uma mensagem clara do fundo do jardim. Então chamei Graça e lhe comuniquei:

– Gracinha de Oxum, você vai ser a Mãe de Santo do século XXI.

Eu disse isso seriamente, não era uma idéia leviana. Quando disse, temia que ela começasse a rir como qualquer outra mulher teria feito. Talvez fosse me dizer alguma coisa, mas o canto do Galinho a interrompeu. Ficamos em silêncio e o galo cantou uma segunda, depois uma terceira vez.

– Os Orixás estão nos respondendo – ela disse.

Quando chegou o quinto canto do galo, Graça disse:

– Esse é por Oxum.

O sexto foi por Xangô.

– Tem que ser dezesseis cantos.

– Por quê?

– Um por cada Orixá.

E assim foi.

60
O paradigma da cebola podre

Atravessei descalço as dunas verdes do Jardim de Alá. Uma relva marítima, raridade botânica, cobre a areia da praia em frente à nossa nova moradia. Deixamos Pedro Silva Ribeiro por um apart-hotel na costa. Estávamos esperando encontrar uma casa definitiva. Levamos mais de um ano. A praia do Jardim de Alá é um lugar de pescadores, poetas e ciganos. Perdão, Ondina.

Naquela manhã, saí para correr cedo, aproveitando a maré baixa da lua cheia, que deixa uma extensa faixa de areia firme. A espuma das ondas, com seu crepitar sutil, traz o fermento para a meditação do dia. Começo com pequenas passadas. Correr é bom para urdir idéias, única e principal tarefa que me acompanha nesses quinze últimos anos, desde os tempos de Colita. Correr é a base de meu prolongado curso na Universidade das Palmeiras, na qual sou um estudante crônico. Colita deve estar morto.

Agora, meu tema de meditação passa por Graça e os avatares do amor monogâmico. Estou de bom humor, feliz; não reclamo da solidão agridoce dos anos anteriores: o amor como sendeiro luminoso. Sinto-me em forma, leve, corro com facilidade, mas mais devagar. Tenho provas disso, pois conservo a caderneta que registra todos os meus recordes desde que comecei a correr. Há vinte anos, eu fazia seis quilômetros em menos de trinta minutos; hoje, levo mais de quarenta minutos. Estou mais velho dez minutos, menos jovem em oitocentos metros. Parece pouco, mas é uma distância enorme.

– Envelheci – digo a uma pedra no caminho, um calhau cor de ágata, ao mesmo tempo cor mate brilhante. Bela pedra, vai agradar Graça, eu a recolho.

Observo pela centésima vez que a idéia da velhice sempre empana minha alegria: me torna duas dioptrias menos feliz. É a vertente trágica de minha senilidade: um futuro curto. Eis meu futuro. Quando ao de Graça, é o de ser a Mãe de Santo do Século XXI; eu não estarei aqui...

Nisso eu invejo a areia: cada pequeno grão de feldspato e de quartzo tem o anonimato da eternidade; como a pedra na minha mão.

A pista de areia chega a seu fim. Eu tinha que contornar o rio para chegar à Praia dos Artistas. Já tinha trotado bastante, era hora de voltar. Graça me espera com uma cerveja. Quando eu fazia flexões e rotações do pescoço como Mike Tyson, vi um negro atravessar o rio com um coelho branco nos braços. O animal não parecia ter medo de água. Os coelhos sabem nadar? O negro é muito negro, eles formam um par estranho. Penso numa escultura feita de sorvete de creme e chocolate quente. Típica elucubração senil.

Tenho uma história com coelhos, ou melhor, com a lebre. Quando eu era criança, depois de ter perdido minha imortalidade eu me identificava com esse animal. Eu era lebre. Todas as noites, entrava na minha cova, sob as cobertas, enquanto lobos ferozes uivavam lá fora. Se chovia e havia trovões, melhor ainda. Era uma identificação secreta, ninguém sabia que eu era uma lebre. Era meu totem, meu primeiro ritual. Hoje penso que a lebre certamente é um bicho de Xangô, com muito Axé.

No caminho de volta, me senti ágil como uma velha lebre, como um cavalo que volta para a estrebaria. O homem tem necessidade de voltar a porto seguro, onde uma mulher o espera. A Princesa Africana me espera na varanda do Jardim de Alá. Recordo-me da história da cebola podre.

Certa noite, ao chegar do consultório, dei um fundo suspiro e disse:

– Sabe de uma coisa? Hoje, por descuido coloquei uma cebola meio podre na sopa; estraguei o almoço.

Ela parou de descascar a batata, moveu energicamente a cabeça e disse:

– Uma cebola podre pode estragar um prato. Não há nada pior, nem mesmo um rabanete passado.

– Tinha um gosto estranho.

– Sim, de inseticida.

– Exatamente!

Diálogo exemplar, pois existem outras variantes. Vejamos algumas.

A esposa histérica, que exclama:

– Que horror! – e faz com a boca um gesto delicado em O.

A esposa obsessiva, preocupada, um pouco maternalizante:

– Você está bem, querido?

A competitiva:

– Por que você não olha o que coloca na panela?

A queixosa, próxima da precedente, mas um furo abaixo:

– Quantas vezes eu já te disse que tens que olhar o que pões na sopa?

A indiferente:

– Hummm.

A raivosa:

– É isso aí, você ainda vem me estragar o dia!

Diversas possibilidades, classificadas por ordem crescente de deterioração. Todas, sem exceção, fecham o diálogo, inclusive o beicinho histérico. Graça, em contrapartida, dá informações sobre os bulbos danificados e identifica sabores. As outras esposas tomam a cebola podre como ponto de partida de uma briga conjugal e entram na espiral da redundância neurótica. É assim que as fontes do diálogo secam. Para que o verbo circule, não pode haver o "Eu disse a você!". A pedra que tenho na mão é apenas a pedra que tenho na mão, não tem outro sentido além de ser um bonito calhau polido.

A verdade é que tenho sede e uma boa cerveja fresca me espera. A barraca fica justamente na frente de nosso apart-hotel.

– Bela pedra – comenta Graça, polindo-a com a mão. Depois abre os dedos e me estende a palma.

– O que é que você vê?

– Me dá a sua outra mão.

Estudo os sulcos, as linhas da mão, cada falange, a força do polegar. A linha da vida parece um rio sinuoso que desemboca justo debaixo do pulso.

– Você vai viver muito tempo, Mãe de Santo do Futuro – digo eu, sem soltar sua mão.

Uma velha cigana se aproxima, vendo que o cenário está montado. Magra, ereta, com uma comprida saia verde que desenha um ventre carnudo, quase obsceno. Só lhe falta o xale.

Detesto as ciganas, elas me dão medo, um medo que remonta à época em que podiam me raptar, quando eu era criança. Nada pode me tirar esse preconceito. Mas Graça, em troca, lhe estende a mão espontaneamente.

A cigana olhou Gracinha de Oxum longamente e com respeito. A futura Mãe de Santo não era nem uma banhista comum, nem uma turista qualquer. A transformação foi interessante: a cigana ficou menos cigana, perdendo o controle da metade do terreno.

– Dez cruzeiros cada mão – sugeriu ela.

– Não, dez para as duas mãos – corrigiu Graça.

A barganha foi concluída a quinze cruzeiros. O preço de uma cerveja.

A cigana começou sua litania monocórdia, deliberadamente impessoal. Ao escutar sua frase oca, tive a impressão de que os ciganos não eram os únicos a falar assim; também as Mães de Santo, os adivinhos, as cartomantes, as quiromantes, todos falam assim.

O murmúrio de ventríloquo vaticinava viagens, fortuna e presença pérfida de uma mulher invejosa. Por vezes, ela sussurrava no ouvido de Graça, escapando a meu radar paranóico. Exultei quando, então, ela tentou se apoderar da pedra e Graça firmemente impediu.

A cigana então bateu na minha mão.

– Não – ladrei eu, e num relâmpago me apareceu o rosto da feiticeira Amalia, em Huatla.

Graça colocou a pedra na sua bolsa e eu lhe fiz a pergunta que acabo de me fazer:

– Por que todos os adivinhos falam com uma voz sem emoção?

– Eles falam pela boca do destino – me respondeu ela, e compreendi que eles falavam através de outras pessoas. O analista sem memória, o vidente cego, a cigana ventríloqua, o profeta mudo.

Na hora de pagar a conta, um velho pescador trouxe um grande pescado vermelho, chamado *vermelho*, enganchado num arame.

Nosso apartamento é pequeno: quarto e sala com cozinha. Um bar que serve como biombo separa a kitchenette da sala. Ligo a televisão. Estou bem, de bom humor: o do fim de semana. Estão transmitindo as semifinais de Roland-Garros. Abro uma cerveja enquanto Graça prepara a comida. Estamos no terceiro set: Mc Enroe joga contra Jimmy Connors. Assisto à partida, jogando com os jogadores. Connors ganha. Sou torcedor de Mc Enroe e Connors não me é muito simpático. De repente, percebo que me sinto culpado. Fenômeno estranho. Quando Gabriela Sabatini perde, tenho a mesma sensação de culpa, não me perguntem por quê. Um analista diria que é meu narcisismo; sentir-me culpado implica que, se não fosse por minha causa, Gabriela ganharia. Talvez. A voz que sai da cozinha me tira dessa reflexão digna de *Hamlet*:

– Vem me ajudar!

Minha culpa se desfaz, mas não a ponto de eu saltar por cima do bar como numa partida de tênis. Como já disse, estou muito menos ágil que antes. Entro, então, da maneira convencional, pela porta. O vermelho jaz, de ventre aberto, na mesa. Ele me espera.

– Segure por aqui – diz ela, me mostrando as brilhantes brânquias cor de carmim.

– Um príncipe nunca toca num peixe – retorqui eu, enquanto ela observava minhas mãos aristocráticas, bronzeadas pelo sol.

Ela responde sem hesitar:

– Um príncipe pode tocar peixe, é a carne de boi que ele não pode tocar.

Gostaria de dizer que a Princesa Africana se pronunciou com seriedade, como se apelasse para um antigo código da tradição iorubá.

Analisemos, pois, essa resposta, que tem uma certa relação com o paradigma da cebola podre. Graça poderia dizer "Mas de que príncipe você está falando?", típico da esposa exasperada. No xadrez da vida, esse gambito tem pernas curtas. A resposta "Que assim seja, Vossa Alteza" poderia ter tido méritos, mas é uma resposta capenga, não joga o jogo. Retomando o tema da culpa, Graça poderia ter me deixado pesaroso: "Os príncipes podem tocar os peixes". Não é uma confissão dos privilégios que meu sangue azul me concederia, e, além do mais, isso me comprometeria a participar das tarefas culinárias.

Então respirei profundamente, com a faca na mão esquerda e o martelo na direita, e decapitei meu almoço com três golpes secos.

61
O congresso

– Por que não fazer o congresso no terreiro? – sugeriu Mãe Stella, num tom de desafio.

– No terreiro?

– Mas sim, por que não? No Barracão há lugar para mais de quatrocentas pessoas.

Bom, ela exagerava, mas sabia ela que um dos períodos mais importantes do candomblé estava começando?

Em 1980, na conferência dedicada ao culto iorubá, grandes personalidades como Mestre Didi, Marta Vega e Abimbola se reuniram em Nova York, capital das encruzilhadas, por acaso ou talvez por destino. Nesse encontro nasceu a idéia de montar uma estrutura transcontinental, criando um Fórum para a transmissão da tradição e da cultura dos Orixás. A proposta era oportuna: as relações entre a África e a América, no nível multicultural, eram praticamente inexistentes. Havia apenas encontros esporádicos, iniciativas pessoais do tipo da de Mestre Didi quando compareceu diante do rei de Keto. Os fiéis da diáspora veneravam seus lugares de origem: a América visitava as suas fontes na África, mas Mama África desconhecia a América Negra, com suas invenções litúrgicas. Era tempo de se conhecerem. Por outro lado, não esqueçamos, a mãe era mais nova que a filha; a Nigéria pode ser considerada muito mais nova do que o Brasil, já que se constituiu como nação independente em 1963.

O grupo de Nova York trabalhava tendo consciência de fazer História. Dessa colaboração nasceu a Primeira Conferência da Tradição dos Orixás, que ocorreu na Nigéria, na cidade sagrada de Ife, o maior santuário das populações iorubá. O sucesso do congresso garantiu sua continuação. A delegação da Bahia, com Mestre Didi na cabeça, voltou entusiasmada, pois, por decisão unânime, Salvador tinha sido escolhida para o próximo congresso. A Roma Negra vestiu suas roupas de festa para a ocasião e, dois anos depois, sua segunda conferência foi um exemplo de harmonia e organização. Irmãos que se encontram, ritos que se cumprem, novos laços que se forjam: o Atlântico fica menor. Mãe Stella teve seu momento de glória no fórum internacional graças a seu trabalho, muito apreciado, sobre o sincretismo. Era secundada por Gracinha de Oxum e Vera Felicidade. A idéia principal de sua tese era considerar o sincretismo como doença infantil do candomblé.

Não assisti a esse congresso, pois Graça ainda não tinha aparecido na minha vida. Vi imagens dele na televisão: a chegada das majestosas figuras africanas, com suas túnicas coloridas. Não há nada mais elegante do que uma elegante mulher africana.

Com esse marco internacional de fundo, a cúpula brasileira decidiu então organizar o Primeiro Encontro Internacional do Candomblé. Graça era a secretária geral. Durante meu tempo livre, oficiava como secretário secreto da secretária: escrevia textos e colava selos. A Secretaria Estadual de Educação e a municipalidade de Salvador aceitaram colaborar. A primeira nos facilitou a impressão do material gráfico e forneceu o alojamento, abrindo um colégio como pousada para os congressistas de outros estados. O prefeito se comprometeu a pavimentar a rua de acesso, a instalar um telefone público e reforçar a rede elétrica para que os potentes projetores de televisão pudessem funcionar. Na última hora, cedeu também seu pipimóvel, como se chamam aqui os mictórios ambulantes. Como estamos na Roma Negra, vocês podem imaginar João Paulo II saindo do papamóvel para ir ao pipimóvel? Quanto ao Batalhão XIX de Infantaria, ele distribuiu cobertores e ofereceu cem cafés da manhã. A universidade ofereceu trezentas refeições diárias. Eu emprestei minha máquina de escrever suplente e conceitos básicos de dinâmica de grupo (porque era um momento delicado: o candomblé estava se institucionalizando).

Uma associação de idéias: o candomblé é para a Igreja Católica o que Plataforma foi para a IPA.

O Axé Opô Afonjá esteve à altura das circunstâncias. Os veneráveis da comunidade sugeriram alinhar estandes de folhas de palmeiras, à maneira das choças africanas, com pontos de venda de comidas, bebidas típicas e produtos artesanais. As mulheres de Iansã do terreiro, ilustres cozinheiras, prepararam o melhor acarajé do mundo, moído na pedra. As equipes de televisão estenderam seus emaranhados de redes, num pandemônio eletrônico, enquanto as Filhas de Santo passavam suas noites em claro para receber mais de trezentos irmãos de todo o Brasil e uma delegação do Uruguai. Só faltava levantar a cortina.

Naquela noite, na casa, atendi o telefone: a voz exuberante de Railda, a magnífica Mãe de Santo de Brasília, ressoava no aparelho. Era uma grande amiga de Gracinha de Oxum; telefonava para uma consulta de última hora sobre as roupas a levar. Conversa de mulheres. Passei o aparelho para Graça, que a informou:

– Você tem que trazer no mínimo três saias engomadas de Ifá, dois corpetes, quatro panos de turbante da Costa e um vestido de festa para a cerimônia de encerramento.

Ao chegar cedo ao terreiro, pude constatar que o prefeito tinha sido fiel à sua palavra: o caminho de acesso luzia com sua flamejante pavimentação nova com perfume de piche. João estava na porta de seu bar com uma impecável camisa branca e a rua tinha sido limpa com esmero. No interior do Axé Opô Afonjá, na secretaria, reinava a habitual confusão na hora de entregar os crachás para o congresso. Finalmente encontrei o meu: "Acompanhante". Ao sair da secretaria improvisada, assisti a uma cena digna dos tempos modernos: uma enorme Ialorixá, vestida como uma rainha, com sua saia que cobria múltiplas anáguas, falava no telefone público na frente da Casa de Xangô. "Grande fotografia", pensei eu, com a Nikon na mão. De fato, o terreiro, naquela manhã, era o País das Maravilhas dos fotógrafos: as cores das vestimentas dos congressistas, os estandes dignos do Congo e as Filhas de Santo flutuavam ao sol.

Fui ao Barracão para garantir meu lugar. O Barracão estava metade ocupado, mas eu tinha medo de que o lugar fosse muito pequeno para acolher todos os convidados. Sentei-me na ala direita, lugar normalmente reservado para as mulheres, mas a discriminação sexual foi abolida naqueles dias. Um Barraco vestido de festa: o teto coberto com as bandeirolas vermelhas e brancas do Rei da Casa, Senhor do Progresso, Mestre do Trovão, portador de símbolos de galos, tartarugas e embornais de caça. A mesa clássica de congresso, cheia de microfones e garrafas d'água, de frente para o trono central da Ialorixá. Mas a grande novidade, a que transformou o Barracão, foi colocar cadeiras que ocupavam esse lugar tradicional habitualmente tomado pela roda da dança.

A poderosa delegação de São Paulo veio completa, ocupando a frente direita da platéia. Minas Gerais e Rio se concentraram à esquerda. Pernambuco e Brasília um pouco mais longe, com pequenas delegações. A Bahia, como dona da casa, e os jovens do Movimento Negro Unido preencheram o restante. Não sobrava nenhum lugar, até mesmo o corredor central estava ocupado pelos cameramen de três redes de televisão, iluminando com seus projetores as figuras mais ilustres. São Paulo tinha jorrado dinheiro e víamos Juanita saudar a torto e a direito. O circo estava armado.

– Aqui, estamos de mãos dadas. – Assim Mãe Stella abriu o congresso, e sua voz, um pouco trêmula, traía a importância do momento. Depois ela deu boas-vindas às delegações e o nome de cada uma era acompanhado de um rufar de atabaques. O público aplaudia a cada rufar.

– Não existe nenhum candomblé – diz ainda Mãe Stella – em que se renda homenagem a um Orixá apenas. Nós temos o fogo de Xangô, as ervas de Oçâhim, o espelho de Oxum e o ferro de Ogum.

A voz dela não tem o tom impessoal do oráculo, possui a vibração da que sabe que cativou sua audiência. O discurso prossegue, ritmado pelos aplausos. Uma salva de atabaques pontua cada ovação.

– Ninguém, em todo o Brasil, pode dizer que ele é branco – anuncia o primeiro orador. – O branco é meu irmão negro mais claro.

Tã tã tã tã tã tã.

– Muita gente abotoa a camisa para que não se veja seu colar de búzios.

Tã tã tã tã tã tã.

– Chega de covardia!

Tã tã tã tã tã tã e rataplã.

Durante o intervalo, cruzo com Juanita, que conversa com uma Mãe de Santo de São Paulo, loura como uma holandesa, que se chama Cleofe; seus gestos combinam com os olhos de urso russo de Juanita.

– O congresso está bom, não está?

– Até agora, sim. – responde Juanita, que acrescenta, falando baixinho – Espera até chegar de tarde.

Cleofe sorri, cúmplice.

Compro num dos estandes duas camisas com o logotipo do congresso e vou à secretaria encontrar Graça. Ela me agradece pela camisa e pergunta:

– Como é que está indo no Barracão?

– Tudo azul.

Num canto afastado do Axé Opô Afonjá, depois da Casa dos Mortos, na borda do Mato Sagrado, há uma pequena porta de ferro, meio escondida, que dá para a Barraca de Dona Maria. Maria cozinha maravilhosamente bem a carne de sol, servida com uma farofa de cenouras e um molhe picante, tão picante que até a pimenta malagueta parece leite materno. Eu não queria comer o almoço oferecido pela universidade, pois era servido em quentinhas nas quais as passas ficam misturadas com um purê que escorre pelas bordas.

Então, pedi uma carne de sol e uma cerveja. Animação na barraca de Maria. Graça chega, excitada e irritada. Ainda não teve oportunidade de participar.

– Tem cada Mãe de Santo! – exclama. Ela vai falar, tem necessidade de desabafar, mas sabe que estou escrevendo um livro sobre o terreiro e, com razão, duvida de minha discrição.

– Você não vai falar disso no seu livro, não é? – me pergunta ela, ameaçadora.

– Ficarei mudo como um túmulo.

Uma certa Mãe de Santo de São Paulo, cujo nome não posso revelar, tinha mandado Gracinha de Oxum levar sua filha ao banheiro, para fazer xixi.

– Imagine! Quando eu estava cheia de trabalho!

– A filha da puta...

– Não sou escrava de ninguém nessa Terra. Exceto de Oxalá.

De tarde, com efeito, o Barracão mudou de cara e de ânimo. Um novo perfil mais agressivo, mais polêmico. A discórdia tinha se instalado. Afirmações incisivas. Críticas a torto e a direito. Até mesmo o Axé Opô Afonjá estava incluído, tinha pecado por excesso de folclore.

– Não podemos esquecer que o candomblé é uma religião, não um divertimento para turistas!

Tã tã tã tã tã tã.

Novamente, rufar de atabaques; seu pulso era o coração do congresso. De repente, enxerguei o óbvio: o aplauso é um tambor. Os rufares davam ao aplauso sua vibração original. Os foles do congresso rugiram quando os líderes do Movimento Negro Unido intervieram com a ira sagrada da militância jovem.

– Somos contra a violação de nossos segredos.

– Somos um grupo de resistência, não há diferença entre religião e política.

Tã tã tã tã tã tã rataplã.

Na hora do intervalo, saí do terreiro para beber uma cerveja no bar do taciturno João. Não era uma escapada culposa como da primeira vez: o congresso me absorveu inteiramente e eu estava tomando notas. Então, deixei a garrafa pela metade e voltei ao terreiro. No Barracão, finalmente encontrei Graça, liberta de suas atividades administrativas, e aproveitei a ocasião para felicitá-la:

– Bravo, é o melhor congresso a que assisti em toda a minha vida!

O cumprimento era sincero. Eu estava fumando placidamente um cigarro, quando ouvi um tumulto proveniente da ala dos estandes. Como a algazarra aumentava, me aproximei: João discutia violentamente com Félix, o neto maior de Mestre Didi. Quando eu quis acalmar as coisas, o rapaz do bar me apontou furiosamente e disse:

– Foi ele o cara que não pagou a cerveja!

Que papelão! Hoje, não posso dar uma de inocente e achar que foi um simples acaso, pois minha vida é um mar de acasos. Essa experiência me deixou pensativo, comecei a pensar que realmente era escandaloso. Passemos em revista os acontecimentos: quando escolhi minha profissão, em 1945, ser analista era coisa de charlatão e judeu, de onde minha ruptura com meu irmão médico Carlos; três anos depois, me desentendi com Arnaldo Rascovsky, de onde meu exílio em Londres; depois, minha história de amor com Noune, que quase me valeu a expulsão da APA; minha fugaz aparição no tribunal da comunidade terapêutica por ter dado uma bebida a uma alcoolista; depois Plataforma, um grupo escandaloso. Peguemos o exemplo mais recente: meu casamento no Axé Opô Afonjá; núpcias atribuladas com vômitos, teto desabado, juiz infartado e divisões na cúpula. O fato de ter me casado quatro vezes em si já é um escândalo; o divórcio com Martha foi um escândalo, pois o sangue tingiu o rio. Nesses últimos anos, a subversão caminha junto com a escrita. Desde *El antiyoyo*, meus livros são escabrosos. Escrevo perigosamente, redigindo minhas melhores páginas com arrepios. Gracinha de Oxum tem inteira razão de me dar informações a conta-gotas: *Gigante por sua própria natureza* tornará pública a intimidade do terreiro.

Sou astucioso e ingênuo ao mesmo tempo. Nisso, sou de Exu.

Tã tã tã tã tã tã e rataplã.

62
Desgraça e ciúme

As coisas nunca mais serão as mesmas depois dessa noite sagrada na qual, para fechar o congresso, cada nação vibrava com o som do atabaque. O raro sortilégio da solidariedade acabou quando os rufares cessaram. Logo vieram tempos difíceis, anuviados pelo silêncio ameaçador dos deuses e pela discórdia entre os homens. A harmonia no candomblé nunca foi total, nem mesmo no momento culminante do encontro; depois fiquei sabendo que, na noite de encerramento, dois Pais de Santo, de facções opostas, puxaram suas facas e foram expulsos do terreiro pela Ialorixá.

Uma nuvem pesada, carregada de desgraças e prenúncios funestos, descia sobre o Axé Opô Afonjá. Primeiro, uma neta de Mestre Didi, que tinha apenas dois anos, afogou-se na fonte de Oxum. Uma das filhas de Maria – a que cozinhava a carne de sol – morreu de uma enfermidade misteriosa antes de completar dez anos. Mãe Pinguinho teve problemas de saúde. Tinha diabete há muito tempo. A perna esquerda começou a capengar e ela teve que ser internada.

Graça e eu fomos visitá-la num domingo à tarde. Nós a encontramos num canto de um grande pavilhão vazio. Ficou surpresa de nos ver. Eu mesmo estava surpreso de estar lá. Mórbida tarde. O crepúsculo dominical sempre me mergulha no mais absoluto marasmo.

Mãe Pinguinho nos saudou em iorubá e começou a se queixar do mundo em geral e da ingratidão das Filhas de Santo em particular. Sentia pontadas na panturrilha esquerda e formigamento generalizado em toda a perna. Constatei, ao examiná-la, que o pé esquerdo estava frio.

– Vamos pedir a Emilio que lhe faça uma massagem – sugeriu Graça, utilizando o "nós" das enfermeiras. Minha passagem por Esalen tinha me dado a reputação de massagista de mãos de fada. Com as mãos na massa, constatei que, de fato, seu pé estava gelado e que a cor dele não tinha lá muito bom aspecto. Mãe Pinguinho, mais animada com nossa visita, fala alegremente com Gracinha de Oxum sobre as fofocas do terreiro. De repente, ela olha fixamente seu pé massageado e exclama:

– Tomara que fique curado para a festa de Xangô!

Terminada a massagem, vejo que a enfermeira vem vindo e me identifico como médico. Ela diz que vão amputá-la. O risco de gangrena é alto. Fico angustiado com a sentença médica.

– Ela sabe? – A enfermeira encolhe os ombros.

Tenho pena dessa dançarina octogenária chamada Pinguinho. *Pingo* não é uma gota qualquer: é uma gota que escorre alegremente sob o sol, saltitante.

Quando foi aberto o ciclo litúrgico pela cerimônia das Águas de Oxalá, Mãe Pinguinho estava numa cadeira de rodas. A festa foi sem brilho. Oxalá recebeu a oferenda de mau humor, não estava satisfeito com o Axé Opô Afonjá. A sombra de sua cólera preocupava o terreiro. Mais sério ainda: no jogo de búzios, o pai dos Orixás fez uma ameaça, advertindo que a situação podia piorar se não se tomassem as devidas providências. Mas ninguém sabia de que providências ele falava. Na semana seguinte, a neta de Mãe Pinguinho, uma esplêndida jovem de quinze anos, morreu de maneira inexplicável. Depois, foi a vez de uma senhora idosa, o que, na ordem natural das coisas, nada tem de estranho, já que ela estava na idade de morrer; mas, no contexto, era significativo. Quando, para surpresa geral, Pai Júlio (o que sacrificou minhas pombas) morreu, a coisa se complicou. Quem seria o próximo?

Dadas as circunstâncias, o Axé Opô Afonjá se aquartelou. Durante semanas, dias difíceis se sucederam. Toda vez que eu ia ao terreiro, constatava um ambiente de preocupação geral; rostos perplexos nesses tempos de cólera. Oxalá me exasperava com suas tenebrosas intenções, com sua cólera indiferenciada. Comecei a detestá-lo. Na realidade, estava com ciúme. Quase todos os dias, voltando do consultório, encontrava a casa vazia; depois um telefonema tardio de Gracinha de Oxum, para me avisar que os búzios de Mãe Stella queriam que ela ficasse de guarda mais uma noite no terreiro. Então, o próprio apaixonado ciumento tinha que espremer as laranjas para beber seu copo de rum durante as longas noites de inverno. Sim, sou muito ciumento e não agüento ceder meu lugar. Sou como todos os maridos convencionais, que grunhem, e com razão, quando suas meias estão furadas.

Tenho uma teoria que tem o mérito de abalar as coisas: o ciúme é sempre justificado. Zelar é sempre um dispositivo zeloso, como a iscazinha do pescador que freme à menor picada. O ciúme não deixa de ter fundamentos e, prestem atenção, é o analista de cem mil horas que lhes fala. Até acrescento que o ciúme e seus sutis enredados são quase sempre telepáticos. A ação de zelar, por sua vez, traz em si um mecanismo negativo que encobre a verdade revelada. Os grandes ciumentos do mundo não querem saber o que sabem.

Zela-se para não saber.

Zela-se do que se desconfia, mas não se desconfia do que se zela.

Não é fácil estar ciumento de um deus. Não apenas do Orixá, mas também da Ialorixá. Todas as Filhas de Santo obedecem aos caprichos de sua Mãe de Santo – e sempre com um amplo sorriso de veneração. Esse amplo sorriso, um marido, mesmo que seja adorado, nunca receberá.

63
Malditos sejam os mosquitos nigerianos

A África era um *must*, era como correr a maratona em Marathon, ou dançar o "Danúbio azul" em Ringstrasse. Era o dever desejante de Graça: beber nas suas fontes, nas terras de Oxum, reino de Oshobo.

Foi como naufragar no Titanic: uma viagem majestosa que terminou em desastre; mas que começou bem, com uma escala em Paris para assistir às festividades do bicentenário da Revolução Francesa. Estávamos com Belén e Jorge, Juan-David Nasio e a divina Nelba. O desfile, sob o Arco do Triunfo, foi muito bonito, embora a escola de samba da Mangueira, no Sambódromo, tenha muito mais tchã.

O avião que nos levou para Lagos, capital da Nigéria, já demonstrou a precariedade do continente africano, continente que, segundo o historiador Duby, tem mil anos de atraso. A engenhoca era uma relíquia. Para minha grande surpresa, uma aeromoça passou, distribuindo relógios despertadores; devo confessar que o nosso funciona até hoje.

Na alfândega, foi de cinema. Todo mundo com cara de bunda, uivando ordens, do tipo *A lista de Schindler*. Não conseguiam acreditar que éramos turistas. Quem poderia ter a idéia de fazer turismo na Nigéria?

Na saída do aeroporto, não havia táxis. Isto é, carros com taxímetro. Um homem robusto desceu de um carro destruído e, com autoridade, sem perguntar nada, pegou nossas malas. Foi tão rápido e estávamos tão perdidos que tivemos dificuldade de nos posicionar. Férias na África! Demos a ele o endereço do hotel.

Foi o passeio mais paranóico da minha vida: num país desconhecido, sem táxis mas com canibais, viajamos à mercê de um motorista mal-ajambrado que não compreendia meu inglês. Quando ele parou para fazer umas perguntas, nossas suspeitas pareciam se confirmar.

Estávamos perto de Lagos, cidade mencionada na enciclopédia como tendo dois milhões e meio de habitantes. É impossível encontrar uma cidade mais feia, mais inquietante e mais suja. Ao longo da avenida que nos levava ao hotel, as casas era casamatas de um ou dois andares, a maioria com paredes sem reboco. Caminhos estreitos. Grandes engarrafamentos. Quando o tráfego parava, pululavam vendedores ambulantes que apresentavam todo tipo de coisas extravagantes: galinhas, walkman, leques espanhóis. Graça e eu, de mãos dadas, espremidos no fundo do automóvel, estávamos morrendo de medo. Uma nota contrastante: naquela miséria ruidosa, cinzenta de cimento e de poeira seca, brilhava a estupenda beleza das mulheres, com suas incríveis túnicas multicoloridas usadas com elegância. Foi minha primeira impressão, mas logo generalizei: as mulheres nigerianas são as mais bonitas do mundo.

Finalmente, chegamos ao hotel, um Hilton dos tempos modernos, tipo Miami. Um hotel com cartões magnéticos para abrir as portas, mas que não funcionavam. Na recepção, quis usar meu American Express, mas me responderam que os cartões de crédito não circulavam, nem mesmo no Hilton. Quanto ao telefone, era um inferno: perdemos a manhã tentando localizar o único contato da cidade de que dispúnhamos.

Depois de três horas de tentativas infrutíferas, decidimos sair para passear. Rapidamente fomos identificados como turistas e um bando de garotos mal nutridos nos pedia dinheiro com a urgência que só a fome dá.

E, naquele dia, eu, cidadão do terceiro mundo, compreendi que a Nigéria pertencia ao quarto mundo. Então, como todo turista quando constata que se enganou de país, fui tomado por uma grande irritação.

Para escapar à perseguição das crianças esfaimadas, entramos num colégio. Graça queria conhecer suas colegas africanas. Ali reinava uma certa ordem. A diretora do colégio se animou quando Graça começou a falar num iorubá suficientemente correto para manter uma conversa.

Graça tinha se preparado para essa viagem, conhecia o iorubá arcaico das canções e dos rituais. Além do mais, havia feito aulas particulares de iorubá moderno durante todo um semestre. Ela se virava bem, graças a seu ouvido musical.

Passamos dois dias batalhando em Lagos, tentando trocar nossos dólares. No terceiro dia, fomos a Ibadan, a cidade universitária. Fomos de ônibus, já que nosso contato havia aconselhado não pegar táxi, pois na maior parte do tempo um carro mal intencionado nos segue. A rota para Ibadan parece muito com as do Nordeste brasileiro: palmeiras, buracos e poucos carros.

Ibadan tem o maior campus universitário da Nigéria. Um belo lugar, bem conservado, com grama verde e todo tipo de árvores. Paramos na casa de hóspedes de Wande Abimbola, decano da universidade, amigo de Mãe Stella e de Mestre Didi, o grande manitô da tradição iorubá. Amigo, mas também rival político: entre a América e a África, existe um terrível jogo de poder.

Abimbola tinha uma casa luxuosa, com uma sala atapetada com peles de zebras e repleta de esculturas sacras típicas. Morava com sua esposa número três (as duas outras viviam em Lagos). Era um homem simpático, mas muito atarefado. Sua terceira mulher simpatizou com Graça e nos levou com sua irmã para visitar o mercado da cidade. As duas irmãs tinham entre cinqüenta e sessenta anos e era impressionante ver a que ponto eram bem conservadas: pareciam ter quarenta anos. É uma característica do povo nigeriano. A expressão "bem conservada" é inexata, pois sugere uma falsa aparência; digamos, simplesmente, que elas não tinham a idade que tinham.

Todo dia, para seguir meu velho hábito, eu transformava o campus em jardim particular e corria até uma igreja moderna antes de meu opulento café da manhã com inhames na *guest house*. O campus era um gueto e as pessoas bebiam guiness e comiam carneiro, sopa de pimenta e nada mais. Ficavam confinadas dentro dos muros.

A escala seguinte foi Oyô, o país de Xangô. Quando comunicamos nossa intenção de ir lá a uma antropóloga americana, ela nos avisou:

– Não vão, são as festas de Xangô.

– E daí?

– Nesses dias, se uma mulher passear sozinha depois das 6 horas da tarde, ela pode ser sacrificada.

– Sério?

Sim, ela falava sério. Abimbola não desmentiu a informação, apesar de ter explicado que, nos dias de hoje, era pouco provável que tal coisa acontecesse.

– Melhor não arriscar, nunca se sabe – nos recomendou ele, entretanto.

Estávamos num outro mundo. Isso me leva ao tema da droga. Num almoço no refeitório do campus, sentei ao lado de um professor especialista em cogumelos. O homem ficou reticente quando lhe perguntei sobre os alucinógenos. Quando comentei o assunto com a antropóloga, ela me disse que os consumidores de drogas eram severamente punidos. Para o consumidor de maconha a pena era a execução pública, transmitida pela televisão. Comecei a tomar ojeriza pelo lugar.

Em Ibadan, tive um forte ataque de ciúmes. Graça queria aprender mais sobre o jogo de búzios e contratou um jovem professor, muito simpático. Durante três dias, fez curso intensivo com o rapaz, fechada no nosso quarto, enquanto, no refeitório do campus, eu derrubava cervejas e mais cervejas, roendo as unhas. Foi meu terceiro ataque de ciúmes: o primeiro foi com Mutar, a pantera, na terapia de grupo; o segundo, com Mãe Stella. Um detalhe que deve ter sua importância: na *guest house* os mosquitos penetraram no nosso mosquiteiro.

Ficamos cinco dias em Ibadan, depois alugamos um carro de confiança para ir às terras de Oxum, no coração da Nigéria, um lugar pouco freqüentado por turistas. No caminho, atravessamos diversas cidades: muitas mulheres, sobretudo velhas, em *topless*. A viagem – de várias horas – nos levou a Oshobo, onde se encontra o palácio da Rainha de Oxum, destino final da Princesa Africana e de seu príncipe consorte. Primeiro demos uma volta de reconhecimento, visitando um mercado que tinha a maior variedade de pimentões que já vi, de todas as gamas possíveis do vermelho. Como havia poucos turistas, fomos a maior atração do mercado. Sobretudo eu, com minha pinta de Caçador Branco.

Bebemos uma cerveja não muito gelada sob as arcadas do mercado. Graça estava feliz, mas parecia um pouco abatida, com bonitas olheiras azuis. Caía a noite, de modo que fomos para o melhor hotel da cidade, um hotel de povoado, com néons, ventiladores e televisão preto e branco. Pela primeira vez passamos uma noite fora dos guetos do Hilton e do campus. O dono do hotel era um tipo simpático e abriu um amplo sorriso quando a Princesa começou a falar iorubá. Ficamos mais relaxados. Enquanto preparavam a comida, Graça subiu para nosso quarto e, lá, deu com o tal dono do hotel remexendo nossas malas. Quando perguntou o que ele estava fazendo, ele murmurou alguma coisa e saiu do quarto.

O que fazer? Novamente uma sensação de impotência nos invadiu. Denunciar o cara? Mas a quem? O vocabulário de Graça não incluía a palavra "polícia". Mudar de hotel? Impossível, era o único passável. Naquela noite, dormimos muito mal, com móveis encostados na porta.

Na manhã seguinte, antes de ir ao palácio da Rainha de Oxum, visitamos uma amiga de Abimbola, austríaca meio antropóloga que tinha uma loja de suvenires perto do palácio. Era uma mulher alta e magra, com cara de bruxa. Comprei um anel que Graça ainda usa e várias estatuazinhas de madeira. Quando lhe falamos sobre nossa intenção de visitar a Rainha de Oxum, a bruxa austríaca nos alertou:

– Cuidado, são pessoas boas, mas adoram dinheiro.

No mercado, diante do palácio, Graça comprou dois *obis*, frutos sagrados iorubá, para partir durante nossa visita. Mais que nunca príncipe consorte, tirei fotografias.

Na entrada do palácio, Graça me disse:

– Estou com febre.

Coloquei minha mão na fronte dela. De fato, ela estava queimando.

Foi por causa dos preparativos. Ou melhor, pela falta deles. Desta vez, Jack, não fizemos nenhum preparativo. Graça pensava que Mama África não podia ser hostil a nossa peregrinação. Eu tinha tomado algumas pílulas contra malária, ela não. Achava que tomá-las seria fazer pouco de seu país.

Na ampla câmara central, em cima de um pódio coberto de almofadões, estava a Rainha, cercada por seu séqüito de cortesãs; uma dúzia de mulheres ao todo.

Aproximamo-nos da Rainha para lhe entregar os *obis*. Antes de parti-los, com um sorriso ela nos disse:

– São duzentos narias.

Paguei.

A Rainha abriu os *obis* e exclamou:

– Está tudo bem!

Depois, Graça lhe disse que era portadora de uma mensagem gravada de Mãe Stella. A Rainha, que não tem muita lógica protocolar, estende a mão:

– Trezentos narias.

Paguei.

Ela escutou atentamente a mensagem, intercalando expressões em iorubá. Depois, perguntou:

– Querem que cantemos?

– Sim.

– São vinte dólares – desta vez mudou de moeda.

– Querem atabaques?

Vinte dólares.

O trio de tocadores de atabaques apareceu e a mulheres começaram a cantar e dançar. Graça, empapada de suor, entrou na roda. Ela dançou, Jack, como nunca. Fogo e graça se uniram numa dança magistral. Ela estava em transe.

Existe um costume muito difundido no candomblé: quando um dançarino dança bem, alguém do público se aproxima, faz uma reverência e lhe dá dinheiro. E eis o momento extraordinário: a Rainha de Oxum em pessoa se levanta, faz uma reverência e dá dinheiro à Princesa Africana.

A Rainha, num momento de admiração, solta o dinheiro. Maior diploma *honoris causa* é impossível. A Mãe de Santo do Século XXI estava consagrada no lugar que o futuro lhe reservava. Fiquei transbordante de orgulho.

Uma mudança notável se fez sentir na câmara real. As cortesãs nos cercaram efusivamente. Uma moça estabeleceu uma amizade instantânea com Graça, enxugando sua fronte, como uma Filha de Santo cheia de solicitude. Um *must*.

Graça tinha uma outra missão em Oshobo: banhar-se no rio Oxum. Fomos até ele com sua nova amiga. Com todas essas emoções, eu estava preocupado com a saúde de minha mulher, que tremia de frio em pleno calor tropical. O rio era pertinho, mas alguém nos levou de carro.

Recordem a lenda: durante o episódio das orelhas cortadas, a fúria de Xangô transformou Oxum em rio. É um rio de águas amarelas, caudaloso, impetuoso e barrento. Estávamos sozinhos; tiramos a roupa na beira do rio antes de entrar em suas águas tépidas. Eu levava as alianças. Graça cantou um canto iorubá. E nos casamos no olho líquido de Oxum.

Na manhã seguinte, voltamos de ônibus para Lagos; uma viagem horrível. Graça devia estar com 40 graus de febre. No aeroporto, ela passou por uma inspeção sanitária e a médica disse que era um quadro febril inespecífico. Fiquei agradecido a ela, porque, se ela tivesse diagnosticado malária, não poderíamos ter tomado o avião, e nem posso pensar o que teria então acontecido na precária Lagos. A malária foi diagnosticada em Paris: uma malária de grau 3, de extrema gravidade. Graça foi medicada. Em Roissy, nos colocaram numa sala especial e Graça subiu no avião numa maca.

Ela foi parar no pavilhão das doenças infecciosas do Hospital Espanhol. Seu estado era grave, não tinha mais lucidez, delirava. Madeleine, sua irmã, ouviu dizer que seu estado era desesperador. No dia seguinte à hospitalização de Graça, também acordei com uma forte febre: diagnosticaram uma malária de grau 1. Depois me contaram que eu delirei: tinha acordado muito agitado e tinha pedido, aos gritos, que me dissessem quem era o número 6 da seleção de Menotti. O hospital inteiro se mobilizou. Minha amiga Rosa Garcia, que entende de futebol, me disse: "Passarela". Isso me tranqüilizou.

Esses miseráveis mosquitos da *guest house*. Ainda que minha malária fosse apenas de grau 1, tive que passar uma noite sob oxigênio. Lembro-me ainda da sensação de morte sórdida. Esse protozoário de merda e esse transmissor de merda, o *anopheles gambiae*, variedade "olho rosado", são os piores. Malditos sejam os mosquitos nigerianos e benditas as águas do rio Oxum.

64
Os amigos não se separam

Minha ruptura com Martha vai me servir para evocar a única separação masculina séria da minha vida. Elas se parecem. Já me aconteceu de brigar. Primeiro com Oscar Masotta, depois com Raul de la Torre, diretor do filme baseado no meu romance *Heroína*. Briguei com editores: Juan, da Fundamentos, em Madri, com Jayme Salomão, da Imago, no Rio, mas nada de sério. Foram escaramuças pontuais, meio para o lado da histeria: eu achava que estavam cuidando mal de minha cria intelectual. Os editores são pérfidas madrastas estéreis. León Grinberg e Willi Baranger brigaram comigo, mas com razão: eu os tratei mal, mas não briguei com eles, isto é, não fiquei bronqueado com eles. Com Varón Horne foi diferente. Uma singular separação.

Eu o conheci na época de *Heroína*; recordo que lhe mandei o livro com a seguinte dedicatória: "A Barón [Barão], evidentemente". Eu o conhecia pouco, de onde meu erro em seu prenome, mas ele me era simpático. De fato, Varón é um cara encantador.

Estávamos em 1969, eu presidia a APA. Estava programando o *Primer Congreso Panamericano de Psicoanálisis*, talvez meu melhor trabalho institucional. Varón o organizou à perfeição. Daí nasceu nossa amizade. Ela repousava mais numa simpatia mútua do que em contatos reais. Eu tinha dez anos mais que ele.

Além de Varón, me aproximei de um grupo de jovens analistas: Horacio Scolnick, Martin Weissman, Luis Córdoba e Andrés Rascovsky, o filho de Arnaldo. Um clã alegre e talentoso. Fumar maconha nos aproximava. Era o grupo das oficinas terapêuticas experimentais, da esquerda festiva, ou de festeiros, simplesmente. As mulheres que freqüentavam esse grupo eram esplendorosas, encabeçadas pela fabulosa Lidia Madanes (ela iria negar seu pertencimento ao grupo, mas para mim ela fazia parte dele).

E assim chegamos ao exílio e aos tempos difíceis. Em 1976, Varón me visitou na Bahia; conversou com as pessoas que faziam análise com Marta e comigo e lhes propôs um curso de formação. O projeto estava baseado no estudo dos textos de Freud; estava prevista uma reunião mensal, dirigida pessoalmente por Varón, Horacio Scolnick, Luis Córdoba e Andrés Rascovsky. O grupo da Bahia aceitou, Martha e eu também, embora preferíssemos formar uma outra equipe com Armando Bauleo, Hernán Kesselman, Tato Pavlovsky e Fernando Ulloa, mas eu não podia nem queria vetar nada; além do mais, o programa que ele propunha tinha a vantagem de ser bem estruturado. Era um grupo *prêt-à-porter*.

O curso começou com êxito. Mas, na Argentina, as coisas tomavam um rumo cada vez pior. Ao cabo de alguns meses, Varón e Luis Córdoba emigraram para Salvador. Nossa amizade, é claro, se consolidou no exílio. O grupo de analistas argentinos, que também contava com Raul Curel e Alejandro Bernal, se enriqueceu. Foram bons tempos, nós nos encontrávamos regularmente na praia para correr depois de fazer uma sessão de ginástica. Varón passou a ser meu interlocutor, assim como Jack e Manuela o são no presente livro. Eu lhe dediquei todo um capítulo de a *Lição de Ondina*, referente à minha viagem a Esalen. Eis um exemplo do que eu escrevia:

> "Querido Varón
> Nesta manhã tomei banho no Oceano Pacífico. Imagine uma praia selvagem, nórdica, da cor da gaivota, sem árvores à vista, muito salgada. Um mar de um verde leitoso, um mar portuário com seus vacúolos e detritos. A paisagem não era lá grande coisa, mas o Pacífico, meu velho, é o Pacífico. Como esse sacristão que queria deitar com o Papa para poder contar, per l'honore. Corri forte durante meia hora, depois mergulhei. A água estava gelada, quase morri. Uma dor forte nos ovos, dor no escroto e em todos os ossos; mas eu tinha que fazer isso por você, não é?".

Captaram a intimidade?

Quando voltei de Esalen, organizei um encontro corporal com Fernando Ulloa, Luis Córdoba, Carlos Cohen e Varón. Começamos na casa de Varón, onde ensinei aikidô, e terminamos correndo na praia de Arambepe. Estabeleci meu preço: um jantar no Méridien. Uma bela jornada, amistosa e cheia de cumplicidades. Pouco depois, como lhe contei, aluguei uma casa no Morro do Gato com a sobrinha de Varón, casa na qual ele instalou seu consultório. Tudo parecia calmo e tranqüilo.

O que aconteceu? Havia uma certa rivalidade entre nós. Isso se refletia nos nossos pacientes, que dividiam a mesma sala de espera. Varón atendia um rapazinho, louco rematado, que era como uma máquina de palavras, invadindo todos os cantos da casa. A cozinha de *Amílcar Falcão* ficava ao lado da sala de espera. Reproduzo aqui o diálogo que teve lugar entre Lourdes e o paciente:

– O doutor Varón é melhor analista que o doutor Emilio.

Lourdes subiu nas tamancas e disse palavras que eu nunca ouvira sair de sua boca:

– O doutor Emilio é mais estudioso, ele escreve, se formou na Inglaterra. O doutor Emilio é muito mais inteligente que o doutor Varón.

O paciente retorquiu:

– O doutor Varón é mais bonito.

Lourdes sente o golpe, vai dizer alguma coisa, se segura, sorri e, por fim, declara:

– Talvez, mas eu prefiro o doutor Emilio.

Algo importante aconteceu na vida de Varón naquele momento. Lourdes tinha razão, eu era mais estudioso. Varón conduzia um seminário sobre a sexualidade; certo dia, participou de uma mesa-redonda; um lacaniano inteligente o massacrou. Ele não conseguiu retorquir, ficou mudo, se sentiu muito mal. Foi um momento decisivo. Tocado em seu amor-próprio, Varón começou a ler Lacan a fundo e o seguinte ocorreu: a leitura de Lacan, como várias vezes é o caso, o tornou mais inteligente, mais vivo – uma verdadeira metamorfose. Fim do segundo ato.

Quando penso no desfecho dessa inevitável rivalidade, creio ter cometido o erro de ter me considerado o número um, pela graça divina, ou porque tinha sido presidente da APA, como se vai saber?...

O terceiro ato começa com a viagem à Nigéria e nossa hospitalização por causa da malária. Já disse que estávamos no pavilhão das doenças infecciosas e não podíamos receber visitas. Quando saímos do hospital, Varón não deu nenhum sinal de vida. Passaram-se um mês, dois meses, cinco meses, sempre sem notícias. Ele não me telefonava, mas eu também não telefonava para ele. Por que eu não telefonava? Porque eu era o número um. Cabia a ele telefonar. Fernando Ulloa voltou de viagem, eu lhe contei o que estava acontecendo, ele disse:

– Não seja babaca, telefone para ele.

Ele tinha razão. Então, telefonei para Varón e convidei-o para jantar, aproveitando a chegada de Fernando. Ele aceitou, mas um pouco mais tarde telefonou, inventando uma desculpa. Alguns dias depois, ele convidou Fernando para sua casa e me deixou de fora. Foi assim que aconteceu um crack invisível, mas definitivo.

Mas o que realmente se passou? Acho que havia um problema de fundo, um desgaste na relação que eu não tinha percebido. Talvez seja o mais grave dos meus defeitos, uma falha no meu "desconfiômetro", como dizem as pessoas da Bahia. Por outro lado, existe uma certa perversão própria dos analistas. Varón entrou no grupo de Jacques-Alain Miller, insuflou-se de zelo lacaniano e começou a pensar que eu não era psicanalista e, mais grave ainda, a dizê-lo, o que não melhorava as coisas.

Eu disse que havia uma certa semelhança entre o fim dessa relação e o fim da relação com Martha. Há também uma diferença: tomei muito mais nojo de Varón do que de Martha. Ele visita até meus sonhos. Talvez seja mais difícil se separar de um homem do que de uma mulher. E não falo aqui do jeito traidor e amargo da homossexualidade. Isso me parece ser um clichê.

A amizade entre homens é uma coisa complicada. A primeira amizade masculina repertoriada data de 2000 anos antes de Cristo: ela unia dois babilônios, Gilgamesh e Eikidu, e terminou num duelo à morte. Na história, são raras as grandes amizades masculinas duradouras: Montaigne e La Boétie, Fellini e Simenon são exceções. Talvez nos nossos genes haja mecanismos anti-ódio, *relais* que protegem o casal heterossexual das separações; pois a cama não é a selva e o ninho deve ser protegido.

Minha amiga Carmen Lent explica assim: o amor entre dois homens é menos codificado que o amor entre um homem e uma mulher. No contrato do casal está incluída a eventualidade de que o amor, como diz Vinicius, seja eterno enquanto dure, mas, quando não dure, a relação acabe. No contrato de amizade masculino, embarca-se num "para sempre", pois os homens não se separam.

Assim falava Sandokan.

65
Mãe de Santo

No Shopping Barra, perto da praia de Ondina, inauguraram um rinque de patinação no gelo. Novidade chocante nos trópicos. Aproximei-me, curioso. Uma série de crianças dá seus primeiros passos vacilantes e gelados, perplexa diante do fenômeno alquímico da água sólida. Salvador tem muito de Macondo. Meu problema: ousarei patinar? Em tempos distantes, eu deslizava, ágil e rápido, nos lagos gelados de Stockbridge. Será que meu corpo se recorda?

Dou voltas e mais voltas em torno da dúvida, como um inseto polar. Vamos lá, é preciso combater os medos da velhice! Dirijo-me para a bilheteria. A bilheteira me olha, debruça-se para ver se não trago um neto enroscado nas pernas e depois, perplexa, me encara novamente.

– O senhor quer patinar? – me pergunta ela, sem dúvida desejando que eu responda não, mas eu digo que sim. Então ela me pergunta quanto eu calço.

– Quarenta e um.

– Cinqüenta e um? – se espanta ela.

O erro fala por si mesmo: sou um fenômeno.

Enquanto amarro os longos cadarços de minhas botinas, constato, com desagrado, que minhas mãos tremem. Sensação de coração na boca, de estar entregue ao medo... Certo, posso cair e me machucar, mas o que me incomoda é mais o medo do ridículo do que a dor física. Desconfio que a bilheteira e o público estão me observando na pista como se eu fosse o novo urso branco do circo. Essa versão não seria uma versão extravagante de meu lado escandaloso? Pergunta chata, mas importante para uma teoria da velhice que vá além de qualquer militância.

É curioso que Freud nunca tenha abordado o tema da velhice de um ponto de vista psicanalítico: ele só emitiu lugares-comuns e queixas. No entanto, uma passagem é notável. Dialogando com o jornalista Viereck, Freud diz: "Talvez morramos porque desejamos morrer... Em todo ser normal, o impulso de vida é suficientemente forte para contrabalançar o impulso de morte. Talvez pudéssemos vencer a morte se ela não tivesse um aliado em nós. Nesse sentido, talvez seja justo falar que toda morte é um suicídio disfarçado". Notável, mas não sei se concordo. O que é evidente é que a velhice continua a ser um continente a explorar, mais virgem ainda do que a Mulher. A morte é a companheira sexual do velho, sua musa erótica. Na velhice, com ou sem Viagra, floresce uma exuberante sexualidade polimorfa e rizomática, rica em enigmas e labirintos, que faria as donzelas se ruborizarem.

Manobrando como se meus patins fossem tamancos holandeses, aproximo-me da pista. O primeiro passo é o mais importante e eu vou, cambaleante, pela gelada corda frouxa, tal qual um Papai Noel ébrio. Felizmente só há jovens aqui: o mais velho tem cinqüenta anos a menos que eu. Mas que importa, *vieillesse oblige*, e vou melhorando rapidamente: antigos músculos se reagrupam, a pélvis se encaixa, posso içar as velas e navegar. Quando os alto-falantes tocam o *Bolero* de Ravel, já estou patinando bem, o que se parece com esquiar, ou, se se quiser, com voar.

De noite, conto a Graça que encontrei uma solução para as manhãs chuvosas. Patinação em vez de praia, segundo minha nova filosofia que diz que se deve fazer da cidade seu parque. Alguns velhos sabem disso, mas não são muitos.

Durante um mês, freqüentei regularmente o jardim gelado. Certo dia, chegou um paciente, ficou sem dizer uma palavra durante um longo tempo, resistente, coisa rara nele. Depois, começou a falar com uma certa dificuldade:

– Minha mulher viu você patinando. Era você mesmo, não era?

Evidentemente, ele não conseguia acreditar.

– Era eu sim.

– Eu disse a ela que você dava prova de uma boa saúde mental.

Posso reconstruir o diálogo.

– Adivinha quem eu vi hoje patinando, querido.

– Não faço a mínima idéia, diga-me.

– O maluco do teu psicanalista.

Aposto as *Obras completas* de Freud que minha reconstrução é digna de fé. Então me lembrei de que, na segunda ou terceira vez em que fui patinar, um fotógrafo tinha me fotografado para a revista do shopping. Ele me felicitou calorosamente, dando tapinhas na minha cabeça.

Sei que estou jogando pesado com essa história da discriminação senil, mas quero assinalar que, para o velho, admiração e ridículo são a mesma coisa, embora isso possa ser assim para toda idade, menos para as crianças e os engolidores de espadas.

A primavera chegou galopando e rapidamente o ano estava no fim. É incrível como, após cada ano, cada estação, surge um ano novo, sempre um outro! Pensamento típico do senil...

Na primavera, então, levei Graça comigo para lhe mostrar como eu patinava bem. Depois tomamos uma cerveja num bar. Ali Graça me comunicou sua decisão de fazer seu santo. E disse:

– Chegou a hora. Fazem nove anos que sou Filha de Santo.

Eu sabia da existência dessa fronteira na trajetória de uma Filha de Santo. O ato religioso que divide as águas. Em termos religiosos, corresponde à investidura sacerdotal. Soube que, após o sétimo ano, a noviça pode e deve realizar sua iniciação definitiva. Esse passo pressupõe uma série de preparativos e um recolhimento prolongado no terreiro. Durante esse recolhimento, a noviça é totalmente separada do mundo e assume seu novo estatuto de Iaô.

A expressão do rosto de Gracinha de Oxum, intensa, maliciosa e atenta, refletia que, para ela, essa iniciação me punha à prova como marido. Ela tinha razão.

– Quanto tempo?

– Não sei, são os búzios que decidem.

Percebendo em mim uma certa impaciência, ela acrescentou:

– Sessenta dias, talvez menos.

– Não vou poder te ver?

– Ninguém vai poder me ver. Só Mãe Stella e a que for designada para cuidar da barca.

– Barca?

Ao que parece, cada grupo de noviços formava uma barca.

– Seremos três na barca. Geraldo e Tomasia entram comigo.

– Você vão ficar juntos? – pergunta o marido ciumento.

– Não, temos Orixás diferentes.

Sessenta dias num quarto vazio e escuro. Gracinha de Oxum estava radiante, a idéia de viver reclusa nessa nave espiritual era a maior das aventuras. Brindamos e ela me disse:

– Sou uma mulher profundamente religiosa.

Minha alma estava povoada de sentimentos contraditórios. Por um lado, a religiosidade de Graça me atraía, eu compartilhava essa aventura, embora vê-la assim reclusa, Jack, me evocasse a época da Princesa Africana em sua jaula de bambu. Uma mistura de temor, ciúme e carência. Esses eram os sentimentos positivos. Por outro lado, minha mulher ia ficar prisioneira e confinada durante todo o verão baiano, inclusive durante o carnaval. Resultado: uma moratória libertina, pelo menos em teoria.

A vestimenta de uma Iaô é coisa séria. Durante três semanas, minha Irmã de Santo, Obá-Gessi, trabalhou a pleno vapor para confeccionar anáguas, saias, blusas. Do tear artesanal de uma amiga surgiram três fantásticos panos da Costa. As forjas de Eduardo, o ferreiro poeta do Axé Opô Afonjá, fundiram as peças de bronze e cozinharam as vasilhas de cerâmica para a iniciação. Também foram preparados numerosos colares, assim como grandes quantidades de incenso e a obscura mirra de Melchior.

Ao cair da tarde de 28 de janeiro, cinco dias antes do aniversário de nossos oito anos de casamento, levei Graça ao Axé Opô Afonjá. Não havia alma viva na frente da Casa de Xangô. Nós nos despedimos nesse aeroporto para o mais além. Eu estava com um nó na garganta.

– Você vai perder *Mandala* – eu disse a ela, referindo-me à novela televisiva da Globo. Na vida real, os momentos importantes nem sempre parecem importantes, se escutarmos o que os homens dizem.

No caminho de volta, comprei uma boa garrafa de vinho branco. Tenho bortsch em casa, assisto aos noticiários e me preparo para ver *Mandala*. Tenho uma fraqueza pelas novelas. Todas as noites, jantávamos diante da telinha. Mas agora, sozinho, não era tão divertido. Saí para a sacada, à espera de uma mensagem da Mãe de Santo do Século XXI, mas nada. Então tive a brilhante idéia de manter um contato epistolar com ela.

29 de janeiro de 1988

Minha querida,
Estou aqui, em pleno sol, em plena vida, na solidão das praias cheias, suspenso na Unidade de Terapia Intensiva das saudades, com todos os aparelhos ligados, a cafeteira automática, a máquina de fazer gelo, a novela *Mandala* (Tony Carrero deu um soco em Édipo) e *Gigante por sua própria natureza* (estou escrevendo o capítulo sobre os quilombos). Os médicos têm esperança.
Mas, para além de todos os aparelhos, estou ligado em ti, minha querida mulher, pelo umbigo. Eu te imagino sentada na esteira de tua reclusão, repassando as mil contas de todos os Orixás num mundo de mistérios.
É estranho te escrever. Tenho a impressão de que é a primeira vez que faço isso. Agora te sinto mais perto, mais distante, mais especial. Fico nesse mundo; tu sobrevoas o outro. Um abismo primordial nos separa.
Então, filhinha, cuida bem de Oxalá, faz o que o velho te manda.
Godspeed Emilio

31 de janeiro de 1988

Minha querida,
Nesses dias, primeira semana sem ti, sinto-me, sejamos sinceros, muito bem. Ontem fui jantar no Baby Beef com o *Time* como companhia; adoro esse tipo de programa. O fim de semana foi agradável, não me desesperei no domingo à noite e fui dormir cedo. Mas peguei uma gripe, minha mais típica forma de somatizar minha pajarota. Já sei, tu não sabes o que significa essa palavra. Pajarota é o *spleen*, a melancolia, o *Ungemuchglichkeit*, o calundu.

Gripe leve e sutil.
Ah, eu ia esquecendo, ontem tive o maior medo da vida. Durante a noite, tive um acesso de tosse e cuspi um catarro vermelho carmim. Pensei que ia morrer sem ti, oscilando entre a tuberculose e o câncer. Mas o gosto na boca não era tão salgado assim para uma verdadeira hemoptise. Era um gosto açucarado. Era o bortsch! Não sei por que, mas como muita beterraba nesses últimos dias.
(*Mandala* continua apaixonante. Há um novo pseudo-Édipo que veio da Alemanha. Um drogado...)
Ah! ontem, Marie, a sobrinha de Mãe Stella, me telefonou, dizendo que estavas bem, que passeavas todas as tardes e dormias muito.
Ela me disse, com malícia, "Comporte-se!", aludindo à castidade. Entre nós, não falamos disso, não é?
Um grande beijo, amor
Emilio
Notícia de última hora: vou analisar um jogador de futebol. Minha velha fantasia, conhecer a psicologia de um craque. Um gol é um orgasmo? Como essa carta é estranha!

No sábado seguinte, resolvi ir a Rio Vermelho para a festa de Iemanjá, a deusa do mar. Comprei uma dúzia de cravos brancos na Feira do Peixe. Fiz fila para as oferendas: mais mulheres do que homens; mais negros do que brancos; mais os pobres do que os ricos; mais os belos do que os feios; mas todos alegres. Embora ela por vezes leve os homens que ama para o fundo do mar, Iemanjá é uma Orixá muito popular.

A maior característica da Deusa Sereia, sobretudo para um homem casto, são os seios volumosos, quase felinianos. A seguinte canção faz alusão a eles: "Rainha das Águas que vem da casa de Olokun / Nossa Mãe dos seios chorosos".

Grande animação na cabana onde são depositadas as oferendas: flores, perfumes, colares de pérolas azuis e transparentes para a deusa de seios chorosos. No meio da cabana, uma grande sopeira cheia de conchas e de bilhetes. Entrego meus cravos brancos, pedindo a Iemanjá que dê a metade para Oxum, sua companheira de águas doces.

– Odo Iya! – exclamou uma mulher vestida de azul claro quando as primeiras cestas ficaram cheias.

Saí da cabana e fui tomar uma cerveja, auscultando-me. Como estava esse velho homem abandonado? Lobo ou cordeiro? Santo ou libertino nesse dia de aniversário de casamento? Creio que a castidade tem que passar pelo caminho do Eros Luminoso.

15 de fevereiro de 1988

Querida,
Hoje, terça-feira, acordei inquieto. Sinto que o dia não vai transcorrer bem. Mil visões grotescas desfilaram nos meus sonhos. Dois pacientes faltaram a suas sessões e o resultado é que estou aqui, sem grande estima por mim. Falei com Mãe Stella sobre essas cartas, ela me disse que as guardasse para entregá-las juntas no fim de teu período de reclusão. Assim tu receberás um grande pacote.
Tu te lembras daquele rio na Praia do Francês, nas redondezas de Maceió? Aquele das águas douradas, da cor dos teus olhos? E da flor que jogamos no curso d'água e que navegava para o mar?
Tu me fazes tanta falta que não dá para escrever.
Emilio

23 de fevereiro de 1988

Minha querida,
Recordas do conto da Princesa Africana? Ela estava prisioneira e Jack eu íamos salvá-la. Tive esse impulso diante da casa de Oxalá, como se os Orixás fossem crocodilos e eu, um intrépido Caçador Branco.
Hoje, sábado, não me sinto muito bem. São sete horas. Vago mal-estar. Decidi fazer um leve jejum: sem álcool, sem cigarros, sem café, sem açúcar. Um dia a laranjada e bortsch. Escrevo, portanto, com um olho na cozinha, na qual as beterrabas estão fervendo. Cozinho tão cedo porque o bortsch é um prato demorado que se come frio. Tu te lembras da história da cebola podre?
Estou aqui falando de sopas frias na madrugada de um dia nublado, alheio ao canto das palmeiras: eu te falo de futilidades, pois és minha

interlocutora favorita. A carta como um livro singular, personalizado, com a tiragem extraordinária de um único exemplar. O gênero epistolar, levado a sério como estou fazendo, oferece mil possibilidades, pois podemos misturar o poético, o trágico, o cômico e o trivial, e até cometer erros de ortografia. A missiva para a Dama como uma carta de amor cortês.

Tã tã tã tã Rataplã

Chegou a hora em que Mãe Stella me disse que em 11 de março Graça ia receber Oxum.

– Posso assistir?

– Claro, Obá-Gessi vai reservar um lugar para você, mas chegue cedo.

– É o fim da reclusão?

– Sim, os tempos mudaram, as cerimônias de hoje em dia são curtas. Na minha época, as coisas eram mais demoradas, mas os Orixás têm que compreender que, nos nossos dias, temos muitos compromissos.

11 de março: dia especial, enorme antecipação. Fora, o delírio do carnaval mais fantástico do mundo; dentro, a reserva da reclusão. Como se a vida fosse uma peça medieval, um entremez cátaro, interpretado por diabos, anjos e saltimbancos. Adivinhe quem era o saltimbanco de serviço?

Esse retábulo me leva a falar de castidade. Temos que pensá-la como uma arte marcial, uma prática na qual o sexo é temperado a fogo forte. Um anjo casto não tem muita graça, com seu cuzinho rosado na cúpula de uma basílica barroca. Um anjinho não é um Templário. A castidade tem que ser um elixir de sexualidade, sublimada na taça verde do dever desejante. Casto por amor, como as monjas, que são esposas de Jesus. Nunca estive tão apaixonado, também nunca fui tão casto.

No dia 11 de março, em plena tarde, dirigi-me para o Axé Opô Afonjá. Eu queria saudar Xangô, mas Mãe Stella estava trancada nesse quarto, com febre alta. Então fiquei lá, dando voltas, e fui o primeiro a se apresentar na casa de Oxalá. A sala se enchia pouco a pouco, no tempo lento do terreiro. Nisso, entra Mãe Pinguinho, ladrando ordens para o rapaz que empurrava sua cadeira de rodas. Fui saudá-la. Ela está bem, recuperou sua iracúndia de antes. Depois, Mãe Stella sentou perto de mim: tem um aspecto febril, o suor em sua fronte cinzenta deve ser frio.

Os atabaques começam a tocar. Todos os olhares se voltam para o corredor por onde Pai Júlio nunca mais entraria.

Foi um momento tranqüilo. Sem aviso, aparece uma Filha de Santo, trazendo nos seus braços uma esteira. Todos dançam inclinados, com passos lentos, quase tocando o chão. Parecem insetos vacilantes, entorpecidos. Eles avançam, quase ameaçadores, mas eu não reconheço Graça. Procuro e procuro, a cena tem alguma coisa a ver com nosso primeiro encontro, com os olhos vendados, de onde nasceu a borboleta perfeita – essa ânsia. Uma figura se recorta, o corpo, o porte, mas com a cabeça menor... Meu Deus, era ela! Estava com a cabeça raspada. Sabe de uma coisa? Senti uma enorme ternura.

Colocaram a esteira diante de Mãe Stella e Geraldo, por ser de Oxoce, foi o primeiro a prostrar-se. Depois veio a vez de Gracinha de Oxum, que se deitou a um metro de minha perna direita. Mas ela não fazia a mínima idéia da minha presença. Estava em transe total. Mãe Stella, por sua parte, parecia letárgica, em seu trono rangente. Ela transpirava muito e uma Filha de Santo, cheia de solicitude, enxugava-lhe a fronte. Depois, foi a vez de Tomasia, a última componente da barca. Respondendo a um sinal invisível, os Iaôs e seu cortejo desapareceram, como por encanto. Fim do primeiro ato.

Houve um intervalo prolongado. Depois minha vizinha me informou que estava na hora da dança final. Os atabaques redobraram e a dança começou. Gracinha de Oxum fez sua entrada. Rainha das rainhas, ela brandia sua espada como se fosse uma jóia fatal. Minha mulher, dançando em transe profundo, tinha uma beleza que estava acima de qualquer pudor. Confesso, temia vê-la possuída, revelando o mais íntimo do mais íntimo.

Gracinha de Oxum e seus companheiros de barca estavam ajoelhados para receber as últimas instruções da Ialorixá. A um sinal de Mãe Stella, aproximei-me, inclinando-me perto deles.

– Ela agora tem o nome de Oxum-Adé – me informou ela.

– Então é Oxum-Adé – repeti eu, saboreando as palavras.

Mãe Stella me olhou longamente, com uma certa malícia.

– Você pode namorar, mas só isso.

– Quais são os limites? – perguntei eu, timidamente.

– O beijo.

Tom categórico. Eu podia ver Oxum-Adé, falar com ela e abraçá-la, mas era tudo.

No nosso primeiro encontro, uma estranha timidez se apoderou de mim. Não nos falávamos, nada mais havia além de olhares.

– Estás emocionado – disse Graça.

– Sim, estou muito emocionado.

E isso era praticamente a única coisa que eu podia dizer. Dois amantes, separados por uma quarentena de Orixás, se encontravam e não tinham palavras, orientavam-se apenas pelo lado pré-verbal do espectro.

Eu tinha parado de escrever e fiquei calmo e silencioso durante todo o carnaval. Andava em praias habitadas por pierrôs cansados que faziam a sesta sob um sol radioso. Apenas os encontros cotidianos de cinco minutos com Oxum-Adé rompiam a monotonia.

Em compensação, diante de tanta abstinência, Mãe Stella me emprestou uma casa no terreiro, na zona mais nobre da comunidade, conhecida pelo nome de Avenida dos Veneráveis.

– Você está vivendo na Nação de Keto – me informou Obá-Gessi. Cada espaço do terreiro recebe o nome de um lugar da África. Minha pobre casa, digna de valete de copas, estava meio em ruínas, com o patamar demolido; a ante-sala, meio recuperada, estava cheia de escombros; a sala que servia de refeitório e cozinha tinha piso de terra e apenas meu quarto estava cimentado. A água não estava ligada no banheiro, havia apenas uma bica na ante-sala. Em compensação, minha casa tinha dois objetos de luxo: um fogão de quatro bocas e uma geladeirinha moderna. Podemos encerrar o inventário com um banco, duas canecas, uma panela, um jogo de lençóis, quatro cabides e um rádio de pilhas Sony.

Para a ocasião, Geraldo, companheiro de barca, ofereceu uma refeição. Graça, Tomasia e eu éramos os convidados. Geraldo tinha sido cozinheiro e gerente de um restaurante. Ele cozinhava bem e me deu a lista dos ingredientes para comprar no mercado da Baixada da Égua. Simpático, homossexual assumido (o que não garante nada), mas não efeminado, talvez por ter um Orixá masculino.

Eu trouxe cervejas da barraca da Dona Maria. Os da barca tomaram Coca-Cola. O álcool é uma *kesila* total para eles. *Kesila* é uma palavra de umbanda que significa “proibição”.

Estávamos na sala de Xangô. Mãe Stella, que estava viajando, tinha nos emprestado sua televisão e eu assistia Maradona jogando pelo Nápoles. Sou um completo fã de Maradona, no Mundial do México ele deu aos argentinos uma alegria que não tem preço. E eu estava ali, bebendo uma cerveja estupidamente gelada diante de meu ídolo, enquanto a Princesa Africana varria o chão. Cheiro de ragu. Feliz.

Duas horas depois, o ragu está na mesa, com maxixe, jiló e chuchu, legumes típicos do cozido baiano. Geraldo nos faz um gesto para sentarmos, mas Oxum-Adé, com um simples gesto, lembra a ele que um Iaô não podia se sentar à mesa. Então, a barca toda se sentou a meus pés. Perversamente, brindei com meu copo de cerveja.

– Nota dez! – disse eu a Geraldo, que, agora, se chamava Odé-Ginan. – É bom ter um *chef* a bordo.

Durante o almoço, percebi que os Iaôs são notáveis. Seu estatuto é mais complicado do que se pensa: eles, que são escravos, que não têm o direito de sentar num banco, que têm que dormir em esteiras, têm a permissão, pela lei natural e tácita do terreiro, de entrar em qualquer casa e roubar alimentos. Odé-Ginan, com um espeto bem afiado, tinha trespassado uma galinha.

– E você sabe – disse-me ele, baixando os olhos – que, quando a abrimos, não havia uma única gota de sangue?

Oxum-Adé confirma o fato assombroso.

Nesse almoço também constatei que os Iaôs brigam constantemente. Cada um é o mais severo crítico da ortodoxia litúrgica do outro. Tomasia era uma fera. A barca conhecia suas turbulências.

Naquela noite, inauguramos minha casa. A barca tomou Coca-Cola, café e pão com manteiga, depois içou as velas. Às 19. 30 h, levei a Oxum-Adé para a Casa de Oxalá. Voltei para minha precária casa e apliquei Baygon com grande sanha. Não existe nada mais sádico do que um ocidental fumigando insetos. Saí para o pátio da minha casa. Lá no alto, uma bela lua muçulmana como uma cimitarra ornava o céu violeta da

Bahia. Fiquei ali, meditando sobre a qualidade desse dia que passou pela mudança, por Maradona e galinhas espetadas, pensando nas voltas que o destino dá.

Entrei em casa, calculando o tempo que leva para um inseto ser tetanizado. A sala estava atapetada com as maiores baratas que já vi, do tamanho de camundongos. Isso deve ser o axé do Axé, pensei sacrilegamente. Eram baratas voadoras; algumas, em meio a convulsões, tentavam decolar. Apliquei uma nova rajada do produto e voltei ao pátio. A noite exalava inseticida e toucinho rançoso.

Como realmente tinha sido esse dia? Eu estava em um mundo estranho de doações e carências. Era um dia em que o amor era um beijo. Mas que beijo! Quando os lábios cheios e úmidos da Dama são o inalcançável objetivo final, beijar se torna Beijar...

Meia hora depois, as baratas já eram. Única sobrevivente: uma aranha grande, de patas longas e finas. Lembrei-me de meu pai, que dizia "Aranha da noite, esperança", e nem por um segundo hesitei em lhe salvar a vida: a esperança é a irmãzinha da fé.

Dormi e tive um sonho inquietador. Eu tinha marcado a data da minha morte para o dia seguinte. Meu suicídio não era fruto da melancolia ou de uma doença em fase terminal: era, muito mais, um rito que eu devia cumprir. Atravesso uma floresta e uma voz me diz: "Essas árvores vão crescer com força"; o que eu interpreto como a razão de ser do sacrifício: meu corpo seria um bom fertilizante ecológico. Ora, quando chega a hora, mudo de idéia. Não vejo sentido em me imolar para fortalecer as plantas. Então, atravesso novamente a floresta em direção a um clube de golfe e entro numa bela casa Tudor. No bar, peço um whisky e, com o tilintar do gelo, desperto.

A casa Tudor era o clube de golfe de Mar del Plata, no qual fui um jogador precoce aos quinze anos. Tive a impressão de que o sonho projetava minha vida ao contrário, começando na Avenida dos Veneráveis e terminando num castelo infantil à beira do Atlântico.

O cubinho de gelo que me despertara era a voz de Graça. Ela trazia um balde plástico colorido e uma lata de leite em pó vazia. Ela rapidamente encheu o balde na pia da ante-sala e fez um quadrado de ladrilhos no pátio, que serviria como piso de minha ducha. Passou-me um sabão negro.

– Toma teu banho – me disse ela, saindo.

Eram oito horas da manhã, o sol começava a esquentar, mas a água estava fria e tive dificuldade de me acostumar ao banho de lata. Há um certo prazer exibicionista em se banhar ao ar livre, cercado de palmeiras escandalizadas.

– Cuidado que estou nu! – disse eu à minha casta esposa, que preparava o café da manhã na sala. Entre um pouco de água do balde, tremedeiras e mais um pouco d'água, tive uma idéia inquietante: a casta esposa ainda não era minha esposa aos olhos dos Orixás. Era ainda minha noiva. Como se Exu, esse diabo diabólico, esse Cupido concupiscente tivesse caído sobre mim.

– Como vai a virginal Princesa Africana nessa manhã?

Ela não respondeu nada. Contei-lhe então meu sonho. Achava que Exu queria me sacrificar.

– Não se brinca com os Orixás – admoestou-me severamente Graça.

Os ovos fritos, o pão e o café me tiraram da minha amarelinha onírica. Oxum-Adé, com sua caneca de latão, que sempre trazia consigo, sentou numa esteira a meus pés. Limpo e saciado, comecei a ler *O nome da rosa* no pátio e pensei que o terreiro parecia vagamente com um monastério. Depois, cerca de meio-dia, me dirigi para a Casa de Xangô. Foi lá que eu compreendi a diferença entre vir visitar o Axé Opô Afonjá e viver no interior da comunidade.

A mesa oval da sala de jantar estava cheia do material usado por Obá-Gessi para confeccionar suas bonecas. Perguntei à minha Irmã de Santo se podia lhe ser útil e ela me passou uma sopeira repleta de contas coloridas.

– Separe as azuis – me disse ela, e tenho certeza de que ela não me diria isso se eu estivesse de visita. Enquanto isso, chegam pessoas. Comprei cervejas e Coca-Cola. A conversa se anima. O tema: os cães das Ialorixás e o trabalho que eles dão! Obá-Gessi começou a falar de um cão da época de Mãe Ondina. Estiquei a orelha.

– Você conhecia bem a Mãe Ondina?

– Sim, conheci bem; era minha tia.

– Tia paterna?

– Sim, eu também sou uma Pimentel.

– Me fala dela.

Aí fiquei sabendo que o pai de Ondina Pimentel era um homem muito rico, proprietário da metade da cidade de Itaparica, e que sua filha tinha dois pianos. Contei-lhe então meu encontro com Mãe Ondina na famosa festa de Sétimo Ano de Mãe Senhora; disse-lhe também que havia escrito dois livros com o nome de Ondina no título. Essa mulher marcou minha vida sem que eu me desse conta.

Já era noite. O domingo transcorrera com a lentidão de um rosário africano. Eu estava barbado e sem muda de roupa limpa. Decidi passar a noite no apartamento do Jardim de Alá.

– Tu vais dormir aqui durante a semana? – me perguntou minha noiva, ou minha esposa.

– Não sei – respondi.

Ao retornar ao apartamento, percebi que tinha vagado pelo terreiro durante todo o dia, tomando muitas cervejas com homens, mulheres, sobretudo com as velhas, em suma, que tinha ficado pouco tempo com minha cônjuge. Então me perguntei quem era ela: Graça ou Oxum-Adé? Graça e Oxum-Adé são pessoas diferentes, cada uma tem seu código. Às vezes Gracinha de Oxum é mediadora das duas outras. Os três nomes da Princesa Africana correspondem a realidades diferentes. Mas é um assunto sobre o qual não posso falar com minha mulher. Ao sair da iniciação, ela me advertiu:

– Quero que saibas que não posso falar de meu Oxum. É meu maior *kesila*.

Quando cheguei ao Jardim de Alá, o luxo me surpreendeu. O apartamento parecia um palácio asiático, limpo, branco, acarpetado, com a cozinha repleta de aparelhos eletrodomésticos, com um cortejo de bonitas baratinhas como diligentes eunucos.

Tomei um banho quente, deixando a porta aberta para escutar *Carmina burana*. Preparei uma vodka com suco de maracujá e assisti a um filme de índios na televisão. Ali eu soube que não dormiria na Avenida dos Veneráveis durante a semana. É preciso dar ao pele-vermelha o que é do pele-vermelha.

Naquela semana, portanto, ia ao terreiro tomar uma boa xícara de café com minha noiva e, às dezenove horas, a beijava na soleira da Casa de Oxalá, depois retornava para as delicias da ducha quente. Naqueles tempos, uma pergunta rondava minha cabeça: "Quem era a pessoa sentada na esteira?".

O sorriso inicial, não há dúvida, era o de Graça. A metamorfose, lenta como a maquinaria de um relógio, progride enquanto a feijoada dominical coze em fogo brando. Oxum-Adé se instala, e com ela o tempo lacaniano dos Orixás e seus ecos insondáveis. As vozes desse mundo, os preços do supermercado, as cebolas podres, as peripécias de Édipo da novela *Mandala* não tinham mais lugar na Avenida dos Veneráveis. Alguns tópicos típicos do terreiro também não prosperavam e, se eu perguntasse, por exemplo, "Quanto tempo ainda vais ficar aqui?", a resposta, eu sabia, era: "Depende do jogo de búzios".

Quarta-feira, discutimos, coisa rara, raríssima. Discutimos sobre um tema banal, já esquecido. Saí irritado do terreiro, sabendo que não voltaria lá por toda a semana. Mas, no fundo, a preocupação com o casal era maior do que a raiva.

Foi então que me lembrei: "Os Iaôs não devem aborrecer-se porque podem perder o juízo".

E eis o episódio das fotos. Na manhã da cerimônia de liberação dos Iaôs, tirei dois rolos de fotos numa peregrinação da barca diante das casas dos Orixás. A revelação foi uma surpresa: quatro fotos tinham uma luz especial, uma espécie de halo que não se explicava pelas leis óticas. Duas de Graça, uma de Geraldo e uma outra do grupo. Essa última era a mais impressionante: Graça e Tomasia irradiavam uma auréola extraterrena que se esparramava da cabeça aos pés. Olhamos as fotos em silêncio, admirados: apenas essas quatro estavam alteradas, as outras eram normais.

Quando cheguei ao terreiro na sexta-feira à noite, pronto para passar a noite lá, estava tenso. Graça me perguntou se ainda estava com raiva, sacudi os ombros. Comemos um ragu em silêncio e fui me deitar cedo. Despertei com a luz do sol e foi um suplício me lavar com o balde d'água. O Axé Opô Afonjá, nessa manhãzinha, estava deserto e coberto por uma ligeira bruma. Só se distinguia a figura de tia Epifânia, que, diante da Casa de Xangô, dava de comer aos pombos. Quando me aproximei para saudar o Senhor do Trovão, o enxame de pombos voou. Tia Epifânia fez cara feia e não me cumprimentou, o que aumentou minha inquietação.

Nossa longa lua-de-mel estava minguando. Tinha durado, coisa incrível, mais de oito anos. Tinha sido grande a irritação da quarta-feira, na qual o sorriso tinha se tornado uma arma, uma careta. Graça era minha quarta mulher, e eu não sabia bem, confesso, por que tinha me casado tantas vezes; uma vez mais que Xangô. Nunca como então vivi na ilusão do movimento perpétuo que inverte o pessimismo dos relógios, no qual a ilusão do amor eterno é mais que uma metáfora, no qual o efeito é maior do que a causa. Foi o tempo em que os sorveteiros nos ofereciam sorvetes; os bancários, lindos pesos argentinos; as cozinheiras cortavam as orelhas; o tempo em que fomos observar o cometa Halley no observatório Antares, em Feira de Santana, e um homem se aproximou de nós para nos oferecer uma rosa, de tanto que nosso amor iluminava nossos rostos.

Na Casa de Oxalá, Oxum-Adé ainda dormia. Fui esperá-la ao pé do iroco maior do terreiro, perto da fonte de Oxum. Tia Epifânia tinha terminado de alimentar os pombos e, agora, de cesto na mão, encaminhava-se para o Mato Sagrado. Ela era mulher de Ogum, da linhagem dos caçadores. Caminhava armada de um alto cajado africano. Desta vez, me cumprimentou.

Estava perdido em meus pensamentos quando a vi voltar do Mato Sagrado, meneando a cabeça, perplexa: "Tem uma erva que não consigo encontrar". Falava sozinha. Eu estava surpreso: eu achava que ela conhecia todos e cada um dos bulbos e raminhos do Mato Sagrado, após o ter percorrido durante sessenta anos.

Sentado na pedra da fonte, voltei a pensar no problema que me fazia sofrer. Será que a iniciação de Graça tinha alterado a trama íntima de nossa relação? Temia que sim. Ela vivia uma experiência iniciática singular, da qual eu estava excluído. Excluído por princípio, já que ela não podia me revelar as propriedades de seu Orixá. Não era apenas um segredo, mas todo um código, com sua linguagem esotérica e seu universo místico. Eu não podia ser seu interlocutor, era proibido. Então, o problema se colocava no nível da infra-estrutura da relação, o que podia acarretar conseqüências perigosas. Como estava o caminho já percorrido? Graça poderia ser novamente Graça?

Minha noiva chegou meia hora mais tarde. Fomos para a Avenida dos Veneráveis para tomar nosso café da manhã, saltando por cima do charco de meu banho. Enquanto ela preparava o café, contei-lhe, meio na gozação, que tia Epifânia não tinha encontrado sua planta no Mato Sagrado. Oxum-Adé me respondeu, irritada:

– Lógico, no mato estão as plantas que têm os poderes!

O mal-estar aumentava.

Pelo meio da manhã, saímos para completar a seqüência fotográfica. Eu queria visitar em particular o lugar das fotos extraterrenas, sobretudo a da barca irradiada, ao pé do iroco gigante. Mas a cabeça estava longe: constantemente pensando nos mil nomes de Maria das Graças de Santana Rodrigué. Recapitulemos: primeiro, Graça, o nome de minha mulher no convite de casamento. Depois vem Gracinha de Oxum, que dança como um anjo na pista do candomblé, cidadã do Axé Opô Afonjá. Coloco Oxum-Adé na terceira posição, figura distante, enigmática, o problema atual. Em quarto lugar, a Mãe de Santo do Século XXI, mais misteriosa ainda com seu lado profético. Enfim, a Princesa Africana, o único nome que lhe dei, se aceitarmos, pois estamos no reino do sobrenatural, que foi O Galinho que criou a alcunha de Mãe de Santo do Futuro.

Cada nome sustenta uma máscara, dirá o analisa junguiano; cada nome sustenta um significante reitor, retorquirá seu colega lacaniano; penso mais ou menos a mesma coisa, pois, em algum transfundo, a palavra "máscara" implica que, em última instância, existe uma face verdadeira; erro crasso.

Foi a aparição meteórica de Oxum-Adé, carregando o trono de sua manifestação, que marcou a diferença entre as pessoas em jogo.

Fizemos um passeio tenso. Eu me sentia mal, minha barba estava crescida e o sol dessa bela manhã me turvava; não havia sombra para meus olhos tristes. Olhos de velho que tem tanto que aprender, que não sabem nada, nem mesmo sabem se querem saber.

Mais vale não saber que se sabe, diz o filósofo chinês. Mas meu desalento não era metafísico, era um puro desalento. Eu sabia que nosso futuro estava ameaçado. No amor, quanto maior a perfeição, mais frágil é a relação. O destino do copo de cristal. Além do mais, nosso casal era muito pouco baqueado, sem experiência do fragor das discussões. Éramos duas pombas doces e ferozes.

Na hora da sesta, saímos para dar uma volta. Ela (não sei como chamá-la) levava as fotos dos Iaôs. Não sei bem por que, eu queria mostrá-las a Obá-Gessi. Quando chegamos a sua tenda, minha Irmã de Santo conversava tranqüilamente com um cliente. Eu me impacientava, nervoso. Quando finalmente Obá-Gessi ficou livre, pôs seus óculos e olhou as fotos. As fotos sobrenaturais iam passando, e ela não dava mostras de reparar em coisa nenhuma.

– Você não nota algo estranho? – perguntei-lhe eu no final da seqüência, quando ela tirou seus óculos.

Obá-Gessi se dispunha a recolocar os óculos quando Oxum-Adé interveio:

– Você sempre tenta influenciar os outros!

Fiquei mudo, olhando minhas mãos. Ela nunca tinha me falado assim. O silêncio foi interrompido por Obá-Gessi, que disse, levantando-se:

– Diga-lhe, Emilio, que há em você uma nova energia.

Eu não soube como interpretar essas palavras. Na realidade, era Oxum-Adé quem tinha uma nova energia; as fotos eram uma prova disso. Mas o que Obá-Gessi dissera era importante, eu sentia que alguém estava do meu lado e que eu não era uma mera repetição. Algo em mim começava de novo.

Mais tarde, na Avenida dos Veneráveis, sentado com Ela numa esteira, eu lhe disse que ia embora. Juntei os livros, uma camiseta, a calça de Xangô e me fui.

As separações não são sempre necessárias.